2015

贵州省金融发展报告

贵州省金融研究院◎编著

中国金融出版社

责任编辑：仲　垣　张黎黎
责任校对：孙　蕊
责任印制：程　颖

图书在版编目（CIP）数据

2015 贵州省金融发展报告（2015 Guizhousheng Jinrong Fazhan Baogao）/贵州省金融研究院编著．—北京：中国金融出版社，2015.12
ISBN 978 - 7 - 5049 - 8215 - 5

Ⅰ. ①2⋯　Ⅱ. ①贵⋯　Ⅲ. ①地方金融事业—经济发展—研究报告—贵州省—2015　Ⅳ. ①F832.773

中国版本图书馆 CIP 数据核字（2015）第 274019 号

出版
发行　**中国金融出版社**

社址　北京市丰台区益泽路 2 号
市场开发部　（010）63266347，63805472，63439533（传真）
网上书店　http：//www.chinafph.com　（010）63286832，63365686（传真）
读者服务部　（010）66070833，62568380
邮编　100071
经销　新华书店
印刷　北京市松源印刷有限公司
装订　平阳装订厂
尺寸　185 毫米×260 毫米
印张　19.25
字数　346 千
版次　2015 年 12 月第 1 版
印次　2015 年 12 月第 1 次印刷
定价　39.00 元
ISBN 978 - 7 - 5049 - 8215 - 5/F.7775
如出现印装错误本社负责调换　联系电话（010）63263947

编 委 会

前　　言

　　呈现在读者面前的《2015 贵州省金融发展报告》是贵州财经大学贵州省金融研究院组织编撰的第三本贵州省金融发展年度报告。

　　2014 年是我国金融发展史上极其重要的一年。金融市场化改革取得重要进展，互联网金融异军突起。从全国来看，银行业金融机构存贷款余额增速放缓，不良贷款率明显上升；股票市场走出长期低迷状态，融资功能有所恢复，但体制缺陷并未得到弥补；保险市场呈现高速增长，但赔付率较低的问题依然突出。

　　在全国金融发展面临复杂局面的情况下，贵州省金融业在 2014 年取得了令人瞩目的成就。贵州省银行业金融机构存贷款余额分别增长 15.1%、22.4%，增速分列全国第 4 位和第 3 位。社会融资规模达到 3576 亿元，是 2011 年的 2.2 倍，占全国的比重由 1.2% 上升到 2.1%。金融业增加值达到 492 亿元，近四年年均增长 15.4%，高于生产总值增速 3.4 个百分点，占生产总值的比重保持在 5% 以上。金融业税收收入首次超过百亿元大关，达到 129 亿元，是 2011 年的 2.31 倍。贵州省金融业在适应新常态、服务实体经济、实现全省主战略方面发挥了不可替代的作用。2015 年贵州金融指数的研究结果也表明，贵州省与全国的差距、与西部地区的差距正在快速缩小。

　　2014 年出版的报告的研究专题部分聚焦普惠金融和绿色金融，研究成果得到了政府有关部门和省内外学者的高度关注。省领导陈敏尔同志在 2015 年初举办的贵州省金融工作座谈会上强调要发展普惠金融等特色金融。贵安新区已经作出了打造绿色金融港的战略决策。贵州省金融研究院组织承办的"微金融 50 人论坛"发起的"互联网+：微金融、众创新、大发展"对贵州省发展普惠金融起到了理论指导和宣传引导作用。

社会实践往往走在理论研究的前面。2014 年尤其需要关注的是，作为贵州省省会的贵阳市在金融业创新发展方面走在西部地区甚至全国的前面。贵阳市互联网金融、移动金融、大数据金融等新金融业态好戏连台、精彩纷呈，得到了社会各界的广泛关注和好评，在推动贵州省后发赶超方面起到了"发动机"和"火车头"的作用。全球著名智库英国经济学人在 2015 年中国新兴城市排名中将贵阳市列为第一名，这是对贵阳市发展新金融等新兴业态的高度认可。在我们编制贵州金融指数体系的第二个层次（贵阳、昆明、南宁、乌鲁木齐等区域金融中心指数）时发现，贵阳市的现状指数已经由 2013 年的最后一位升至 2014 年的第二位，超过了南宁市、乌鲁木齐市，仅次于昆明市；增长指数明显高于昆明市、南宁市、乌鲁木齐市。需要特别说明的是，为保持研究的连续性、可比性、可信度，我们在编制贵阳市等区域金融中心指数时所选取的指标全部为客观指标，并未将互联网金融、移动金融、大数据金融等贵阳市具有竞争优势的指标纳入指标体系。

为更好地展示贵州省在新金融业态方面取得的成绩，也为更好地吸收社会各界对贵州省发展新金融业态的建议和意见，2015 年本报告把研究专题确定为互联网金融、移动金融、大数据金融和科技金融。《2015 贵州省金融发展报告》共征集采用了 15 篇相关论文。这 15 篇论文有两个特点：一是政府管理部门和金融政策监管部门的领导与专家积极赐稿，如省金融办的周道许同志、人民银行贵阳中心支行的戴季宁同志、贵阳市人民政府的王玉祥同志。这些同志不仅是贵州省金融实践的管理者、组织者，也是金融创新的思考者、引领者。从他们的论文中，我们能够感受到贵州省金融业发展的脉搏和未来的方向！二是贵州省新金融公司的管理者积极赐稿，如钱口贷公司的杨锐总经理、招商贷公司的盛桂芝副总经理、华欣悦公司的易雨容董事长助理。他们在新金融发展实践的一线从事金融创新工作，在面临来自市场、技术、政策、业务等诸多不确定性挑战的环境中锐意进取、大胆创新。从他们身上我们看到了贵州省新金融发展的希望！

最后，编委会向所有为《2015 贵州省金融发展报告》作出贡献的同志们和朋友们表示感谢！向所有为贵州省金融发展勤勉尽责、辛勤工作的同志们和朋友们表示感谢！向所有关心支持贵州省金融业发展的同志们和朋友们表示感谢！

《2015 贵州省金融发展报告》编委会

二〇一五年十一月八日

目　　录

第一章 贵州省宏观经济

2014 年是不平凡的一年，虽然经济下行压力较大，但是贵州省全省上下认真贯彻落实党的十八大精神，抢抓机遇、凝心聚力，坚持"稳中求进、提速转型"总基调，坚持主基调、主战略，深入推进改革开放，着力稳增长、扩投资、调结构、增活力、惠民生，贵州省经济社会发展取得显著成效。

第一节　2014 年贵州省经济运行综合情况

一、地区生产总值增速趋缓，但增速仍位居全国前列

2014 年，贵州省经济仍呈现较为强劲的增长势头。2014 年全省生产总值为 9251.01 亿元，比 2013 年增长 15.54%，人均生产总值为 26368.17 元，比上年增长 15.03%。但由于贵州省经济基础薄弱，经济增长的起点低，虽然增长速度较快，但人均生产总值与西部地区各省份和全国平均水平仍有较大差距，2014 年西部地区各省人均生产总值为 36765.01 元，全国人均生产总值为 46531.17 元，贵州省仅相当于西部地区平均水平的 72%、全国平均水平的 57%。同时，由于我国经济正在面临着转型的压力，正处于经济增长速度的换挡期，所以全国的多项重要经济指标增幅出现了不同幅度的下降。从图 1-1 也可以看出，近

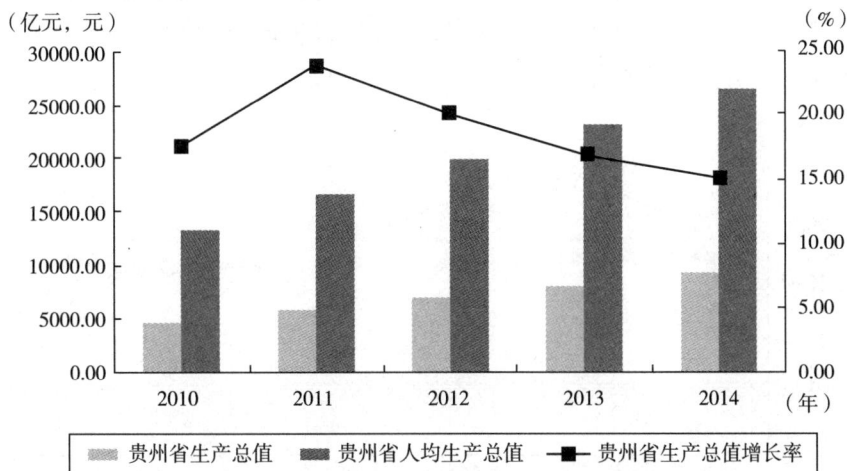

图 1-1　2010—2014 年贵州省经济增长情况

1

三年来，贵州省的经济增速明显放缓。

回顾过去的 5 年，贵州省经济持续快速增长，全省生产总值从 2010 年的 4602.16 亿元增长至 2014 年的 9251.01 亿元，5 年之内增长了 101.01%。人均生产总值从 2010 年的 13119 元增长至 2014 年的 26368.17 元，5 年内增加了 100.99%。全省生产总值的年均增长率与人均生产总值的增长率同为 20.20%；而此期间西部地区生产总值平均年增长率为 17.38%，人均生产总值的增长率为 17.19%；全国整体生产总值年均增长率约为 13.76%，人均生产总值的年均增长率为 13.11%。贵州省的经济增长远远高于西部地区和全国平均水平（见图 1-2）。

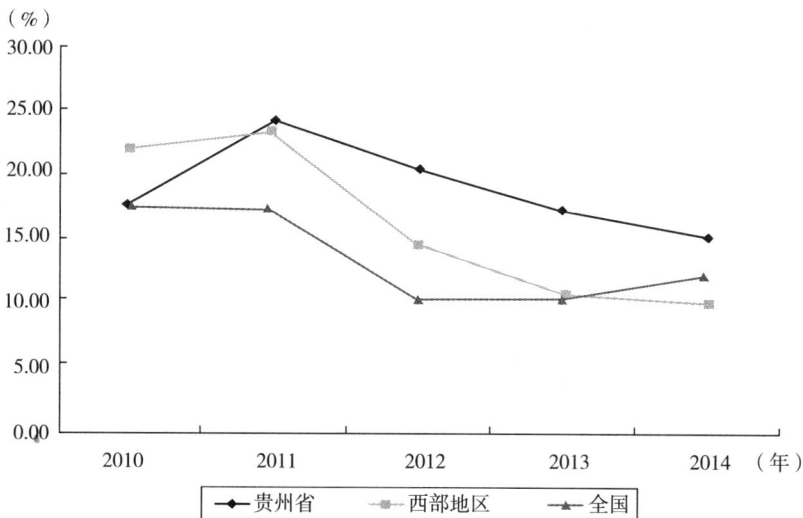

图 1-2 2010—2014 年人均生产总值增长率比较

2014 年，全国经济正在向新常态转换，以实现减速提质的目的。在这个大环境下，贵州省的经济增长速度虽然在 2014 年有所下滑，但仍然位居全国前列，经济增速仅次于重庆，排在全国第二位，贵州省生产总值增长率比西部地区平均高 5.8 个百分点，比全国高 3.7 个百分点（见图 1-3）。

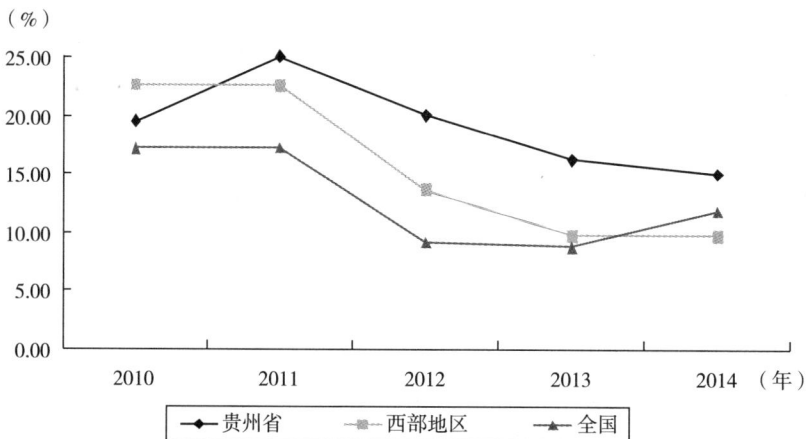

图 1-3 2010—2014 年经济增长率比较

二、产业结构调整出现积极变化

在地区生产总值的三次产业构成方面，2014 年第一产业增加值为 1275.45 亿元，增长 23.94%，占地区生产总值的 13.8%，比 2013 年上升了 0.9 个百分点，为 2014 年地区生产总值增长贡献 19.5 个百分点。第二产业增加值为 3847.06 亿元，增长 18.63%，占地区生产总值的 41.6%，比 2013 年上升 1.1 个百分点，为 2014 年地区生产总值增长贡献 48.57 个百分点，其中工业增加值为 3117.6 亿元，增长 11.3%，占地区生产总值的 34.9%，比 2013 年上升 1.1 个百分点，建筑业增加值为 729.46 亿元，增长 30.92%，占地区生产总值的 7.6%，比 2013 年上升 0.6 个百分点。第三产业增加值为 4128.50 亿元，增长 10.56%，占地区生产总值的 44.6%，比 2013 年下降 2 个百分点，为 2014 年地区生产总值增长贡献 31.93 个百分点。其中金融业占地区生产总值比重为 5.3%，虽然占比比 2013 年下降了 0.1 个百分点，但支柱性产业的地位仍然比较稳定。整体来说，第二产业对经济增长的贡献最大，符合贵州省政府加快工业化发展步伐的预期目标，有利于贵州省产业结构的进一步优化。

回顾过去 5 年，产业结构进一步优化。第一产业占地区生产总值的比重从 2010 年的 13.6% 上升到 2014 年的 13.8%，第二产业占地区生产总值的比重从 2010 年的 39.1% 上升到 41.6%，第三产业占地区生产总值的比重从 2010 年的 47.3% 下降到 44.6%。调整幅度整体来说不是很大。然而，三次产业对经济增长的贡献率则相对发生了较大的变化，2014 年第一产业从 2010 年的 5.0% 上升到 19.8%，第二产业对经济增长的贡献率有所下降，从 2010 年的 51.1% 下降至 2014 年的 48.57%，而第三产业对经济增长的贡献率则从 2010 年的 43.9% 下跌至 2014 年的 31.93%。贵州省第一产业发展呈现强劲势头，这得益于贵州省委、省政府把高效山地农业确定为新兴产业，并且确定了第一产业"接二连三"的发展模式。贵州省第二、第三产业对经济增长的贡献率有待进一步提升，以助推贵州省经济转型和加快发展（见图 1-4 和图 1-5）。

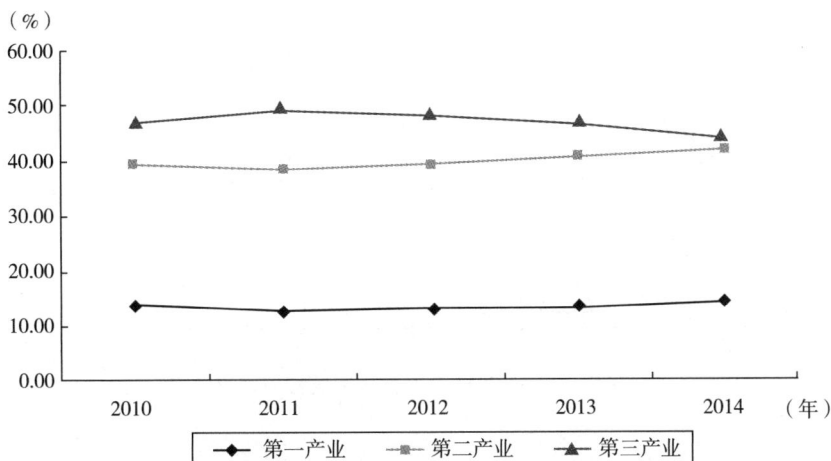

图 1-4　2010—2014 年贵州省三次产业占地区生产总值的比重

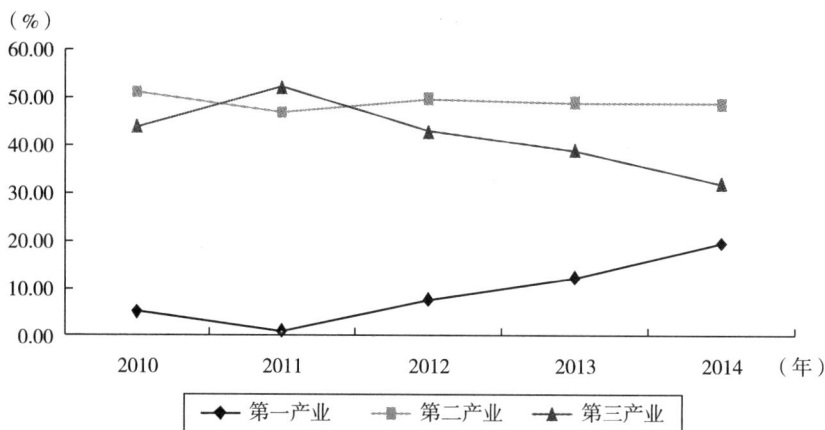

图 1-5　2010—2014 年贵州省三次产业对经济增长的贡献率

三、民营经济保持迅速发展势头

在 2011 年贵州省委、省政府《关于进一步加快全省民营经济发展的意见》的指导下，贵州省民营经济保持了迅速发展势头。2014 年，贵州省民营经济市场主体达到 141.45 万户，比 2013 年增加 14.02 万户，其中民营企业 13.45 万个，比 2013 年增长 75.59%，个体经营户 128 万户，比 2013 年增长 20.7%，实现增加值达 4262 亿元，增长率达 24.20%，高于贵州省生产总值整体增长速度，占贵州省生产总值的 46.05%。全省民间投资完成 4145.8 亿元，占全省投资的比重约为 47.2%，有效地增大了全省投资总额（见图 1-6）。

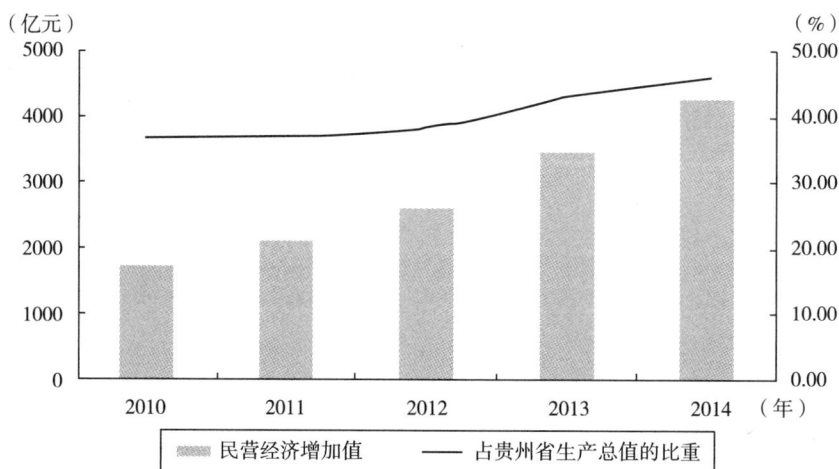

图 1-6　2010—2014 年贵州省民营经济发展情况

回顾过去的5年，贵州省民营经济增加值从2010年的1700亿元增长至2014年的4262亿元，增长了150.71%，年均增长率为25.83%，并且保持了高速增长。民营经济对经济增长的贡献率也是持续维持在高位，2010年贵州省民营经济对经济增长的贡献率为58.70%，到2014年则上升为66.71%。这些数据充分表明这5年间贵州省政府在招商引资和鼓励民间投资方面成绩卓著，尤其是在全民创新、万众创业的大环境下，贵州省更多的民间资源将会被进一步挖掘，经济增长潜力巨大（见图1-7）。

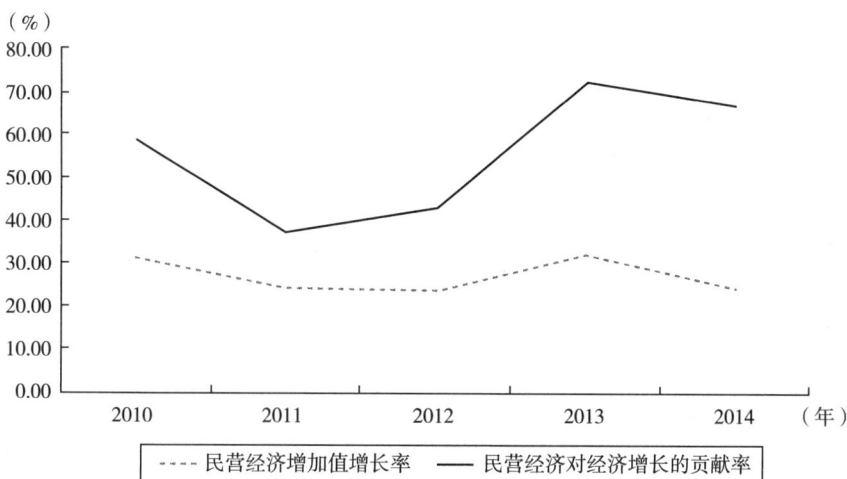

图1-7 2010—2014年贵州省民营经济增加值增长率及对经济增长的贡献率

第二节 第一产业和工业发展情况

一、第一产业

（一）第一产业持续高速增长

2014年，贵州省第一产业实现总产值2118.48亿元，比上年增长27.39%，实现增加值1275.45亿元，比上年增长23.94%，增加值率为61.9%，比上年下降0.1个百分点。

回顾过去的5年，贵州省第一产业的总产值和增加值稳定上升，总产值从2010年的997.82亿元增长至2014年的2118.48亿元，增长112.31%，年均增长率为19.44%，增加值从2010年的625.04亿元增长至2014年的1275.45亿元，增长104.06%，年均增长率为19.52%。

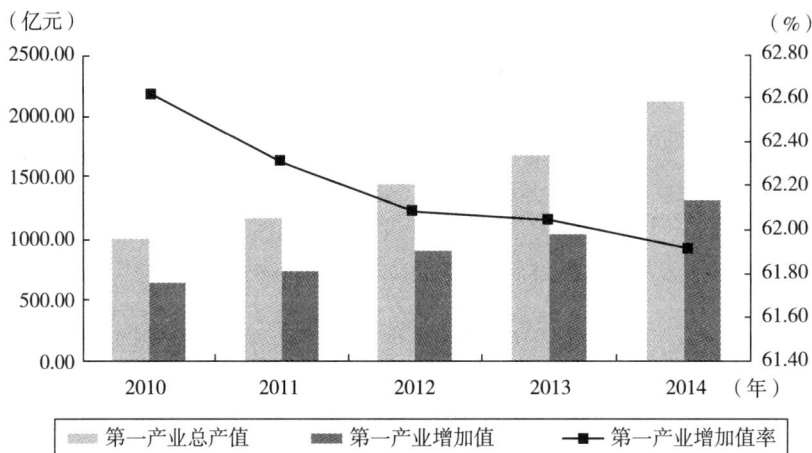

图 1 - 8　2010—2014 年贵州省第一产业发展状况

　　2010 年，贵州省第一产业增加值增长率与西部地区、全国基本持平。但是到 2012 年，贵州省的第一产业增加值的增长率便有了大幅提升，2012 年到 2014 年都保持较高的增长率，尤其是 2014 年，全国和西部地区的增长率均有所下跌，但贵州省的增长率却从 2013 年的 15.67% 进一步上升至 2014 年的 23.94%，这说明贵州省第一产业的发展势头非常迅猛。

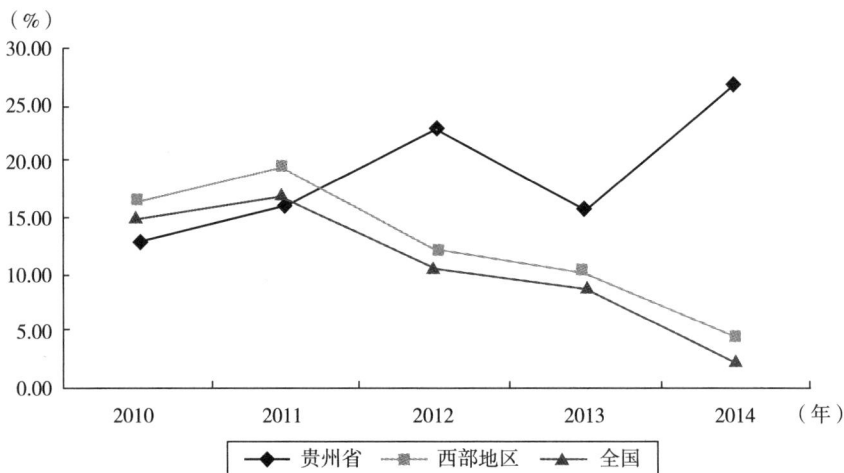

图 1 - 9　2010—2014 年第一产业增加值增长率比较

　　（二）第一产业的各行业生产结构基本维持稳定，各行业均衡发展

　　2014 年，贵州省第一产业总产值中，农业占 62.40%，林业占 4.70%，畜牧业占 26.87%，渔业占 2.22%，农林牧渔服务业占 3.81%，分别增长 2.74 个、0.50 个、-2.15 个、1.18 个和 -0.71 个百分点，农业、林业和渔业保持正增

长,而畜牧业、农林牧渔服务业则出现了负增长。农林牧渔服务业的发展能够提升其他各行业的发展质量,但该行业增长乏力,将会使得其他行业的发展缺乏有力的支撑。

回顾过去的5年,农业的比重增长较快,从2010年的58.86%上升至2014年的62.40%,而畜牧业下降较为明显,从2010年的30.48%下降至2014年的26.87%。相比2010年,在2014年除农业的增加值率比较稳定外,其他行业的增加值率都在下降。从增加值率的绝对水平来看,农林牧渔服务业的增加值率长期处于最低水平,并与其他行业相差约20个百分点,说明农林牧渔服务业的发展质量有很大提升的空间,并可以通过提升农林牧渔服务业的发展质量来提升其他行业的发展质量。

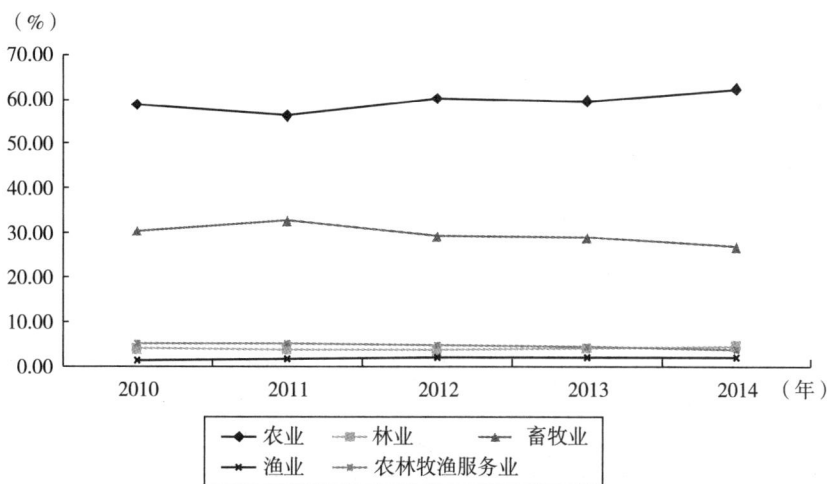

图1-10 2010—2014年贵州省第一产业各行业总产值占比

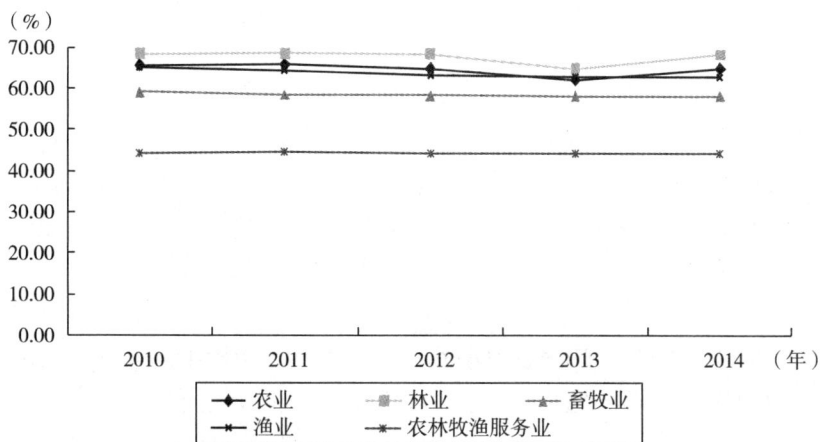

图1-11 2010—2014年贵州省第一产业各行业增加值率

二、工业

(一) 工业持续稳定发展

2014 年, 贵州省实现工业总产值 9598.67 亿元, 比 2013 年增长 21.69%, 实现工业增加值 3117.61 亿元, 比 2013 年增长 23.13%, 工业增加值占全省生产总值的比重为 33.70%, 比 2013 年上升了 1.6 个百分点。从图 1 - 12 中可以看出, 贵州省工业总产值从 2010 年的 4206.37 亿元增长至 2014 年的 9598.67 亿元, 5 年间增长了 128.19%, 工业增加值从 2010 年的 1227.17 亿元增长至 2014 年的 3117.61 亿元, 5 年间增长了 154.05%, 但工业增加值率在 2011 年经历了一次较大的波动, 从 2010 年的 4.86% 骤升至 2011 年的 40.45%, 在 2012 年又下降到 19.25%, 2012 年到 2014 年又逐步恢复, 稳步提升。

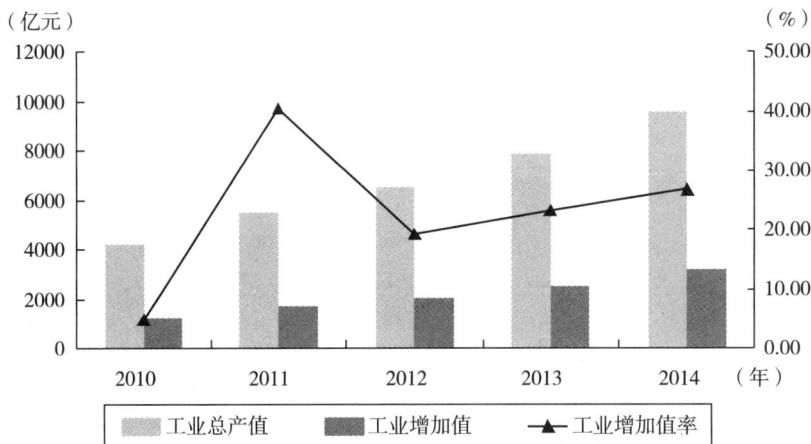

图 1 - 12 2010—2014 年贵州省工业发展状况

(二) 绿色发展理念不断强化, 单位能耗继续下降

随着绿色发展理念不断强化, 绿色经济呈现显著发展。2014 年, 贵州省一次能源生产总量达 15340.26 万吨标准煤, 比 2013 年下降了 5.25%, 能源消费总量达 11145.3 万吨标准煤, 比 2013 年增长 4.40%, 生产比消费高了 4194.96 万吨标准煤, 2014 年能源生产弹性系数为 0.41, 表明经济增长速度远远高于能源生产速度。2013 年能源消费弹性系数为 0.65, 表明经济增长速度远远高于能源消费速度。从过去 5 年来看, 能源消费弹性系数从 2010 年的 0.63 降至 2014 年的 0.41, 说明贵州省经济增长对能源产业的依赖程度在慢慢减弱。

表 1 - 1　　　　　2010—2014 年贵州省能源生产和消费情况

年份	一次能源生产总量 （万吨标准煤）	能源消费总量 （万吨标准煤）	能源生产弹性系数	能源消费弹性系数
2010	13100	8175.43	1.43	0.63
2011	12739.97	9067.85	—	0.73
2012	14932.17	9878.38	1.26	0.65
2013	16190.96	10675.93	0.67	0.65
2014	15340.26	11145.3	—	0.41

　　从总体来看，2014 年贵州省万元地区生产总值能耗为 1.49 吨标准煤/万元，仍然远远高于全国总体水平，万元工业增加值能耗比 2013 年下降了 5.92%。贵州省的万元生产总值能耗较高，主要与贵州省的工业是重工业尤其是电力、冶金、采矿业占主导地位有关。

　　回顾过去的 5 年，贵州省万元地区生产总值能耗从 2010 年的 2.248 万吨标准煤/万元降低至 2014 年的 1.49 万吨标准煤/万元，降幅达 33.72%，年均降幅达 7.31%，单位生产总值电耗从 2010 年的 2297.45 千瓦时/万元降至 2014 年的 1567.84 千瓦时/万元，降幅达 31.76%，年均降幅达 6.53%。能耗下降主要发生在 2011 年，降幅达 23.75%，其他年份都是呈缓慢下降的态势。

表 1 - 2　　　　　2010—2014 年贵州省能源消耗情况

年份	万元地区生产总值能耗（吨标准煤/万元）	万元地区生产总值能耗上升或降低（%）	单位生产总值电耗（千瓦时/万元）	万元工业增加值能耗上升或降低（%）
2010	2.248	-4.26	2297.45	-1.31
2011	1.714	-23.75	1784.56	-22.32
2012	1.644	-4.08	1742.36	-2.37
2013	1.58	-3.89	1666.57	-4.35
2014	1.49	-5.70	1567.84	-5.92

　　近年来，贵州省大力提倡生态文明，发展绿色经济，努力降低单位能耗。作为贵州省支柱产业的工业十大产业在 2014 年综合能源消费量为 5499 万吨标准煤，比 2013 年下降 9.21%，低于全省的能源消费增速，占当年能源消费总量的 49.34%。这表明工业十大产业能耗效率得到了有效地提升，虽然耗能总量仍然普遍上升，但万元工业增加值能耗则普遍下降，比如有色产业万元工业增加值能耗下降 39.5%，电力产业下降 17.2%，冶金产业下降 12.8%，其他大部分行业也有不同程度的下降，但煤炭产业却上升了 10.4%。从表 1 - 3 中可以明显发现，随着政府政策的指引和工业技术的提升，一些产能落后的工业企业被淘汰，

尤其是有色产业的万元工业增加值耗能大幅下降，生产效率有了明显的提升。

表 1 - 3　　　　　　2014 年贵州省工业十大产业能源消费及消耗情况

产业名称	综合能源消费量	增长（％）	万元工业增加值能耗上升或下降（％）
电力产业	2060.7	-11.6	-17.2
煤炭产业	695.6	20.2	10.4
冶金产业	652.7	-5.8	-12.8
有色产业	283.9	-29.8	-39.5
化工产业	881.8	-0.7	-9.9
装备制造业	29.6	25.2	3.1
烟酒产业	35	-5.8	-14.9
建材产业	835	16.0	-5.5
民族制药	6.3	0.4	-7.9
特色食品	18.4	-0.9	-15.1
合计	5499	3	-9.21

（三）重工业仍然是工业主体，但轻工业占比稳定上升

2014 年，贵州省实现重工业增加值 1932.48 亿元，比 2013 年增长 23.67%，占工业增加值的 61.99%；轻工业实现工业增加值 1185.13 亿元，比 2013 年增长 22.27%，占工业增加值的 38.01%。从 2014 年的数据来看，重工业显然是贵州省工业的主体。

回顾过去的 5 年，贵州省工业增加值中重工业和轻工业的地位变化明显，贵州省工业增加值中重工业的比重从 2010 年的 66.26% 下降至 2014 年的 61.99%，下降了 4.27 个百分点，继续维持着下降趋势，但下降幅度逐渐减缓，而轻工业的比重则从 2010 年的 33.74% 上升至 38.01%，继续维持着上升趋势，但上升趋势在逐渐放缓。

在增加值增长率方面，重工业的增长极不稳定。2010 年重工业增加值增长率严重下滑，甚至在 2010 年出现负增长，然后在 2011 年出现大幅上升，达到 34.40%，上升了 34.98 个百分点，但在 2012 年又大幅下滑，跌至 17.34%，下跌 17.06 个百分点，2013 年和 2014 年又开始缓慢回升，这表明重工业的增长受宏观经济环境变化的影响较大，增长极不稳定。轻工业增加值增长率相对来说比较稳定。2010 年轻工业增加值增长率呈现稳定的上涨，2010—2011 年则呈现较快的增长，2011—2012 年继续保持较稳定的上涨，但是 2012—2014 年增加值增长率则出现了下滑，从 2012 年的 37.19% 下降到 2014 年的 22.27%，但仍然保持了较高的增长水平。但从总体来看，2010—2014 年轻工业增加值增长率增长了 4.27 个百分点。

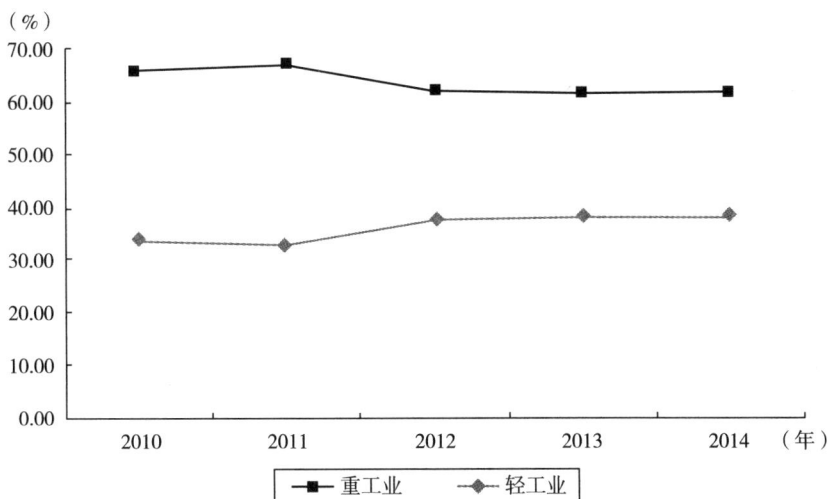

图 1 - 13　2010—2014 年贵州省重工业、轻工业占比

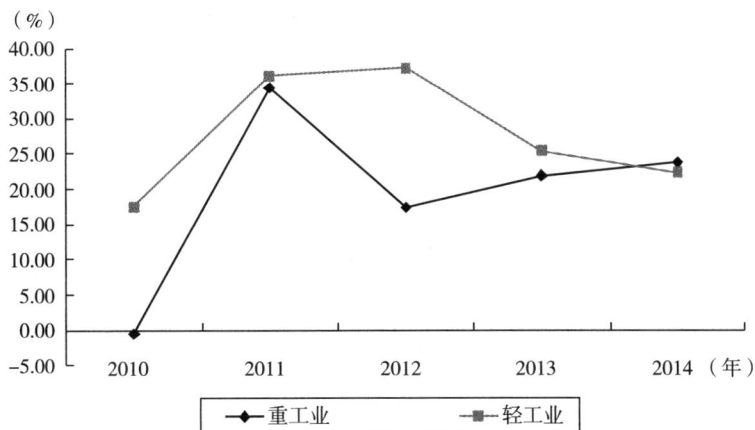

图 1 - 14　2010—2014 年贵州省重工业和轻工业增加值增长率

（四）民营经济增长较快，首次跃居主导地位

2014 年，民营工业企业实现总产值 5597.31 亿元，比 2013 年增长 8.12%，占工业总产值的 58.31%，实现增加值 1614.07 亿元，比 2013 年增长 33.15%，占全省工业增加值的 51.77%。国有工业企业实现总产值 4001.36 亿元，比 2013 年增长 20.42%，占工业总产值的 41.69%，实现工业增加值 1503.54 亿元，比 2013 年增长 13.93%，占全省工业增加值的 48.23%。

回顾过去 5 年，贵州省民营工业企业增加值从 2010 年的 478.12 亿元增长至 2014 年的 1637.34 亿元，增长 242.45%，年均增长率达 31.07%，但增长率不是很稳定，2011 年增长率上升，2012 年又急速下滑，但到 2013 年又大幅上升。贵州省国有工业企业增加值从 2010 年的 749.55 亿元增长至 2014 年的 1503.54 亿元，增长 100.59%，年均增长率为 15.86%，但增长率不太稳定，2010 年增长率大幅下滑，然后在 2011 年大幅反弹。工业增长的基础不是很稳定。

从两者所占比重来看，2010 年国有工业企业增加值占总工业增加值的 61.08%，民营工业企业仅占 38.92%，但是这 5 年中民营工业企业增加值的增长率大多高于国有工业企业，至 2014 年，民营工业企业增加值已经实现了后发赶超，民营工业企业增加值高于国有工业企业增加值 133.8 亿元。这 5 年间，贵州省民营经济取得了很大的发展，这与政府的大力支持是分不开的。

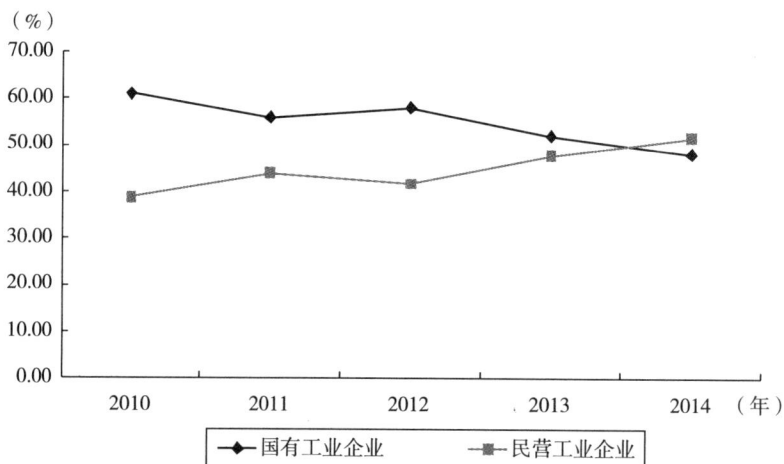

图 1-15　2010—2014 年贵州省国有工业企业和民营工业企业增加值比重

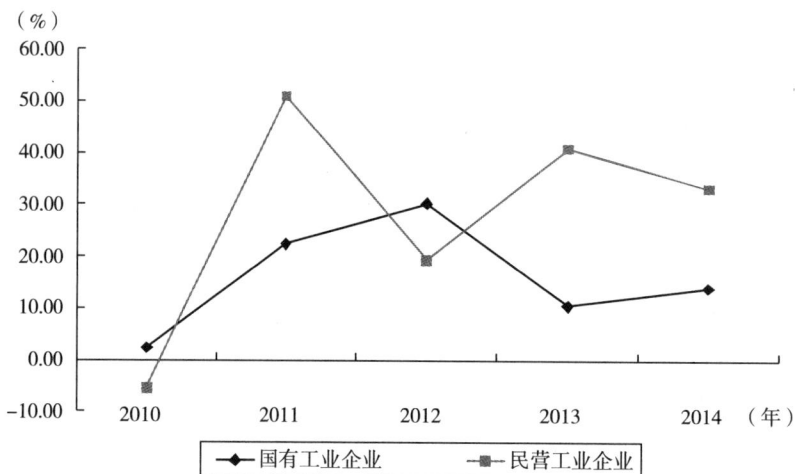

图 1-16　2010—2014 年贵州省国有工业企业和民营工业企业增加值增长率

在工业增加值率方面，国有工业企业的增加值率整体来说要高于民营工业企业。在 2014 年民营工业企业增加值率出现了下滑，下滑至 29.25%，并且与国有工业企业的差距进一步拉大。这就需要政府进一步放宽对民营经济的管制，放宽对一些经营领域的限制，让民营工业企业在市场中实现自由充分竞争；同时，民营工业企业在经营时也要更加注重绩效的提升。

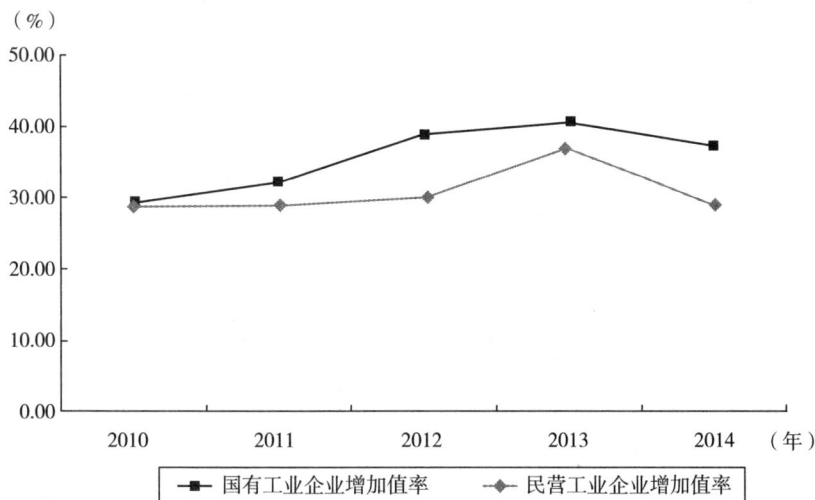

图 1-17　2010—2014 年贵州省国有工业企业和民营工业企业增加值率

（五）规模以上工业企业数量增速放缓，但亏损率明显下降

2014 年，贵州省共有 3685 家规模以上工业企业，比 2013 年增长 17.39%，亏损企业为 747 家，比 2013 年下降 7.66%，亏损率为 20.27%，比 2013 年下降 5.5 个百分点，亏损率下降明显。

回顾过去 5 年，贵州省规模以上工业企业数从 2010 年的 2963 家增长至 2014 年的 3685 家，增加了 722 家，增长率为 24.37%。亏损企业数从 2010 年的 796 家下降至 2014 年的 747 家，减少了 49 家，降幅为 6.16%。2014 年，亏损率明显下降，说明贵州省工业企业的绩效值得到了有效提升，工业企业的经营状况得到了有效的改善。并且，在新出炉的"2014 贵州企业 100 强"里，工业企业继续处于引领地位。

表 1-4　　　　　2010—2014 年贵州省规模以上工业企业相关情况

年份	企业单位数（家）	增长率（%）	亏损企业数（家）	增长率（%）	亏损率（%）
2010	2963	6.16	796	-15.95	26.86
2011	2329	-21.4	586	-26.38	25.16
2012	2752	18.16	684	16.72	24.85
2013	3139	30.45	809	18.27	25.77
2014	3685	17.39	747	-7.66	20.27

（六）高新技术产业保持增长

2014 年，贵州省高新技术产业共有企业 244 家，实现工业总产值 692.86 亿元，增加值比 2013 年增长了 18.5%，表明高新技术企业的绩效有所提升。其中，中成药生产业的总产值达 331.26 亿元，占高科技产业总产值的 47.81%，电子元件及组件制造业的工业总产值达 57.51 亿元，占高科技产业总值的 8.30%，其他产业的规模都较小。在增加值的增长速度方面，光电子器件及其他电子器件制造业和中药饮品加工业增长速度最快，但规模较小；信息化学品制造业、电子真空器件制造业和视听设备制造业增幅较低。

表 1-5　　　　　　　　2014 年贵州省高科技产业发展情况

产业名称	企业单位数（家）	工业总产值（亿元）	增加值比 2013 年增长（%）
信息化学品制造业	1	2.81	2
化学药品制剂制造业	6	18.49	9.1
中药饮品加工业	17	7.59	77.7
中成药生产业	102	331.26	12.2
生物药品制造业	5	23.27	16.6
卫生材料及医药用品制造业	5	23.27	16.6
通信系统设备制造业	1	0.08	29.2
通信终端设备制造业	3	1.45	38.4
电子真空器件制造业	1	2.69	2.2
半导体分立器件制造业	3	7.95	50.5
集成电路制造业	2	21.3	4.6
光电子器件及其他电子器件制造业	6	3.3	68.9
电子元件及组件制造业	29	57.51	30
视听设备制造业	2	32.43	0.5
工业自动控制系统装置制造业	8	4.66	17.8

（七）工业企业整体收入上升，但利润率出现下滑

2014 年贵州省工业企业资产总额达 11340.67 亿元，比 2013 年增长 16.87%，实现主营业务收入 8260.86 亿元，比 2013 年增长 20.10%，实现利润总额 539.40 亿元，比 2013 年上升 13.00%，资产利润率为 4.52%，比 2013 年下降 0.40%，销售利润率为 6.53%，比 2013 年下降 0.41 个百分点。资产利润率和销售利润率均有小幅下降，主要是由于全国经济进入"增长速度换挡期、结构调整阵痛期、前期刺激政策消化期"，经济下行压力较大，贵州省工业也就不

可避免地受到冲击。

　　回顾过去5年，贵州省工业企业资产总额从2010年的5960.13亿元增长至2014年的11340.67亿元，5年内增长90.28%，平均年增长率为17.45%，主营业务收入从2010年的3926.01亿元增长至2014年的8260.86亿元，5年内增长110.41%，平均年增长率约为20.74%，利润总额从2010年的317.63亿元增长至2014年的539.40亿元，5年内增长69.82%，平均年增长率约为26.60%，资产利润率从2010年的5.33%下降至2014年的4.52%，5年内下降了0.81个百分点，销售利润率从2010年的8.09%下降至2014年的6.53%，5年内下降了1.56个百分点。无论是从资产总额还是从主营业务收入来看，这5年间贵州省工业企业的绩效都有大幅提升，但盈利能力相对增长较为缓慢。

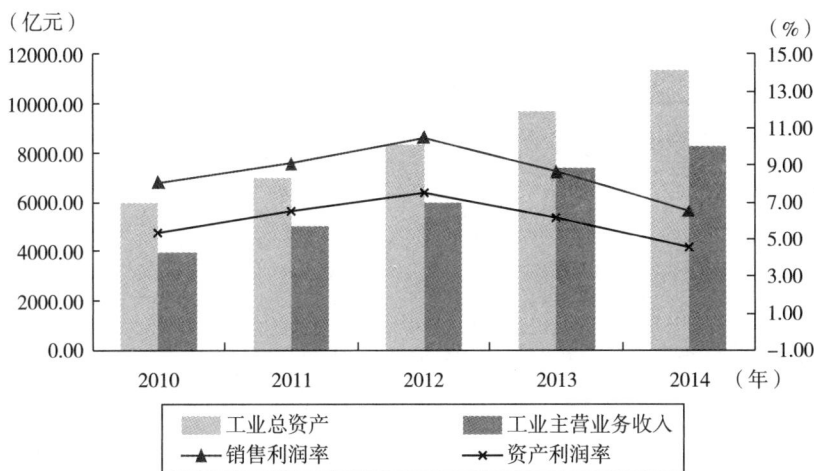

图1-18　2010—2014年贵州省规模以上工业企业经济效益指标

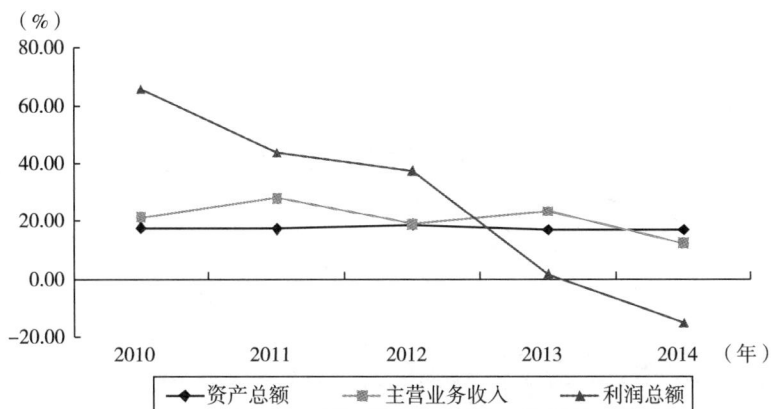

图1-19　2010—2014年贵州省规模以上工业企业经济效益指标增长率

15

在 2010—2014 年期间，2010 年西部地区的销售利润率为 9.37%，然后缓慢下跌，2014 年为 6.46%。就全国平均而言，销售利润率在 2010 年达到 7.60%，然后缓慢下降，在 2014 年为 5.91%。但贵州省工业企业销售利润率在 2010 年到 2012 年间持续上升，但是在 2012 年出现了拐点，开始逐步下滑，但仍高于西部地区和全国平均水平，到 2014 年又回落到西部地区的平均水平，高于全国平均水平。而在资产利润率方面，2010 年西部地区为 8.03%，2014 年跌至 5.40%，全国的工业企业资产利润率从 2010 年的 8.95% 跌至 2014 年的 6.99%。贵州省工业企业的资产利润率在经历了 2010 年到 2012 年的缓慢上升后，在 2013 年和 2014 年又呈现出下降的趋势，这主要是由于国内宏观经济环境变化的影响，经济转型需要淘汰一些落后的工业企业，而企业利润大幅下滑的工业企业自然也将成为经济转型的淘汰品。

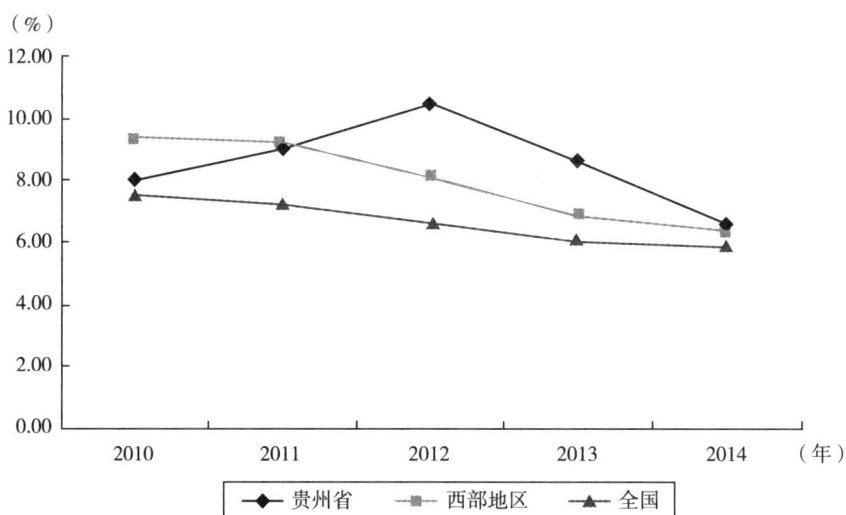

图 1-20 2010—2014 年工业企业销售利润率比较

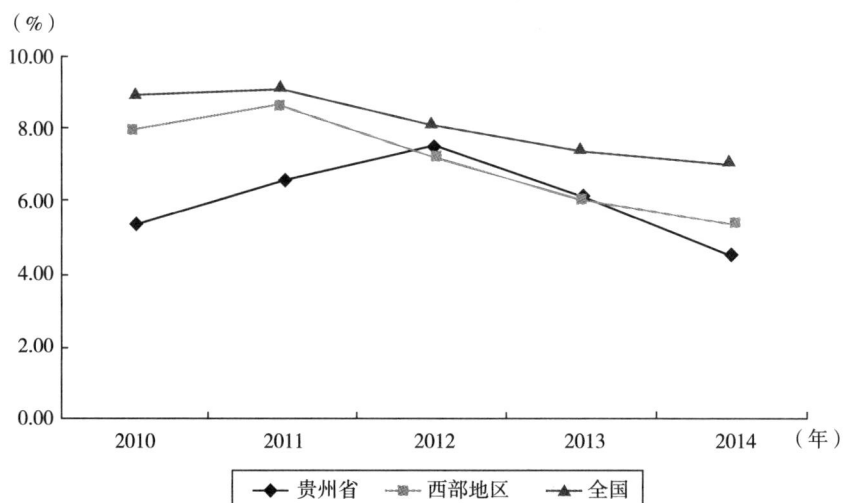

图 1-21 2010—2014 年工业企业资产利润率比较

第三节　服务业

一、贵州省服务业快速增长

2014 年贵州省服务业实现增加值 4128.5 亿元，比 2013 年增长 10.56%，占全省生产总值的比重为 44.6%，比 2013 年下降 2 个百分点。回顾过去 5 年，贵州省第三产业增加值从 2010 年的 2177.07 亿元增长至 2014 年的 4128.5 亿元，5 年增长了 89.64%，平均年增长率约为 17.11%。西部地区第三产业增加值从 2010 年的 29738.45 亿元增长至 2014 年的 55556.65 亿元，增长 86.82%，平均年增长率约为 16.66%。全国第三产业增加值从 2010 年的 176444 亿元增长至 2014 年的 306739 亿元，增长 73.84%，平均年增长率约为 15.42%。整体来说，贵州省第三产业增长速度远高于西部地区和全国。但贵州省第三产业的增长速度波动非常大，2010 年迅速跌至 15.45%，2011 年又大幅升至 27.75%，2012 年仅为 18.03%，2013 年则下降到了 14%，2014 年仅为 10.56%，近 4 年增幅呈现出下滑趋势。而同期西部地区和全国的第三产业增加值增长率则相对较为稳定。服务业的快速发展不仅能带动经济的增长，还能促进工业增长质量的提升，加快城市化进程，增加更多的就业机会。未来贵州省的服务业可能需要更多金融业的支撑，特别是云金融、普惠金融、绿色金融在贵州省的加速发展，也将会助推服务业的发展。

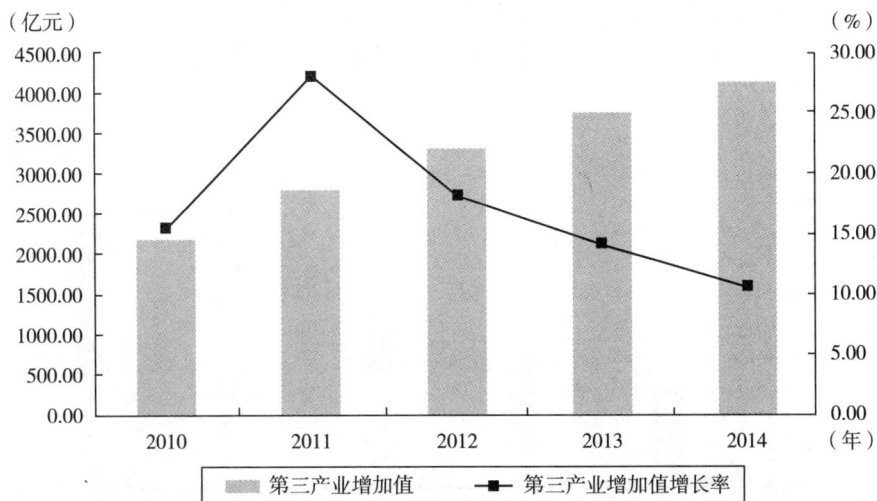

图 1-22　2010—2014 年贵州省第三产业增加值及增长率

（%）

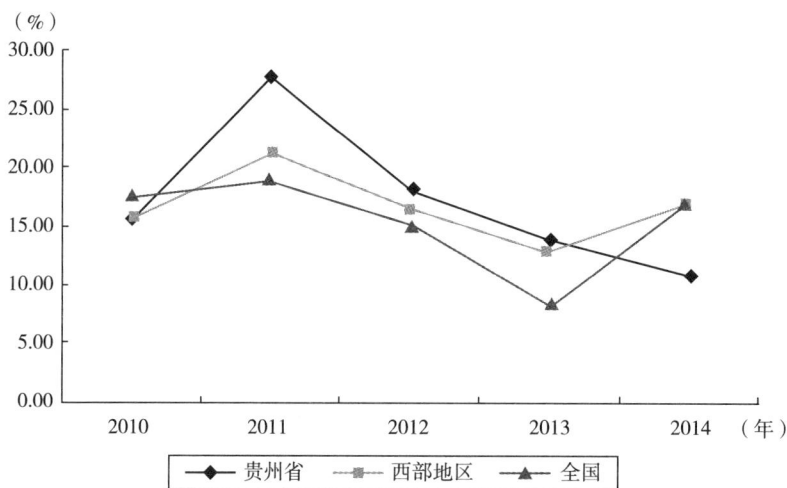

图 1 - 23　2010—2014 年第三产业增加值增长率比较

二、旅游业保持高速增长

旅游业是贵州省的一大支柱产业。2014 年，贵州省接待国内外游客 32134.94 万人次，实现旅游总收入 2895.98 亿元，比 2013 年增长 22.16%，其中国际旅游外汇收入达 2.17 亿美元，比 2013 年增长 7.96%，国内旅游收入达 2882.66 亿元，比 2013 年增长 22.25%。尤为令人瞩目的是，2014 年贵州省的旅游总收入比邻省云南省要多 235 亿元，但在国际旅游方面与云南省相差甚远，2014 年云南省接待海外游客 997.94 万人次，比 2013 年下降了 4.35%，实现国际旅游外汇收入 24.21 亿美元，而贵州省接待的海外游客仅为 85.5 万人次，比

（亿元，百万美元）

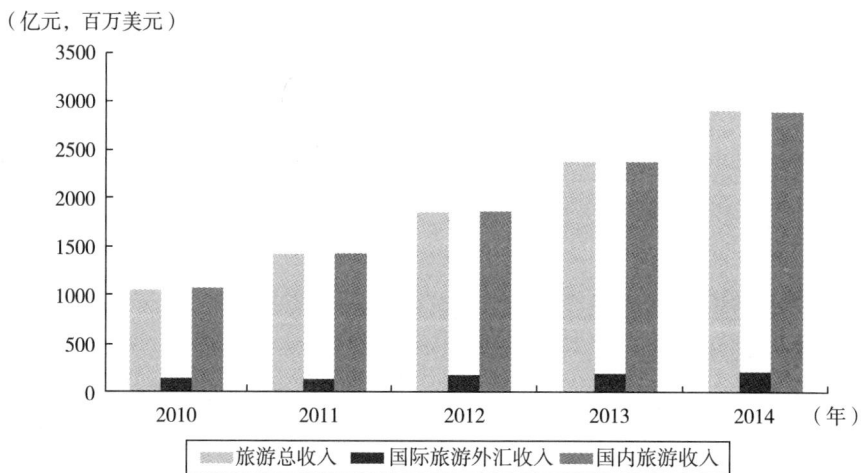

图 1 - 24　2010—2014 年贵州省旅游收入情况

云南省少 912.44 万人次，在旅游外汇收入方面落后于云南省 22.04 亿美元，而
2013 年的差距为 22.18 亿美元，国际旅游的差距在逐渐拉大，这说明贵州省的
旅游在国际市场方面仍有巨大的潜力。

国内旅游收入是贵州省旅游总收入的主体。贵州省 2010 年实现国内旅游收
入 1052.64 亿元，2014 年增长至 2882.66 亿元，5 年中增加了 1830.02 亿元，增
长 173.85%，平均年增长约 29.37%。西部地区 2010 年实现国内旅游收入
8049.64 亿元，2014 年增长至 20732 亿元，5 年中增长了 157.55%，平均每年增
长约 27.29%。全国 2010 年实现国内旅游收入 12597.77 亿元，2014 年增长至
30312 亿元，5 年中增长了 140.61%，平均每年增长约 25.14%。贵州省的增长
幅度大大超过西部地区和全国平均水平，并且贵州省的增长率一直相对比较平
稳，说明贵州省旅游发展前景良好。

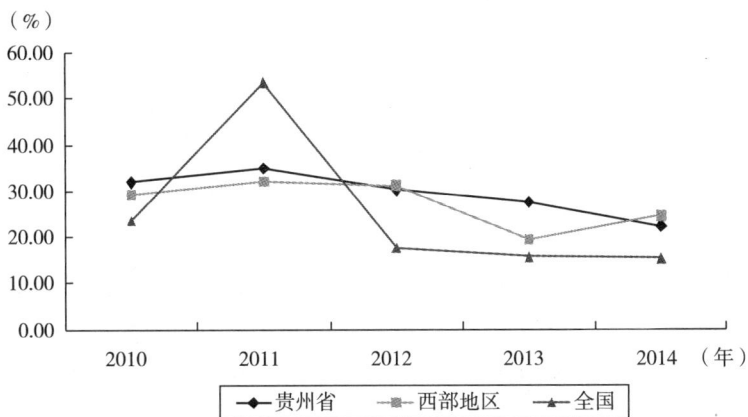

图 1-25 2010—2014 年国内旅游收入增长率比较

在国际旅游方面，贵州省的表现不是很理想。2010 年贵州省实现国际旅游
外汇收入 1.30 亿美元，2014 年增长至 2.17 亿美元，5 年中增长 66.92%，平均
年增长率约为 12.27%。贵州省国际旅游外汇收入增长不稳定。从 2010 年开始
出现正的增长率，并且在 2012 年的增长率达到 21.85%，到 2013 年和 2014 年又
略有下降。在此期间，全国的国际旅游外汇收入增长率在 2010 年后一直下降，
直到 2014 年才有所回升。而西部地区的国际旅游外汇收入增长率则快速上升，
但在 2012 年和 2013 年有一定程度的下滑。到 2012 年，贵州省的国际旅游外汇
收入增长率已经远远高于全国平均水平，2014 年大幅领先于西部地区平均水平，
但稍低于全国平均水平。但贵州省的国际旅游起点太低，相对于邻省云南省来
说已经落后太多，未来还有很大的空间可供挖掘。贵州省可以大量利用金融支
持，增加更多旅游项目，加大广告宣传力度，提升贵州省国际旅游知名度。

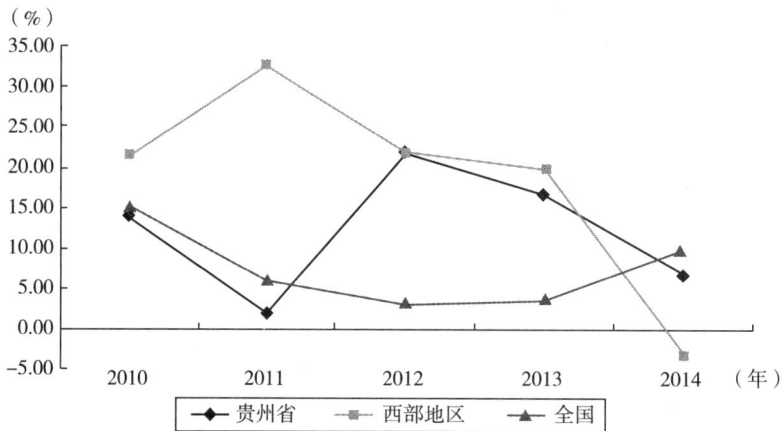

图 1 - 26　2010—2014 年国际旅游外汇收入增长率比较

三、房地产增速放缓

2014 年，贵州省房地产投资为 2187.67 亿元，比 2013 年增长 12.62%。商品房销售为 1370.31 亿元，比 2013 年增长 7.67%。这 5 年间，贵州省房地产投资增长非常迅速，从 2010 年的 556.69 亿元增长至 2014 年的 2187.67 亿元，几乎增长了 4 倍，平均年增长率约为 43.97%。商品房销售也增长非常快，从 2010 年的 581.01 亿元增长至 2014 年的 1370.31 亿元，增长 135.85%，平均年增长率约为 24.08%。但受全国房地产市场景气状况的影响，2014 年房地产投资增速大幅下滑，从全国房地产市场发展形势来看，近一两年增速还将会继续下滑。这 5 年是贵州省房地产迅猛发展的 5 年。从政府制定的关于房地产行业的政策意图来看，去存量依然是贵州省房地产行业必须面临的一大难题。

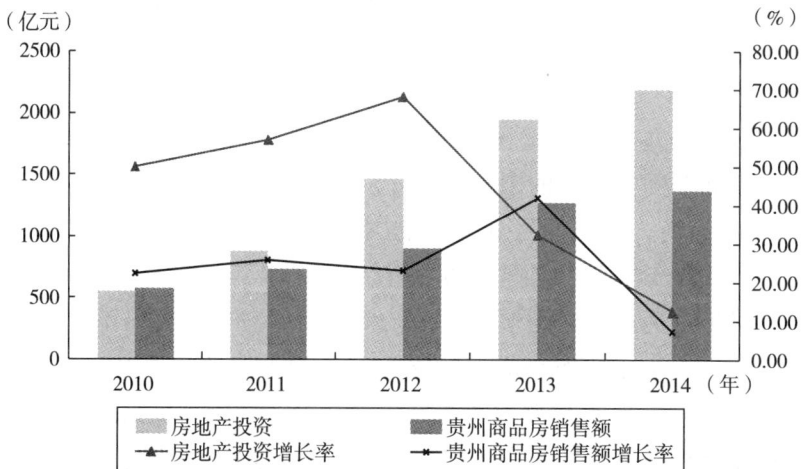

图 1 - 27　2010—2014 年贵州省房地产投资和销售情况

由于受到宏观地产调控政策的影响，全国的地产行业发展面临着一系列的难题，由于原有的资金链恶化，房地产投资总额自然也就出现了明显的下降趋势。回顾过去5年，贵州省的房地产投资增长率从2010年的49.95%下降到了2014年的12.62%；而同期，西部地区的增长率较低，从2010年的34.00%下降到2014年的11.53%；全国的房地产投资增长率从2010年的32.84%下降到了2014年的10.49%。贵州省房地产投资增长率更加接近于全国平均水平，从仅仅追求指标的上涨到因追求发展质量的提升而降低增速将是贵州省房地产行业发展的一个质的飞跃。

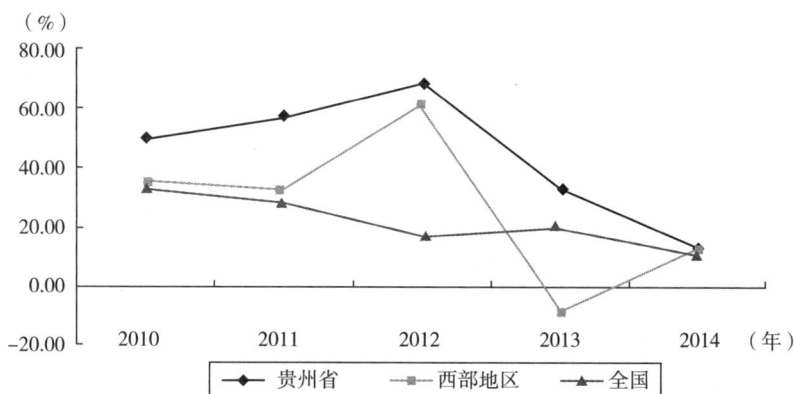

图1-28 2010—2014年房地产投资增长率比较

房屋的施工面积和竣工面积反映了未来房地产市场的供给情况。2014年，贵州省房屋施工面积达20369万平方米，比2013年上升了17.36%，竣工面积为2843.32万平方米，比2013年上升了16.03%。

而在2010—2014年这5年间，贵州省房屋施工面积从7905.5万平方米增长至20369万平方米，增长了157.66%，平均年增长率为27.37%，并且增长率在缓慢上升，但到2014年增速有所放缓，西部地区房屋施工面积从99995万平方米增长至189461万平方米，增长了89.47%，平均年增长率约为20.11%，全国房屋施工面积从844057万平方米增长至1250249万平方米，增长了48.12%，平均年增长率约为10.95%。贵州省房屋施工面积增长率高于西部地区和全国平均水平，这很有可能是贵州省巨大的增长潜力和城市化发展空间带来的，这无疑有利于增加贵州省房地产的供给，并推进贵州省房地产市场化进程。

在此5年间，贵州省房屋竣工面积从5325万平方米减少至2843.32万平方米，减少了46.6%，西部地区房屋竣工面积从70335万平方米下降至42295万平方米，下降了39.87%，全国房屋竣工面积从278564.5万平方米增长至423123万平方米，增长了51.89%，平均年增长率约为7.40%。整体而言，贵州省房屋竣工面积增长速度远远低于西部地区和全国平均水平，并且贵州省房屋竣工面积增长率波动非常大，2010 年增长率为 12.48%，在 2011 年却跌至 – 43.89%，2012 年上升至 17%，但 2013 年又下降至 – 29.91%，到了 2014 年又上升为 16.03%。而在此期间，全国的房屋竣工面积增长率虽然维持在较低水平，但相对来说稳定得多。

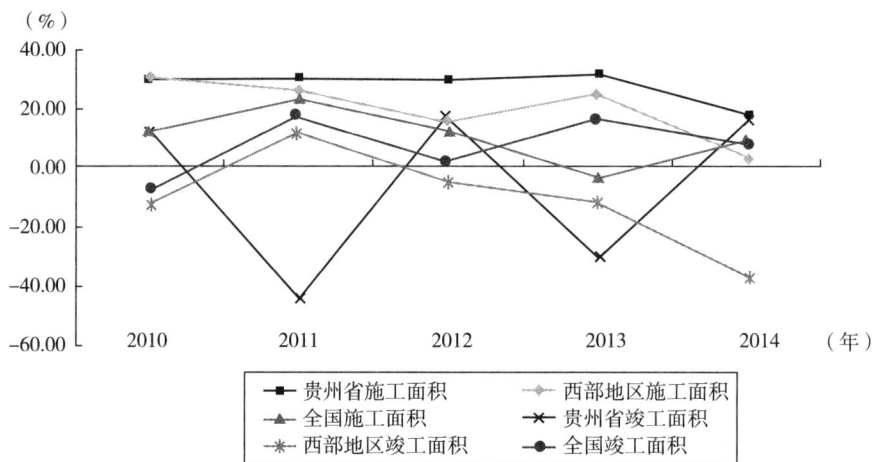

图 1 – 29　2010—2014 年房屋施工面积和竣工面积增长率比较

四、社会零售业增幅下降幅度较大

2014 年，贵州省社会零售品总额达 2579.53 亿元，比 2013 年增长 9.01%。从过去 5 年的数据来看，贵州省社会零售品总额逐步上升，从 2010 年的 1482.70 亿元增长至 2014 年的 2579.53 亿元，5 年中增长了 73.98%，平均每年增长率约为 14.80%，但增长率从 2012 年开始就一直在下滑。与西部地区和全国相比，2010—2012 年社会零售品总额的增长率变化路径几乎重合，但在 2013 年和 2014

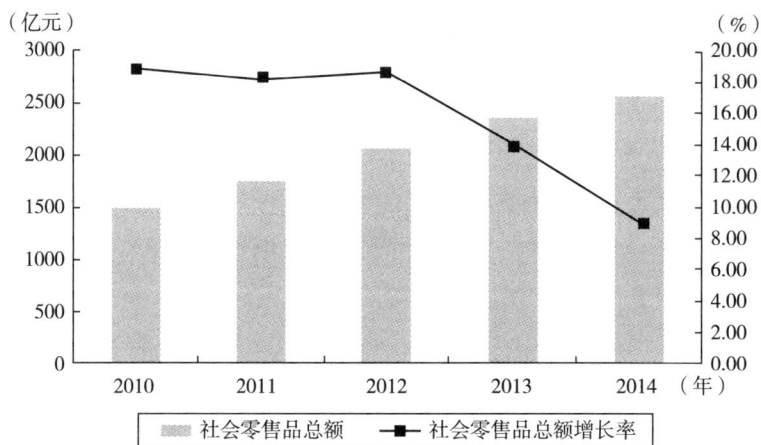

图 1 – 30　2010—2014 年贵州省社会零售品总额及增长率

年呈现出下降趋势。在消费方面，缺乏大力刺激政策，所以增长只有靠内生动力，内生动力的不足势必会造成整个社会零售业发展放缓。

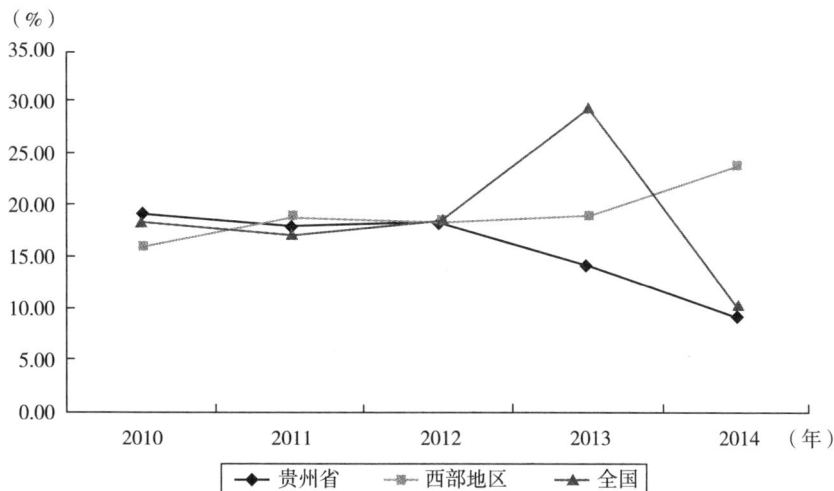

图 1-31 2010—2014 年社会零售品总额增长率比较

从城乡不同区域来看，2014 年贵州省的城镇社会零售品总额为 2113.15 亿元，比 2013 年增长 8.13%，乡村社会零售品总额为 466.38 亿元，比 2012 年增长 13.19%，城镇社会零售品总额是乡村的近 5 倍。与贵州省全省不到 40% 的城市化率相比，贵州省城镇居民的购买力远远超过乡村居民的购买力。2010—2014 年的 5 年间，城镇社会零售品总额的增长率比乡村要高近 50 个百分点，但保持着非常一致的变化趋势，仅仅在 2010 年出现非常大的反差，2010 年城镇的增长率突然上升，而乡村的增长率突然大幅下跌。而从 2011 年开始，两区域的增长率变化趋势又趋于一致。但 2013 年城镇的增长率又大幅下滑，跌至与乡村接近的水平，到了 2014 年贵州省乡村的社会零售品总额增长率已经赶超城镇。

另一方面，2014 年贵州省批发和零售业零售总额为 2352.58 亿元，比 2013 年增长约 9.07%，住宿和餐饮业零售总额为 226.95 亿元，比 2013 年增长约 8.36%。2010 年以前两行业增长率差距较大，但在 2010 年到 2012 年，两行业的增长率变化趋势趋于一致，但在 2013 年住宿和餐饮业零售总额增长率却出现了大幅下滑，到 2014 年有所回升，相对而言批发和零售业总额的增长率则相对较为稳定。

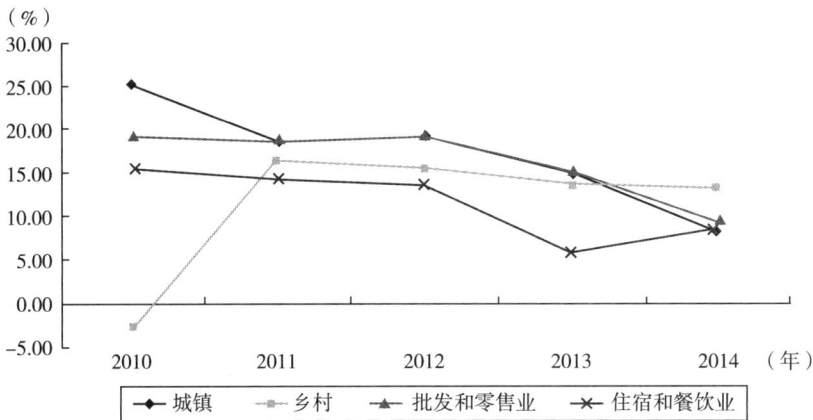

图 1 – 32　2010—2014 年贵州省社会零售品总额增长率比较

第四节　固定资产投资

一、固定资产投资保持较高增速，但增速明显放缓

2014 年，贵州省固定资产投资总额为 13103.86 亿元，比 2013 年增长 26.55%，其中工业投资总额为 3647.07 亿元，比 2013 年增长 19.40%，占全部固定资产投资的 27.83%，房地产业投资总额为 2187.67 亿元，比 2013 年增长 12.62%，占全部固定资产投资的 16.69%。2014 年，受宏观经济形势的影响，各项投资增长率都比以前年度有所下降。

固定资产投资的快速增长对金融业的发展提出了更高的要求。金融发展是固定资产投资的后盾，金融资产的增长、金融结构的优化以及金融工具的创新，能够提高资源配置效率，并进一步优化投资环境，推动全社会投资的扩张。过去 5 年中，贵州省全社会固定资产投资总额从 2010 年的 3186.28 亿元增长至 2014 年的 13103.86 亿元，5 年间翻了两番，平均年增长率为 40.46%，房地产投资总额从 2010 年的 556.69 亿元增长至 2014 年的 2187.67 亿元，5 年间增长了 2.93 倍，平均年增长率为 43.97%，工业投资总额则从 2010 年的 1074.55 亿元增长至 2014 年的 3647.07 亿元，5 年间增长了 2.39 倍，平均年增长率为 33.37%。全社会固定资产长期保持着较高的增长速度，近 5 年来，贵州省的固定资产投资正迅猛增长，这会带来大量的融资需求，并且需要金融创新来满足不同类型固定资产投资的需要。

在过去 5 年中，贵州省全社会固定资产投资增长一直处于高位运行，这表明贵州省经济发展的动力强劲，而同期西部地区和全国的固定资产投资增长速度则相对来说在低位徘徊，并且从 2010 年开始贵州省固定资产投资增长速度逐渐远远超过西部地区和全国水平，但到了 2014 年三者之间的差距进一步缩小。这也意味着贵州省的金融在规模和结构上，都需要以领先于全国和西部地区各省的速度发展，并作出更多创新，为贵州省的固定资产投资提供足够的支持。

在此期间，除了 2010 年和 2013 年贵州省的工业投资增长速度低于西部地区平均水平外，其余几年里，贵州省的工业投资增长速度都高于西部地区和全国平均水平。

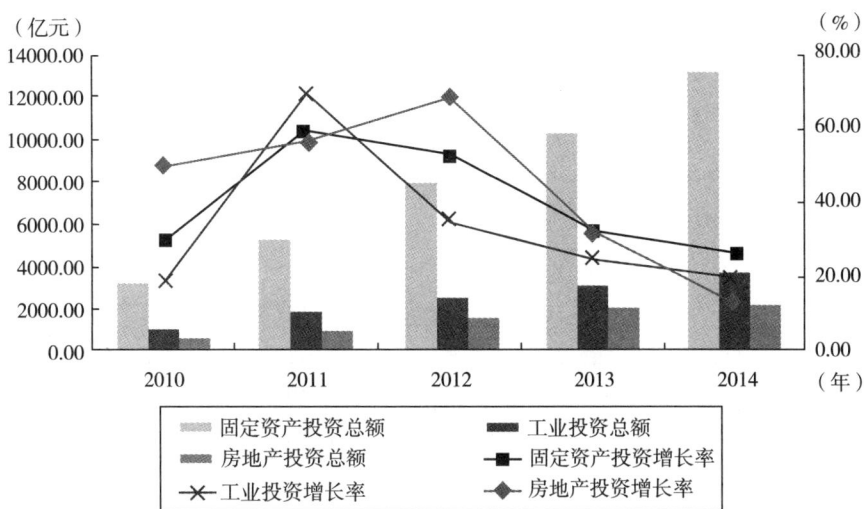

图 1-33　2010—2014 年贵州省固定资产投资

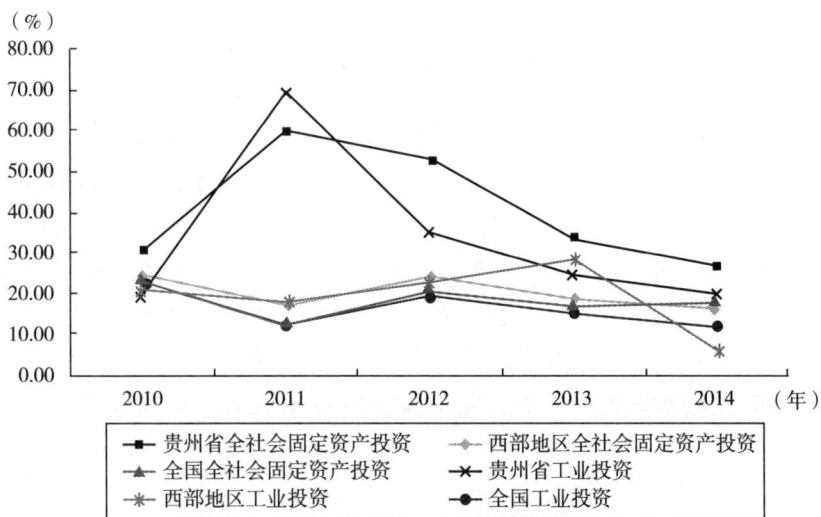

图 1-34　2010—2014 年固定资产投资总额增长率比较

2010—2014 年，贵州省固定资产投资效果系数（投资效果系数＝全省生产总值/固定资产投资总额）持续下降。2010 年前，贵州省固定资产投资效果系数要高于西部地区和全国水平，但在 2010 年到 2013 年，贵州省固定资产投资效果系数开始低于西部地区和全国平均水平，但到 2014 年贵州省固定资产投资效果系数又超越了西部地区和全国的平均水平，这表明贵州省的固定资产投资效果有了明显的起色，贵州省今后的发展仍需更多可以快速推动经济增长和提升人民生活水平的固定资产投资。

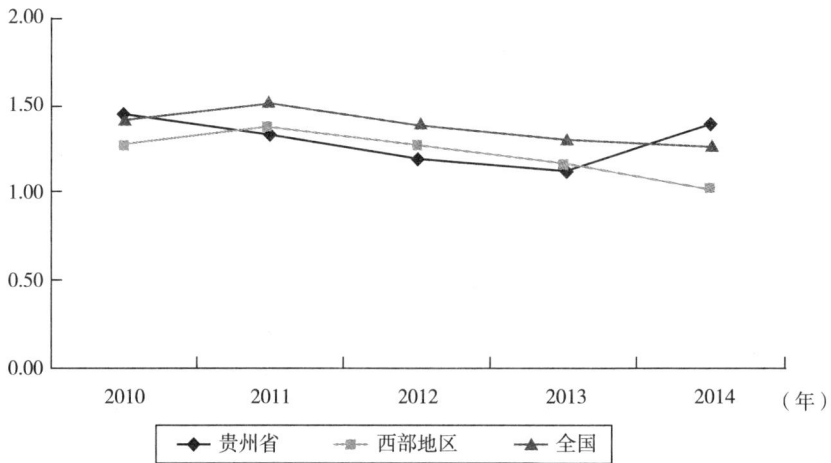

图 1－35 2010—2014 年固定资产投资效果系数比较

二、第二产业固定资产投资比重明显下降

2014 年，贵州省全社会固定资产投资总额中第一产业投资为 606.05 亿元，占全部投资总额的 4.62%，第二产业投资为 3676.00 亿元，占全部投资总额的 28.05%，第三产业投资为 8821.81 亿元，占全部投资总额的 67.32%，第三产业投资是固定资产投资的主体，其中第三产业固定资产投资的 16.69% 是房地产投资。而从 5 年的投资产业结构变迁来看，第一产业和第三产业投资比重都有提升，只有第二产业出现了下滑。经济改革需要淘汰落后的工业产能，经济结构的优化则需要加大服务业的投资，尤其是金融业的投资，以推动贵州省经济的高效率增长。

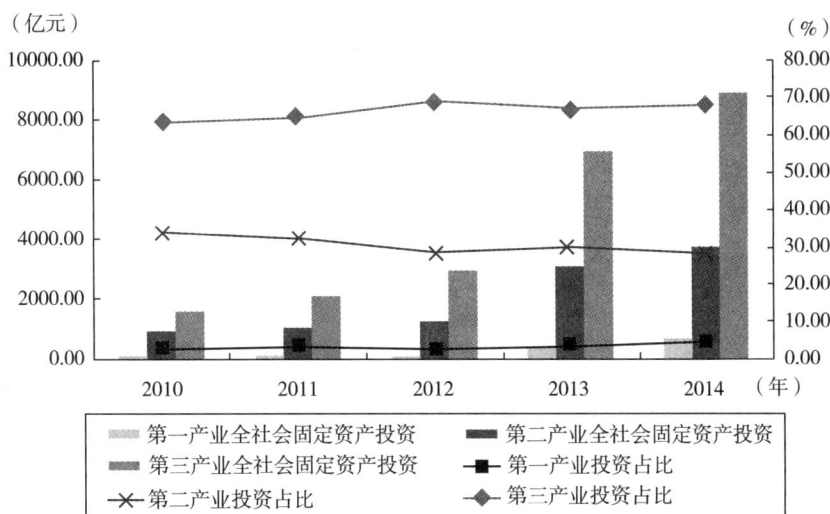

图1-36 2010—2014年贵州省固定资产投资结构中的三次产业结构

第五节 对外贸易与利用外资

一、出口增长保持强劲势头

外贸一直是贵州省经济的弱项。2014年，贵州省实现货物贸易进出口总额108.14亿美元，比2013年增长30.45%，其中进口总额为14.17亿美元，比2014年上涨了0.94%，出口总额为93.97亿美元，比2013年增长30.45%，净出口总额为79.80亿美元，比2013年增长45.57%，增速迅猛。

回顾过去5年，贵州省进出口总额从2010年的31.47亿美元增长至2014年的108.14亿美元，增长了2.4倍，平均年增长率为36.57%，并且在2010年之后，一直保持着25%以上的增长率。进口总额从2010年的12.27亿美元增长至2014年的14.17亿美元，增长了15.48%，平均年增长率为3.10%。出口总额从2010年的19.20亿美元增长至2014年的93.97亿美元，增长了将近4倍，平均年增长率为47.64%，其增长率远远高于进口的增长率，贵州省近5年来出口势头很强劲。净出口总额从2010年的6.94亿美元增长至2014年的79.80亿美元，5年间增长了10倍，平均每年增长88.05%。

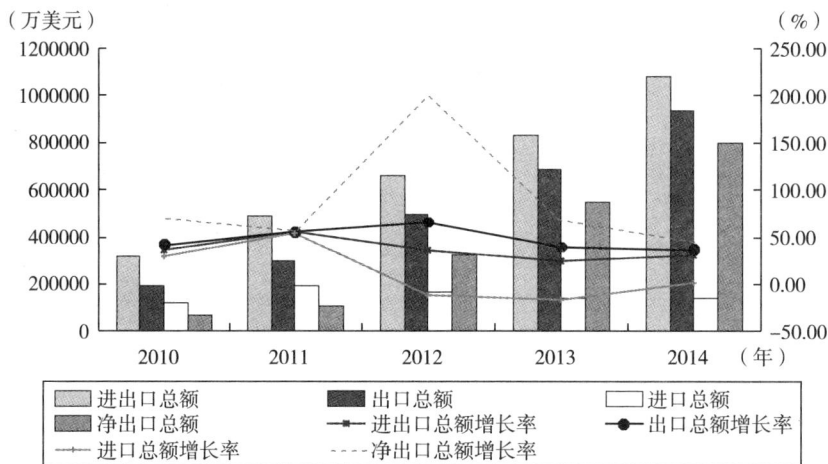

图 1 – 37　2010—2014 年贵州省进出口情况

与西部地区和全国相比，2014 年，贵州省进出口总额仅相当于西部地区的 3.22% 和全国的 0.25%，出口总额仅相当于西部地区的 4.30% 和全国的 0.40%，进口总额仅相当于西部地区的 1.21% 和全国的 0.07%，净出口总额仅相当于西部地区的 7.85% 和全国的 2.09%，这些数据表明贵州省进出口规模都非常小，对外贸易顺差相对来说较大。

从 2010—2014 年这 5 年来看，西部地区进出口总额增长了 163.01%，平均每年增长 21.34%，出口总额增长了 206.74%，平均每年增长 25.13%，进口总额增长了 107.68%，平均每年增长 15.74%，净出口总额增长了 5 倍以上，平均每年增长 46.73%。出口总额增长率远远低于贵州省。5 年中，全国的进出口总额增长了 44.69%，平均每年增长 7.67%，出口总额增长了 48.49%，平均每年增长 8.23%，进口总额增长了 40.40%，平均每年增长 7.02%，净出口总额增长了 110.71%，平均每年增长 16.07%。整体来说，贵州省增长率的波动与西部地区和全国的波动非常一致，但贵州省的增长率水平相对较高。贵州省一定要充分利用现在的政策支持优势和宝贵的资源优势来提升外贸的发展水平，加大对国外先进生产力和先进技术的引进力度，实现经济的后发赶超。

表 1 – 6　　　　　　　2010—2014 年进出口比较　　　　单位：亿美元，%

指标	2010 年	2011 年	2012 年	2013 年	2014 年
贵州省进出口总额	31.47	48.84	66.32	82.90	108.14
贵州省出口总额	19.20	29.85	49.52	68.86	93.97
贵州省进口总额	12.27	18.99	16.79	14.04	14.17
贵州省净出口总额	6.94	10.86	32.73	54.82	79.80

续表

指标	2010 年	2011 年	2012 年	2013 年	2014 年
西部地区进出口总额	1275.50	1825.40	2329.80	2781.53	3354.71
西部地区出口总额	712.44	1067.42	1453.85	1782.26	2185.37
西部地区进口总额	563.06	757.98	875.94	999.27	1169.34
西部地区净出口总额	149.38	309.44	577.91	782.99	1016.03
全国进出口总额	29740.0	36418.6	38671.2	41603.31	43030.37
全国出口总额	15777.5	18983.8	20487.1	22100.24	23427.47
全国进口总额	13962.4	17434.8	18184.1	19502.89	19602.90
全国净出口总额	1815.1	1549.0	2303.1	2597.35	3824.57
贵州省进出口总额增长率	36.38	55.22	35.77	25.00	30.45
贵州省出口总额增长率	41.34	55.47	65.89	39.05	36.47
贵州省进口总额增长率	29.29	54.82	-11.57	-16.41	0.93
贵州省净出口总额增长率	69.24	56.62	201.31	67.50	45.57
西部地区进出口总额增长率	39.75	43.11	27.63	19.39	20.60
西部地区出口总额增长率	37.90	49.83	36.20	22.59	22.62
西部地区进口总额增长率	42.16	34.62	15.56	14.08	17.02
西部地区净出口总额增长率	23.89	107.16	86.76	35.49	29.76
全国进出口总额增长率	34.72	22.46	6.19	7.58	3.43
全国出口总额增长率	31.30	20.32	7.92	7.87	6.01
全国进口总额增长率	38.80	24.87	4.30	7.25	0.51
全国净出口总额增长率	-7.24	-14.66	48.68	12.78	47.25

二、一般贸易是进出口主体

2014 年，贵州省出口总额中一般贸易总额为 89.45 亿美元，占出口总额的 95.19%，加工贸易总额为 2.77 亿美元，占出口总额的 2.95%，其他贸易总额为 1.75 亿美元，占出口总额的 1.86%，进口总额中一般贸易总额为 10.98 亿美元，占进口总额的 77.49%，加工贸易总额为 1.27 亿美元，占进口总额的 8.96%，其他贸易总额为 1.92 亿美元，占进口总额的 13.55%。净出口总额中一般贸易净出口总额为 78.47 亿美元，占净出口总额的 98.33%，加工贸易净出口总额为 1.5 亿美元，占净出口总额的 1.88%。一般贸易是贵州省贸易的主体，各种贸易类型均保持顺差。加工贸易在贵州省对外贸易中的地位非常弱，这不利于贵州省经济融合到全球化产业链中，也无法创造更多的外汇及附加价值，自然也无法推动贵州省生产、加工行业的国际化。

表 1-7 贵州省 2014 年货物贸易类型 单位：万美元，%

项目	2014 年	占比
出口：	93.97	
一般贸易	89.45	95.19
加工贸易	2.77	2.95
其他贸易	1.75	1.86
进口：	14.17	
一般贸易	10.98	77.49
加工贸易	1.27	8.96
其他贸易	1.92	13.55
净出口：	79.8	
一般贸易	78.47	98.33
加工贸易	1.5	1.88
其他贸易	-0.17	-0.21

三、实际利用外资保持高速增长，但外资项目数减少明显

2014 年，贵州省利用外资项目 67 个，比 2013 年减少了 8 个，实际利用外资 20.65 亿美元，比 2013 年增长了 31.19%，年末实有外商投资法人企业达 594 家，比 2013 年减少了 146 家，其中 2014 年登记 60 家，新增户数比 2013 年减少 17 家。投资总额为 154.72 亿美元，比 2013 年增长 59.52%，注册资本为 77.56 亿美元，比 2013 年增长 48.16%。实际利用外资增长较快，但规模仍然非常小。总体来说，2014 年在招商引资方面成就较大，是近些年来引资力度最大的一年（见表 1-8）。

表 1-8 2010—2014 年贵州省利用外资情况

指标	2010 年	2011 年	2012 年	2013 年	2014 年
项目数（个）	42	70	53	75	67
实际利用外资额（亿美元）	3.4	7.17	10.98	15.74	20.65
年末实有外商投资法人企业（家）	603	644	686	740	594
本年登记户数（家）	31	46	46	77	60
投资总额（亿美元）	41.31	56.83	76.7	96.99	154.72
注册资本（亿美元）	25.1	32.12	41.97	52.35	77.56

回顾过去 5 年，贵州省利用外资情况持续好转，实际利用外资从 2010 年的 3.4 亿美元增长至 2014 年的 20.65 亿美元，大约增长了 5 倍，平均年增长率为 65.49%，而同期西部地区实际利用外资从 2010 年的 225.50 亿美元增长至 2014

年的 291.77 亿美元,增长了 29.39%,平均年增长率为 5.88%,全国实际利用外资从 2010 年的 1088.21 亿美元增长至 2014 年的 1195.62 亿美元,增长了 9.87%,平均年增长率为 6.11%。贵州省的增长速度远远高于西部地区和全国水平,但规模仍然非常小,仅相当于西部地区 7.08% 和全国的 1.73%。经历了 2010—2011 年快速增长后,全国包括西部地区和贵州省的增长率都在回落,但贵州省仍然处在一个相对高位运行的状态(见图 1-38)。

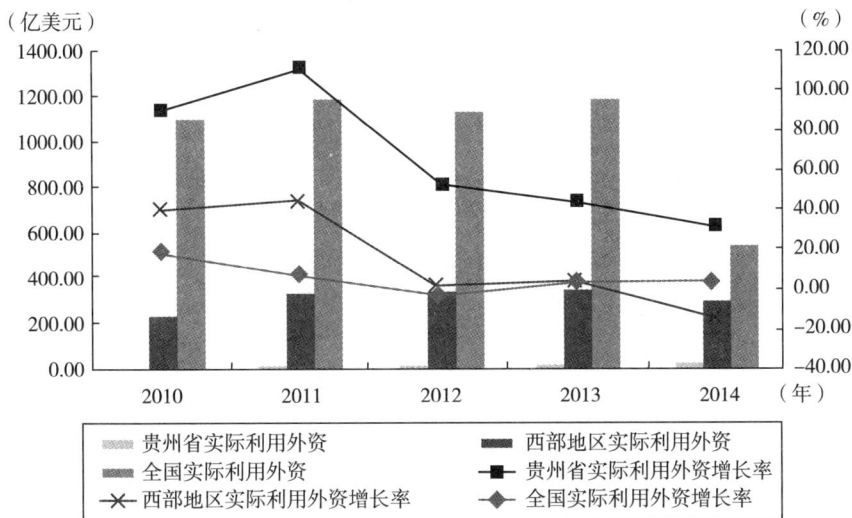

图 1-38 2010—2014 年贵州省实际利用外资情况

第六节 财政收支情况

一、财政收支保持平稳增长

2014 年,贵州省实现财政总收入 2130.9 亿元,比 2013 年增长 11.10%,财政总支出为 3543.8 亿元,比 2013 年增长 14.96%,财政赤字为 1412.9 亿元,比 2013 年增长 21.31%,增长率比 2013 年有所上升。财政赤字的规模扩张凸显了加大中央财政转移支付力度和加强市场融资的强烈需求,贵州省财政赤字的加大也体现了政府对加速推进经济快速发展以实现后发赶超的决心。

回顾过去 5 年,贵州省公共财政收入从 2010 年的 533.7 亿元增长至 2014 年的 1366.67 亿元,增长了 156.07%,平均年增长率为 24.24%;同期西部地区的公共财政收入从 2010 年的 7873.4 亿元增长至 2014 年的 15886.4 亿元,增长了 101.77%,平均年增长率为 21.70%;全国的公共财政收入从 2010 年的 68518 亿

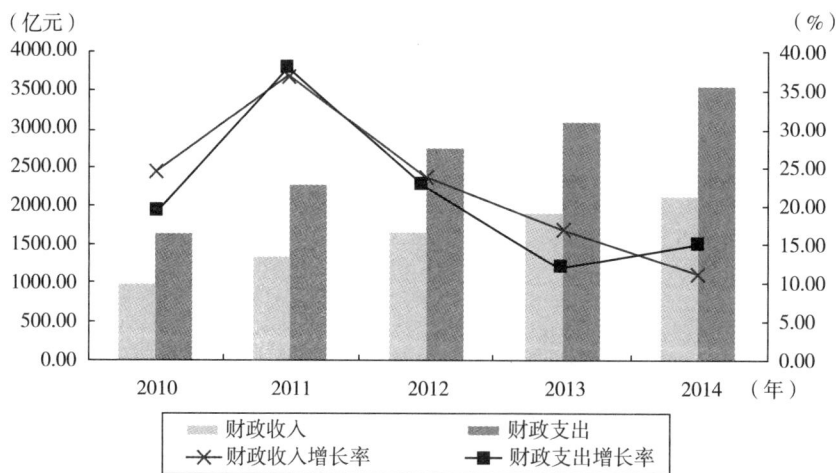

图 1 - 39　2010—2014 年贵州省财政收入支出情况

元增长至 2014 年的 140349.7 亿元，增长了 104.84%，平均年增长率为 15.59%。通过分析数据可知贵州省的财政收入增速高于西部地区和全国，贵州省经济的快速发展必将为公共财政收入的快速增长提供支持与保障，贵州省财政收入的快速增长也必将为加大社会投资力度提供资金来源与保障。

从公共财政支出的角度来看，过去 5 年，贵州省公共财政支出从 2010 年的 1631.48 亿元增长至 2014 年的 3542.08 亿元，增长了 117.11%，平均年增长率为 21.21%；同期西部地区的公共财政支出从 2010 年的 21403.6 亿元增长至 2014 年的 38803.41 亿元，增长了 81.29%，平均年增长率为 17.34%；全国的公共财政支出从 2010 年的 89874 亿元增长至 2014 年的 151661.5 亿元，增长了 68.75%，平均年增长率为 14.82%。可见贵州省的财政支出增速高于西部地区

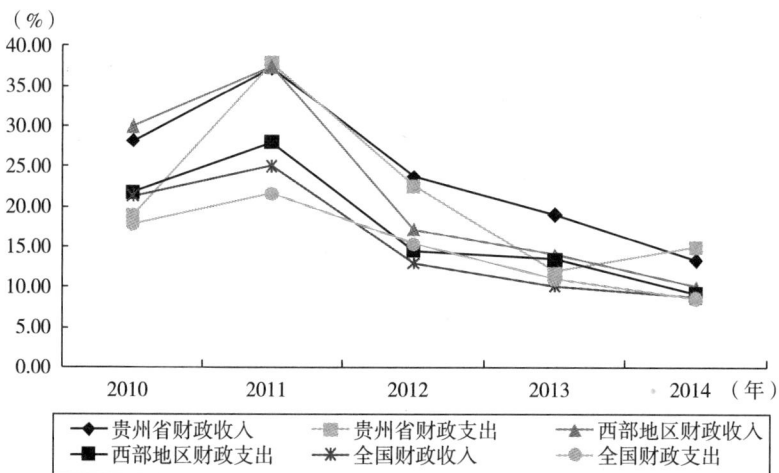

图 1 - 40　2010—2014 年公共财政收支速度比较

和全国。财政收支的快速增长是贵州省社会经济快速发展的直接反映，也为实施更为积极的财政政策以刺激经济增长和提供更好的公共服务提供了财力保障。

二、税收收入来源的产业结构——第三产业税收贡献首超第二产业

从 2014 年贵州省税收收入来源产业构成来看，第一产业贡献最小，仅占 0.17%，第二产业贡献了 46.73% 的财政收入，第三产业贡献了 53.10% 的财政收入。相较全省生产总值的产业构成，第三产业对税收的贡献要超过其在全省生产总值中的占比，表明第三产业具有极强的税收贡献能力。

在 2010—2013 年这四年间，第二产业对税收收入的贡献一直最高，但其重要性在逐渐下降，第三产业则逐渐上升，并且在 2014 年第三产业对税收的贡献超越第二产业。第三产业的提升不仅会助推第一、第二产业的发展，还可以拓展经济发展空间，培育新的经济增长点，调适产业结构，加快经济发展速度，这是贵州省经济结构变化的一个积极信号。

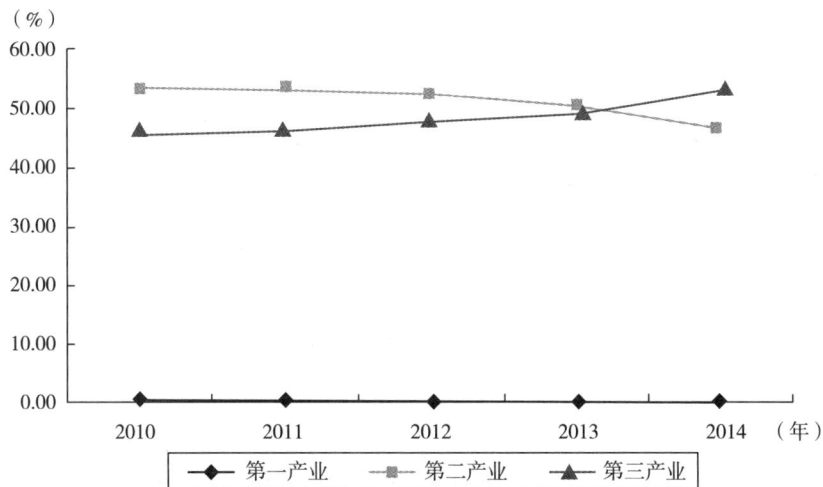

图 1-41 2010—2014 年贵州省税收收入来源的产业结构

再进一步分国税和地税考察重点行业对财政收入的贡献。在国税方面，烟酒行业对税收的贡献继续保持最大，其贡献的税收占贵州省国税收入的 32.40%，并且近年来还有所上升，其次是煤炭行业和电力行业，但它们的贡献这些年在逐渐下降，这三个行业贡献的税收已经占国税收入的一半。在地税方面，各行业所占比重都较小，虽然煤炭行业贡献最大，但 2014 年其贡献的税收也仅占地税收入的 4.09%，其次是烟酒和电力，各占 2.25% 和 1.51%，前三大行业加起来不到 8%。综合来看，烟酒行业、煤炭行业和电力行业是对贵州省财政收入贡献最高的三个行业。

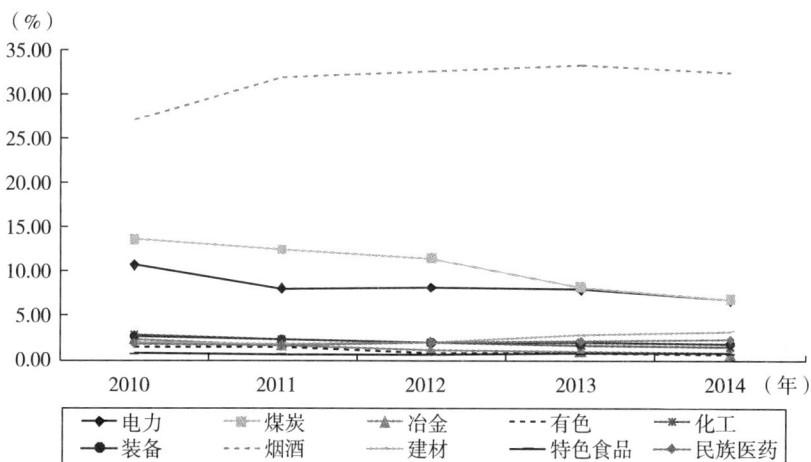

图 1 - 42 2010—2014 年贵州省国税重点行业结构

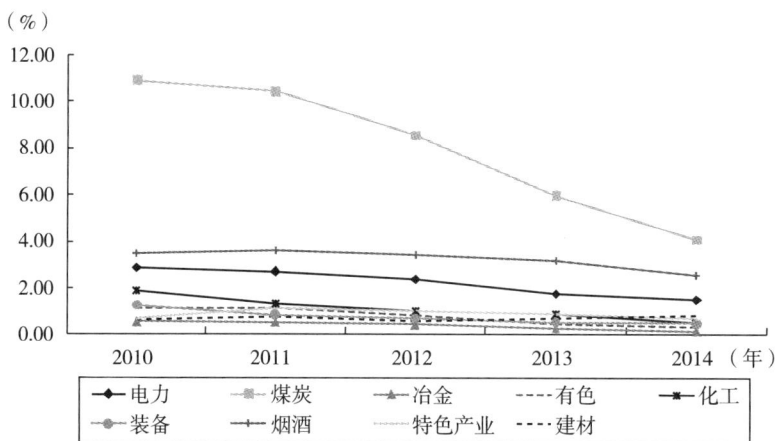

图 1 - 43 2010—2014 年贵州省地税重点行业结构

第七节 物价水平

2014 年,贵州省居民消费价格指数为 102.4,价格上涨幅度整体较小,但食品价格上涨较快。工业生产者出厂价格下降 1.7%,工业生产者购进价格下降 1.4%,农业生产资料价格下降 1.0%,固定资产投资价格上涨 1.1%,新建商品住宅价格上涨 2.6%。

表1-9 2014年居民消费价格指数

指标名称	价格指数（上年=100）	比上年涨跌幅度（%）
居民消费价格指数	102.4	2.4
消费品价格指数	102.3	2.3
服务项目价格指数	102.8	2.8
按类别分		
食品	104.2	4.2
烟酒	99.8	-0.2
衣着	102.1	2.1
家庭设备用品及服务	100.7	0.7
医疗保健及个人用品	101.6	1.6
交通和通信	100.2	0.2
娱乐教育文化用品及服务	102.4	2.4
居住	101.8	1.8

2010—2013年这4年间，贵州省居民消费价格上涨水平要低于西部地区和全国水平，到了2014年贵州省居民消费价格指数上涨水平则超过了全国和西部地区的平均水平，但总体趋势与西部地区和全国一致，并且水平接近，说明贵州省的消费品市场、产品市场、农业生产资料市场、固定资产投资中各类项目的市场正逐渐与全国市场融为一体。

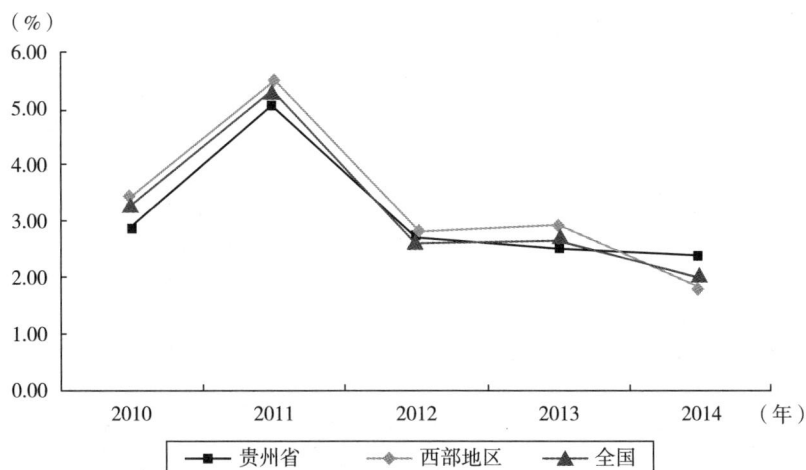

图1-44 2010—2014年居民消费价格指数比较

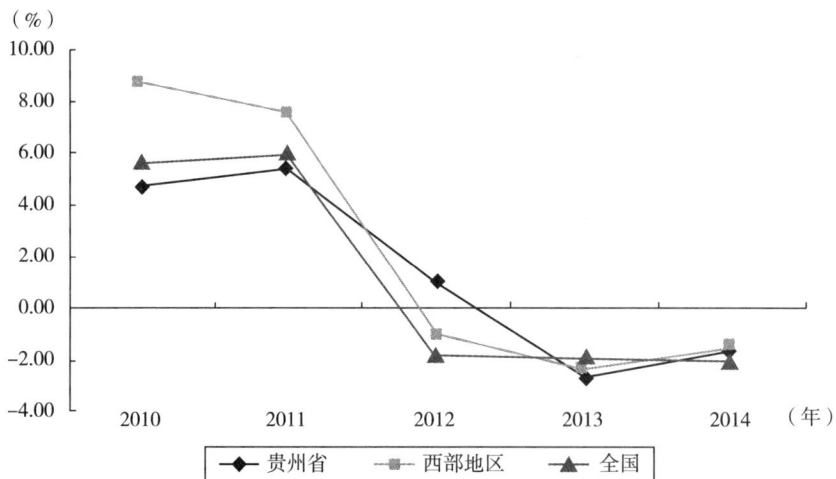

图 1 - 45 2010—2014 年工业生产者出厂价格指数比较

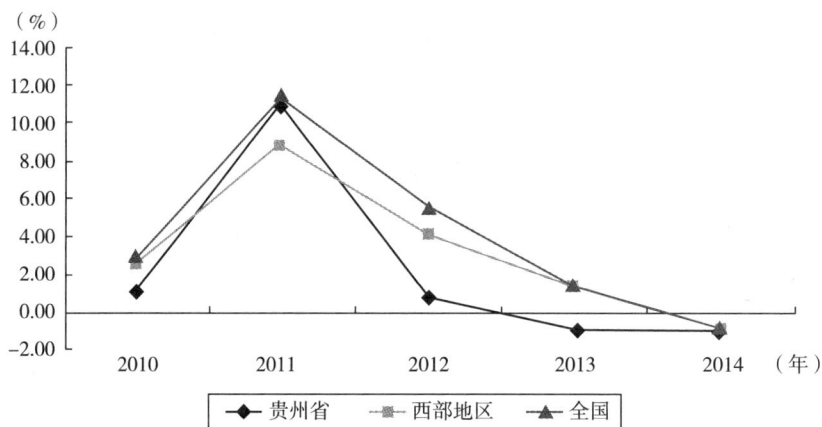

图 1 - 46 2010—2014 年农业生产资料价格指数比较

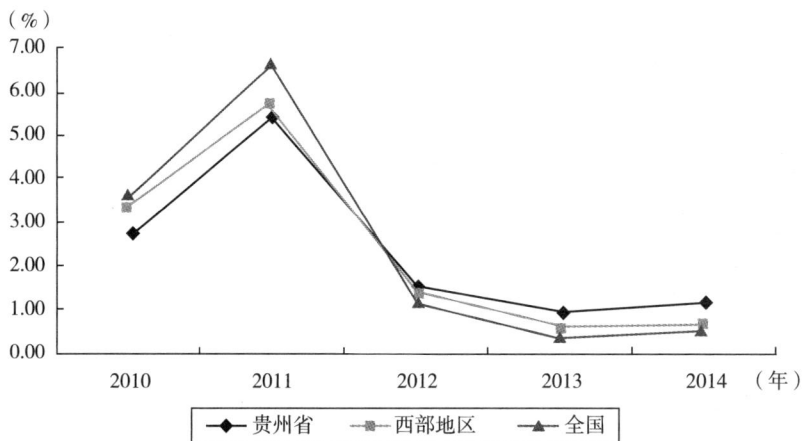

图 1 - 47 2010—2014 年固定资产投资价格指数比较

第八节 城乡居民收入支出情况

一、城镇居民可支配收入增幅降低，农村居民人均纯收入增幅提升

2014 年，贵州省城镇居民人均可支配收入为 22548.21 元，比 2013 年增长了 9.1 个百分点，农村居民人均纯收入为 6671.22 元，比 2013 年增长 22.8 个百分点，城乡收入差距进一步缩小。贵州省近几年城乡居民收入增长较快且较为稳定，与西部地区和全国平均水平的差距逐步缩小。

2010 年贵州省城镇居民人均可支配收入仅为西部地区的 90%，为全国平均水平的 74%，2014 年则分别为 97% 和 78%，城镇居民可支配收入水平已经和西部地区非常接近。2010 年农村居民人均纯收入分别为西部地区的 78% 和全国平均水平的 59%，2014 年这一数据则分别上升到 83% 和 64%。

回顾过去 5 年的经验，贵州省城镇居民人均可支配收入从 2010 年的 14142.74 元增长至 2014 年的 22548.21 元，增长了 59.43%，平均年增长率为 11.91%。西部地区城镇居民人均可支配收入从 2010 年的 15780.68 元增长至 2014 年的 23167.32 元，增长了 46.81%，平均年增长率为 10.33%。全国城镇居民人均可支配收入从 2010 年的 19109.4 元增长至 2014 年的 28843.85 元，增长了 50.94%，平均年增长率约为 10.95%。虽然在 2014 年新形势下，贵州省、西部地区和全国的增速都有不同幅度的下滑，但是贵州省城镇居民人均可支配收入增速仍超出了西部地区和全国的平均水平。

在农村居民人均纯收入方面，贵州省从 2010 年的 3471.9 元增长至 2014 年的 6671.22 元，增长了 92 个百分点，平均年增长率为 17.34%，西部地区从

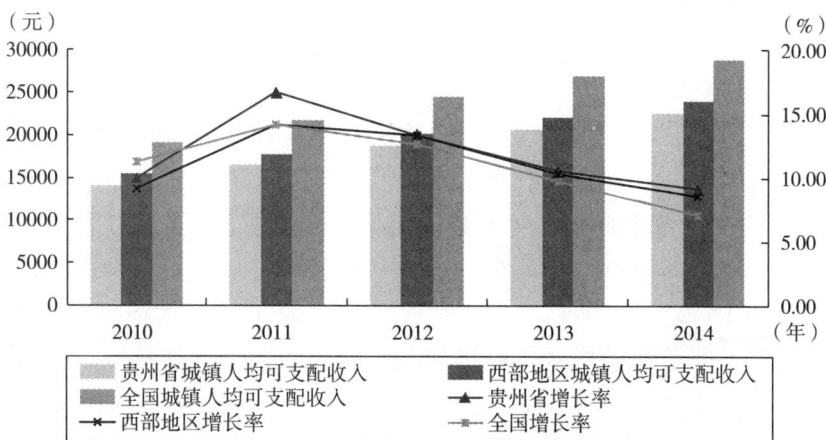

图 1-48 2010—2014 年城镇居民人均可支配收入情况

2010 年的 4432.73 元增长至 2014 年的 8045.07 元，增长了 81 个百分点，平均年增长率为 15.99%，全国从 2010 年的 5919.01 元增长至 2014 年的 10489 元，增长了 77 个百分点，平均年增长率为 15.3%。贵州省农村居民人均纯收入增长率创近 5 年来新高，大幅高于全国平均水平。

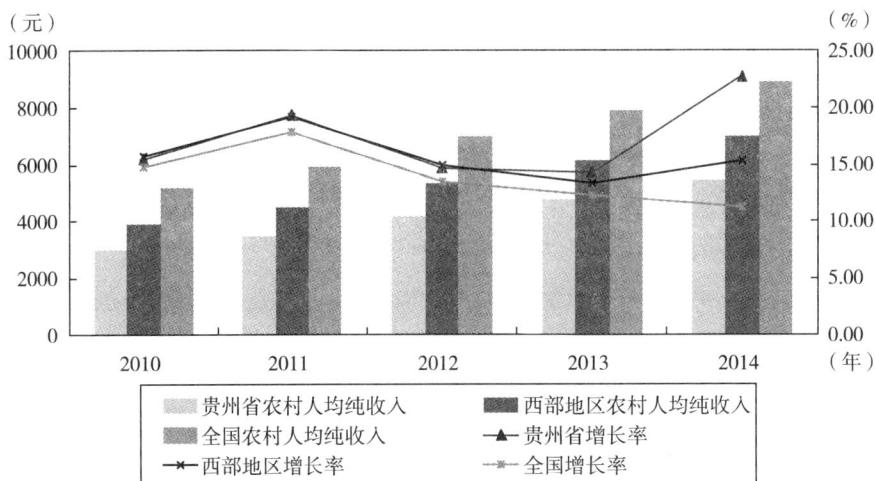

图 1-49　2010—2014 年农村居民人均纯收入情况

二、农村居民家庭经营收入重新居于主导地位，转移性收入提升明显

2014 年，农村居民总收入中，家庭经营收入占 39.62%，工资性收入占 37.79%，转移性收入占 21.52%，财产性收入占 1.06%。在 2013 年工资性收入首次短暂超过家庭经营收入后，2014 年工资性收入又回落到家庭经营收入以下，究其原因，一方面是农业经营水平和效率的提升，另一方面是宏观经济不景气导致农民工工资性收入减少。

在过去 5 年中，家庭经营收入占总收入的比重从 2010 年的 49.15% 下降至 2014 年的 39.62%，工资性收入的比重从 2010 年的 37.55% 增长至 2014 年的 37.79%，这是近年来政府推进新型城镇化建设的成果，贵州省工业和服务业的快速发展也给农村居民创造了大量的就业机会，农村居民工资性收入的占比相对提升。从图 1-50 可以明显看出，转移性收入在 2014 年大幅提升，这体现了扶贫政策得到不断落实的成效，通过加大对低收入人群的转移支付力度，使得农村居民转移性收入得以明显提高。

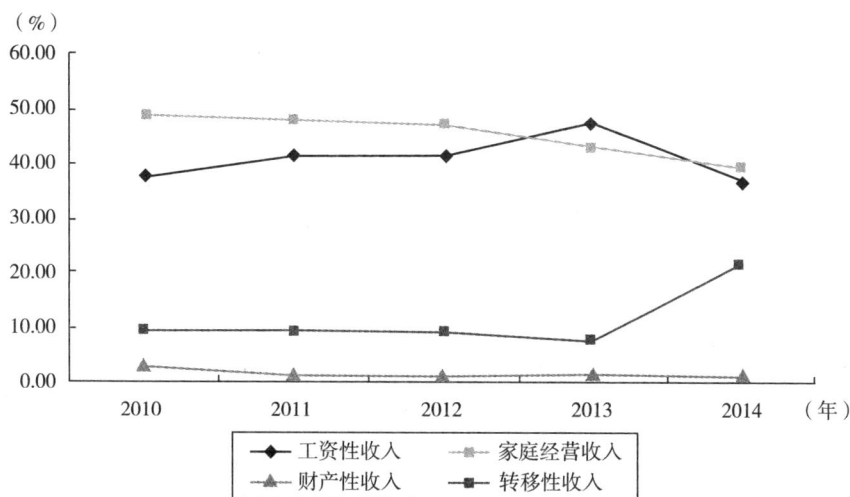

图 1-50　2010—2014 年贵州省农村居民收入结构

三、城乡居民消费性支出快速增长

2014 年，贵州省城镇居民人均全年消费性支出由 2013 年的 13702.87 元增长到 2014 年 15254.65 元，比 2013 年增长 11.32%。农村居民人均全年消费性支出为 5970.25 元，比 2013 年增长 25.95%，城乡之间的消费性支出差距得到进一步缩小。与西部地区和全国相比，2014 年贵州省城镇居民消费性支出是西部地区的 89.23%，是全国的 76.40%，农村居民消费性支出是西部地区的 86.98%，是全国的 71.22%。

回顾过去 5 年，贵州省城镇居民人均全年消费性支出从 2010 年的 10058.29 元增长至 2014 年的 15254.65 元，增长了近 52 个百分点，平均年增长率为 11.02%，西部地区从 2010 年的 11708.74 元增长至 2014 年的 17095.4 元，增长了 46 个百分点，平均年增长率为 10.09%，全国从 2010 年的 13471.5 元增长至 2014 年的 19968 元，增长了 48 个百分点，平均年增长率为 10.25%。贵州省的增速已经超出了西部地区和全国的平均水平。

在农村居民人均全年消费性支出方面，贵州省从 2010 年的 2852.5 元增长至 2014 年的 5970.25 元，增长了 109 个百分点，平均年增长率接近 19.85%，而西部地区从 2010 年的 3552.85 元增长至 2014 年的 6864 元，增长了 93 个百分点，平均年增长率为 15.9%，全国从 2010 年的 4381.8 元增长至 2014 年的 8383 元，增长了 91%，平均年增长率为 16.14%。贵州省的增速明显高于全国和西部地区的水平。

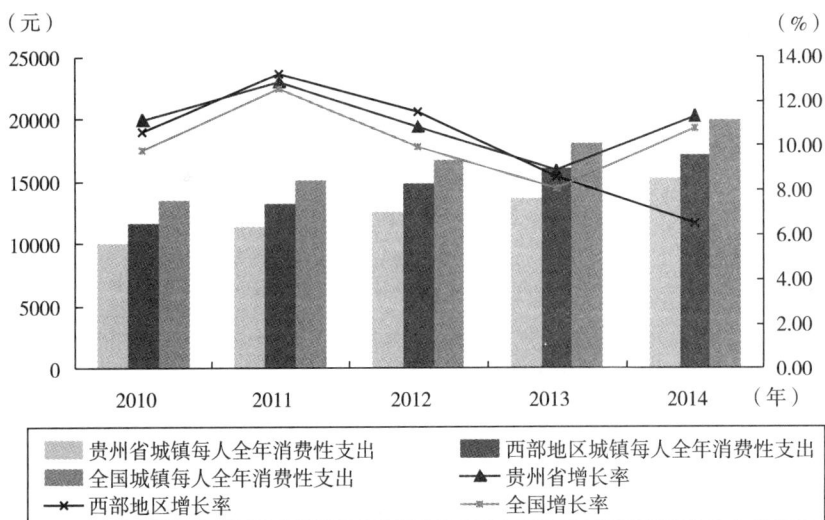

图 1-51　2010—2014 年贵州省城镇居民人均消费性支出情况

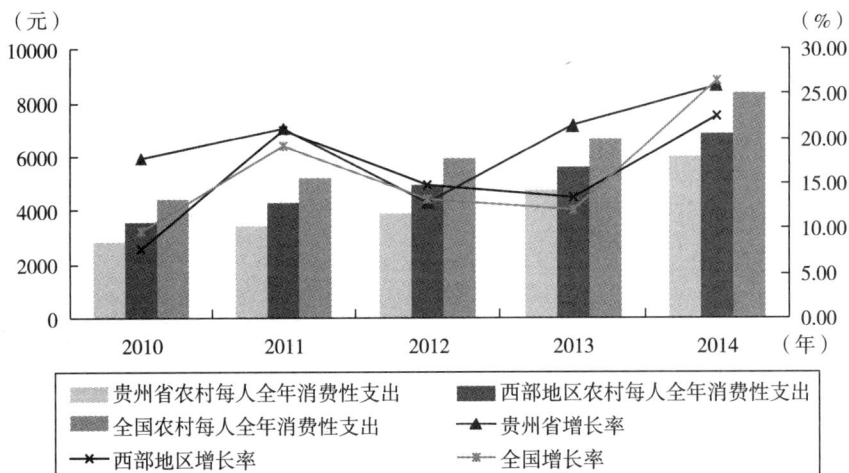

图 1-52　2010—2014 年贵州省农村居民人均消费性支出情况

四、城乡居民家庭恩格尔系数继续下降

2014 年，贵州省城镇居民家庭恩格尔系数为 34.9%，低于全国的 36%，农村居民家庭恩格尔系数为 41.65%，略高于全国的 40%。回顾过去 5 年，贵州省城乡居民家庭恩格尔系数持续下降，城镇居民家庭恩格尔系数则从 2010 年的 39.9% 下降至 2014 年的 34.9%，农村居民家庭恩格尔系数从 2010 年的 46.26%

下降至 2014 年的 41.65% 。这说明贵州省城乡居民的消费质量和消费层次逐步
提升。

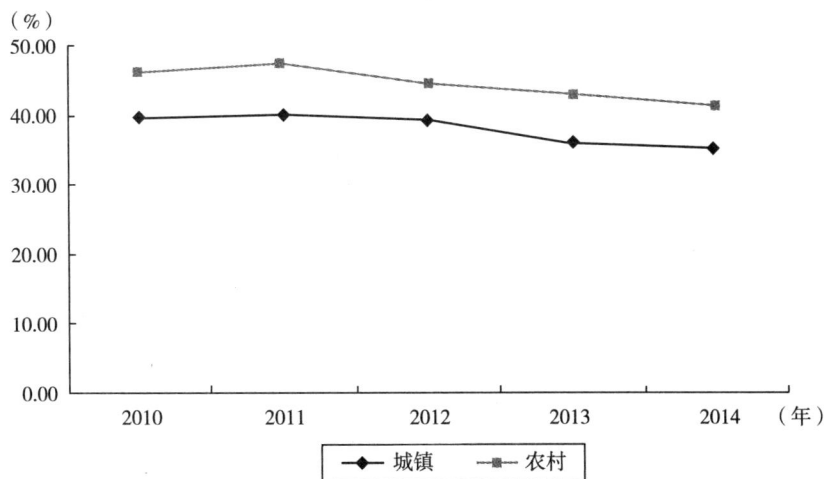

图 1 – 53　2010—2014 年贵州省城乡居民家庭恩格尔系数

第二章　贵州省金融政策与决策

第一节　关于贵州省金融发展的重要文件

《2015 年贵州省人民政府工作报告》与金融发展

2015 年 1 月 26 日，贵州省人民政府省长陈敏尔同志在贵州省第十二届人民代表大会第次三会议上作工作报告。陈敏尔省长宣读了 2015 年政府工作目标和全面深化改革、全面推进依法行政的主要任务。其中重点工作里第一项就与金融业相关。原文摘录如下：

实施科技金融融合行动。综合运用风险补偿、贷款贴息、专利质押贷款等方式和相关基金，引导企业加大科技投入，带动社会资本和金融机构支持企业创新。

贵州省人民政府关于印发贵州省社会信用体系建设规划纲要（2014—2020 年）的通知

黔府发〔2014〕25 号

各市、自治州人民政府，贵安新区管委会，各县（市、区、特区）人民政府，省政府各部门、各直属机构：

社会信用体系建设是社会主义市场经济体制和社会管理体制的重要制度安排。根据党的十八大、十八届三中全会和国务院以及省委关于建立健全社会诚信制度、社会信用体系的要求，结合实际制定本规划纲要，规划期为 2014—2020 年。

一、总体思路

（一）发展现状

省委、省政府高度重视社会信用体系建设，各市（州）、省直相关部门和单位积极探索推进，全省社会信用体系建设取得积极进展。社会信用体系建设联席会议制度初步建立，《贵州省企业信用信息征集和使用管理办法》颁布实施，集中统一的金融信用信息基础数据库日趋完善，企业公共信用信息数据库初步建成，行业信用建设稳步推进，区域信用建设和信用信息应用取得成效，信用服务市场加快发展。

尽管我省社会信用体系建设取得了积极进展，但仍存在诸多难点、不足和值得高度重视的问题，主要是：覆盖全社会的信用信息平台尚未建成；以守信激励和失信惩戒为主的相关法规制度尚不健全，守信激励不足，失信成本偏低；信用服务市场不发达，服务体系不成熟，监管体系不清晰，服务行为欠规范，服务机构公信力不足；社会诚信缺失问题突出，食品药品安全事件时有发生，商业欺诈、制假售假、虚报冒领、学术不端等现象屡禁不止，政务诚信度、司法公信度离人民群众的期待还有较大的差距。

（二）形势和要求

我国正处于深化经济体制改革和完善社会主义市场经济体制的攻坚期。现代市场经济是信用经济，建立健全社会信用体系，是整顿和规范市场秩序、改善市场信用环境、降低交易成本、防范经济风险、提升市场竞争力的重要举措，是减少政府对经济的行政干预，完善社会主义市场经济体制的迫切要求。

全省正处于"加速发展、加快转型、推动跨越"的关键时期，利益主体更加多元化，各种社会矛盾进一步显现，社会组织形式及管理方式正在发生深刻变化。全面推进社会信用体系建设，是促进资源优化配置、扩大需求、促进产业结构优化升级的重要前提，是增强社会诚信、促进社会互信、减少社会矛盾的有效手段，是加强和创新社会管理、构建和谐社会、完善科学发展机制的迫切要求。进一步完善社会信用体系，是树立自身形象、提升自身软实力和影响力，降低对外交易成本的必然要求，是参与国际竞争和分工以及区域合作的迫切要求。

（三）指导思想和目标

推动社会信用体系建设，必须坚持邓小平理论、"三个代表"重要思想、科学发展观为指导，按照党的十八大、十八届三中全会和省第十一次党代会、省委十一届四次全会要求，以打造诚信贵州，构建和谐社会为主线，以健全信用法规制度、形成覆盖全社会的征信系统为基础，以政务诚信、商务诚信、社会诚信和司法公信建设为主要内容，以推进行业信用建设、社会成员信用建设、引导信用市场需求、推广信用应用和信用服务市场发展为重点，以建立守信激励和失信惩戒机制、推进诚信文化建设为手段，形成与我省经济社会发展水平相适应的社会信用体系建设框架和运行机制，全面提高全社会诚信意识和诚信水平、改善经济社会运行环境，在全社会广泛形成守信光荣、失信可耻的氛围，使讲诚信成为社会信用主体的自觉行为规范，建设诚信贵州、和谐贵州。

到 2020 年，社会信用基础性法律法规和标准体系基本建立，以信用信息资源共享为基础的覆盖全社会的征信系统基本建成，信用监管体制基本健全，信用服务市场体系比较完善，守信激励和失信惩戒机制全面发挥作用。政务诚信、商务诚信、社会诚信、司法公信取得积极进展，市场和社会满意度大幅提高。全社会诚信意识普遍增强，经济社会发展信用环境明显改善，经济社会秩序显著好转。

（四）基本原则

1. 统筹规划、有序推进。统筹规划，全面部署，调动各方积极性，形成加快社会信用体系建设的合力。立足长远，着眼当前，点面结合，有计划、分步骤组织推进。

2. 政府引导、市场运作。充分发挥政府的组织、引导、推动和示范作用，积极推动制定信用建设规划与法规制度、推进社会信用体系的基础建设，培育信用市场、引导使用信用信息和信用产品，切实履行市场监管职能，促进信用服务市场化发展。

3. 依法开放、强化应用。依法开放公共信用信息，正确处理信息公开与保护的关系。围绕经济社会发展需要，选择重点领域和典型地区开展信用建设示范，积极推广信用信息和信用产品的社会化应用。

二、主要任务

（一）加快推进政务诚信建设

政务诚信处于社会信用体系建设的核心环节，是发展和健全市场经济的必要前提。各类政务行为主体的诚信水平，对其他社会主体诚信建设发挥着重要的表率和导向作用。

1. 坚持依法行政。各级政府及部门严格按照法定权限和程序履行职责，将依法行政贯穿于决策、执行、监督、服务全过程。加强对权力运行的社会监督和约束，克服行政行为的随意性，建立健全政府重要决策、重要工作、重要事项进行法律论证的程序和工作机制，提高决策透明度和政府公信力。全面推进政务公开，在保护国家信息安全、商业秘密和个人隐私的前提下，依法公开在行政管理中掌握的信用信息，建立有效的信息共享机制。大力推行行政执法责任制，严格执法过错责任追究制度和执法行为考评制度，加强对依法行政的督促检查，规范行政执法行为，推进严格、规范、公正、文明执法。

2. 倡导率先使用信用信息和信用产品。在行政许可、政府采购、招标投标、资格认定、劳动就业、社会保障、科研管理、干部选拔任用和管理监督、申请政府资金支持等领域，示范使用信用信息、信用产品，逐步建立政务活动中相关当事人信用记录核查制度。

3. 加快政府守信践诺机制建设。把政务履约和践诺纳入政府绩效考评指标体系，把发展规划、政府工作报告中的经济社会发展目标落实情况以及为百姓办实事的情况作为评价政府诚信水平的重要内容，推动各地区、各部门逐步建立健全政务和行政承诺考核制度；各级政府在招商引资过程中，对依法做出的政策承诺和签订的各类合同要认真履约和兑现；清理政府关联类债务，以及拖欠的各类政府投资工程项目款项，有计划、有步骤地进行清偿，对政府债务经仲裁裁决或司法判决的，应依法予以执行。政府举债要依法依规、规模适度、风险可控、程序透明。政府各项财务支出必须强化预算约束，严格遵守财务规定，提高透明度。加强和完善法律监督、群众监督、舆论监督制度。

4. 探索开展地方政府信用评价。以政务公开、依法行政、信用软环境建设、经济履约能力等为重点，探索开展地方政府信用评价工作。

5. 加强公务员诚信教育和管理。深入开展公务员诚信、守法和道德教育，加强法律知识和信用知识学习，编制公务员诚信手册，增强公务员诚信意识，促使公务员自觉践行守法守信、高效廉洁、履职尽责的承诺；建立公务员诚信档案，依法依规将公务员财产申报、个人重大事项申报、廉政记录、年度考核结果、相关违法违纪行为等信用信息纳入档案，将公务员诚信记录作为干部考核、任用、奖惩的重要依据。

（二）深入推进商务诚信建设

商务诚信是商务关系得以有效维护，降低交易成本，扩大市场规模的基础，是推进现代市场体系建设，规范市场秩序的关键，是市场经济健康、顺畅、高效运行的重要前提。

1. 生产领域信用建设。（1）建立各类生产经营主体信用档案。建立健全生产经营企业主体诚信档案，建立第三方信用评价机制。以涉信生产企业为重点，推进生产经营企业质量信用建设，建立健全信用信息收集和发布制度，及时向社会发布生产经营主体的质量信用记录，为社会提供质量诚信报告，建立失信"黑名单"、市场禁入和退出制度。加大信用联动奖惩力度，在市场准入、评比评优、项目审批、资质认定、市场监管等方面建立联动惩戒机制，激励守信企业、惩戒失信企业，规范、引导、促进行业自律，营造质量诚信环境。（2）加快推进企业质量信用管理体系建设。依托"金质"工程系统，加强以组织机构代码实名制为基础的企业质量信用体系建设，不断建立完善贵州省企业质量信用数据库，加强企业质量信用分类管理，积极推进企业质量信用等级评级，使企业质量信用信息作为行政许可、资质等级评定、定期检验、表彰评优、银行信贷、安排拨付有关补贴资金、政府采购、招投标等工作的重要参考依据。以食品、药品、农产品生产和加工环节的信用管理为重点。推进信用咨询服务系统、信用管理制度、信用评价体系、征信数据库网络建设。以与人民群众日常生活密切相关的重点涉信产品为导向，建立从田头到餐桌的全过程食品安全信用体系，加快推进肉制品、乳制品、蔬菜、粮食、食用油等食品生产经营，以及药品生产的信用管理制度，探索推进食品原产地可追溯制度和质量标识制度。建立和落实质量风险管理、供应商审计、问题产品等质量管理制度，建立虚假广告披露、惩戒和中止机制。建立质量信用信息跨地区、跨部门共享制度，为异地查处和联合打击违法经营、制假售假等失信行为奠定基础。（3）加强安全生产诚信建设。加快安全生产信用制度和平台建设，完善安全生产承诺制度，建立安全生产信用档案、信用评价、信用分类管理制度。以能源企业和资源开采型企业为重点，建立安全生产信用公告制度和安全生产"黑名单"公示制度，向社会披露隐报、瞒报、虚报重特大事故信息，完善安全生产信用监督制度。健全安全生产准入和退出信用审核机制，严厉惩处安全生产违法违规失信行为，强化企业安全生产诚信责任。

2. 流通领域信用建设。（1）建立诚信经营制度。支持工商、质监、农业、证监、物价等领域规范市场秩序，打击违法经营、制假售假、传销、虚假宣传、欺骗性有奖销售、内幕交易、哄抬物价、价格欺诈、垄断等损害消费者和投资者利益的行为，营造守信的市场环境。以食品、保健品、药品、医疗器械、农产品为重点，加强流通领域商品质量检测，加强商品净含量计量及过度包装商品计量检验。大力推进食品和药品等商品流通的行业管理，规范经营行为，保障消费安全、公平和诚信。逐步建立以商品条形码为基础的全国商品流通追溯体系，推动零售商与供应商建立信用合作模式，探索建立商品信用记录，整顿市场秩序，建设诚信流通环境。（2）加强合同履约信用管理。探索合同履约诚信记录制度，依法打击合同欺诈行为和恶意拖欠行为。建立合同管理的组织网络，依法加强对合同履约的监督，提高履约率。实行合同履约备案和重大合同鉴证制度，建立合同履约信用记录，维护诚信的市场秩序。（3）加强重点涉信领域诚信建设。加强餐饮、住宿、居民服务等环节监管，提高安全保障水平。对使用"地沟油"和有害原料等食品领域的失信行为，进行严厉打击，实行市场退出与重点监管。严厉打击药品制假售假行为，创造公平有序、健康和谐的药品市场环境。（4）加强进出口企业诚信建设。建立健全进出口企业信用信息记录，推进进出口企业信用信息的广泛使用。支持海关和出入境检验检疫部门依法加强监管，严厉打击走私和逃避检验检疫的违法行为；深化分类通关改革，建立科学、动态、有效的企业信用管理机制，强化"守法守信便利、违法失信惩戒"的导向。

3. 金融领域信用建设。（1）加强金融机构及从业人员的诚信建设。以实现银行、证券、期货、保险、外汇市场等金融机构的信用信息互联互通共享为目标，加强对金融机构及其从业人员信用信息的记录、完善和整合，促进金融机构诚信经营及从业人员诚实守信。（2）强化对金融市场的监督。加大对金融欺诈、恶意逃废银行债务、内幕交易、制售假保单、骗保骗赔等金融失信行为的惩戒力度，规范金融秩序，维护金融消费者个人信息安全，保护金融消费者合法权益。（3）加强金融信用服务能力。创新金融信用产品，完善金融市场信用服务体系，扩大信用产品在金融市场中的应用，健全金融市场客户资信和风险评价机制，推广利率、费率与客户信用状况相结合的浮动机制。加强金融信用信息基础设施建设。

4. 税务领域建设。（1）完善纳税信用数据库。依托"金税"、"金关"等信息管理系统，建立健全税务和海关纳税人信用信息电子档案。（2）加强纳税信用管理。加强税收领域信用分类管理，规范开展纳税信用评定，发挥信用评定差异对纳税人的奖惩功能，促进纳税人增强税收信用意识。（3）推进纳税信用与其他社会信用的联动管理。加强与银行、工商、证券、住房建设、人力资源和社会保障、民政、国土资源、交通运输、环境保护、海关、质监、公安等部门的信用信息共享，开展涉税信息的对比、交换和应用工作，推进纳税信息与其他社会信用联动管理，提升纳税人税法遵从度。

5. 价格领域信用建设。（1）建立健全价格信用管理制度。实行经营者明码标价和收费公示制度，建立价格诚信档案和信息披露制度。依托"金价"工程信息系统，建立价格诚信数据库。完善经营者价格诚信台账制度、价格诚信信息披露发布和奖惩制度。（2）加强价格失信行为监管。依法严格查处捏造、散布虚假价格信息、操纵市场价格、价格欺诈、牟取暴利、价格垄断等失信行为，对典型案例予以公开曝光，规范市场价格行为。

6. 工程建设领域信用建设。（1）加强工程建设领域信用管理。加快推进工程建设领域信用制度建设，制定市场各方主体和从业人员信用标准。以勘察、设计、施工、监理、工程招标代理、工程造价咨询、质量检测等企业为重点，完善企业市场行为、质量、安全等信用档案，建立完善信用管理信息系统。深入开展建设工程消防质量诚信建设。提高工程建设领域招标投标活动透明度。完善市场准入退出制度，加大对"豆腐渣"工程，以及发生重大质量安全事故企业的惩戒力度。（2）建立工程建设领域从业人员信用档案。建立从业人员信用档案，推进从业人员档案与企业资质审批、从业人员执业资格注册的关联管理，形成科学、有效的从业人员信用评价机制，实行责任追溯制度。（3）加强工程建设领域守法诚信建设。重点防止由肢解发包、非法转包、非法分包、垫资施工等行为引发的拖欠工程款和农民工工资问题的发生。

7. 电子商务领域信用建设。（1）加强主体信用建设。建立健全电子商务企业客户信用管理和交易信用评估制度。推行电子商务主体身份标识制度，确保交易主体的真实性和可靠性，建立健全网店实名注册相关规定，探索推行电子营业执照和全程电子化登记管理制度，建立电子商务网站工作人员信用档案制度，公布企业基本信息供社会查询。加强电子商务交易产品质量监督，探索推行网店产品质量认证制度。（2）加大对失信行为的惩戒力度。打击内外勾结、伪造流量和商业信誉的行为；对失信主体建立行业限期禁入制度。严厉打击查处电子商务领域制假售假、虚假广告、以次充好、网络欺诈、服务违约等失信行为。（3）加强信用产品的推广应用。加强对电子商务企业网上和网下履约信用的记录和管理，推动信用调查、信用评估、信用担保、信用保险、信用支付、商账管理等第三方信用服务和产品在电子商务中的推广应用。

8. 会展和广告领域信用建设。（1）加强会展业诚信建设。推动会展业组展机构诚信办展，践行诚信服务公约。建立信用档案和违法违规单位信用披露制度。（2）加强广告业诚信建设。建立健全广告业活动主体诚信档案，打击各类虚假广告、传媒界不实报道，突出广告制作、传播环节各参与者连带责任，完善广告活动主体失信惩戒和严重失信淘汰机制。

9. 交通运输领域信用建设。（1）加强交通信用制度建设。严格遵守《道路运输企业质量信誉考核办法（试行）》、《道路运输驾驶员诚信考核办法（试行）》、《机动车维修企业质量信誉考核办法（试行）》，积极推进地方性交通诚信制度建设，将信用考核和信用管理工作纳入制度化轨道。（2）加快建立交通运输市场征信体系。按照国家统一标准，加强交通运输市场信用信息记录，按照"部省共建、逐步推进"的要求，建立部、省、市、县四级联网应用的信用信息系统，加强与有关部门考核信息的共享和互联互通，实现道路运输企业和从业人员基本信息和信用信息共享。（3）推进交通信用考核体系建设。针对公路、铁路、水路、民航、管道等运输市场不同经营门类分别制定考核指标，加强信用考核评价监督管理。积极引导行业协会等第三方机构参与信用考核评价，逐步建立道路运输管理机构与社会信用评价机构相结合，具有监督、申诉和复核机制的综合考核评价体系，保证考核评价结果的公正性、合法性和权威性。（4）建立交通运输领域的信用奖惩机制。在扩大经营范围和经营规模审批、客运线路和运输服务招投标、人员招聘等方面优先考虑信用良好的交通运输主体和从业人员。加大对交通领域失信行为的惩戒力度，将超载和各类宰客行为列入失信记录。建立跨地区、跨行业信用奖惩联动机制。

10. 中介服务领域信用建设。建立完善中介服务机构及从业人员信用记录和披露制度，重点加强公证仲裁、律师类、会计类、担保类、鉴证类、评估类、认证类、代理类、经纪类、职业介绍类、咨询类、交易类等机构信用分类管理，探索建立中介服务机构评估体系和工作机制。整治中介组织存在的不中不公、违规操作、弄虚作假、商业贿赂等违法违规问题，规范中介组织的执业行为，提高公信力。

（三）全面推进社会诚信建设

社会诚信建设是体现社会公平，构建和谐社会的关键，是社会进步和保障公民权益的基础，是全面建设小康社会，促进经济社会协调发展的重要保障。

1. 医疗卫生和计划生育领域信用建设。（1）建立完善信用信息记录。建立完善医疗机构和从业人员执业行为信用管理档案，实行医疗机构药品价格、医疗服务价格和有关医疗服务信息公开制度。加强人口计生领域信用建设，开展人口和计划生育信用信息共享工作。（2）建立健全行业信用评价考核机制。培育诚信执业、诚信诊疗、诚信收费、诚信医保理念，坚持合理检查、合理用药、合理治疗、合理收费等诚信医疗服务准则，开展诚信医院和诚信药店创建活动。建立健全医疗机构评价标准，推进医院评审评价和医师定期考核，建立医院和医务人员执业行为记录。惩戒收受贿赂、过度诊疗等违法行为，建立诚信医疗服务体系。（3）加快完善药品安全领域信用制度。建立药品研发、生产和流通企业信用档案。提高药品批发零售行业准入标准，加强日常监管和考核，建立退出制度，对违反诚信原则、有失信行为记录和违法违规的企业进行惩戒。进一步规范药品招标采购机制和药品广告发布活动，推动建立药品临床使用评价报告制度，加大对药品生产和经营主体失信行为的联合惩戒力度，保障人民群众用药安全有效。

2. 社会保障领域信用建设。（1）完善社会保障领域的诚信建设。在社会救助、养老、慈善、救灾、彩票、婚姻、收养等环节，建立健全诚信告知承诺和守信践约制度，打击各类骗取救助、诈捐骗捐等失信行为，为社会保障营造良好的诚信环境。（2）完善住房保障诚信制度。完善廉租房、公共租赁住房等保障性住房分配、使用、管理、退出等环节的信用管理机制，严格审核申请保障性住房的条件，强化对保障性住房使用的监管，将骗取和违规使用保障房的个人纳入信用"黑名单"，加大对失信行为的惩戒力度。（3）推进社会保险诚信建设。完善用人单位参加基本养老保险、基本医疗保险等社会保险和缴纳各项社会保险费的信用信息管理制度。加强对医保定点医院、药店、医生、参保人员和工伤保险协议医疗机构、康复机构、辅助器具配置机构工作人员、参保人员的诚信建设，加大对违规、欺诈、骗保等行为的惩戒力度，保障参保人员的合法权益不受侵害。完善社会保险基金管理制度，提高基金征收、管理、支付等环节的透明度，规范参保缴费行为。

3. 劳动保障就业领域信用建设。（1）建立和完善企业劳动合同诚信制度。加强企业用工劳动合同管理，完善用人单位或个人拖欠农民工工资和恶意欠薪等违法行为公示制度，健全用人单位劳动合同诚信等级评价办法。加强对劳动合同履约和仲裁的管理，强化劳动保障监察执法，加大对违法失信行为的惩戒力度。（2）加强人力资源市场诚信建设。规范职业中介行为，打击各种黑中介、黑用工等失信行为，为人力资源市场运行营造良好的诚信环境。

4. 教育科研领域信用建设。（1）建立健全教育科研领域信用管理制度。加强师德诚信教育和科研诚信教育，培养教师、科研人员和学生的诚信意识，建立诚信档案。探索建立教育机构及其从业人员、教师和学生，科研机构和科技社团及科研人员的信用评价制度，把诚信记录与学籍管理、学历学位授予、科研经费分配、专业技术职务评聘、岗位表彰等挂钩，严厉打击学历造假、学术不端、考试作弊、论文抄袭等现象。（2）加强信用学术建设和人才培养。教育部门和有条件的院校要加强信用学科建设，增设信用管理专业，加强信用管理专业人才培养。鼓励国内外学术机构、信用服务机构、企事业单位等加强合作，开展信用基础性、前瞻性、实用性研究。加强信用专家队伍建设。

5. 文化、体育、旅游领域信用建设。（1）推进文化市场诚信建设。依托文化市场监督管理系统和服务平台，加快推进文化市场主体和从业人员诚信建设，建立健全诚信档案，实行分类信用预警和动态检测管理。（2）加快职业体育诚信建设。建立健全职业体育从业人员、职业体育俱乐部、中介企业信用评级的第三方评估制度，大力推广信用信息记录和信用评级在参加或举办职业体育赛事、职业体育准入、转会等方面的广泛运用。（3）推进旅游业诚信建设。制订旅游业诚信服务准则，重点推进旅游从业人员、旅行社、旅游购物店信用档案建设，推行"黑名单"制度，加大旅游业诚信奖惩力度。建立旅游消费者意见反馈和投诉记录与公开制度，建立旅行社、旅游购物店信用等级第三方评估制度。

6. 知识产权领域信用建设。完善专利、商标、版权、地理标志和植物新品种等知识产权执法数据库，加强信用分类管理。打击知识产权侵权假冒行为，将知识产权侵权假冒行为纳入失信记录。探索建立各类知识产权代理服务标准化体系和诚信评价制度。

7. 环境保护领域信用建设。（1）完善环保信用信息记录。大力推进环境监测和监测信息公开，完善环保信用信息记录和环境信息公开目录。推进企业特别是资源深加工企业和制造业建立排放、消耗诚信信息公告制度，以及突发环境事件发生和处理情况公告制度，接受社会公众的监督。建立环评、监测机构及其从业人员、评估专家诚信档案数据库。（2）加强企业环境行为信用评价建设。大力开展企业环境行为评价工作，定期向社会公布企业环境行为等级和重大环境违法行为，有效实施分类监督。根据企业的信用等级予以相应的鼓励、警示或惩戒。完善企业环境行为信用信息共享机制，加强与银行、证券、保险、商务等部门的联动。强化对环评、监测机构及其从业人员、评估专家诚信情况的监督和考核。探索推进环评、监测报告责任制度。

8. 统计领域信用建设。（1）规范诚信统计行为准则。加强诚信统计建设，组织开展统计诚信活动，加大统计数据质量的保障和监管力度，及时准确地反映和公开统计数据。（2）完善统计领域信用制度。建立健全企业统计诚信评价制度和统计从业人员诚信档案。加强执法检查，严厉打击在统计上弄虚作假的行为。加强企业、统计部门的诚信统计宣传，增强全社会诚信统计和依法统计意识，建立失信行为通报和公开曝光制度。

（四）大力推进司法公信建设

司法公信是社会信用体系建设的重要内容，是树立司法权威的前提，是保障社会公平正义的底线。切实加强司法能力建设，推进阳光司法，着力以公正司法建公信、以公开司法促公信、以严格司法提公信、以廉洁司法保公信、以为民司法筑公信，推动司法公信建设。

1. 法院公信建设。（1）完善工作机制，提高判决执行率。努力破解人民群众高度关注的问题，妥善化解社会矛盾。推进强制执行案件信息公开，完善执行案件信息查询制度。制定执行案件联动机制实施方案，搭建相关部门执行联动信息交换平台，加大对诉讼失信与规避执行行为打击力度。（2）发挥审判职能作用，引导诚实守信风尚。通过审判职能，鼓励诚信交易，倡导互信合作，制裁商业欺诈和违约等失信行为，保护当事人合法权益，强化各类社会主体诚信意识，促进社会守法诚信。

2. 检察公信建设。创新检务公开的手段和途径，增强检察机关工作透明度，保障人民群众对检察工作的知情权、参与权、表达权和监督权。实现行贿犯罪档案查询工作的制度化、规范化、程序化和常态化，健全行贿犯罪记录应用联动机制。完善反腐举报机制，对举报失实的及时澄清，对诬告陷害的依法追究。

3. 公共安全领域公信建设。全面推行"阳光执法"，促进依法行政和社会管理法制化。及时公开执法办案的制度规范、程序时限和进展等公示信息。建立健全公安系统人口信息数据库，加强基础信息实时采集和动态录入，推进人口信息交换和共享。将公民交通安全违法情况纳入诚信档案，促进全社会成员提高交通安全意识。

4. 司法行政系统公信建设。进一步提高监狱、强制隔离戒毒场所、社区矫正机构管理的规范化、制度化水平，维护狱内罪犯、强制隔离戒毒人员、社区矫正人员合法权益。大力推进司法行政信息公开，进一步规范和创新律师、公证、基层法律服务、法律援助、司法考试等信息管理和披露手段，保障人民群众的知情权。

5. 司法执法人员和司法从业人员信用建设。建立各级法院、检察院、公安、司法行政等工作人员信用档案，把徇私枉法、办人情案和金钱案以及不作为等违法和不良行为记入信用档案。建立和完善律师、公证员、基层法律服务工作者、法律援助人员、司法鉴定人员等诚信执业规范。严肃执业纪律，加强监管和考核，建立执业资格退出机制，依法打击司法从业人员谋取不正当利益的违法和失信行为。建立完善司法从业人员信用档案。

6. 健全促进司法公信的制度基础。深化司法体制和工作机制改革。进一步推进审判公开、检务公开、警务公开、狱（所）务公开，完善律师和司法鉴定等制度。推进执法规范化建设，严密执法程序，坚持有法必依、违法必究和法律面前人人平等，提高司法工作的制度化和规范化水平。充分发挥人大、政协和社会公众对司法工作的监督作用，完善司法机关之间的相互监督制约机制，强化司法机关的内部监督，实现以监督促公平、促公正、强公信。

三、加快推进公共信用信息系统建设

社会成员的信用记录是社会信用体系建设的基础。发挥行业、地方、市场的力量和作用，加快信用信息系统建设，完善信用信息的记录、整合和应用，是形成守信激励、失信惩戒社会机制的基础和前提。推进信用信息系统建设，要以大数据为引领，以数据标准化和应用标准化为原则，整合行业内的信用信息资源，实现信用记录的电子化存储，以及行业间信用信息互联互通。

（一）社会信用基础数据库建设

1. 统一的社会信用代码制度建立。（1）建立公民统一社会信用代码制度。根据国家制定的以公民身份号为基础的全国统一的公民社会信用代码制度，建立健全全省公民统一社会代码的管理体系。（2）建立法人和其他组织统一社会信用代码制度。根据国家制定的以组织机构代码为基础的全国统一的法人和其他组织社会信用代码制度，建立健全全省统一的法人和其他组织社会信用代码的管理体系。

2. 公共信用信息基础数据库建设。充分利用大数据云服务，各部门各单位对在履行公共管理职能过程中产生的信用信息进行记录，推进行业信用信息系

统建设，归集、完善和整合行业信用信息系统建设成果，建立统一的社会主体信用信息共享平台，依法向社会公众提供方便、快捷、高效的基础征信服务。

（1）行业信用信息系统建设。加强重点领域信用记录建设。以工商、纳税、价格、进出口、安全生产、产品质量、流通服务、工程建设、电子商务、交通运输、合同履约、食品药品、医疗卫生、社会保险、劳动保障、教育科研、知识产权、环境保护等领域为重点，完善行业记录和从业人员信用档案。建立完善行业信用信息记录及数据库。结合国家重大信息化工程建设，以统一的社会信用代码为基础，按照行业信用信息征集目录，逐步完善行业信用信息记录，实现行业信用信息电子化存储，推进行业内信用信息的全省互联互通。各行业分别负责本行业信用信息的组织与发布，以提高权威性，保障信息安全，分散全局风险。

（2）社会主体信用信息平台建设。个人信用信息平台建设，以个人统一社会信用代码为基础，建立个人公共信用信息基础数据库，率先从各种执业资质、税款缴纳、社保缴费、工商登记、交通违章等方面，制定个人信用信息征集共享目录，逐步将个人的各类信用信息进行归集整合，实现数据共享与查询。企业信用信息平台建设，以企业法人统一社会信用代码为基础，建立企业公共信用信息基础数据库，率先从税款缴纳、社保缴费和工商登记等方面，制定企业信用信息的征集共享目录，逐步将企业的各类信用信息进行归集整合，实现数据的共享与查询。事业单位和社会组织信用信息平台建设，以统一社会信用代码为基础，建立事业单位公共信用信息基础数据库，逐步将各类信用信息进行归集整合，实现数据共享与查询。

（3）全省统一的公共信用信息平台建设。聚合各类社会信用主体信用信息。利用网络信息技术和大数据云服务，以个人、企业、事业单位和社会组织统一社会信用代码为基础，将个人、企业、事业单位、社会组织信用信息平台进行聚合，形成全省统一的公共信用信息查询平台。建立贵州诚信网站，为社会提供公共信用信息查询服务。

3. 金融信用信息基础数据库建设。以归集、整合和共享金融交易信息为目标，依托已经建成的银行信贷征信系统，补充完善并建立涵盖银行业、证券业、保险业的金融统一征信平台，依法向金融机构及社会公众提供全面、快捷、高效的金融基础征信服务。建设形成以统一的社会信用代码制度为基础，以公共基础信用信息数据库和金融信用信息基础数据库为骨干支撑，以专业化、市场化的社会征信数据库为补充，建立层次清晰、丰富多元的覆盖全社会的征信数据库体系。

（二）社会征信机构信用信息数据库建设

支持征信机构建立以企业、事业单位、其他社会组织、个人为对象的征信系统，按照《征信业管理条例》的规定，依法采集、整理、加工公共信用信息和非公共信用信息，并采取合理措施保障信用信息的准确性。根据市场需求，对外提供专业化的征信服务，有序推进信用服务产品创新。进一步扩大信用产品在金融服务、行政管理等领域的应用，保障信用信息安全。依法推进公共信用信息系统与征信系统间的信息交换与共享。

（三）培育和规范信用服务市场

1. 加快培育社会信用服务市场。政府通过制度性安排和政策引导，刺激市场信用信息需求，在登记注册、行政许可、资质认定和管理、招投标、政府采购、科技专项、财政支持、税收优惠、项目审批、评优评先、后备上市企业评选等社会管理和公共服务领域率先使用信用产品和信用信息。鼓励信用服务产品开发和创新，支持社会使用信用信息和信用产品，促进信用服务市场持续发展。

2. 发展各类服务机构。营造良好的信用服务市场发展环境，大力培育和发展各类社会信用服务机构。以征信、信用评级、信用管理咨询等为重点，加快发展形成种类齐全、功能互补、规范经营、公平竞争、业务各具特色、有市场公信力的信用服务机构。信用服务机构要严格规范工作程序和信用服务活动，创新服务模式，建立行业行为准则，加强从业人员专业技能培训，进一步提高信用服务质量，强化独立性和公正性，避免利益冲突，增强对信息主体和服务对象的责任。

3. 推动并规范社会信用服务行业发展。完善信用服务机构审核管理制度，加强信用服务机构从业人员资格管理，实施分类监管，建立信用服务机构长效监管机制，依法查处失信行为，形成政府和社会共同监督的信用服务市场监督机制，推动信用服务机构健康有序发展。充分发挥行业组织的作用，强化行业自律，建立约束机制和行业诚信守则，接受社会监督，不断提高行业整体素质和公信力。

四、运行机制

（一）构建守信激励和失信惩戒机制

1. 加强对守信行为的表彰和宣传。运用分类管理的方式开展对各行各业诚实守信模范的宣传表彰，树立典型，以点带面，蔚然成风。大力开展"道德模范人物"、"诚信示范企业"、"诚信农民"等诚信创建活动。营造诚信光荣、诚信受益的法制理念和社会氛围。

2. 加大对守信主体的奖励和激励。大力推进诚信主体的优惠机制建设，强化守信受益的主体意识。加快推进诚信单位示范机制和守信激励政策建设，发改、经信、金融、财政、环保、住建、交通、商务、工商、税务、质检、安监、海关、科技等部门，在进行公共监管与市场管理服务的过程中，要广泛使用信用信息和信用产品，对诚实守信主体实行联合激励政策，在申请资金和项目上给予优先支持。

3. 推动形成惩戒机制。加强对失信主体的监督和约束，制定信用基准评价指标体系和评价方法，建立失信记录和失信信息披露制度，完善市场退出机制，形成市场性惩戒。强化行政监管性惩戒，完善失信惩戒机制，推行失信公示制度和失信"黑名单"制度，以及退出市场制度。推动政府在市场监管和提供公共服务的市场准入、资质认定、行政审批、享受政府扶持政策等方面的分类监管，结合监管对象的失信类别和程度，使失信者受到惩戒。逐步建立申请人信用承诺制度，定期开展申请人信用审查，保证申请人在政府推荐的征信机构中有信用记录。建立与失信惩戒要求相适应的司法配套体系，对触犯法律法规的失信行为，依法追究相应的法律责任。建立健全信用信息的快速传递机制，利用社会媒体和网络资料，依法向社会披露和发布严重失信者"黑名单"及违法违规行为的处罚结果，形成对失信者的社会性惩戒。积极鼓励对失信行为的举报，切实落实对举报人的奖励，保护举报人的合法权益。通过信用信息交换共享，实现多部门、跨地区信用奖惩联动，使守信者处处受益，失信者寸步难行。

（二）建立健全信用制度和标准体系

1. 法规制度建设。积极推进信用建设立法工作，使信用信息征集、查询、应用、互联互通、信用信息安全、信息隐私权等有法可依。对涉及民生的住房、医疗、食品药品、消费等失信多发领域，加强信用立法和制度建设工作。

2. 信用信息标准化体系建设。建立征信标准和信用信息分类管理标准。根据商业市场和资本市场对主体信用评价的需要，按照国家标准体系建设规范，制定全省统一的主体识别标识、信用指标目录、征信技术标准和建设规范。

（三）保护信用信息主体权益

1. 建立健全信用信息主体权益保护机制。保护信用信息主体的合法权益，充分发挥行政监管、行业自律和社会监督作用。综合运用法律、经济和行政等手段，切实有效地保护信用信息主体权益。加强对信用信息主体引导教育，不断增强维护自身合法权益的意识。

2. 推进建立社会鼓励与关爱机制。建立信用信息主体自动更新和自我纠错的社会鼓励与关爱机制。对原犯有轻微失信行为并已悔过纠错的主体，建立适当保护机制和关爱机制，形成对社会成员的正向激励机制。

3. 建立信用信息侵权责任追究机制。制定信用信息异议处理、投诉办理、诉讼管理制度及实施细则。加大执法力度，对信用信息服务机构侵犯国家秘密、盗用商业秘密和个人隐私等违法侵权行为，依法予以严厉处罚。广泛利用各类宣传媒体，披露各种侵害信用信息主体权益的行为，强化社会监督和舆论监督的作用。

（四）强化信用信息安全管理

建立健全信用信息安全监控体系，依托省级信息交换平台，加大信用信息安全监督检查力度，防止信用信息泄露。制定信用信息安全管理制度，加强对信用信息系统的安全防护。建立和完善信用信息安全应急处理机制，对信用信息安全实行等级保护与风险评估，确保信用信息安全。加大资金投入，支持和改善全省信用信息安全基础设施建设。制定信用信息安全标准和服务机构的安全管理制度，强化信用服务机构信息安全防护能力。加大安全保障、技术研发和资金投入。明确职责，依法制定和实施信用信息采集、整理、加工、保存、使用等方面的制度，建立健全物理安全、安全防护、安全管理、安全检测等标准，确保信用信息采集、存储、交换、加工、使用和披露过程中的信息安全。

五、支撑体系

（一）加强组织保障

1. 加强组织领导。完善社会信用体系建设联席会议制度，充分发挥统筹协调作用，加强对各地、各部门社会信用体系建设工作的指导、督促和检查。各地、各部门要成立专门机构、明确专职人员具体负责社会信用体系建设管理工作。加快信用协会发展，加强行业自律，充分发挥社会组织在推进社会信用体系建设中的作用。

2. 建立推进机制。各级政府将社会信用体系建设纳入重要工作日程，协同推进政务诚信、商务诚信、社会诚信和司法公信建设，加强督察，强化考核，把社会信用体系建设工作作为目标责任考核和政绩考核的重要内容。

（二）强化责任落实

各地各部门要统一思想，按照本规划的总体要求，成立规划推进小组，根据职责分工和工作实际，制定具体落实方案和工作措施。定期对本地区、本行业社会信用体系建设情况进行总结和评估，及时发现问题，并提出改进措施，推动规划实施。对社会信用体系建设成绩突出的地方和单位予以表彰，对推进不力、失信现象多发地区、部门和单位的负责人实施行政问责。

（三）加大政策支持

各级政府要根据社会信用体系建设需要，将应由政府负担的经费纳入财政预算予以保障。加大对信用基础设施建设、重点领域创新示范工程等方面的资金支持。鼓励各地各部门结合规划部署和自身实际，在社会信用体系建设创新示范领域先行先试，并在政府投资、融资安排等方面给予支持。

（四）专项工程

1. 政务信息公开工程。深入贯彻落实《政府信息公开条例》，按照完全公开、依申请公开、内部互通共享的原则进行分类管理。坚持"严格依法、全面真实、及时便民"的原则，实现"阳光行政"，切实加大政务公开力度。及时披露重大突发事件和群众关注热点问题，及时回应社会关切，切实保障人民群众的知情权、参与权和监督权，树立公开、透明的政府形象。

2. 诚信教育和诚信文化建设工程

（1）普及诚信教育。加强诚信价值观教育。以建设社会主义核心价值体系、提高民族文明素质为根本，将诚信教育贯穿群众性精神文明建设全过程。全面贯彻实施《公民道德建设实施纲要》，深入开展社会主义荣辱观宣传教育，弘扬中华传统美德，推进公民道德建设工程，加强社会公德、职业道德、家庭美德和个人品德教育，在全社会形成诚实守信的良好风尚。加强诚信普及教育。在中小学教材、职业教育与岗位培训手册中增加诚信教育内容。编写普及读本，积极开展"诚信贵州"进机关、进企业、进学校、进社区、进村寨的"诚信五进"活动。强化诚信道德教育。用好道德讲堂，倡导爱国、敬业、友善道德规范。开展群众道德评议活动，对诚信缺失、不讲信用现象进行分析评议，引导人们诚实守信、遵德守礼。加强诚信宣传教育。分行业、分地区、多层次开展信用知识宣讲，组织举办社会信用体系建设理论与实践研讨。形成有效的社会自律机制和道德评判机制，引导信用主体自觉维护诚信和谐的经济社会发展环境。

（2）加强诚信文化建设。构建诚信文化体系。以社会成员为对象，以诚信宣传为手段，以诚信教育为载体，弘扬中华民族积极向善、诚实守信的传统文化和现代市场经济的契约精神，提升全社会诚信意识和信用水平。加强诚信典型宣传。注重正面引导，结合"道德模范"评选和"诚信示范企业"、"诚信经营示范"、"守合同重信用企业"、"诚信农民"等诚信创建活动。树立社会诚信典范，使社会成员学有榜样、赶有目标，使诚实守信成为全社会的自觉追求。深入开展诚信主题活动。有步骤、有重点地组织开展"诚信贵州"、"诚信活动周"、"质量月"、"诚信兴商宣传月"、"3·15"消费者权益保护日、"6·14"信用记录关爱日、"9·20"公民道德宣传日、"12·4"法制宣传日等公益活动，突出诚信主题，营造诚信和谐的社会氛围。大力开展重点行业、领域和人群诚信问题专项治理活动。选择诚信缺失问题突出、诚信建设需求迫切的行业领域开展诚信问题专项治理活动。加强法定代表人，以及律师、会计师、证券分析师、保险经纪人、医务人员、项目经理、新闻媒体从业人员、导游等职业资格重点涉信人群的职业道德建设。

3. 农村信用体系建设工程。加快建立农村信用体系建设的组织保障机制，着力推动信用农户培育，深入开展信用村组、信用乡镇、农村金融信用县创建等农村信用工程建设，为农村信用体系建设夯实基础；加快推进农民、农民专业合作组织、农业企业等农村社会成员信用建设；以金融信用为基础，建立与农村社会诚信管理指标相结合的农村诚信建设综合评价体系，推动农村诚信建设电子化建设。建立健全激励约束机制，充分发挥信贷、利率、财税等政策的杠杆作用，以经济手段推动诚信建设。对积极使用农村诚信信息且成效明显的给予相应的奖励。对农村金融信用县、信用乡镇、信用村组、诚信农户，在发展项目、专项资金、扶持资金、贴息资金等方面予以优先安排。建立农业担保机构，积极推动落实政策性农业保险，建立农业风险补偿机制，充分发挥金融在农村信用建设中的重要作用。

4. 中小微企业信用体系建设工程。（1）建立健全适合中小微企业特点的信用评价体系。完善中小微企业信用信息查询、共享服务网络及区域性中小微企业信用记录。引导各类信用服务机构为中小微企业提供信用服务，创新中小微企业集合信用服务方式，提升企业市场竞争力。（2）推动以诚信经营为核心的中小微企业信用文化建设。开展诚信宣传和培训活动，加强诚信教育，增强信用意识和诚实守信的自觉性，为中小微企业便利融资和健康发展营造良好的信用环境。（3）加强对中小微企业信用管理的指导。全面提高中小微企业在生产经营、合同履行、产（商）品质量、经济鉴证、税费缴纳、金融信贷、往来账款、财务核算、数据统计等环节的信用管理水平，增强中小微企业防范与控制信用风险的能力。

5. 信用人才培养工程。建立信用人才培养机制，实施信用人才能力提升工程，推进信用人才培训基地建设，开展信用从业人员资质认证和信用管理职业资格培训，建设一支高素质的信用人才队伍。加快培养信用理论教育和研究的专业人才。支持高等院校、社会研究机构、信用服务机构等围绕信用理论、信用管理、信用技术、信用标准、信用政策等内容开展研究和交流活动，形成良好的信用人才成长环境。

（五）创新示范

1. 地方政府信用评价示范。深入开展县级政府信用评级试点工作，完善县级政府信用评价标准、信用评价方法和信用评价指标体系，逐步推进县级政府信用评价工作，促进县级政府信用体系建设，探索具有我省地方特点的政务诚信建设之路。

2. 地方信用建设综合示范。以信用制度、联合征信系统、文化教育、农村信用建设，以及信用产品应用等方面为重点，大力推进市（州）、县（市、区、特区）信用建设试点，通过重点城市示范带动，辐射县（市、区、特区）、乡（镇）、村，促进其他地区信用建设发展，整体推进我省社会信用体系建设工作。

3. 诚信建设单位示范。大力培育诚信建设示范单位，充分发挥社会各方面在诚信经营和诚信管理方面的模范带头作用。强化诚信自律，鼓励建立诚信自律组织，积极引导企业、学校、机关、社团等部门和团体面向社会开展诚信承诺，公开相关信息，自觉接受社会监督。广泛开展"诚信示范企业"、"守信企业"、"重合同守信用"、"诚信纳税"、"诚信兴商"、"诚信乡村"、"诚信社区"、"诚信学校"等诚信示范建设的主题活动。不断提高全省各类社会主体的诚信意识。制定诚信建设示范单位的创建标准和评选办法，通过"贵州诚信网"和《诚信贵州》期刊等媒体公开发布评选结果，接受投诉，加强监督。积极推进设立诚信建设示范单位的评审机构，建立健全诚信建设示范单位的信用信息征集和管理办法。

4. 重点领域和行业信用信息应用示范。在融资担保、企业债券发行、食品药品、环境保护、产品质量、工程建设、农村资源转换等领域，试点开展征信制度建设，推行使用信用产品制度。加快"贵州省融资担保征信系统"、"贵州省企业债券发行征信系统"和"贵州省农村资源融资信息系统"的建设与推广应用。推行以信用为核心的金融生态环境建设，探索建立金融生态环境建设综合评价标准和方法，开展金融生态环境建设示范县的创评工作。

贵州省人民政府办公厅关于切实用好扶持政策推动微型企业健康发展的通知

黔府办发〔2014〕17 号

各市、自治州人民政府，贵安新区管委会，各县（市、区、特区）人民政府，省政府各部门、各直属机构：

为进一步落实《省人民政府关于大力扶持微型企业发展的意见》（黔府发〔2012〕7 号），完善扶持微型企业发展的政策和配套措施，及时解决实施中存在的问题，不断提升服务效能，积极推动微型企业健康发展，经省人民政府同意，现就有关事项通知如下。

一、完善发展措施

（一）放宽部分重点行业扶持条件。从事科技创新、创意设计、软件开发和民族手工艺品加工行业的微型企业，创业者实际货币投资额从 10 万元放宽为不低于 3 万元；带动就业人数从 5 人放宽为不得少于 2 人，且原则上按照每 2 万元实际投资额带动 1 名就业人员进行确定；财政补助资金按照创业者实际货币投资额的 50% 进行补助，最高不超过 5 万元。[牵头责任单位：各县（市、区、特区）人民政府]

（二）适当增加重点扶持行业范围。在原有加工制造、科技创新、创意设计、软件开发、民族手工艺品加工和特色食品生产等六大类重点扶持行业外，放宽为各地可结合县域经济发展特点确定不超过两个行业为重点扶持行业（从事第一产业的除外），并逐级上报省扶持微型企业发展工作领导小组。各地扶持的重点行业微型企业不低于年度基础指标任务的 60%。[牵头责任单位：各县（市、区、特区）人民政府]

（三）建立微型企业风险补偿机制。遵循政府引导、市场化运作的原则，2014 年起，按照打捆操作、风险分担、全面覆盖的要求，从省级财政安排的微型企业扶持资金中提取 10%，并从已安排的相关专项经费中筹集部分资金，通过担保再担保平台，建立微型企业贷款风险补偿机制。（牵头单位：省政府金融办；责任单位：省财政厅、中国银监会贵州监管局、人民银行贵阳中心支行）

二、提升扶持效能

（一）优化扶持微型企业指标管理模式。年度扶持微型企业发展指标由年初一次性下达模式调整为基础指标和调控指标分项下达。基础指标由省扶持微型企业发展工作领导小组于年初下达，调控指标由各地围绕"5 个 100 工程"、扶贫生态移民工程、微型企业创业园区等建设的重点项目，逐级申请上报，由省扶持微型企业发展工作领导小组办公室审核后下达。（牵头单位：省工商局；责任单位：省财政厅）

（二）建立金融机构扶持微型企业发展工作考评机制。将开展扶持微型企业金融服务工作情况纳入全省对金融机构的考核评价体系，由金融监管部门加强考评结果的运用，充分调动银行业金融机构参与扶持微型企业发展工作的积极性和主动性。（牵头单位：省政府金融办；责任单位：中国银监会贵州监管局、人民银行贵阳中心支行）

（三）引导规范微型企业账务管理。结合税收政策和我省实际，实行有利于微型企业发展的税收征缴方式，引导微型企业规范建账。积极鼓励和引导第三方机构为微型企业提供代理记账服务，降低微型企业财务成本，促进规范健康发展。[牵头单位：省国税局、省地税局；责任单位：省财政厅，各县（市、区、特区）人民政府]

三、加大监督考评力度

（一）严格执行扶持微型企业创业评审规定。按照公平、公正、公开的原则，严格依据相关程序和标准开展创业评审工作。各地要进一步细化职责，优化办理流程，加快财政资金预拨进度，缩短评审时限，完善考核督查机制，督促各级各部门提升履职质量和效率。［牵头单位：各市（州）人民政府，贵安新区管委会；责任单位：省、市、县三级财政主管部门，各县（市、区、特区）人民政府］

（二）严格执行财政补助资金监管规定。按照自有资金先行使用的原则，进一步做好微型企业财政补助资金的使用监管。审计部门要加强对各级财政补助资金的审计监督，切实提高财政资金使用效益。（牵头单位：省工商局；责任单位：省财政厅、省审计厅、人民银行贵阳中心支行）

（三）加大督办督查力度。对扶持微型企业发展各项政策执行情况进行督办督查，通过定期通报、考核问责等方式，促进各项工作有序推进，确保扶持政策落实不出现偏差。［牵头单位：省政府督查室、省工商局；责任单位：各市（州）人民政府、贵安新区管委会，各县（市、区、特区）人民政府］

（四）完善考核评价机制。依托督办督查、年终考核及绩效核查等方式，以微型企业出生率、存活率、成长率"三率"为主要考评指标对各地工作开展情况进行考核评价，考评结果用于对各地基础指标进行调整。（牵头单位：省工商局；责任单位：省财政厅）

贵州省人民政府办公厅

2014 年 4 月 18 日

省人民政府办公厅关于清理规范全省非融资性担保公司的通知

黔府办函〔2014〕56 号

各市、自治州人民政府，贵安新区管委会，各县（市、区、特区）人民政府，省政府各部门、各直属机构，中央在黔各有关单位：

为认真贯彻落实银监会等八部门《关于清理规范非融资性担保公司的通知》（银监发〔2013〕48 号）精神，切实规范市场秩序，维护金融与社会稳定，经省政府领导同志同意，现就清理规范全省非融资性担保公司有关事项通知如下：

一、清理规范范围

清理规范的范围为省内非融资性担保公司，包括我省非融资性担保公司在省外设立的分支机构和外省非融资性担保公司在我省设立的分支机构，重点是以"担保"名义进行宣传但不经营担保业务的公司。

二、工作安排部署

2014 年 5 月至 9 月，清理规范全省非融资性担保公司工作。

分三个阶段进行：

（一）调查摸底阶段（5 月）。按照属地管理原则，由各地统一组织，重点摸清辖区内非融资性担保公司数量、注册资本、行业分布、业务开展、风险状况以及存在问题。在此基础上，制订清理规范工作方案，于 2014 年 5 月 30 日前报省政府金融办。

（二）清理规范阶段（6 月至 8 月中旬）。

1. 自查自纠。各非融资性担保公司要按照要求全面梳理存在问题，及时制订整改计划，抓紧整改落实。非融资性担保公司要按其实际从事的主营业务对公司名称予以规范，标明其行业或经营特点；专门经营工程履约担保、投标担保等业务的，要在名称中标明"非融资性担保"、"工程担保"或主要经营的非融资性担保业务种类。

2. 检查整改。各地要组织相关部门，建立工作机制，根据清理规范工作方案，对辖区内的非融资性担保公司开展逐户检查。对公司名称不规范的，要责令限期规范；对存在超范围经营、虚假宣传等违规问题的，要责令限期整改；对从事非法吸收存款、非法集资、非法理财、高利放贷等违法违规活动或违规经营融资性担保业务的，要坚决依法查处和取缔；涉嫌犯罪的要及时移交司法部门处理，同时要做好债权债务的清理清退工作，切实维护社会稳定。

3. 及时总结。各地要对辖区内非融资性担保公司清理规范工作进行全面总结，于 8 月 20 日前将总结报告报省政府金融办。

（三）检查验收阶段（8 月下旬至 9 月上旬）。省统一组织对各地非融资性担保公司清理规范工作进行检查验收，对清理规范工作不力并造成严重后果的市（州）进行通报。

三、加强组织领导

各地、各有关部门和单位要高度重视非融资性担保公司清理规范工作，加强领导，明确职责，强化管理，务求实效。

（一）健全组织机构。成立省非融资性担保公司清理规范专项工作组，负责全省非融资性担保公司清理规范工作的统一部署和重大事项协调。省政府金融办负责同志担任召集人，省发展改革委、省经济和信息化委、省公安厅、省财政厅、省商务厅、省工商局、省政府法制办、人民银行贵阳中心支行、贵州银监局等单位分管负责同志任成员。专项工作组办公室设在省政府金融办，负责全省非融资性担保公司清理规范工作的组织实施和日常沟通协调。各地要建立相应工作机制，统筹负责本辖区内的非融资性担保公司清理规范工作。

（二）明确职责分工。各地负责做好本辖区内非融资性担保公司的清理规范工作。省政府有关部门和单位要根据各自工作职责，加强对清理规范工作的督导和指导。各地、各部门和单位要密切配合，齐心协力，共同做好非融资性担保公司的清理规范工作。

（三）强化管理措施。各地、各有关部门和单位要以本次清理规范工作为契机，强化对非融资性担保公司的管理，建立长效机制。要结合本地区、本部门实际，建立健全制度，明确管理机构。加快非融资性担保公司诚信记录建设，建立健全公司及从业人员信用档案，探索实施非融资性担保公司信用等级评价制度、"黑名单"制度和失信行为责任人行业禁入制度。进一步提高行业透明度，充分发挥社会舆论等外部监督作用。

（四）严守风险底线。各地、各有关部门和单位要坚持底线思维，加强对风险的监测、预警和处置工作，制定完善应急预案，确保不发生系统性和区域性风险。重大情况要及时向省非融资性担保公司清理规范专项工作组报告。

贵州省人民政府办公厅

2014 年 5 月 15 日

省人民政府办公厅关于做好全省商品现货市场交易工作的通知

黔府办函〔2014〕36 号

各市、自治州人民政府，贵安新区管委会，省直管县（市）人民政府，省商务厅，人民银行贵阳中心支行、中国证监会贵州监管局：

为维护市场秩序，促进商品现货市场健康发展，根据《国务院关于清理整顿各类交易场所切实防范金融风险的决定》（国发〔2011〕38 号）和商务部、中国人民银行、中国证监会联合公布的《商品现货市场交易特别规定（试行）》（商务部令 2013 年第 3 号）的有关规定，经省政府领导同志同意，现就做好商品现货市场交易工作有关事宜通知如下：

一、各地各有关部门要严格执行国发〔2011〕38 号和商务部令 2013 年第 3号等有关规定，推动我省商品现货市场健康有序发展。

二、我省各级商务行政管理部门负责商品现货市场的行业监管，并按照要求制定行业发展规划和其他具体措施，省商务厅要根据国家有关政策尽快牵头制定具体管理办法并下发；人民银行贵阳中心支行负责我省商品现货市场交易涉及的金融机构和支付机构的监督管理工作；中国证监会贵州监管局负责我省商品现货市场非法期货交易活动的认定等工作；各市（州）政府、贵安新区管委会、各县（市、区、特区）政府及其商务等部门要按照省商务厅会同有关部门下发的管理办法做好本辖区内商品现货市场行业监管有关工作。

贵州省人民政府办公厅
2014 年 3 月 27 日

省政府办公厅印发贵州省创业投资引导基金管理办法

省政府办公厅

为规范设立和运作我省创业投资引导基金，吸引国内外优质创业资本、项目集聚贵州，建立和完善创业投资体系，促进省内战略性新兴产业发展，切实发挥创业投资在贵州经济社会发展中的推动作用，经省人民政府同意，省政府办公厅近日印发《贵州省创业投资引导基金管理办法》（以下简称办法），要求各地各部门认真贯彻执行。办法全文如下：

贵州省创业投资引导基金管理办法

第一章　总　则

第一条　为规范设立和运作我省创业投资引导基金，吸引国内外优质创业资本、项目集聚贵州，建立和完善创业投资体系，促进省内战略性新兴产业发展，切实发挥创业投资在贵州经济社会发展中的推动作用，根据《创业投资企业管理暂行办法》（国家发展改革委令第 39 号）和《国务院办公厅转发发展改革委等部门关于创业投资引导基金规范设立与运作指导意见的通知》（国办发〔2008〕116 号）规定，结合我省实际，制定本办法。

第二条　本办法所称创业投资，是指向创业企业进行股权投资并提供创业管理服务，以期所投资创业企业发育成熟或相对成熟后，主要通过股权转让获得资本增值收益的投资方式。本办法所称创业投资企业，是指主要从事创业投资业务的企业组织。本办法所称贵州省创业投资引导基金（以下简称引导基金）是由省人民政府专门设立的旨在引导社会资金进入国家和省重点扶持的创业投资领域的政策性基金。

第三条　引导基金的宗旨是发挥政府资金的杠杆放大和投资带动作用，增加创业投资资本的供给，克服单纯通过市场配置创业投资资本的市场失灵问题。

第四条　引导基金采取决策、评审和日常管理相分离的管理体制。成立引导基金理事会，行使引导基金决策权；设立引导基金评审委员会，对拟投资方案进行评审；委托专业基金管理公司对引导基金进行投资管理。

第五条　引导基金以独立事业法人形式设立，纳入公共财政考核评价体系。

第二章　引导基金资金来源和使用范围

第六条　根据《省人民政府办公厅关于印发贵州省促进创业投资加快发展的指导意见（试行）的通知》（黔府办发〔2012〕17 号）文件，引导基金资金主要来源为以下几个方面：

（一）财政性专项资金。

（二）引导基金运行的各项收益。

（三）闲置资金存放银行或购买国债等所得的利息收益。

（四）个人、企业或社会机构无偿捐赠的资金。

（五）其他资金来源。

第七条　引导基金的使用范围：

（一）引导和扶持境内外投资者在贵州省注册设立创业投资企业。

（二）引导和扶持境内外创业投资企业增加对贵州省中小型创业企业的投资。

（三）支持符合条件的贵州省创业投资企业依法通过再融资增强投资能力。

（四）引导整合境内外资源，共建创业孵化平台，为初创期企业发展提供资金、市场、管理和服务一体化平台支持。

第三章　决策与管理

第八条　引导基金理事会由省发展改革委、省科技厅、省经济和信息化委、省财政厅、省商务厅、省政府金融办各派一位负责同志组成，对省人民政府负责。引导基金理事会主要职责：决定引导基金基本管理制度，审定基金的经营计划和投资方案，审定基金股权投资退出方案，研究协调创业投资工作中的重大问题等。理事会会议审议投资事项，需获得理事会成员单位三分之二以上同意才能作出投资决定。

第九条 引导基金评审委员会由政府有关部门和有关专家组成。由省发展改革委牵头，会同理事会成员单位组建评审委员会专家库。评审委员会会议参会人员主要根据评审项目性质和专业特点确定，其中专家比例不低于50%，原则上从专家库中抽取。拟被投资项目单位的人员不得作为评审委员会成员参与项目评审。评审委员会对引导基金拟投资方案进行独立评审，拟投资方案获得评审委员会全体成员三分之二以上通过方可报请理事会决策，以确保引导基金决策的民主性和科学性。

第十条 贵州省创业投资促进中心（以下简称创投中心）为引导基金事业法人。创投中心的主要职责：履行政府出资人职责；承担引导基金理事会办公室职能；负责拟定引导基金的具体管理制度；发布年度引导基金申报指南；提出需理事会研究协调的重大事项；检查投资方案的实施情况；参与对所投资方的重大决策，监督投资资金使用；指导和考核引导基金管理公司对基金的管理工作等。

第十一条 受托基金管理公司按照委托管理协议履行基金管理职责，按年提取日常管理费。管理费费率、计算方式和涵盖内容在委托管理协议中约定。

第十二条 选择商业银行对引导基金进行托管，开设引导基金专户，负责引导基金的资金保管、拨付、结算以及日常监管工作。资金托管银行应定期向创投中心报告资金情况。

第四章 运作原则与方式

第十三条 引导基金按照"政府引导、市场运作、科学决策、防范风险"的原则进行投资运作，积极吸引中外优秀创业投资企业及其管理团队来黔发展，大力培养本土创业投资企业及管理团队。鼓励各市（州）人民政府根据实际情况设立创业投资引导基金。

第十四条 引导基金可通过参股、跟进投资、融资担保、补贴等方式扶持创业投资企业在本省的设立和发展，具体要求如下：

（一）引导基金可参股创业投资企业，但不能成为第一大股东。参股比例不高于创业投资企业实收资本的30%，最高金额一般不超过3000万元人民币。引导基金参股形成的投资收益根据创业投资企业管理团队的过往业绩和带动投资规模等因素可在市场通行原则的基础上给予一定比例奖励，具体比例在协议中约定。

（二）引导基金可跟随创业投资企业投资于创业企业，形成的股权委托共同投资的创业投资企业管理，创投中心与共同投资的创业投资企业签订《股权托管协议》。已经选定且尚未完成实际投资的跟进投资项目，跟进投资价格不高于创业投资企业投资价格，投资总额一般不超过创业投资企业实际投资额；引导基金跟进投资收益可拿出一定份额奖励该创业投资企业管理团队，最高份额为引导基金跟进投资历年股利与投资退出增值收益总额的50%。

（三）引导基金按照国家对创业投资企业债权融资有关规定，在适当的时候对历史信用良好的创业投资企业提供融资担保支持。

（四）引导基金可用于落实《省人民政府办公厅关于印发贵州省促进创业投资加快发展的指导意见（试行）的通知》（黔府办发〔2012〕17号）文件中关于对创业投资企业的风险补偿和奖励补贴等政策，待争取专项资金到位后应及时按程序归还。

第十五条　引导基金用于风险补偿、奖励补贴方面的资金总额不能高于引导基金总规模的10%。

第十六条　引导基金参股扶持创业投资企业，操作程序如下：

（一）公开征集。按照引导基金年度资金计划，由创投中心向全社会公开发布年度基金申报指南，拟与引导基金合作的创业投资企业或管理团队，根据指南要求进行申报。

（二）尽职调查。引导基金受托管理机构对经初步筛选的申请人资料和方案进行尽职调查，提出拟合作项目的尽职调查报告，并提出投资建议。

（三）专家评审。引导基金专家评审委员会对创业投资企业提出的申请合作方案和尽职调查报告进行独立评审，并提出评审意见。

（四）最终决策。引导基金理事会根据专家评审委员会评审结果和实际情况，对引导基金投资方案进行最终决策。

（五）基金公示。引导基金理事会最终决策结果在创投中心网站上予以公示。

第十七条　引导基金对创业投资企业进行跟进投资操作程序如下：

（一）项目申报。按照引导基金年度资金安排计划，由申请人向创投中心提交申请材料。

（二）尽职调查。引导基金受托管理机构对申请人和申请方案进行尽职调查，形成尽职调查报告，提出投资建议。

（三）专家评审。引导基金专家评审委员会在听取引导基金受托管理机构尽职调查报告的基础上，对申请人提出的申请方案进行独立评审，提出评审意见。

（四）最终决策。引导基金理事会根据专家评审委员会评审结果和实际情况，对引导基金投资方案进行最终决策。

（五）项目公示。引导基金理事会最终决策结果在创投中心网站上予以公示。

第十八条 经与创业投资企业签订投资协议，引导基金可以优先股、可转换优先股等方式，对其进行投资。以优先股方式参股投资的收益可参照银行同期贷款基准利率协商确定。

第十九条 引导基金投资形成的股权可按照公共财政的原则和引导基金运作有关规定，采取上市、股权转让、企业回购及破产清算等方式退出。在有受让人的情况下，引导基金可以随时退出，其他股东具有优先受让权。

第五章　扶持对象

第二十条 申请引导基金参股扶持的创业投资企业应当具备以下条件：

（一）主要发起人（合伙人）、创业投资企业管理机构已基本确定，并草签发起人协议、企业章程（合伙协议）、委托管理协议、资金托管协议；其他出资人（合伙人）已落实，并保证资金按约定及时足额到位。

（二）创业投资企业管理机构至少有 3 名具备 5 年以上创业投资或相关业务经验的专职高级管理人员，且高级管理人员已取得良好的管理业绩。

（三）创业投资企业募集资金总额不低于 3000 万元人民币，所有投资者以货币形式出资。

（四）引导基金参股的创业投资企业优先投资于贵州省范围内的企业。

（五）重点投资于政府扶持和鼓励产业领域中的种子期和创业早中期企业，且有侧重的专业投资领域。

（六）管理和投资运作规范，具有严格的投资决策程序和风险控制机制。

（七）按照国家企业财务、会计制度规定，有健全的内部财务管理制度和会计核算办法。

（八）创业投资企业应在注册成立后 30 日内按相关规定申请备案管理。

第二十一条 申请跟进投资的企业除满足本办法第二十条第三、四、五、六、七款规定外，还须具备以下条件：

（一）跟进投资对象必须是贵州省鼓励发展和重点扶持，且工商登记和税务登记在贵州省的早中期创业企业。

（二）创业投资企业对申请引导基金跟进投资的项目已有详细的投资方案并与被投资企业达成投资意向，或已完成投资计划，且时间在一年以内。

（三）申请跟进投资的创业投资企业不先于引导基金退出其在被投资企业的股权。

（四）申请跟进投资的创业投资企业应进行备案管理。

第六章 风险控制

第二十二条 建立健全引导基金内部控制和风险防范机制，保障引导基金运行安全。

第二十三条 引导基金不得干预所扶持创业投资企业的日常管理，不得担任所扶持公司型创业投资企业的受托管理机构或有限合伙型创业投资企业的普通合伙人，不得参与投资设立创业投资管理企业。在所扶持企业投资行为违法、违规或偏离政策导向的情况下，可按照合同约定，行使一票否决权。

第二十四条 引导基金不得用于贷款、股票、期货、房地产、证券投资基金、企业债券、金融衍生品等投资，不得用于赞助、捐赠等支出。闲置资金只能存放银行或购买国债等符合国家有关规定的金融产品。

第二十五条 引导基金在企业破产清算时具有优先清偿权。

第七章 绩效考核和监督

第二十六条 引导基金理事会按照公共财政的原则，制定考核办法，定期对引导基金进行绩效考核，绩效考核结果作为对受托基金管理机构进行奖惩和续约、解约的依据。绩效考核办法由创投中心另行制定。

第二十七条 引导基金理事会负责对创投中心和受托基金管理机构履行职责情况进行监管和指导。创投中心和受托基金管理机构每年应向引导基金理事会提交引导基金运作报告。其中，运作过程中的重大事件需及时报告。

第二十八条 引导基金接受审计和监察部门的审计和监督。

第二十九条 引导基金应当建立项目公示制度，接受社会监督，确保引导基金运作的公开性。

第八章 附 则

第三十条 市（州）人民政府设立的创业投资引导基金的来源、运作、管理、监督等，参照本办法执行。

第三十一条 本办法自印发之日起施行，《省人民政府办公厅关于印发贵州省创业投资引导基金管理暂行办法的通知》（黔府办发〔2012〕57号）同时废止。

贵阳市人民政府、中国人民银行贵阳中心支行关于印发贵阳市推动金融 IC 卡在公共服务领域应用方案的通知

筑府函〔2014〕131 号

各区、市、县人民政府，高新开发区、经济技术开发区、贵阳综合保税区管委会，市政府有关工作部门，相关市属企业，中国人民银行贵阳中心支行各处室，各驻筑相关金融机构，中国银联贵州分公司：

《贵阳市推动金融 IC 卡在公共服务领域应用方案》已经贵阳市人民政府、中国人民银行贵阳中心支行研究同意，现印发给你们，请按照要求认真组织实施。

2014 年 6 月 25 日

贵阳市推动金融 IC 卡在公共服务领域应用方案

为进一步推动金融 IC 卡在我市公共服务领域应用，根据《国务院关于促进信息消费扩大内需的若干意见》（国发〔2013〕32 号）、《省人民政府办公厅关于推动金融 IC 卡在我省公共服务领域应用的实施意见》（黔府办发〔2013〕43号）等文件要求，结合贵阳市实际，特制定本方案。

一、重要意义

推动金融 IC 卡在公共服务领域应用是推进金融服务民生，保障银行卡应用安全，推动银行卡产业升级和可持续发展的重大战略。2013 年 7 月 12 日国务院常务会议明确提出推动金融 IC 卡在公共服务领域应用。黔府办发〔2013〕43 号文件要求，推动金融 IC 卡在贵州省公共服务领域应用。推动金融 IC 卡在我市公共服务领域应用能有效提高社会交易支付效率，降低社会支付清算成本，增强公共管理和社会服务能力，改善民生，推动"智慧贵阳"建设，优化投资环境，提升城市形象。

二、总体目标

以中央、省、市相关精神为指导，以"发展普惠金融"及"保障和改善民生"为目标，强化行业合作，实施信息惠民工程，将金融 IC 卡应用推广到公

交、城市轨道交通、旅游、校园等领域，力争 2015 年前在我市区域各公共服务领域实现大面积覆盖，2017 年实现轨道交通应用。使我市在全省乃至全国率先实现磁条卡向金融 IC 卡的迁移，率先实现金融 IC 卡在公共服务领域应用的全面覆盖，率先实现在智慧城市、智慧交通、智慧旅游、智慧校园、智慧生活等方面达到全国先进水平。

三、工作机制

（一）为有序推进金融 IC 卡应用工作，加快我市金融 IC 卡产业发展，成立贵阳市金融 IC 卡推广应用工作协调推进领导小组。组长由市政府分管副市长、人民银行贵阳中心支行分管副行长担任，成员包括市政府金融办、市工业和信息化委、市交通运输局、市旅游产业发展委、市教育局、市商务局、市公交公司、贵阳供电局、贵州燃气集团、市城投公司、市轨道公司以及中国银联贵州分公司、各发卡银行及收单机构等单位负责人（具体名单见附件）。领导小组下设办公室在市政府金融办，负责日常工作。

（二）职责分工

1. 行业主管部门：市交通运输局、市旅游产业发展委、市教育局、市商务局等行业主管部门负责会同人民银行、中国银联贵州分公司制定本行业应用实施方案，推动本行业主体开展应用；制定本行业受理"贵州通"的优惠方案。

2. 人民银行贵阳中心支行负责协调各发卡银行、中国银联贵州分公司、收单机构与相关行业进行合作，开展行业应用。

3. 中国银联贵州分公司负责协助各行业主管部门完成行业应用实施方案的制定；解决应用有关技术问题；与行业主体签署应用协议（合同）；为应用各方提供数据服务、营销服务；提供银行卡技术和业务标准与规范的支持服务；作为市场主体之一按照投入机制投入资金推动应用。

4. 各发卡银行作为市场主体之一按照投入机制投入资金，推动应用。各发卡银行也可与行业主体签署应用协议（合同），开展行业应用。

5. 行业主体：公交公司、出租车公司、客运站、各景区（点）、电力公司、自来水公司、煤气公司、物业管理公司、各高校、各医院及城市轨道交通运营管理公司等行业主体在本行业主管部门的指导下，按照本行业应用实施方案推进本单位的应用工作。

（三）机制及资金保障

1. 建立重大事项协商机制。专题研究和协商解决应用推广中的重大事项，定期交换工作信息，协调解决推广过程中遇到的困难和问题。

2. 建立金融 IC 卡应用投入机制。在人民银行、行业主管部门主导下，发卡银行、中国银联贵州分公司以及行业参与主体参加，按照"谁出资、谁受益"及"先投资、先受益"的方式建立应用资源投入机制，"一事一议，一地一议"，按照市场化运作的内在规律，确保应用重大项目的资金到位。

四、工作计划

根据黔府办发〔2013〕43 号文的工作要求，结合我市各主管部门的工作安排以及我市金融 IC 卡应用推广工作的实际情况，按照"统筹规划、分步实施"的原则推进我市金融 IC 卡应用推广工作。

（一）召开金融 IC 卡应用推广工作会议，建立工作机制，明确工作任务。

牵头单位：市政府金融办、人民银行贵阳中心支行、市工业和信息化委

（二）推进在公共交通领域的金融 IC 卡行业应用。以公交、出租车、景区、城市轨道交通为突破口，在我市公交金融 IC 卡应用的基础上，将公交应用延伸至郊区和开通公交车的县城，同时将应用逐步推广到出租车、高速公路缴费、城市轨道交通、客运站售票等领域，进一步提升城市品位和树立良好城市形象。

2014 年 6 月底前，完成公共交通领域行业应用具体工作方案的制定。启动贵阳城区的出租车、郊区及县级公交车、贵阳市等客运站售票大厅受理"贵州通"工作。

2014 年 12 月底前，完成贵阳城区的出租车全面受理"贵州通"；完成辖内 100% 的县级城市公交可受理"贵州通"；完成 50% 以上贵阳市区各客运站售票大厅受理"贵州通"。

2015 年底前，完成市辖内 100% 以上的县级公交、出租车以及售票大厅全面受理金融 IC 卡。

2017 年 6 月前，结合城市轨道交通建设进程，完成金融 IC 卡成为支付方式之一进入轨道交通行业领域的应用实施。

牵头单位：市交通运输局、市轨道公司、人民银行贵阳中心支行、中国银联贵州分公司

（三）推进在旅游行业应用。旅游业是我市经济发展的重要组成部分，从今后发展来看，会有越来越多的国内外游客来我市观光旅游。根据金融 IC 卡支付的特点，拟在多个景区实现快速刷卡购票、购物、就餐、住宿等。政府及有关行业主管部门可以通过发布旅游景区刷"贵州通"打折优惠政策，鼓励市民旅游，体验爽爽的贵阳，进一步促进我市旅游业又好又快发展。

2014 年 6 月底前，完成旅游行业具体工作方案的制定。启动市内 4A 级及以上景点布放自动售票终端，受理金融 IC 卡购票。

2014 年底前，4A 级景区内 90% 以上的商户部署 POS 机具并受理金融 IC 卡；

30%以上4A级景点部署自动售票终端；30%以上有条件4A级景点实现闸口自助通关。

2015年4月底前，启动部分3A级以上景区进行闸口改造，实现使用金融IC卡自助通关。

2015年底前，90%以上4A级景点部署自动售票终端；90%以上有条件4A级景点实现闸口自助通关。

牵头单位：市旅发委、人民银行贵阳中心支行、中国银联贵州分公司

（四）推进在学校行业应用。通过金融IC卡在学校食堂、图书馆等方面应用，提升校园数字化建设管理水平，使教育资源得到充分优化和利用，达到"数字校园、智慧校园"的建设目标。

2014年6月底前，完成学校具体工作方案的制定。启动至少一所寄宿制学校金融IC卡应用试点。

牵头单位：市教育局、人民银行贵阳中心支行、中国银联贵州分公司

（五）推进在公共事业缴费行业应用。用金融IC卡缴纳各种公用事业费用，包括水、电、煤气缴费或预付费卡表充值，及物业管理费、宽带网络费、有线电视收视费、电话费等，有效解决过去的缴费难、排队难的问题。

2014年6月底前，完成公共事业缴费领域的具体工作方案的制定。启动试点物业小区在"贵州通"金融IC卡上加载物业一卡通的功能。

2014年12月底前，在有条件的县级城市及乡镇完成50%的公共事业缴费覆盖面；完成试点物业小区在"贵州通"金融IC卡上加载物业功能。

2015年12月底前，在有条件的县级城市及乡镇完成100%的公共事业缴费全覆盖；有条件的物业小区90%实现在"贵州通"金融IC卡上加载物业功能。

牵头单位：人民银行贵阳中心支行、中国银联贵州分公司

（六）推动菜市场应用。2014年底前在市内2家大型菜市场布放专用POS机具，引导市民使用金融IC卡进行小额支付，通过采用现场兑换（记名）电子现金卡，补贴促销等方式营造应用氛围，培养支付习惯。

牵头单位：市商务局、人民银行贵阳中心支行、中国银联贵州分公司

（七）推动停车场应用。2014年底前在市内大型停车场（机场停车场、筑城广场停车场等）布放专用POS机具，引导市民使用金融IC卡进行小额支付，通过采用现场兑换（记名）电子现金卡，补贴促销等方式营造应用氛围，培养支付习惯。

牵头单位：市城投公司、人民银行贵阳中心支行、中国银联贵州分公司

（八）积极探索移动金融的发展。充分利用金融IC卡应用已有受理环境，以信息技术创新与应用为手段，组织搭建移动金融创新平台，以移动支付为基

础，不断拓展移动金融的多应用领域，通过移动金融创新进一步推动金融 IC 卡在公共服务领域的广泛应用。

牵头单位：人民银行贵阳中心支行、中国银联贵州分公司、各银行业金融机构

（九）加强宣传。一是电视宣传。制作宣传短片，在市级电视台进行播放，并对相关宣传活动进行新闻报道。二是报纸宣传。采取专栏新闻、业务介绍、知识问答等报道形式，将城市金融 IC 卡推广信息及时、有效地传递给市民。三是短信宣传。向市民发送短信，宣传城市金融 IC 卡的便捷功能和办理方式。四是户外宣传。适时在城市中心广场、繁华商业街区、居民社区进行户外现场宣传，宣传现场应悬挂宣传横幅、设立现场咨询台、发放宣传折页，重点宣传金融 IC 卡的优越性及使用便捷性，向市民大力宣传普及城市金融 IC 卡使用知识。

牵头单位：人民银行贵阳中心支行、中国银联贵州分公司、各行业主管部门、各银行业金融机构

贵州银监局关于进一步深化小微企业金融服务工作的指导意见

黔银监发〔2014〕30 号

各银监分局，各政策性银行、国有商业银行省分行，贵州银行，省联社，贵阳银行，邮储银行省分行，各股份制商业银行贵阳分行，重庆银行、南充市商业银行贵阳分行，花旗银行贵阳分行，贵阳农村商业银行、花溪农村商业银行，贵阳各农村合作金融机构，贵阳各村镇银行，省银行业协会：

为进一步提升贵州银行业金融机构小微企业金融服务工作力度和水平，根据国务院和银监会有关文件精神，结合贵州实际，提出如下指导意见。

一、进一步明确目标任务，切实增强小微企业金融服务的责任感和使命感

小微企业金融服务是金融支持实体经济的必然要求，是银行业加快战略转型的有效途径，是支持贵州实现"后发赶超"的必要手段。做好小微企业金融服务，将促使银行加强创新、转变经营模式、发现市场价格、优化负债结构、实现差异化发展，不仅符合国家和社会利益，也符合银行自身实现战略转型的需要。银行业金融机构要充分认识小微企业金融服务的重要性和必要性，紧紧围绕贵州特色产业、特色政策，单列信贷计划，确保 2014 年实现"两个不低于"目标，即：全年小微企业贷款增速不低于全部贷款平均增速，增量不低于

上年同期水平。各级监管部门要完善小微企业贷款按月监测、按季考核通报机制，将"两个不低于"目标完成情况、小微企业贷款覆盖率、小微企业综合金融服务覆盖率和小微企业申贷获得率监测情况纳入通报内容，并结合现场检查、现场督导等方式，加大对小微企业金融服务的考核力度，及时向上级监管部门报告监测考核情况。

二、加强制度人员保障，进一步优化完善小微企业金融服务的体制机制

各银行业金融机构要按照"两个不低于"要求进一步改进和完善小微企业金融服务绩效考核制度，对小微企业不良贷款进行单独考核，适度提高小微企业不良贷款容忍度。同时，制定小微企业信贷业务尽职免责相关制度，明确界定免责范围，实行尽职免责，充分调动和保护小微企业信贷人员的工作积极性。要加强小微企业客户经理队伍建设，保持必要和持续的投入，从年龄结构、专业构成和从业经验等方面周密考量，确保有足够的人力资源进行小微企业信贷风险管理的各项工作，有效提高对小微企业贷款风险的识别、监测和管控能力。切实加大对小微企业客户经理的培训力度，使小微企业客户经理真正做到贴近客户、贴近业务、贴近市场，形成一支专业化、特色化的小微企业金融服务队伍。探索建立小微企业明星客户经理评比制度，结合每年的小微企业金融服务宣传月活动，由银行业协会负责组织开展评比活动。各级监管部门要引导银行业金融机构借鉴支农金融服务"阳光信贷"经验，推行小微企业"阳光服务"模式，让小微企业、公众监督银行金融服务，推动银行以主动开放的姿态，做到"政策公开、产品公开、承诺公开"，特别是必须对外公示包括业务办理时间、客户经理行为规范和严格执行"七不准"要求等内容的服务承诺书。

三、加强分类指导，构建多层次小微企业金融服务体系

银行业金融机构要按照《中资商业银行专营机构监管指引》（银监发〔2012〕59号）和《贵州银监局关于辖内商业银行设立社区支行、小微支行有关事项的通知》（黔银监发〔2014〕14号）要求，合理布局小微金融服务网点，向金融综合改革试验区以及县域、乡镇、老少边穷地区等金融服务薄弱区域、批发市场、商贸集市等小微企业集中地区延伸小微企业金融服务网点，稳步推进小微企业金融服务专营机构建设步伐，逐步形成从总行到分（支）行多层次的，面向社区（园区）、城市商圈、商贸集聚地、新兴开发区、产业园区和农村地区的基层专营机构体系，为小微企业提供专业、便捷的金融服务。大型银行要积极向总行申请，在争取总行对贵州网点规划上进行倾斜的同时，充分利用

机构和网点优势，不断提升小微企业专营机构的战略重要性、操作专业性和盈利增长性，整合现有网点资源，设立小微支行、社区支行等标准网点或者非标准化网点，为小微企业提供更多专业化服务。中小银行要根据不同区域的经济规模、有效客户数量以及客户消费能力、消费习惯等，科学规划、有序推进社区支行、小微支行建设。除贵阳、遵义等9个市州的中心城区以外，各银行业金融机构在县域新设小微支行、社区支行，或将小微企业金融服务延伸到乡、镇及以下行政村的，其设置不受规划限制（银监会另有规定的除外）。农村中小金融机构要根据贵州打造100个特色小城镇的要求，围绕交通枢纽型城镇、旅游景观型城镇、绿色产业型城镇、工矿园区型城镇、商贸集散型城镇、移民安置型城镇等六型特色小城镇设立小微支行、社区支行，为推动小城镇产业化、集聚化发展提供金融支持。

四、加快产品服务创新，打造小微企业金融服务升级版

银行业金融机构要围绕自身市场定位，紧跟技术进步和金融创新，加强小微企业金融制度研究和探索，不断深化客户为中心的理念，充分利用互联网等新技术、新工具，不断创新网络金融服务模式，为小微企业多样化融资需求量身定制特色产品和服务，努力实现小微企业金融产品和服务功能更全面、时效性更强、种类更丰富、风险分担更灵活。鼓励银行业金融机构在风险可控的前提下，积极开展银担合作业务，支持地方政府构建再担保体系，优先与加入再担保体系的融资性担保机构开展合作，并在放大倍数、风险分担比例和贷款利率方面给予优惠。鼓励银行业金融机构与政府、保险监管部门加强联动，构建政银保合作体系，开展以政府财政风险补偿基金为后盾的小微企业小额贷款保证保险，积极探索缓解小微企业融资难的新路径。鼓励银行与信托公司合作，积极创新信托业务和产品，结合小微企业实际情况，逐步扩大小微企业集合债券、集合票据、集合信托的发行规模，积极开发结构化信托、股权投资、债权投资、受益权投资等多种贷款替代性产品，实现资金支持小微企业的多样化。鼓励银行业金融机构围绕科技园区建设，协调政府、证券监管部门，构建政银证合作体系，通过信用辅导和培育、担保补贴、放大低价资产倍数等优惠政策和服务，加大企业孵化力度，使入园企业达到融资门槛，引入园内企业信用管理体系，建立园内企业融资绿色通道，并通过与"新三板"和"四板"市场、创业和股权投资基金的合作，培育贵州行业领军企业。银行业金融机构要以小微企业客户需求为中心，不断研发和推出适合小微企业经营特点的信贷产品和金融服务，研究发展网络融资平台，力争在贷款还款方式、无形资产质押、动产质押、供应链融资等方面取得突破，由单纯提供融资服务转向提供集融资、

结算、理财、咨询等为一体的综合性金融服务，打造小微企业金融服务升级版。

五、加大对贵州特色产业、特色政策支持力度，助推产业转型发展

各银行业金融机构要认真贯彻《贵州银行业支持科技型中小企业发展的指导意见》（黔银监发〔2014〕28 号）、《贵州银行业支持绿色经济发展的指导意见》（黔银监发〔2014〕21 号）、《贵州省银行业加大金融支持现代高效农业力度的指导意见》（黔银监发〔2013〕67 号）等文件精神，根据贵州小微企业大分散、小聚集的特点，以科技金融、绿色信贷、高效农业、现代服务业为切入点，围绕贵州"5 个 100 工程"、"五张名片"和"3 个 15 万"等特色政策，加大对有关产业、园区和小城镇的小微企业金融扶持力度，尤其是针对烟、酒、茶、特色旅游、中药材和特色食品等传统产业以及高新技术产业要提供融资、融智等多维度、全方位的金融服务，打通产业瓶颈，形成产业聚集发展，助推产业转型升级。各级监管部门要结合当地产业发展特点，积极配合地方政府确定扶持微型企业发展的主要银行机构，督促银行业金融机构积极与当地微企办对接，根据微企办提供的名单，以县为单位进行客户认定，实行单独信贷台账、名单制管理，推动金融扶持政策的有效落实，确保微型企业名单内的企业贷款增速不低于上年，申贷获得率不低于 90%。

六、增强风险管理意识，提高小微企业贷款风险防控能力

银行业金融机构要在收益覆盖成本和风险的前提下，根据风险水平、筹资成本、管理成本、授信目标收益、资本回报要求以及当地市场利率水平等因素，在国家政策允许的浮动范围内，自主确定贷款利率，建立科学合理的小微企业信贷风险定价机制。要增强风险管理意识，加强前中后台联动，将信贷风险管理贯穿于小微企业信贷业务的各个环节，提升小微企业信贷风险识别、预警和处置能力。要针对小微企业的客户风险状况，提足风险拨备，制定风险管理业务规则，不断完善小微企业信用风险管理体系建设，在加大对小微企业不良贷款核销力度的同时，探索打包转让等市场化不良资产处置手段，切实管控好小微金融的整体风险。要加强对"两高一剩"行业、涉污等风险集中领域小微企业的信贷管理，对有挪用信贷资金、涉足民间高利贷等行为的小微企业要及时采取风控措施，有效防范化解风险。各级监管部门要加强对辖内小微企业经营状况、风险状况的监测和研判，加强对重点机构的风险提示，加大窗口指导力度，督促防范化解辖区小微企业信贷风险。

七、坚持正向激励导向，落实差异化监管政策

对小微企业金融服务工作成效显著、风险管控水平良好的银行业金融机构，

各级监管部门在市场准入、风险资产权重、存贷比考核及监管评级等方面给予正向激励，开通受理和审核小微企业金融服务相关准入事项申请的"绿色通道"。对于小微企业授信客户数占商业银行辖内所有企业授信客户数以及最近六个月月末平均小微企业授信余额占该行辖内企业授信余额达到60%以上的商业银行，在综合评估其风险管控水平、IT系统建设水平、管理人才储备和资本充足状况的基础上，可允许其一次同时筹建多家同城支行。对于风险成本计量到位、资本与拨备充足、小微企业金融服务良好的商业银行，在计算资本充足率时，对单户500万元（含）以下的小微企业贷款，根据《商业银行资本管理办法（试行）》相关规定，在权重法下适用75%的优惠风险权重，在内部评级法下比照零售贷款适用优惠的资本监管要求。对发行小微企业贷款专项金融债且按要求将所筹集资金全部用于发放小微企业贷款的商业银行，在计算存贷比时，对该行发行金融债所对应发放的单户500万元（含）以下的小微企业贷款，不纳入存贷比考核范围。支持小微企业金融服务成效显著、风险管控水平较高的法人银行开展信贷资产证券化业务和信贷资产转让业务试点工作。适度提高小微企业不良贷款容忍度，对小微贷款不良率高于本行各项贷款不良率年度目标，但在2个百分点以内的，该指标不作为具体业务部门考核的扣分因素；小微贷款不良率高于全辖各项贷款不良率，但在2个百分点以内的，该指标不作为监管部门监管评级的扣分因素。

八、加强平台建设，实现信息共享

各级监管部门要积极推动和协助各级地方政府搭建小微企业融资服务平台，在充分利用人民银行征信系统、银监会信息披露系统、中小企业信息网等现有信息平台的基础上，整合小微企业信息共享与发布渠道，建立信息全面、功能强大的融资服务平台，缓解小微企业金融服务供需双方信息不对称难题。积极协调发挥工商联、民间商会等在银企对接中的桥梁作用，由银行业协会每年定期举办银企对接活动，为银行业金融机构和小微企业提供交流合作的机会。引导银行业金融机构向小微企业提供融资辅导和咨询服务，帮助和支持小微企业健全制度，强化内部管理，提高生产经营信息的透明度，减少借贷双方信息不对称，增强小微企业的市场融资能力。充分发挥银行业协会信息平台作用，定期将银行业金融机构服务小微企业的产品和小微企业服务专营机构在协会信息平台进行展示、推介。

九、加强内外联动，构建良好的外部经营环境

继续推动政府相关部门在财政补贴、税收优惠、风险分担和补偿、不良贷

款核销、打击恶意逃废债、信用体系建设、失信企业通报等方面加大支持力度并形成制度化安排，构建政府、司法、银行、企业沟通合作新机制、新平台，营造小微企业良性发展和小微金融服务持续提升的生态环境。积极协调政府有关部门，整合小额就业担保贷款、妇女小额担保贷款和贵州"3个15万元"的政策资源，引导银行业金融机构积极会同政府相关部门宣传微型企业申办程序和扶持政策，清理和规范小微企业贷款抵押登记等各类收费项目，逐步简化"3个15万元"名单内微型企业贷款申报和发放程序。积极推动建立完善微型企业贷款风险补偿机制和小微贷款政府奖励机制。积极协调财税部门全面落实支持小微企业金融服务财税优惠政策，简化小微企业不良贷款核销程序，提高小微企业贷款呆账核销效率，落实有关行业贷款贴息扶持政策。协调有关部门推进小微企业信用体系建设，建立多层次的小微企业信用评估体系，发挥信用担保、信用评级和信用调查等信用中介的作用，为小微企业增信提供更多支持。积极协调构建贵州省高级人民法院、贵州银监局、贵州省银行业协会、各银行业金融机构多方联席会议制度，就打击恶意逃废债、金融债权人权益保护等重大疑难问题定期沟通交流，建立银行业金融机构金融债权执行专项督办制度和失信企业信用惩戒机制。

十、加强宣传引导，营造良好的社会舆论氛围

各级监管部门、银行业金融机构要加强政策宣传、舆论引导，做到舆论先行、主动发声，以集中宣传和单个宣传相结合、阶段性宣传和持续性宣传相结合等方式，主动、持续加大小微企业金融服务政策、经验和成效的宣传推广，积极营造良好的社会舆论氛围。要加大小微企业金融服务知识的普及，结合普惠金融实施，在全省范围内继续开展小微企业金融服务宣传月活动；持续开展融资政策、融资知识进社区、进园区、进厂矿、进校园的宣传活动。强化信息披露，定期向社会媒体公布银行业金融机构小微企业金融服务阶段性工作，公开小微企业金融服务监管政策及措施，协调银行业协会开展信息交流和宣传推动工作。各级监管部门、银行业金融机构要加强对小微企业生产经营和融资活动的调查研究，多层次、多角度、多渠道及时反映各地区、各机构在小微企业金融服务中出现的新情况、新问题，总结、推广成熟经验和良好做法。

本意见所指小微企业按照《关于印发中小企业划型标准规定的通知》（工信部联企业〔2011〕300号）的划分标准执行，小微企业贷款包括银行业金融机构向小型、微型企业发放的贷款，个体工商户贷款以及小微企业主贷款。

请各银监分局将本意见转发至辖内银行业金融机构。

贵州银监局关于进一步做好"三农"金融服务工作的指导意见

黔银监发〔2014〕31号

各银监分局，各政策性银行、国有商业银行省分行，贵州银行，省联社，贵阳银行，邮储银行省分行，各股份制商业银行贵阳分行，重庆银行、南充市商业银行贵阳分行，花旗银行贵阳分行，贵阳农村商业银行、花溪农村商业银行，贵阳各农村合作金融机构，贵阳各村镇银行：

为贯彻落实中央一号文件、《国务院办公厅关于金融服务"三农"发展的若干意见》（国办发〔2014〕17号）、《中国银监会办公厅关于做好2014年农村金融服务工作的通知》（银监办发〔2014〕42号）等精神，引导辖内银行业金融机构加大对"三农"的信贷投放，积极顺应农业适度规模经营、城乡一体化发展等新情况新趋势新要求，有效提升农村金融服务的能力和水平，促进我省农村金融与"三农"的共赢发展，结合贵州实际，提出如下意见。

一、增强大局意识，进一步加大对支农重要性的认识

贵州作为内陆欠发达山区农业省，农村人口占比高、收入低，农业生态环境脆弱、生产能力低，科技、金融对农业增长贡献率不足等"三农"问题已成为制约我省实现"后发赶超、同步小康"的瓶颈。各银行业金融机构要充分认识金融支持"三农"在我省的重要意义，增强大局意识，准确把握新形势下农村金融服务工作新要求，主动作为，勇于担当，采取切实有效措施，努力克服我省农村地区人口多与金融资源少、金融机构网点集中与人口分散、金融服务供给单一性与需求多样性等突出矛盾，持续改进服务质效，加大对实体经济和"三农"的支持力度，促进我省农村城镇化和农业现代化发展，实现与全国同步小康的建设目标。

二、着力优化信贷结构，突出支持重点领域

各银行业金融机构要顺应国家经济结构调整，以贯彻落实我局《贵州省银行业加大金融支持现代高效农业力度的指导意见》、《贵州银行业支持绿色经济发展的指导意见》为契机，将信贷投放与产业政策紧密配套，探索建立与农业规模化集约化经营相适应的经营管理、产品创新及风险管理模式，突出贵州"绿水青山"资源特色，围绕我省"5个100工程"、"四在农家、美丽乡村"建设，推动"高效农业"和"绿色信贷"发展提速、提质。扩大对农业生产企业、

农村专业合作社、专业大户（家庭农场）、示范园区等新型农业经营主体的支持面；加大对涉农龙头企业、农业科技农村基础设施和新型城镇化建设等重点领域和薄弱环节的支持力度；加强市场调研，主动对接项目，建立特色化授信体系和经营管理模式，突出对我省白酒、茶、烤烟、药材、特色食品和乡村旅游等特色产业的支持。同时，要认真履行社会责任，从构建和谐社会、实现共同富裕的大局出发，积极响应省委省政府的号召，进一步加大金融支持扶贫开发力度，优先安排扶贫重点县专项信贷资金，力争 50 个国家扶贫开发工作重点县信贷增速高于全省平均水平，建立扶贫开发重点县贷款快速审批机制，提高办贷效率，实行低于周边地区平均水平的利率优惠政策，有效降低融资成本，充分发挥信贷资金的扶贫功效。

三、找准切入点，加大"三农"有效信贷投入

各银行业金融机构要明确目标，细化措施，在合理保持信贷总量前提下，继续坚持有扶有控、有保有压原则，将信贷资源进一步向"三农"倾斜，保持"三农"信贷投入持续增加，支持和鼓励有条件的银行机构发挥专长，主动提高信贷投放目标。农业发展银行要加大对以农田水利为重点的农村基础设施建设、以种植业为重点的农村科技建设的信贷支持力度；农业银行要确保涉农贷款和"三农金融部"贷款保持较快增长速度；邮政储蓄银行要完善邮政储蓄资金对农村地区的有效信贷供给和资金回流机制，不断提高"三农"贷款占比；省联社要加强对农信系统支农服务工作的统筹指导，确保辖内农村合作金融机构涉农信贷投放总量持续增长，切实发挥支农主力军作用；村镇银行要坚决立足"三农"和小微，继续保持涉农贷款量增、户增的势头，支农支小贷款占比原则上不低于贷款总额的 70%；其他商业银行要积极拓展县域涉农业务，可单列涉农信贷计划，下放贷款审批权限，将当地新增存款的 50% 以上用于当地，持续提高县域机构存贷比和涉农贷款比例。

四、着力优化网点布局，加强渠道建设，完善服务体系

各银行业金融机构要进一步贯彻落实我局《农村地区银行业网点布局指导意见》要求，着力优化网点布局，科学制订发展规划，在对现有网点进行转型改造，增加服务窗口，增强服务功能和效率的基础上，将网点设置和服务重心优先向下延伸，再到乡镇、工业园区、农业高新技术产业示范园区和农业科技园区设立多种有特色且针对性强的标准或非标准化服务网点，努力构建多层次服务网络。同时，主要涉农银行业机构（农业银行、邮政储蓄银行、农业发展银行和农村中小金融机构）要大力构建服务可得、价格合理、竞争适度、发展

持续的农村普惠金融服务体系，重点加强村级金融服务渠道建设，对农村金融需求旺盛的行政村、自然村和中心社区，设立简易便民服务网点；对不具备设立标准化网点，但人口相对密集的乡镇、行政村和中心社区，设立非标网点，以物理机具结合人工咨询，为农民提供就近、便捷的金融服务。并在风险可控、商业可持续的前提下，通过在服务空白行政村设立 ATM、POS 机等电子机具，大力推进金融服务"村村通"工程，努力实现基本金融服务全覆盖，逐步提高全省村级金融可得性和便利性。

五、推进体制改革，健全保障机制，提升服务持续性和有效性

各银行业金融机构要按照国务院和银监会的总体要求和部署，纵深推进农村金融体制改革，特别是主要涉农银行业机构要以改革转型为抓手，建立健全组织架构，强化支农职能定位；加强内控制度建设，推动经营管理水平提升；发挥机构特色专长，扩大支农服务深度广度。同时，在增加物理网点、完善服务渠道的基础上，要着力推进农村普惠金融长效机制建设，注重提升农村金融服务的持续性和有效性。认真总结近年来农村地区银行发展与管理中的经验与不足，梳理自身在资源配置、绩效考核、管理流程、信贷授权、产品开发等方面的制约因素，采取切实有效措施加以整改和完善，逐步建立起符合自身的农村金融服务保障机制。要建立适应"三农"需要的专门机构和运营机制，完善符合涉农业务特点的决策和审批流程，持续增强服务"三农"功能；要健全向"三农"业务特别是现代农业倾斜的绩效考核和激励约束机制，科学设定考核分值权重，注重服务质量提升；要以开展阳光信贷工程为抓手，全面推广服务标准公开、过程公开、结果公开、责任公开的"四公开"工作，进一步缓解农民"贷款难"局面。

六、加强支农产品和服务方式的创新，提高支农服务能力和水平

各银行业金融机构要立足本行、本地实际，在政策允许和风险可控基础上，积极探索农村财产抵（质）押方式，扩大农村担保物范围，研究探索推广动产、林权、承包经营权、农产品收益权、宅基地使用权，旅游景点经营权等抵押方式，进一步缓解我省农村抵押担保难问题。要在组织架构、审批流程、服务手段、还款方式和担保方式等方面积极开展"量体裁衣、有的放矢"的农村金融产品和服务方式创新，充分发挥"服务三农十佳先进单位"、"服务三农十佳特色产品"的典型带动作用，通过借鉴吸收，因地制宜创新服务模式和支农产品，切实提升农村金融服务质效。同时，鼓励各银行业金融机构围绕自身市场定位，充分利用新技术、新工具，进一步发展不需抵押担保的农户小额信用贷款、联

保贷款、银团贷款等，着力探索"银行＋企业＋农户＋合作社＋保险＋担保"多层次的信贷合作服务模式，提供时效性更强、种类更丰富、风险分担更灵活的产品和服务方式，切实满足"三农"多样化金融需求。

七、拓展合作路径，加大金融支农力度

各银行业机构要及时更新经营理念，增强合作意识，发挥自身特点或集团优势，在政策允许和风险可控的前提下，遵循协商自愿、诚信自律和风险自担的原则，规范开展同业和理财等业务，逐步拓宽银、证、保等机构间的合作路径，加强金融支农合作。鼓励和支持大型商业银行和股份制银行加强与上级行及相关主管部门的沟通，为我省农村争取更多政策倾斜，通过发行专项用于"三农"的信托、债券、直融、理财产品等方式，帮助企业多渠道融资，为县域实体经济和"三农"重点项目提供资金支持；支持条件成熟的机构开展涉农资产证券化试点，发展银证通、资产证券化等业务，逐步拓宽银证合作途径；鼓励银行机构发展银保合作业务，开展多种形式的互助合作保险，在改善银行经营结构和提升服务质量的同时，稳步扩大农业保险覆盖面，创新农业保险产品，逐步建立起涉农信贷风险分担和补偿机制；支持银行业金融机构在风险可控的基础上，开展银担合作，共同探索缓解"三农"有效抵押物缺乏、抗风险能力差导致有效融资不足的新路径。

八、大力培育和改善农村金融生态环境

各银行业金融机构要积极加强与政府及相关部门的沟通协作，持续推进农村信用环境建设，继续全面深入开展以"送金融知识下乡活动"为主题的金融知识普及教育工作，主动和善于利用各种媒体，充分展示支农服务形象，逐步形成舆论监督、宣传和服务的良性互动。农村合作金融机构要以增户扩面为抓手，以阳光操作为重点，以富民惠农为目的，创新充实普惠金融内涵，扎实推进"信用县、信用乡（镇）、信用村、信用农户"的创建，建设符合当地经济特点和业务发展要求的农村信用体系。在此基础上，逐步将"信用户"评定机制推广到"信用个体户"、"信用小企业"以及"信用农民专业合作社"等领域。各级监管部门要会同银行业机构积极向地方各级政府、相关部门反映支农服务工作中的具体困难，促进与相关部门一起完善支农信贷风险的利益补偿机制，落实好对新型农村金融机构和基础金融服务薄弱地区的银行业金融机构（网点）的定向费用补贴政策等涉农贷款财政奖励制度，力争通过财政补贴、减免税费等方式弥补信贷亏损，实现机构长期可持续发展。

九、牢固全面风险管理意识，加强各类风险防范

各银行业金融机构要树立审慎合规经营理念，牢固全面风险管理意识，正确处理好支农信贷投放、网点布设延伸、产品服务创新、金融合作与风险管控之间的关系，进一步增强责任感和紧迫感，加强风险管理的前瞻性和主动性。要狠抓信用风险防范，认真落实贷款"三查"制度，重点加强贷款投向和授信管理，切实防止过度授信和假名、借名、冒名贷款，从源头上控制支农贷款被挪用，确保信贷资金有效支持实体经济和"三农"发展；要提高资产质量分类准确性，重视存量不良贷款的管理和化解工作，加强与财税部门沟通协调，加大不良贷款清收处置力度，用足政策，加快损失类贷款核销进程；要严格执行"七不准、四公开"规定，结合实际，合理确定涉农贷款定价水平，严禁对涉农贷款利率一浮到顶，严禁向贷款附加不合理条件和以贷收费，杜绝以贷谋私行为和侵害农民利益问题，做好流动性风险、操作风险和声誉风险的防范。各级监管部门要加强对辖内银行业金融机构经营状况、风险状况的监测和研判，加大窗口指导力度，加强对重点机构的风险提示，重点加大对支农信贷业务的后续监督检查，进一步推进涉农信贷规范化、透明化。

十、坚持差别化监管，强化正向激励，营造良好运行机制

各级监管部门要倡导公平竞争、诚实守信、互惠合作，在严守不发生系统性风险的底线基础上，坚持差别化监管，进一步强化监管引领。要加强监督考核，落实银行业县域法人机构一定比例存款投放当地的要求，按季监测，每半年对各银行业金融机构目标完成情况进行考核，对主观不重视、措施不落实的机构进行通报批评，并将考核结果与机构的业务和市场准入等行政许可事项挂钩；在风险可控的前提下，要适度提高辖内银行业金融机构农户不良贷款容忍度，要根据农户生产生活特点和农村小企业运行规律，对于用于周期性涉农产品收益作抵押的，确因受重大自然灾害等原因导致违约的贷款，不予追究责任，原则上也不将贷款分类划为可疑类；对于村镇网点或自助机具覆盖面高、支农力度大、承担社会责任多的县域法人机构，在监管评级中要充分考虑其服务"三农"的因素，适当提高其支农服务方面得分，并在成本收入比、资产利润率、拨备覆盖率、资本充足率等监管指标上给予适度监管容忍，充分发挥监管评级正向激励引导作用，积极营造良好的农村金融运行机制。

贵州省保险行业机动车辆保险理赔服务标准（2014 版）

第一章　总　则

第一条　为规范保险公司机动车辆保险业务经营行为，保护消费者合法权益，提高行业理赔服务水平，促进机动车辆保险市场健康规范发展，特制定《贵州省保险行业机动车辆保险理赔服务标准》（以下简称《标准》）。

第二条　本《标准》适用于贵州所辖地区开展交通事故责任强制保险、机动车辆保险业务的财产保险公司（以下简称"保险公司"）。

第三条　本《标准》为贵州省财产保险公司车险理赔服务基本要求，各公司可建立不低于本《标准》的服务标准或承诺，加强管理、加大投入，不断提升服务水平，为客户提供优质的服务。

第二章　基本服务规范

第四条　保险公司理赔服务人员工作时，应着公司统一服装，保持整洁，佩戴工作牌，不得拒绝客户查看工作牌的要求。

工作牌应包括如下基本内容：公司名称、姓名、照片。

第五条　保险公司理赔服务人员应严格遵守工作纪律，积极主动、服务热情、及时准确地为客户提供保险理赔服务，理赔工作中应诚实守信、合法经营，禁止下列情况：

一、理赔人员"吃、拿、卡、要"、故意刁难客户，或利用权力谋取个人私利；

二、利用赔案强制被保险人提前续保；

三、冒用被保险人名义缮制虚假赔案；

四、无正当理由注销赔案；

五、其他侵犯客户合法权益的失信或违法违规行为。

第六条　各保险公司应合理配置人员、车辆、定损点等理赔资源。公司查勘用车、人员应当与车险保费规模挂钩配置，满足理赔工作需要，并综合考虑业务发展速度等因素超前配置，能够及时、高效地为客户提供服务。查勘车辆应有公司明显标识且保持车内外干净整洁，并配备常规的查勘设备。

第七条　各保险公司的查勘定损人员应熟悉相关法律法规和汽车知识，具备相应的工作能力。

第八条　每笔赔案应当有专人管理，负责跟踪记录赔案处理过程和结果，及时解答客户提出的有关事故处理、保险索赔事项，指导客户处理事故。加强未决案件管理，建立完善未决管理制度，定期开展未决清理工作。

第三章　报案受理

第九条　各保险公司应建立 365 天×24 小时接报案专线服务制度，报案电话应印制在保险单及保险卡上。各公司应建立报案电话管理制度，确保报案电话畅通。理赔服务电话应保证人工接听畅通，在非突发性事故、重大灾害期间，自客户拨打理赔服务电话开始到人工接听时的等待时间不得超过 90 秒，否则视为未接通，报案电话的每日来电接通率不得低于 85%。

第十条　接报案人员接到客户出险报案电话后，应及时完成报案登记，并在 3 分钟内发出查勘调度指令。客户挂断报案电话后，公司应在 5 分钟内将报案号码、查勘人员姓名、联系电话告知客户。

第十一条　报案记录至少应包括以下内容：保险单或批单号码、车牌号码、报案人姓名及联系电话、被保险人联系电话、出险时间、出险地点、出险原因、人员伤亡情况、财产损失情况、保险标的位置、交警部门处理及事故施救等情况。涉及人员伤亡的，提示立即通知当地公安交通管理部门及拨打 120 急救电话。

第十二条　对符合"快处快赔"的案件由电话中心明确告知快处流程。快处赔案不由报案中心引导的公司，应指定理赔人员负责快处案件理赔流程引导。

第四章　查　勘

第十三条　查勘人员在接到查勘调度后，应在 10 分钟内与客户联系，核对报案信息、核实查勘地点，并就不同的事故类型与客户沟通，告知对应的处理方式。

第十四条　对需要查勘现场的车辆事故，从理赔查勘人员首次联系报案人开始，应当按以下时效要求到达查勘现场：

（一）查勘地点在区（县）中心城区内的，30 分钟内到达；

（二）查勘地点在区（县）郊区的，60 分钟内到达；

（三）查勘地点在乡镇的，90 分钟内到达；

（四）需要委托代为查勘现场的事故，保险公司应在 60 分钟内办妥委托事宜或与客户商定其他处理方式，并在完成上述工作后的 10 分钟内将办理情况通过电话、短信等形式告知报案人，受托方应按上述时限要求到达查勘现场；

（五）查勘人员如因恶劣天气、交通阻塞、路途遥远等原因无法按时到达查勘地点的，理赔查勘人员应在上述规定的到达时限内主动与报案人沟通，告知客户并说明情况，向接报案或调度人员告知原因和补救措施，对于确实无法赶赴现场的，应及时给予客户相应处理意见，以便客户办理索赔相关手续，协商变更查勘现场的时间；

（六）需要补充查勘现场的事故，应当自首次查勘事故车辆之后48小时内联系报案人，协商确定查勘的时间、地点和方式。

第十五条　查勘人员到达现场后，对仍停留在现场的受伤人员、尚处于危险状态的保险标的，应协助客户采取施救、保护措施。

对涉及人员伤亡的案件，要告知客户向当地交通管理部门报案。保险公司应当自报案受理之后72小时内主动联系报案人，跟访案情。

第十六条　查勘人员到达现场后应主动表明身份，应现场向客户发放相关索赔单证及《保险服务监督卡》（无须现场查勘的事故在客户第一次见面提交理赔资料时发放《保险服务监督卡》），并一次性告知客户索赔所需资料以及索赔程序。

第十七条　查勘时不能当场定损的，应与客户约定定损时间和地点。

第五章　定　损

第十八条　保险公司应自报案受理或事故查勘完成后1日内联系客户，约定对事故车辆损失核定的具体时间。定损应按照公开、公平、公正的原则，准确、合理、快速地核定保险事故的损失，提供定损服务时不得设定必须到指定维修厂或维修点维修等条件。并在以下时限内核定事故车辆的损失项目和金额：

（一）估损金额在0.2万元（含）以内，且损失直观、无须拆检的事故车辆，除客户另有要求外，保险公司应在事故查勘的同时核定损失；

（二）估损金额0.2万元至1万元（含）以内的损失，应自约定的日期或事故车辆拆检完成之日起5日内核定损失；

（三）估损金额1万元至5万元（含）以内的损失，应自约定的日期或事故车辆拆检完成之日起7日内核定损失；

（四）估损金额5万元至10万元（含）以内的损失，应自约定的日期或事故车辆拆检完成之日起15日内核定损失；

（五）估损金额10万元以上的损失，应自约定的日期或事故车辆拆检完成之日起30日内核定损失；

（六）事故车辆的损失超过该车实际价值70%以上；事故车辆涉及特种、稀有和老旧车型的；客户或承修人对估损金额提出异议的；由于客户或承修人原因造成拆检定损延迟的案件，保险公司可与客户另行约定损失核定时限；对复杂案件及存在严重分歧的案件，经双方当事人协商，可聘请第三方共同定损；

对不属于保险责任、应由客户自行承担的损失，应明确告知客户并做好解释工作。

第六章　理赔信息录入

第十九条　理赔人员在查勘定损时除采集事故标的车辆及驾驶人员的相关信息外，还应采集三者车及驾驶员相关信息，如三者车行驶证、驾驶证、保单信息等资料。

第二十条　公司在录入理赔信息时，应当按以下要求录入三者车信息：

（一）三者车损失金额1万元以下（含1万元）的赔案：车牌号或车架号；

（二）三者车损失金额1万元以上的赔案：车牌号或车架号、驾驶人姓名、驾驶人驾驶证号、车辆查勘人员、车辆定损人员、修理厂名称。

第七章　车辆维修

第二十一条　保险公司不得指定修理厂维修车辆，但可向客户推荐具有机动车辆维修管理部门核定的具有相应维修资质的修理厂。保险公司应协助客户对修理价格、质量、工期进行监督，维护客户的合法权益。

第八章　立　案

第二十二条　报案后三日内在业务系统中进行立案处理。立案要及时、准确，要足额提取未决赔款准备金，立案数据的修改应有规定的程序。对于损失重大、群体伤亡、责任不明确案件，应按公司规定及时立案。

第九章　资料收集

第二十三条　客户送达理赔资料，保险公司应有专人负责接收，当场查验索赔单证是否齐全。

对需要到保险公司服务网点提交索赔资料的，若资料齐全的案件，审核无疑义，保险公司应出具回执单证，回执上应注明公司接收人、接收时间、咨询电话等。对索赔单证不齐全的案件，保险公司应在收到客户提交的索赔资料后按以下时效一次性告知客户应补充的资料：

（一）对不涉及人伤的理赔案件在1日内通知；

（二）涉及人身伤亡或情形特别复杂的理赔案件在5日内通知。

第二十四条　保险公司应当自初次收到索赔请求及有关证明和资料、或再次收到客户补充提供的证明和资料之日起，按照以下时限要求核定是否属于保险责任，并将结果通知被保险人或其委托人：

（一）仅涉及保险车辆损失的理赔案件在 3 日内核定；

（二）涉及其他财产损失和涉及人身伤亡的理赔案件在 10 日内核定；

（三）情形特别复杂的理赔案件在 30 日内核定。

第二十五条　对于核定不属于保险责任的理赔案件，保险公司应当自核定之日起 3 日内发出拒赔通知书，并说明理由。

第十章　理算核赔及赔款支付

第二十六条　对索赔资料齐全、无异议的案件，及时完成理算工作，理算结果准确合理。

第二十七条　对于核定属于保险责任的理赔案件，保险公司应当依据保险合同与客户协商赔偿金额。索赔资料齐全，自与客户达成一致意见并核赔通过之日起，在以下时限内向银行发出支付赔款的转账指令。

（一）赔偿金额在 0.2 万元（含）以内的，在 1 个工作日内通知支付；

（二）赔偿金额在 0.2 万~1 万元（含）的，在 3 个工作日内通知支付；

（三）赔偿金额在 1 万~5 万元（含）的，在 5 个工作日内通知支付；

（四）赔偿金额在 5 万~10 万元（含）的，在 7 个工作日内通知支付；

（五）赔偿金额在 10 万元以上的，在 10 个工作日内通知支付。

第二十八条　对于核定属于保险责任，但赔偿金额不能确定的理赔案件，保险公司应当自收到赔偿请求及有关证明和资料之日起 60 日内，根据已有证明和资料可确定的数额先予支付。保险公司最终确定赔偿保险金的数额后，应当支付相应的差额。

第二十九条　如发生争议，应做好解释工作并明确告知解决争议的方法和途径。

第十一章　客户回访及投诉处理

第三十条　保险公司应当建立车险理赔客户满意度回访制度，并在结案支付赔款后的 15 日内，以适当的方式对客户进行回访。回访比例不低于 50%，相关回访记录应妥善保存。

第三十一条　建立投诉、信访处理机制，设立专门的客户服务部门或者咨询投诉岗位，向社会公布车险理赔投诉电话，接受社会监督。

第三十二条　保险公司应当设专职人员负责受理客户投诉工作。建立客户投诉登记台账或投诉处理系统，台账或投诉处理系统内容包括但不限于：投诉编号、投诉日期、投诉人、投诉人联系方式、被投诉人、涉及保单/赔案号、投诉原因、投诉具体内容、处理结果、投诉处理时效、答复客户日期等。对保险监管部门或行业协会转办的投诉事项，不推诿、敷衍、拖延、弄虚作假，由公司分管领导负责督办，公司应在 3 日内作出处理意见并反馈。上门投诉的客户，有专人负责接待，尽最大努力即时解决。无法即时解决的，明确答复时限。

第三十三条　各保险公司应热情接待、妥善处理客户电话、函件或上门投诉，投诉受理后应立即安排调查、取证，3 日内作出处理意见，通知投诉人，并做好登记。处理决定应当区别情况，在下列时限内完成：

（一）对于事实清楚、争议情况简单的理赔服务投诉，保险公司应当自受理之日起 10 日内作出处理决定并告知投诉人；

（二）对于其他情形的理赔服务投诉，保险公司应当自受理之日起 30 日内作出处理决定并告知投诉人。情况复杂的，经本单位保险消费投诉处理工作责任人批准，可以延长处理期限，但延长期限不得超过 30 日，并指定联系人，告知投诉人延长期限的理由及定期向投诉客户通报说明处置进程。

第十二章　附　则

第三十四条　受保险公司委托进行查勘、估损等理赔活动的保险中介机构，参照本《标准》执行。

第三十五条　查勘、估损等理赔服务委托保险中介机构的保险公司，应当与保险中介机构签订相关协议，协议中应对中介机构满足本《标准》有关规定提出要求。

第三十六条　本《标准》向社会公布实施，并接受社会监督。对未严格按本标准履行的保险公司，或在工作中违反职业道德或借工作之便谋取私利的工作人员，客户可向贵州省保险行业协会反映或投诉（投诉电话：0851—5603048）。

第三十七条　本《标准》由贵州省保险行业协会保险理赔服务专业委员会负责解释，自印发之日起执行。

贵州省人身保险公司服务标准（2014 版）

第一章　总　则

第一条　为切实提升贵州省人身保险公司服务质量，规范业务服务工作，保护投保人、被保险人及受益人的合法权益，树立保险业的良好形象，根据《中华人民共和国保险法》、《中华人民共和国消费者权益保护法》、中国保监会《人身保险业务基本服务规定》等法律法规，特制定本标准。

第二条　贵州省辖内所有人身保险公司均应遵守本服务标准。

第三条　贵州省人身保险公司人身保险产品的销售、承保、回访、保全、理赔等业务活动，应当符合本标准的要求。

第二章　基本服务规范

第四条　保险公司的营业场所应当设置醒目的服务标识牌，对服务的内容、流程及公司和行业协会的投诉电话等进行公示，并设置投诉意见箱或者客户意见簿。

第五条　保险公司应当提供每日 24 小时电话服务，并且工作日的人工接听服务不得少于 8 小时。

保险公司应当对服务电话建立来电事项的记录及处理制度。

第六条　保险公司应在其网站、营业网点、所属代理网点公示、张贴《人身保险投保提示书基准内容》；不夸大保险产品收益、不混淆保险产品概念、不隐瞒合同重要内容、不篡改客户信息资料、不提供虚假产品信息。

第七条　保险公司与保险销售人员解除劳动合同或者委托合同，通过该保险销售人员签订的一年期以上的人身保险合同尚未履行完毕的，保险公司应当告知投保人保单状况以及获得后续服务的途径。

第八条　各公司人员应遵循依法、从实、细致、专业、效率的基本准则，不越权操作，恪守职业道德，严守客户信息，对客户应使用规范服务用语，做到热情耐心、注重礼仪，严格执行公司各项操作规范。

第九条　柜面要严格按照对外公示的时间营业，营业时间发生变化应提前公示。柜面午休时间，要留有现场值班人员，柜员不得在柜面内午睡休息。地市级及以下城市的柜面，可根据实际情况合理安排午休时间。

第十条　柜面应建立全面的制式化培训体系，新员工上岗前必须经过专业培训，并定期组织柜员学习培训。保证柜员精通业务，熟悉流程，具备独立操作能力，能够为客户提供高效快捷无误的服务。

第十一条　柜面人员应保持仪容仪表大方，服务热情周到，行为举止符合职业要求，文明用语符合公司要求，柜面工作人员应佩戴或者在柜台前放置标明身份的识别卡。

第三章　销售服务

第十二条　保险销售人员通过面对面的方式销售保险产品的，应当出示工作证或者展业证等证件。保险销售人员通过电话销售保险产品的，应当将姓名及工号告知投保人。

保险销售人员是指从事保险销售的下列人员：

（一）保险公司的工作人员；

（二）保险代理机构的从业人员；

（三）保险营销员。

第十三条 保险销售人员在销售活动中，应仪表整洁，礼貌待人，态度热情，不得误导、强迫、引诱、限制客户投保，不得诋毁同业。

第十四条 保险公司应当按照中国保监会的规定建立投保提示制度。保险销售人员在销售过程中应对条款责任、责任免除、犹豫期、交费期限、退保损失、初始费用等条款重点内容向客户进行提示，应指导客户逐条阅读投保提示书并亲笔签名。

第十五条 保险销售人员向投保人提供投保单时应当附保险合同条款，并提醒投保人在投保单上填写准确的通信地址、联系电话等信息，不得冒充客户接听公司回访电话，妨碍公司开展回访工作；不得假借公司名义私自约访客户。

第十六条 投保单、投保提示书等必须经投保人阅知和签名确认；有死亡保险责任的人身保险，须由被保险人在投保单上亲笔签名（被保险人是未成年人的由其监护人代签名）。销售人员不得代替客户签名，不得代交或垫交保险费。

第十七条 "服务总站"覆盖范围内，保险公司应结合自身实际，选择在投保人签署投保单或公司送达保单等适当时机发放监督卡，并按照统一话术口头说明监督卡功能、作用及使用方法，同时由监督卡接收人在保单送达回执等相关材料的签名栏旁注明"服务监督卡已收"予以确认。

第十八条 保险销售人员应主动向投保人告知本公司客户服务电话和联系方式，提醒投保人若对条款有疑问，可以直接向公司进行咨询，并将投保人签署的投保资料及时交回公司。

第十九条 保险公司开办电话营销业务，在扣款前需经投保人书面或电话录音确认，即以投保人亲笔签署的扣款委托书或者其他同意扣款的相关材料作为银行扣款依据，并应当告知投保人查询保险合同条款的有效途径。

第四章 承保服务

第二十条 承保是指保险人在投保人提出要保请求后，经审核认为符合承保条件并同意接受投保人申请，承担保单合同规定的保险责任的行为。

第二十一条 保险公司在录入保单信息过程中，应准确录入投保人姓名、性别、证件号码、联系地址、联系电话等信息。

对合同期限超过一年期（不含一年期）的个人人身保险的保单，应逐步施行投保人关键信息系统强制录入和关键信息自动校验制度。

关键信息包括：投保人姓名、性别、证件号码、联系地址、联系电话。

关键信息自动校验：投保人身份信息是否符合身份证编码规则，有无逻辑错误；投保人联系电话是否符合电话编码规则；同一电话号码是否有三个以上不同投保人。

第二十二条　投保人提交的投保单填写错误或者所附资料不完整的，保险公司应当自收到投保资料之日起 3 个工作日内一次性告知投保人需要补正或者补充的内容。

第二十三条　保险公司认为需要进行体检、生存调查等程序的，应当自收到符合要求的投保资料之日起 3 个工作日内通知投保人。

保险公司认为不需要进行体检、生存调查等程序并同意承保的，应当自收到符合要求的投保资料之日起 15 个工作日内完成保险合同制作并送达投保人。

第二十四条　保险公司应当自收到被保险人体检报告或者生存调查报告之日起 3 个工作日内，告知投保人核保结果。同意承保的，应当自收到体检报告或生存调查报告 15 个工作日内完成合同制作并送达投保人；不同意承保的，应当在告知投保人核保结果的同时出具书面意见。

第二十五条　保险公司通过银行扣划方式收取保险费的，应当就扣划的账户、金额、时间等内容与投保人达成协议。

第五章　保全服务

第二十六条　保全是指人身保险合同生效后，为了维持合同持续有效，保险公司根据合同约定或者投保人、被保险人、受益人的要求而提供的一系列服务，包括但不限于保险合同效力中止与恢复、保险合同内容变更等。

第二十七条　适用范围：保全项目包括保险合同内容变更、投保人、被保险人地址及电话变更、增加附加险及续保、保险合同效力中止与恢复、解除合同、保单借款、可转换权益、保额增加权益、保险合同补发/换发、保险关系转移、保险合同代服务、生存给付、红利/利差的通知与给付等服务。

第二十八条　保全人员对客户保全申请涉及客户利益减少、增加交纳保险费和需支付手续费的，必须耐心细致向客户说明其原因。

第二十九条　保全服务申请途径：

1. 客户个人在保险公司服务网点申请办理或通过电话、网络等方式办理。

2. 客户委托他人到保险公司服务网点申请办理可委托代办项目。

第三十条　保险公司必须建立保全作业流程：客户申请—受理初审—检查保单状态（可受理保全、不可受理保全、可受理一次性申领）—录入—保全处理、保全核保—复核—单证编制—归档。

第三十一条　保险公司柜面必须自收到保全申请资料齐全（保险单证、申请书、投保人有效证件等）、符合合同约定条件的保全申请之日起 2 个工作日内受理完毕。

第三十二条　保全申请资料不完整、填写不规范或者不符合合同约定条件的，必须自收到保全申请之日起 3 个工作日内一次性通知保全申请人，并协助其补齐、更正。

第三十三条　保全不涉及保险费缴纳的，保险公司必须自同意保全之日起 3 个工作日内处理完毕；保全涉及保险费缴纳的，保险公司必须自投保人缴纳足额保险费之日起 3 个工作日内处理完毕。保全涉及体检及补发挂失的，体检和挂失所需时间不计算在前款规定的期限内。

第三十四条　保险公司由于特殊情况无法在规定期限内完成的，分支机构应进行追踪处理，并及时向保全申请人说明原因并告知处理进度。

第三十五条　各公司应建立保单年检制度，以加强与客户的联系及售后服务。年检内容包含但不仅限于客户地址、联系方式、身份证号码等客户信息、客户缴费情况是否正常、保单效力是否正常、满期领取时间等。年检方式可采取电话回访、面访等客户接纳的方式。年检中发现客户信息有变更的，应及时做好保全变更。年检中发现的到期满期领取保单和即将失效保单，应对客户予以提示告知，确保客户掌握保单状况。

第三十六条　各保险公司选取参与年检的保单不应低于当年存续保单数量的 5% 。年检对象重点但不仅限于以下三类保单：

（一）保单经过年限 3 年以上的长期险保单；

（二）投保人年龄在 65 周岁（含）以上的保单；

（三）缴费期满但尚在保险期间内的保单。

对于已年检过的保单，无特殊情况 5 年内不再重复年检，并在信息系统中对已年检保单做出标识。

第三十七条　保险公司在保单年检中发现保险合同失效的，应当自失效之日起 10 个工作日内，以邮寄信函、短信通知、电话告知等方式向投保人发出效力中止的通知，并告知合同效力中止的后果和合同效力恢复的方式。

第三十八条　不得以保单年检的名义进行产品销售。

第六章　理赔服务

第三十九条　人身保险理赔是指在人身保险的保险责任事故发生时，保险人以保险合同为依据，对保险标的发生的保险事故决定是否承担保险责任以及如何承担保险责任的过程。

第四十条　保险公司必须建立理赔流程提示：报案—申请人提出索赔申请—保险公司理赔资料受理—理赔审核—理赔金额核算—理赔审批—结案通知—财务支付。

第四十一条　保险公司必须建立理赔服务监督机制和责任人制度，对外公布理赔服务的投诉电话，逐步建立理赔服务质量回访制度。

第四十二条　保险公司必须建立 24 小时无间断电话理赔报案制度，建立报案登记制度及处理制度。

第四十三条　保险公司在接到投保人、被保险人或者受益人的保险事故通知后，应当及时告知相关当事人索赔注意事项，指导相关当事人提供与确认保险事故的性质、原因、损失程度等有关的证明和资料。

第四十四条　公司应合理设置工作岗位，根据业务需要配备合理数量的理赔服务人员。公司要加强对理赔人员的教育和培训，提高员工的专业素质和胜任能力。

第四十五条　公司理赔人员应严格遵守《保险从业人员行为准则》、《保险从业人员行为准则实施细则》，工作期间不得利用客户索赔之机委托客户办理个人事务，不得接受客户任何形式的馈赠，不得参与客户安排的任何形式的宴请、娱乐活动。

第四十六条　受益人申请理赔保险金一般需要提供以下资料：

一、身故保险金申请资料：

1. 保险单；

2. 保险金申请书；

3. 死亡证明资料（死亡证明、丧葬证明、户籍注销证明）；

4. 受益人的身份证明和关系证明；

5. 受益人银行账户。

因疾病导致身故的除以上资料外，还需提供《医疗诊断书》及《住院小结》、《病历》。

因意外事故导致身故的除以上资料外，还需提供相关机构出具的事故证明及相关资料。

二、残疾保险金申请需要提供资料：

1. 保险金申请书；

2. 保险单；

3. 符合保险合同约定的伤残鉴定书；

4. 被保险人或受益人身份证明（未成年人需提供监护人的身份证明和关系

证明）；

5. 被保险人银行账户。

因疾病导致残疾的除以上资料外，还需提供《医疗诊断书》及《住院小结》、《病历》。

因意外事故导致残疾的除以上资料外，还需提供相关机构出具的事故证明及相关资料。

三、医疗保险金申请需要提供资料：

1. 保险金申请书；

2. 保险单；

3. 被保险人身份证明（未成年人需提供监护人的身份证明和关系证明）；

4. 医疗费用发票原件或第三方结算证明原件、费用清单；

5. 住院小结及病历；

6. 诊断证明；

7. 被保险人银行账户。

因意外事故出险的除以上资料外，还需提供相关机构出具的事故证明及相关资料。

四、重疾保险金申请需要提供资料：

1. 保险金申请书；

2. 保险单；

3. 被保险人身份证明（未成年人需提供监护人的身份证明和关系证明）；

4. 重大疾病诊断证明及相关检查报告；

5. 被保险人银行账户。

第四十七条 保险公司在收到被保险人或者受益人的赔偿或者给付保险金的请求后，应按照以下要求做出核定：

1. 简易案件。对于事实清楚、资料齐全、双方无争议的申请，保险公司必须在 5 个工作日内做出核定。

2. 非简易案件。对于被保险人死亡、残疾、重疾的，保险法及保险合同除外责任中约定的事项等，保险公司必须在 30 日内做出核定（合同另有约定的除外）。超过 30 日仍未结案的特殊案件，保险公司应在 2 个工作日内与申请人取得联系，向其详细说明未及时结案原因。

第四十八条 保险公司作出不属于保险责任的核定后，应当自作出核定之日起 3 日内向被保险人或者受益人发出拒绝赔偿或者拒绝给付保险金通知书，并说明理由。

第四十九条 对需要进行伤残鉴定的索赔或者给付请求，保险公司应当提醒投保人、被保险人或者受益人按照合同约定及时办理相关委托和鉴定手续。

第五十条　保险公司应当在与被保险人或者受益人达成赔偿或者给付保险金的协议后5个工作日内，履行赔偿或者给付保险金义务。保险合同对赔偿或者给付保险金的期限有约定的，保险公司应当按照约定履行赔偿或者给付保险金义务。

第五十一条　保险公司在给付赔款时，应对领款人的身份进行识别，确保给付主体合法。非现金给付赔款时应核对申请人的账户信息，确保转账成功。

第七章　回访及投诉

第五十二条　保险公司必须建立回访制度，指定专门部门负责回访工作。

第五十三条　保险公司应当健全完善虚假客户资料甄别机制，确保投保单上的投保人电话号码、联系地址等重要信息真实有效。

第五十四条　保险公司必须在犹豫期内对合同期限超过一年的人身保险新单业务进行回访，并及时记录回访情况。回访应当首先采用电话方式，电话回访不成功的，再通过信函、电子邮件、短信、微信或上门面访等适合的方式进行，确保回访成功率。

第五十五条　保险公司应当安排专人负责电话回访不成功件的后续回访工作，并详细记录后续回访的方式、时间、人员、地点等内容。

第五十六条　保险公司在回访中发现存在销售误导等问题的，应当自发现问题之日起15个工作日内由销售人员以外的人员予以解决。

第五十七条　受投保人、被保险人或者受益人委托向保险公司领取金额超过人民币1000元的，保险公司应通过短信、电话、面访等方式通知投保人、被保险人或者受益人。

第五十八条　保险公司必须建立、健全投诉处理工作制度和责任追究制度，设立专门部门负责投诉处理工作，严格规范工作流程，明确投诉受理工作时效，积极受理客户直接或由其他单位转交来的各类投诉。

第五十九条　保险公司必须建立投诉案件的归档管理，对投诉案件受理时间、做出处理决定的时间、答复投诉人的时间进行详细登记备查。

第六十条　建立违规人员的责任追究机制，对投诉情况属实的，应及时按照公司有关规定、《贵州省保险营销员展业证计分管理办法（试行）》等对违规人员进行处理并记录归档，同时报当地行业协会。

第六十一条　投保人、被保险人或受益人对保险公司分支机构服务不满意，或对理赔处理存有异议的，可直接致电各保险公司服务专线或各保险公司分支结构的管理机构进行投诉，亦可向贵州省保险行业协会投诉。

第六十二条　受理投诉的工作人员应在接到投诉件后 1 个工作日内与客户取得联系，对于电话无法达成一致的案件，必须与客户约定面访。

第六十三条　投诉案件保险公司必须自投诉受理之日 10 个工作日内明确处理意见并主动告知客户。如特殊、疑难需多方调查取证的案件，无论案件是否处理完毕，必须及时告知其处理进展情况，并详细记录投诉跟踪处理结论。

第八章　附　则

第六十四条　本标准向社会公布实施，并接受社会监督。对未严格按本标准履行的保险公司，或在工作中违反职业道德或借工作之便谋取私利的工作人员，被保险人收集相关证明材料后可向贵州省保险行业协会反映或投诉（投诉电话：0851—5603048）。

第六十五条　本服务标准自印发之日起正式实施，原标准自行废止。

第二节　贵州省省委、省政府领导关于贵州省金融发展的指导性讲话

赵克志同志在全省金融工作座谈会上的讲话

（2015 年 1 月 23 日）

刚才，敏尔同志做了很好的讲话，我都赞成。省金融办、人民银行贵阳中心支行、贵州银监局等 10 家单位作了交流发言，讲得都很好。其他单位的书面发言材料也很好。

过去一年，全省金融系统深入学习贯彻习近平总书记系列重要讲话精神，在国家金融管理部门和金融机构总部的大力支持下，紧紧围绕中心、服务大局开展工作，金融发展呈现增速快、结构优、质量效益向好的态势。金融系统领导班子坚强有力，思想解放、思路开阔，先进的理念、创新的机制、现代的管理，有力地促进了全省解放思想"十破十立"；主动服务主基调主战略，保障重大基础设施、重大产业项目、重大民生实事的合理资金需求，存款余额、贷款余额实现了四年翻番，银行业总资产突破 2 万亿元；坚持推进金融创新与完善金融监管并重。金融监管体系、服务体系和组织体系不断完善，推出了一批金融创新产品和金融服务，正在形成以市场需求为导向、金融市场和金融企业为主体的金融创新机制；争取中央监管部门和银行总部给予我省地方法人机构下调稳健性参数、提高容忍度等政策倾斜，多家金融机构获得降低存款准备金率

和增加信贷额度的支持，有效保证了贷款额度的合理增长。过去一年全省金融工作卓有成效，有力地支持、推动、保障了全省经济社会发展。

金融是经济的血脉，关系国家安全。经济新常态，决定金融新常态。在新的一年里，希望全省金融系统主动适应新常态、落实新政策、作出新贡献，为全省经济发展提供更加有力的金融保障。这里，我简要讲四个问题。

第一，今年经济发展压力较大，必须高度重视金融在稳增长中的作用。对西部地区而言，一定的增速指标还是要的；对贵州省来说，要注重总量，靠强劲的增长拉动民生改善。从现在到 2020 年只有不到 6 年时间，坚持以经济建设为中心，在较长时期保持一个两位数增长，既是我省实现同步小康的需要，也是人民群众对过上美好生活的期待。按常住人口计算，去年我省人均生产总值为 4295 美元。我们要清醒地认识到，今年国内外环境仍然错综复杂，财政增收难度增大，结构调整任务艰巨，防控债务风险不容小视，经济下行压力仍然很大，资金需求与供给的矛盾将长期存在。全省各级党委、政府和金融机构要密切配合，坚持向上用力，主动争取中央金融监管部门和银行总部支持；坚持向内用力，为金融发展营造良好的金融生态；坚持向下用力，提高企业盈利水平、竞争能力和信用等级，更好地利用银行贷款、股市融资、债券市场，撬动社会资金，促进经济社会事业持续健康又好又快发展。

第二，加快我省金融业发展，必须着力扩大金融对外开放。扩大金融开放，引进金融机构，是我省金融业加快发展、跨越发展的关键所在。近年我省金融业取得的发展成绩，也得益于我们引进了一批金融机构和金融人才。要按照构建"信用高地"、"资金洼地"的目标，推进"引金入黔"工程取得更大成效。一是引进金融机构，争取省外高质量和填补市场空白的金融机构到我省设立分支机构。二是引进资本资金，鼓励优秀省外以至境外金融机构和企业入股省内银行业，增强资本实力，鼓励银行机构从省外引进信贷资金。三是引进体制机制，优先引进具有创新能力的机构，引进新的管理模式和金融服务。四是引进金融高管和专业人才。甘肃为各市县引进分管金融专门人才的做法，很值得我们借鉴。同时，还要深化金融改革创新，坚持高起点、新体制、快节奏，加快贵商银行的组建步伐，实现民营银行零的突破；通过发起设立、受让股权、认购新股等多种方式，引导民营资本投资养老、健康、责任、汽车、农业、信用等专业保险公司；加快组建金融租赁公司，争取今年贵阳成为第三批消费金融公司试点城市；加快农信社改制农商行进度，2017 年底实现村镇银行"县县全覆盖"。推进金融服务创新、产品创新、管理创新，积极发展互联网金融等新兴业态，不断满足企业多元化融资需求。

第三，金融与经济共生共荣，必须加大金融对实体经济的支持力度。实践表明，增加社会财富、增强综合实力、改善人民生活、应对外部冲击，需要有成熟的金融体系，也要有稳健的实体经济。好的经济体应当让金融与实体经济相辅相成、双向互补、携手发展。在这一点上，我省金融系统做得是好的。希望大家继续围绕中心、服务大局，有扶有控、有保有压、突出重点，增强金融支持实体经济的针对性和有效性。一是继续支持基础设施建设，加大对现代综合交通运输、现代水利工程、信息基础设施、能源基础设施网络建设和保障性安居工程的资金支持。二是优化金融资源配置，支持大数据信息产业、大健康医药产业、现代山地高效农业、文化旅游业、新型建筑建材业等五大新兴产业加快发展，推动产业结构调整和转型升级。三是支持贵安新区、双龙临空经济区、贵阳综合保税区和"5个100工程"、工业"百千万"工程等重点工程和项目，确保重点平台建设的资金需要。四是支持我省参与"一带一路"、长江经济带、珠江—西江经济带建设，积极融入区域经济发展。五是围绕"3个15万元"政策加强对小微企业的金融服务，着力破解民营企业融资难、贷款难、担保难、融资成本高等问题。

第四，加快全面小康建设，必须用金融的模式推进扶贫开发。要想奔小康，必须有银行。创新扶贫开发体制机制，最重要的一点是引进金融的模式来抓扶贫。只有在扶贫中运用金融理念，明白扶持资金需要偿还，才能激发内生动力，逐步改变"等靠要"思想，增强贫困群众自我脱贫意识。孟加拉国穆罕默德·尤努斯创办的格莱珉银行，是金融扶贫的成功范例。尤努斯1976年从借贷27美元给42位赤贫农妇起步，1977年促成该国农业银行设立格莱珉实验分行，1983年正式成立格莱珉银行，向难以获得传统银行贷款的人尤其是贫困妇女提供小额无担保贷款。到2014年3月，该银行贷款余额11.3亿美元，有2567家分行，覆盖81390个村庄，拥有862万成员，其中96.2%为妇女，与其合作五年以上的农户中有64%已经脱贫。尤努斯也因此获得了2006年诺贝尔和平奖。我省金融扶贫工作做得也很好。要借鉴别人的经验，总结我们自己的做法，深化金融扶贫机制改革，创新金融扶贫服务产品，切实增强贫困地区和贫困群众的自我发展能力。一是促进政府部门与金融机构的紧密合作，对于开发扶贫的财政资金，可逐步用于贴息、担保贷款，变无偿资金为有偿贷款，撬动更多的金融资金参与扶贫，放大资金效用，实现滚动发展。二是促进市场主体与金融机构的紧密合作，积极探索服务"三农"的有效模式，支持农民专业合作社、龙头企业发展，使各地尽快形成一批能在面上带动脱贫的致富产业。三是促进农民与银行机构的紧密合作，鼓励发放直接对贫困群众的小额担保信用贷款，探索对城市新区、工业园区失地农民就业的金融支持，促进大众创业、万众创新，真正把蕴藏在农民群众中的巨大创造力激发出来。

我就简单讲这些。谢谢大家！

陈敏尔同志在全省金融工作座谈会上的讲话

（2015 年 1 月 23 日）

刚才，省政府金融办、人民银行贵阳中心支行、贵州银监局等 10 家单位作了交流发言，讲得都很好。等一会，克志书记将作重要指示，我们要认真抓好贯彻落实。在经济发展新常态下，任务更加艰巨。下面，我围绕"新常态下更要重视和创新金融工作"这一主题，讲三点意见。

一、充分肯定新常态下我省金融工作取得的新成绩

过去一年，全省金融系统紧紧围绕贵州发展大局，积极主动适应新常态，坚持主基调主战略，加强对实体经济和社会民生的支持，在服务地方发展的过程中实现了自身成长壮大。截至 2014 年末，全省银行业总资产突破 2 万亿元大关，达 20148.6 亿元；人民币各项贷款余额为 15263 亿元，同比增长 15.1%，增速列全国第 3 位。全省保费收入规模突破 200 亿元，达 213 亿元，同比增长 17.3%，其中财产险保费收入为 112 亿元，同比增长 26.28%，增速排名全国第 1 位，证券业改革创新力度不断加大，实现上市公司再融资 82 亿元，证券交易额为 3336 亿元。具体来说，呈现出六个方面特点和亮点：

一是向上争取成效明显。政策性、大型国有、股份制等全国性银行在黔分行贷款 8601 亿元，比上年同期多增 390 亿元。中国进出口银行在黔设立项目组，贷款超过 80 亿元，全省地方法人金融机构贷款增量达 756 亿元，分别比上年多增 41 亿元、10 亿元。国家发改委在我省发行企业债券 13 只，总规模达 181 亿元。华创证券正式获得全国首批互联网证券业务试点资格。

二是改革创新力度加大。农村金融机构改革加快推进，由农信社改制的农商行达 28 家，其中 2014 年开业 17 家；已开业村镇银行 43 家，获批 4 家；成立了 2 家科技支行、3 家生态支行、54 家社区支行和 68 家小微支行。新型金融组织加快发展，建立贵州省信用再担保公司、贵州股权金融资产交易中心、贵州绿地金融资产交易中心、中科贵银（贵州）产业投资基金。普惠金融体系加快构建，全省实现行政村基础金融服务全覆盖、贵阳市实现社区和小微支行城市社区全覆盖。

三是服务发展保障有力。大力推动"走出去"，开展了面向长三角金融招商系列活动，共推荐项目 105 个，签约项目 21 个，融资规模达 413 亿元，签约项目履约率达 100%，大力实施"引进来"，举办"2014 年项目融资推介会暨招商

引资仪式"，共推介项目1579个，融资规模达577亿元。截至2014年末，全省交通、水利等基础设施和采矿、制造等传统优势产业贷款余额达5301亿元，"5个100工程"和贵安新区等重点平台贷款余额达2316亿元，涉农、小微企业贷款余额分别达4758亿元和2788亿元，保障性住房贷款余额达336亿元。

四是直接融资规模提升。据统计，2014年全省企业直接融资规模达1100亿元，是2013年的2倍多，是2011年的10多倍。特别是通过银行间市场实现债券融资505亿元，创历史新高；首次引入社保资金35亿元，引入保险资金34亿元，中小企业私募债融资达12.7亿元；通过场外市场为中小企业融资29亿元。有14家公司成功在"新三板"挂牌，260多家企业在贵州区域性股权交易市场挂牌，贵州浦鑫集团成为我省首家在香港联交所上市的企业，全省多层次资本市场体系加快形成。

五是政金企"铁三角"互动良好。金融机构积极参与"双服务"和工业"百千万"工程，通过债务重组、续贷、转贷等方式，帮助企业解决融资难题，化解大型企业集团信用风险，防范融资平台贷款违约风险，取得了良好效果。创新财政资金使用模式，完善"3个15万元"金融扶持政策，推出"贵园信贷通"产品，组建贵民公司、省能源产业基金、省产业投资基金和贵州水业产业投资基金等，合作常态化机制进一步完善。

六是金融生态持续优化。深入推进社会信用体系建设，印发了《贵州省社会信用体系建设规划纲要（2014—2020年）》，在全国率先落实小额贷款公司和融资性担公司税收优惠政策。不断加强金融监管协作，对案件防控、非法金融、非法集资活动保持高压态势，专题部署非法集资集中整治专项行动。总的来说，全省金融生态持续优化，没有发生区域性系统性金融风险。

金融是经济运行状况的晴雨表。在经济下行压力加大的不利条件下，金融战线交出了一份满意的"成绩单"，难能可贵。这些成绩的取得，得益于各金融机构总部总行的大力支持，得益于各监管机构的有效监管，得益于各省行和地方法人机构的持续创新，得益于金融战线全体干部职工的奋发努力。省委、省政府为你们卓有成效的辛勤工作由衷点赞。

二、全面分析新常态下金融工作面临的新形势

习近平总书记深刻指出：金融是现代经济的核心，与人民群众切身利益息息相关，对经济社会发展的作用越来越重要，做好金融工作、保障金融安全是推动经济社会又好又快发展的基本条件。金融与经济唇齿相依、休戚相关，不仅是产业体系的重要一环，更是产业发展的重要保障。可以说，金融的规模大小、活跃程度决定了地区发展的水平和活力。特别是在新常态下，宏观调控方

式和资源配置模式创新、投资和消费需求变化、经济风险积累和化解地方政府融资方式转变等，都会传导到金融工作中来。做好新一年的金融工作，首先必须科学研判新常态下行业的新特征、新形势，以及需要解决的共性问题、个性问题。

首先，从挑战方面来看。当前，我省金融工作面临着四对突出矛盾。一是宏观流动性宽松与微观流动性偏紧的矛盾。去年 1~11 月，我省社会融资规模累计增加 3177.4 亿元，占全国的 2.2%，高于 GDP 在全国占比约 0.8 个百分点，社会融资规模保持了稳步增长。但由于实体经济特别是中小微企业缺信息、缺人才，金融市场竞争不充分等原因，融资难、融资贵问题依然突出。二是省内金融资源不足与民间投融资需求旺盛矛盾。2014 年，我省金融机构存量存贷比为 81%，增量存贷比高达 112.3%，分别高于去年同期 4.9 个百分点和 45.5 个百分点，表明省内资金来源不足，流动性缺口显现。与此同时，新兴金融业态快速发展，民间融资市场日趋活跃，由此引致的两种现象需要引起高度重视：一个是部分机构尤其是融资理财咨询类公司经营管理不规范，存在高息吸收资金，甚至涉嫌非法集资，扰乱正常经济金融秩序的现象；另一个是由于投资渠道限制，民间资本相当一部分无法落地，造成机构有钱无法投，企业要钱无法融的情况。三是扩大融资与债务约束的矛盾。一方面，要实现全省经济工作会议提出的"生产总值突破 1 万亿元，增长 10%"的预期目标，稳定和扩大投资是关键。初步估计，2015 年全省社会融资需求 4000 亿元左右。另一方面，国务院去年下发 43 号、62 号文件，就加强地方政府性债务管理、清理规范税收等优惠政策提出明确要求，规定地方政府举债采取政府债券方式，政府债务只能通过政府及其部门举借，不得通过企事业单位等举借；特别强调 2016 年 1 月 1 日之前要剥离融资平台公司政府融资职能，融资平台公司不得新增政府债务。今年起，金融机构很可能面对资金规模充裕，但缺乏合格借款主体的"尴尬"。四是融资方式趋向多元与融资机构发育不健全的矛盾。从全国来看，近年来，市场融资方式发生了明显变化，大集团向国际融资、大企业向市场融资、小企业向民间融资、新企业向私募融资等趋势不断显现，全国银行业信贷总量占社会融资总量比重呈下降趋势。但我省银行贷款仍是企业融资的主渠道，银行信贷占比不降反升，高于全国 10 多个百分点。同时，我省证券、保险、基金、担保、典当等机构发育尚不健全，融资渠道不够宽，融资总量不够大，这使得银行业面临更大融资压力和风险，同时不利于实现更大社会融资规模。

其次，从机遇方面来看。我省金融业仍然面临难得机遇和有利条件。越是困难时期越要主动寻找机遇。一要把握经济新常态下的发展新机遇。习近平总书记强调，我国经济发展进入新常态，没有改变我国发展仍处于大有作为的重要战略机遇期的判断，没有改变我国经济发展总体向好的基本面。特别是党中央、国务院出台了一系列稳增长促改革调结构惠民生防风险的政策措施，其中包含了很多重大利好。例如，推进简政放权释放市场活力，加大保障性安居工程、铁路、城市基础设施建设，支持节能环保、养老健康、电子信息等新兴产业发展等，这些都是我省正在谋划、正在推动的事项。从长远来看，新常态形成的新动力是金融发展持续向好的有力支撑；从短期来看，去年居民消费价格涨幅为2%左右，"经济中高速增长降低通胀"的良好组合也为金融发展提供了广阔空间。二要把握国家宏观调控新机遇。中央经济工作会议明确，将继续实施积极的财政政策和稳健的货币政策。从财政政策来看，今年中央财政赤字率将由2.1%提高到2.3%，进一步加大财政支出的力度，同时允许地方政府发行适当规模的专项债券。去年我省共争取中央各项补助2300多亿元，今年将力争新增200亿元，并积极向国家争取更多的一般债券和专项债券额度。从货币政策来看，今年货币政策强调松紧适度，实施定向调控、区间调控、局部调整、预调微调，广义货币 M_2 预期增长12%，说明流动性仍然充裕，为金融工作提供了充足空间。三要把握我省比较优势凸显的新机遇。从我省实际来看，尽管全国经济增速正由高速增长向中高速增长换挡，但贵州仍处于经济社会发展加速期，有需要、有可能在较长一个时期内保持一个较快发展速度。近几年，随着我省工业化、城镇化的强力推进，交通、水利、教育等瓶颈制约的加快破解以及气候优势、生态环境优势的日益凸显，贵州正日益成为各界看好的热土、投资的乐土。四要把握金融系统不断加大对我省支持力度的新机遇。不论是全国性银行在黔机构，还是全省法人金融机构，都对贵州经济社会发展充满信心，不断加大资金、规模、政策、试点、综合服务等方面的支持力度。

综上所述，对贵州来说，机遇与挑战并存，机遇大于挑战。只要我们用好用足中央政策，用深用活资金投向，就一定能够促进金融业健康快速发展，实现金融机构与地方发展的"双赢"。

三、着力开创新常态下金融工作的新局面

能否适应新常态，核心在于全面深化改革的强度、创新驱动的力度、破解难题的深度。全省金融系统要把思想和行动统一到省委、省政府的决策部署上来，积极主动适应新常态，坚持金融服务实体经济，坚持市场配置金融资源，坚持创新与监管相协调，坚持积极防范化解风险，全面推动金融改革、开放和发展，努力提高我省金融业综合实力、市场竞争力和抗风险能力，推动全省金融工作再上新台阶。

第一，保持流量，为实体经济提供稳定资金供给。保障充足的金融供给仍

然是今年金融工作的重点之一。一是力保资金规模。面对存款增速下滑的局面，金融机构要积极应对、主动作为，做"活"负债，变被动负债为主动负债，为信贷规模持续较快增长提供"粮草"和"弹药"。要丰富存款、理财等负债产品种类，为客户提供综合金融服务，主动拓展存款客户资源。要积极向监管部门申请定向借款或发行小微企业"三农"等专项金融债，提高负债的稳定性、流动性和可持续性。二是力保重点领域。支持重点项目，综合运用信贷、债券、理财、资产管理和信托等金融工具，开展跨行业、跨区域合作，优先保障交通和水利等基础设施、"5 个 100 工程"和贵安新区等发展平台的资金投放。支持重点产业，通过金融推动传统产业生态化、特色产业规模化、新兴产业高端化，重点保障酒、烟、茶、民族医药、特色食品"五张名片"，以及大数据信息产业、大健康医药产业、现代山地高效农业、文化旅游业、新型建筑建材业五大转型发展新兴产业，确保信贷合理增长和均衡投放。三是力保薄弱环节。突出对"三农"的金融服务，加强产品创新，积极开展农村产权融资试点，稳妥开展农村土地承包经营权抵押贷款试点，力争开展农民住房财产权抵押贷款试点，大力支持农民专业合作社、龙头企业、家庭农场等新型农业经营主体。加强基础设施建设，以分支机构建设为抓手，鼓励金融机构下沉服务网点，大力推进基础金融服务"村村通"工程全覆盖，进一步强化功能，发挥功效。加强政策引导，用足用好中央财政保费政策，扩大政策性农业保险覆盖面。突出对"小微"的金融服务，提供更多"一笔资金就能够缓解一家企业的燃眉之困，解决一批人就业"的贷款，金融机构要多做这样雨中送伞、雪中送炭的事。

第二，做大增量，提高金融供给的多样性和便利性。充分利用"内""外"两种资源，持续做大金融总量。一是着力争取资金政策倾斜。要做好"向上争取"，省有关部门要主动向国家部委汇报，争取符合贵州阶段性特征的融资过渡性政策，特别是以落实 62 号文件为契机，争取更多的地方政府债券额度；金融部门要抓住定向调控机遇，加强与总部的沟通联系，千方百计争取信贷规模和政策倾斜。要做好"向外引"的文章，加强与省外金融机构的联动，通过银团贷款、外币贷款等方式引进省外、境外资金；综合运用跨国并购贷款等金融工具，支持"走出去"的企业开展对外贸易和投资。二是着力完善地方金融体系。推动"引金入黔"工程升级，引进一批具有创新能力和造血功能的金融机构，引进资本资金，引进体制机制，守住不发生系统性、区域性风险的底线。按照"成熟一家、组建一家"的原则，稳步推进农村信用社改制工作。加快组建地方法人保险公司、期货公司和公募基金。推动省信用再担保机构加快发展，探索建立小额再贷款公司。引进和培育资产评估、资信评级等金融中介服务机构。鼓励贵安新区发展金融服务外包产业，探索建立第三方金融后台公共平台。三是着力吸引民间资本。不断完善资本与项目、借方与贷方的对接平台，引导民间资本进行专业化、规范化投资，拓宽投资渠道。要鼓励民间资本参与地方性法人金融机构的重组改造，大力推进我省首家民营银行申报工作，力争第三季度获批筹建，年底前挂牌。培育发展互助型合作制保险组织和专业化保险机构。适时调整小额贷款公司监管政策，鼓励符合条件的小额贷款公司拓宽融资渠道、增加业务范围和增设分支机构。有序发展融资担保机构，切实增强融资增信提级功能。

第三，盘活存量，降低企业债务负担和杠杆率水平。继续大力发展直接融资，盘活各类金融资产。一是全力以赴抓好企业上市。我省上市企业数少、规模小、资产证券化程度低，要牢牢抓住股票发行注册制改革的重大机遇，多渠道推动股权融资，尽快补齐这一"短板"。一方面，要加强对重点培育企业的指导服务，指导贵阳银行等企业做好规范工作，支持企业尽快上市。另一方面，要建立重点培育企业后备资源库，加快推进贵州出版集团等企业的改制工作，培育一批主营业务突出、产品竞争力强、具有良好发展前景和增长潜力的优势企业，为下一步上市奠定基础。当前，要尽快理顺企业上市工作机制，出台支持我省企业借力多层次资本市场加快发展的意见，鼓励和支持符合条件的中小微企业到新三板和贵州区域股权交易市场挂牌和融资，鼓励已上市企业进行再融资和并购重组，加快产业链整合，实现规模经济。二是积极发展私募基金。去年，证监会正式公布实施《私募投资基金监督管理暂行办法》，标志着私募基金由"游击队"转为"正规军"。我省要抓住机遇，提前谋划，加快制定促进创业投资和产业投资基金发展的措施政策，为私募基金发展创造良好政策环境。要充分发挥贵州省创业投资引导基金作用，加快引进和培育各类私募基金，积极引导符合条件的私募基金登记备案，助力私募基金实现阳光、规范发展。三是加快发展场外市场。积极培育挂牌企业主体，壮大合格投资人队伍。积极创新交易品种，通过发行固定收益类产品、私募债券等金融工具，帮助企业解决融资抵押难、担保难问题。尤其是贵州股权金融资产交易中心、贵州绿地金融资产交易中心作为我省场外市场的重要组成部分，要担负起服务小微企业、规范民间融资的社会责任。四是大力推进资产证券化。资产证券化作为我国金融体制改革的重头戏之一，新产品、新模式层出不穷、千变万化，发展空间和潜力巨大。我们要密切关注，瞄准前沿，最大限度争取改革红利。要抓紧研究组建地方资产管理公司，开展不良资产批量收购和处置业务；积极开展商业银行信贷资产证券化，实现"腾笼换鸟"盘活存量信贷资产；探索开展公共基础设施收益权等特定种类的资产证券化。住建部正在推进房地产信托投资基金试点，我省要立足实际，大力争取。五是盘活激活现有融资和存量债务。科学把握贷款投放的节奏和力度，注重存量贷款的周转，统筹运用好信贷增量和存量的收回再贷，提高信贷资金使用效率。同时，综合利用信贷资产转让、债务重组等方式，把沉淀在不良资产及产能过剩领域的债务盘活起来，加大对重点项目和实体经济的信贷支持。

第四，提升质量，增强金融服务的满意度和可信度。金融业归根结底是服务业，金融业的竞争归根结底是服务质量的竞争。一是要加强信用体系建设。完善全省企业公共信用信息平台，实现部门信息互联互通。推广企业信用信息建档评级，实施企业信息公示制度，形成市场化的"守信激励，失信惩戒"机制，解决金融供需双方信息不对称问题，降低交易成本。推动诚信贵州建设，完善金融生态环境建设与测评机制。二是要强化地方金融监管。贯彻《国务院关于界定中央和地方金融监管职责和风险处置责任的意见》（国发〔2014〕30号）精神，启动地方金融监管体制机制改革，加快金融监管信息和实时监控系统建设，完善法规规章制度，明确地方金融监管职责和风险处置责任，推动形成条块结合、运转高效、全面覆盖、无缝对接的区域性金融监管和风险防范机制。三是要优化融资担保服务。围绕为"小微"、"三农"提供增信服务和为银行分担风险两个关键，着力发挥政策性担保的作用，通过控股参股、建立风险补偿资金池等方式支持担保机构发展；着力提升融资担保机构服务水平，严格保证金管理，严格规范收费，严格贷款流向管理，加强风险内控和行业自律；着力完善银行业与担保业合作机制，探索建立合理的风险分担机制，管理完善、风险可控的机构适当放大担保倍数，降低社会融资成本，更好地服务实体经济。四是要大力发展特色金融。金融业的发展水平在很大程度上取决于金融改革的新能力。金融机构要不断探索和创新金融工具和金融产品，着力满足不同层次、不同客户的融资需求，走具有贵州特色的金融创新发展之路。培育发展互联网金融，依托我省大数据信息产业及平台，引导传统金融机构和大型企业发起设立互联网金融机构，推动信息与金融融合。培育发展科技金融，鼓励银行业金融机构设立科技支行、生态支行、智慧支行，开展知识产权、股权等质押业务，为科技型企业提供综合性金融服务。培育发展普惠金融，引导金融机构向农村、社区延伸，尤其是邮政储蓄银行、农信社等要发挥主渠道作用，为普罗大众、中小企业提供更多金融服务，让金融改革发展成果更多惠及广大群众。

最后，对金融机构和相关部门提三点希望：

一要更加注重与地方发展联动。各大金融机构为贵州发展作出了重要贡献，各监管部门为贵州发展出谋划策，你们自身业务的扩展也深深得益于贵州的发展。希望你们发挥"钱袋子"作用，紧盯当前发展的重点领域，保障重大项目、重点平台、重要通道等建设的资金需求。希望你们发挥"智库"作用，积极研究国家宏观政策，针对国家货币政策的预调、微调等，积极向政府提出对策建议。希望你们发挥"中介作用"，利用多元化、国际化、专业化的优势，为贵州在省外、海外招商引资牵线搭桥。我相信，只要金融机构与地方心往一处想、劲往一处使，就一定能实现地方发展和金融效益的良性互动。

二要更加注重与财政工作联动。财政和金融是经济工作的"左膀右臂"，财政风险和金融风险往往也是相互交织的，因此，财政和金融工作需要更多互动、更多联动。这里我专门强调一下通过运用 PPP 模式，强化政府性债务管理、化解政府性债务风险的问题。推广运用 PPP 模式，一方面能够将一部分政府性债务剥离出去，缓解集中偿债压力，另一方面能够起到替代融资平台融资功能的作用，缓解建设资金不足的压力，是解决政府性债务举借、偿还"两难"的一件"利器"。有关部门和金融机构要联合加强 PPP 模式的推广运用，将其作为今后政府性项目融资的主体，研究出台符合贵州实际的相关意见和配套政策，积极探索建立 PPP 交易平台和 PPP 基金。要在金融部门的指导下，在不同层级政府、不同所有制企业、不同行业领域各选择一批项目，积极探索、培育典型、积累经验、完善机制、全面推广。财政部门要认真履行政策制定、项目储备、业务指导等职责，发展改革部门要负责项目评估论证、合同签订、组织实施等工作，省有关部门特别是债务举借主要部门要全面梳理并拿出本系统适宜改造为 PPP 项目的清单，金融监管部门要鼓励和支持金融机构依法合规为 PPP 项目提供融资服务，各金融机构要不断创新 PPP 模式融资产品和服务。要借力 PPP 的优势，按照"分类化解、债务统筹、确保在建、平稳过渡"的总体思路，规范举借新增债务，有序化解存量债务，切实防范债务风险向金融风险演变。分类化解，就是对收益不同的债务，通过债务转换、以政府性基金或专项收入偿还差额、发行债券并纳入预算管理，实行规模控制、统筹管理，在市（州）级层面互调余缺，避免一刀切，防止少数市（州）、县（市、区）因债务率过高出现财政悬崖。确保在建，就是要大力引入社会资本，扩大融资渠道，使新增债务优先用于在建项目，避免出现"半拉子"工程。平稳过渡，就是在过渡期内，鼓励有条件的地方通过注入优质资本做实融资平台，将平台公司转变为实体企业，继续发挥融资功能。

三要更加注重与政府企业联动。和谐的政金企关系，对地方政治经济社会发展十分重要。俗话说，"患难见真情"，在新常态下，更需要三方团结一心，共克时艰。政府要搞好服务，定期研究金融工作，帮助解决金融系统和企业遇到的实际困难和问题。银行要主动作为，做到"三不"、"两挂钩"，即不异贷、不抽贷，以及不要求与企业增加额挂钩、与优质贷款资源挂钩，防止信贷投放"喜大厌小"和不合理的高利率、高费用。企业要苦练内功，进一步规范管理，健全财务制度，善于运用新型金融工具，多管齐下，多措并举，提升融资能力和经营水平。

同志们，做好新形势下的金融工作，责任重大，任务艰巨。我们要认真贯彻省委、省政府的决策部署，坚持改革创新，与时俱进地做好全省金融工作，为贵州省后发赶超、同步小康作出新贡献！

第三章 贵州省金融业务与市场

第一节 2014年贵州省银行业发展报告

一、我国银行业发展的整体情况

2014年，面对复杂的国际国内经济金融环境，全国各地区银行业按照党中央、国务院统一部署，认真贯彻落实稳健的货币政策，使我国银行业继续保持平稳快速增长，资产负债规模稳步上升，资本充足率和资产质量总体保持稳定，同时也面临流动性短期波动增多、信用风险有所上升等挑战。商业银行（包括大型商业银行、股份制商业银行、城市商业银行、农村商业银行和外资银行，下同）资产规模继续增长，同时也面临流动性短期波动增多、信用风险有所上升等问题。另外，中国人民银行贵阳中心支行创新推出"人民银行支农再贷款＋金融机构自有信贷资金＋地方政府配套政策＋优惠利率"的支农再贷款杠杆化运作模式，在撬动贫困地区"三农"有效信贷投入、降低贫困地区"三农"融资成本等方面取得了较好成效。

截至2014年末，商业银行总资产余额达134.8万亿元（本外币合计，下同），比2013年末增加16万亿元，增幅为13.47%，比2013年下降0.14个百分点。资产组合中，各项贷款余额为67.47万亿元，比2013年末增加8.24万亿元，同比增长13.91%，占资产总额的50.05%；债券投资余额为20.51万亿元，比2013年末增加2.37万亿元，同比增长13.07%，占资产总额的15.21%。2014年，商业银行合计实现净利润1.55万亿元，比2013年增加1369亿元，同比增长9.6%，增速较2013年下降4.8个百分点；平均资产利润率为1.22%，同比下降0.05个百分点；平均资本利润率为19.59%，同比上升0.42个百分点。2014年，商业银行全年累计实现净利息收入3.3万亿元，比2013年增加4773亿元，同比增长17.05%。2014年末，商业银行（不含外国银行分行，下同）加权平均资本充足率为12.66%，比2013年末上升2.71个百分点；加权平均核心资本充足率为10.3%，比2013年末下降1.89个百分点。从资本结构看，一级资本净额与资本净额的比例为81.32%，资本质量较高。2014年末，商业银行流动性比例为46.44%，较第三季度末下降了2.09个百分点，同比上升2.41个百分点。2014年末，商业银行存贷款比例为65.09%，较第三季度末上升0.92个百分点，同比下降0.99个百分点。2014年末，商业银行不良贷款余额为8426亿元，比2013年末增加2505亿元，不良贷款率为1.25%，比2013年末上升0.25个百分点。

二、贵州省银行业发展的整体情况

2014年贵州省银行业发展的整体情况是：银行业机构逐渐增多，存款增速虽有所回落但仍然保持较高水平，贷款继续保持较高增速且位居全国前列，信贷结构持续优化，利率水平稳中有降，机构改革稳步推进，跨境人民币业务快速增长；银行业资产规模实现三级跳突破20000亿元大关，达到20186.2亿元，同比增长16.77%，存款余额达到15263.3亿元，同比增长14.78%，贷款余额突破12368.3亿元，同比增长22.4%；银行业资产规模、存款余额、贷款余额等主要指标增长幅度明显高于西部地区和全国水平，银行业资产规模、存款规模、贷款规模等占西部地区和全国的比例明显提高；支持重点产业发展力度加大；小微、涉农和社区金融服务迈上新台阶；创新业务得到快速发展；效益和质量同步提升。

截至2014年末，全省金融机构人民币、本外币各项贷款稳定增长，年度新增贷款首次迈上2000亿元台阶。"定向降准"政策有效落实，再贷款杠杆化运作模式在全省推广，再贷款、再贴现业务办理量再创新高。"三农"、小微、保障性住房建设等民生领域的贷款保持较快增长，文化体育、卫生、水利环境、科学研究、教育、居民服务等符合产业结构调整方向的行业贷款余额同比增速高于30%，"5个100工程"、重大工程、重点项目、基础设施建设等重点领域的信贷支持力度继续加大。

三、贵州省银行业组织体系继续完善，机构和人员规模增幅有所回落

银行业整体运行良好，资产规模快速增加，兴业银行入驻贵州，城市商业银行、村镇银行快速增加，银行机构网点进一步向县域以及乡镇发展，空间布局日趋合理。截至2014年末，银行业机构网点共计4852个，比2013年增加了203个，增幅为4.37%，增幅降低了1.30个百分点。从业人员总数达到64945人，比2013年增加4977人，增幅为8.30%，增幅降低了16.17%。无论是银行网点数还是从业人员总数，贵州银行业增加幅度较2013年有所回落。

近年来，贵州省大力实施"引金入黔"、"金融互联网＋"等工程，越来越多的银行业金融机构在黔设立分支机构，同时地方金融机构建设也在继续推进，

股份制商业银发展较快，新型农村金融机构得到空前的发展，农村金融体系得到完善，小微、涉农金融服务迈上新台阶。股份制商业银行、城市商业银行和各种农村金融机构的增长尤其迅速。2014 年大型商业银行机构个数为 1091 个，比 2013 年增加 6 个，增幅为 0.55%。股份制商业银行机构数为 45 个，比 2013 年增加 18 个，增幅为 66.67%。城市商业银行机构数为 316 个，比 2013 年增加 92 个，增幅为 41.07%。主要农村金融机构为 2264 个，比 2013 年增加 38 个，增幅仅为 1.7%。新型农村金融机构数为 98 个，比 2013 年增加 36 个，增幅达 58.06%。财务公司数量为 5 个，与 2013 年持平（见表 3-1、图 3-1、图 3-2）。

表 3-1 2014 年贵州省银行业金融机构情况

机构类别	营业网点			法人机构（个）
	机构数（个）	从业人数（人）	资产总额（亿元）	
大型商业银行	1091	24322	6766.9	0
国家开发银行和政策性银行	68	1301	2578.3	0
股份制商业银行	45	1706	1497.4	0
城市商业银行	316	7667	3125.2	2
主要农村金融机构	2264	25415	4855.6	85
财务公司	5	82	319	3
信托公司	1	232	73.4	1
邮政储蓄银行	963	2429	810.4	0
外资银行	1	39	3.3	0
新型农村金融机构	98	1852	156.6	40
合计	4852	65045	20186.1	131

注：营业网点不包括国家开发银行和政策性银行、大型商业银行、股份制商业银行等金融机构总部数据，大型商业银行包括中国工商银行、中国农业银行、中国银行、中国建设银行和交通银行，小型农村金融机构包括农村商业银行、农村合作银行和农村信用社，新型农村金融机构包括村镇银行。

数据来源：中国人民银行贵阳中心支行、银监局及各金融机构。如无特别说明，本节数据来源不变。

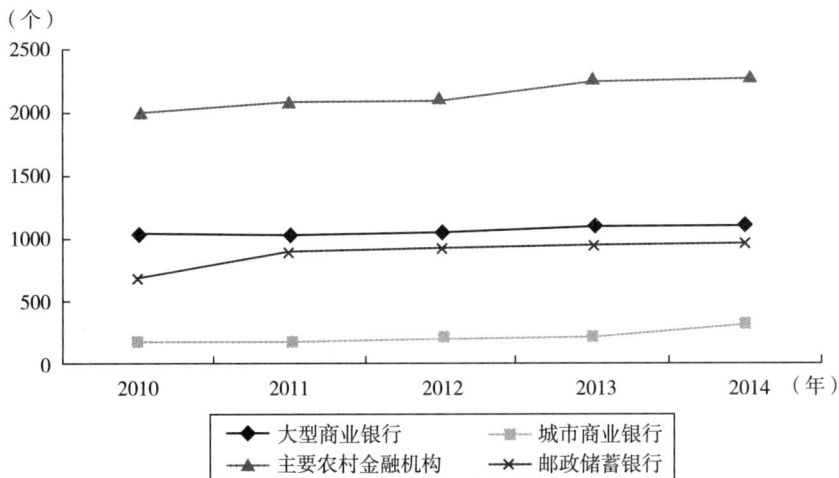

图 3-1 2010—2014 年贵州省部分金融机构分支机构数

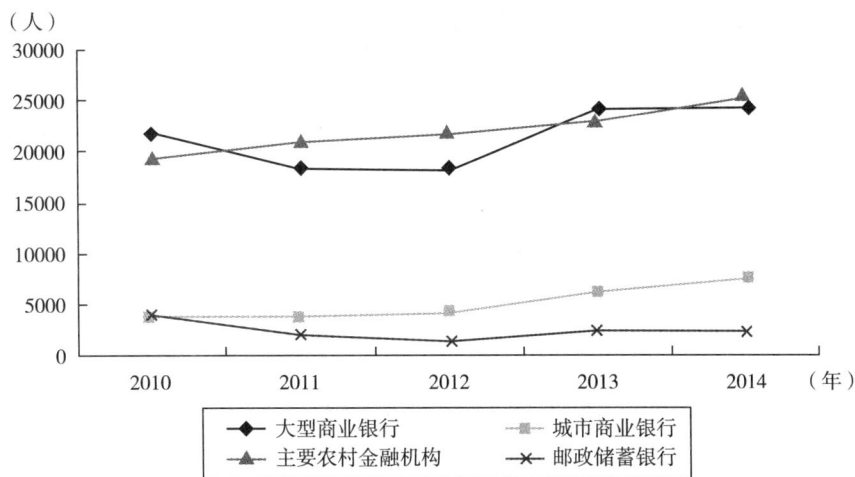

（人）

图 3 - 2 2010—2014 年贵州省部分金融机构从业人员数

四、贵州省银行业资产规模保持高速增长，并突破 20000 亿元关口

（一）2014 年银行业资产发展情况

贵州省银行资产规模在 2013 年突破 17000 亿元的基础上，再上台阶，2014 年达到了 20186.2 亿元，增长幅度为 16.77%。在去杠杆化的背景下，增长幅度相较 2013 年虽有下降，但与西部地区和全国银行业资产规模增幅相比，贵州省增幅分别高出 4.98 个百分点和 6.33 个百分点。银行业资产规模占西部地区的比例为 6.74%，比 2013 年的 6.46% 增加了 0.28 个百分点；银行业资产规模占全国的比例为 1.3%，比 2013 年的 1.23% 增加了 0.07 个百分点。

（二）过去 5 年来贵州省银行业资产发展与西部地区及全国的比较

回顾过去 5 年，2010—2014 年的银行业资产规模分别为 8854 亿元、10830 亿元、13563 亿元、17287.8 亿元、20816.2 亿元，增幅分别为 26.99%、22.32%、25.24%、27.46%、16.77%，银行业资产规模总额逐年提高，保持了快速增长的势头；从增长趋势来看，与西部地区相比，2010 年、2011 年、2012 年、2013 年连续 4 年增幅保持在 20% 以上，2014 年增长幅度有所回落，但增长幅度均高于西部地区；与全国相比，银行业资产 2010—2014 年增幅均明显高于全国水平；从银行业资产规模占比来看，2010—2014 年，贵州省银行业资产占西部地区的比例分别为 5.71%、5.72%、5.89%、6.46%、6.74%，所有年份均保持了上升态势，表现出良好的增长势头；2010—2014 年，贵州省银行业资产占全国的比例分别为 1.00%、1.02%、1.09%、1.23%、1.30%，所有年份均保持了高速增长（见表 3 - 2、图 3 - 3）。

贵州省金融发展报告

表 3 - 2　　　贵州省、西部地区和全国银行业资产总额及增幅等情况比较

指标	2010 年	2011 年	2012 年	2013 年	2014 年
贵州省银行业资产总额（亿元）	8854	10830	13563	17287.8	20186.2
贵州省银行业资产总额增幅（%）	26.99	22.32	25.24	27.46	16.77
西部地区银行业资产总额（万亿元）	15.5	18.94	23.03	26.7782	29.9386
西部地区银行业资产总额增幅（%）	23.02	22.19	21.59	16.28	11.8
全国银行业资产总额（万亿元）	88.8	105.8	124.5	140.2	154.7
全国银行业资产总额增幅（%）	19.84	19.14	17.67	12.61	10.34
贵州省银行业资产在西部地区的占比（%）	5.71	5.72	5.89	6.46	6.74
贵州省银行业资产在全国的占比（%）	1.00	1.02	1.09	1.23	1.3

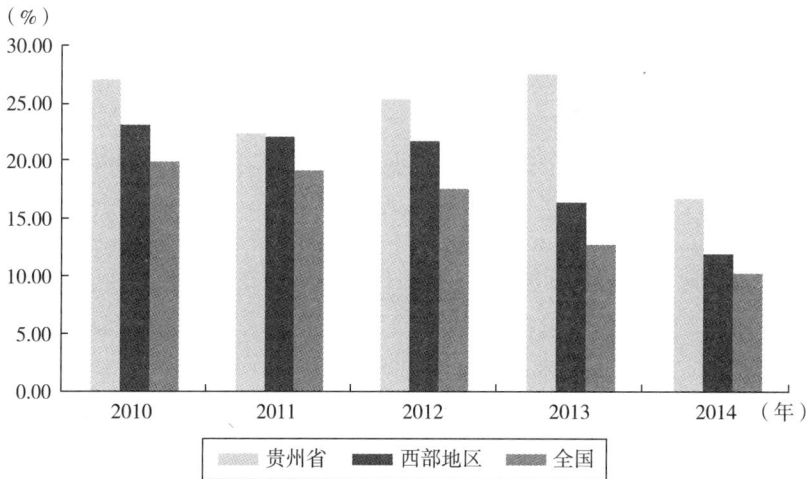

图 3 - 3　贵州省、西部地区和全国的银行业资产总额增幅的比较

（三）过去 5 年贵州省人均银行业资产与西部地区及全国的比较

2010 年至 2014 年，贵州省人均银行业资产规模分别为 25450.27 元、31221.89 元、38928.61 元、49365.51 元、57542.67 元，增幅分别为 29.11%、22.68%、24.68%、26.81%、16.56%，2010 年至 2013 年增幅均保持在 20% 以上，2014 年增幅较 2013 年有所降低。从增长趋势来看，与西部地区相比，人均银行业资产规模增幅在 5 年内的增幅均明显高于西部地区；与全国相比，人均银行业资产增幅从 2010 年起连续 5 年增幅均明显高于全国水平。

2010—2014 年贵州省人均银行业资产分别相当于西部地区的 59.22%、59.71%、61.58%、67.54%、72.19%，分别相当于全国水平的 38.43%、39.76%、42.34%、47.91%、50.88%。贵州省人均银行业资产与西部地区和全国平均水平的差距不断缩小。

表 3 – 3　　　　　　　　贵州省、西部地区、全国人均银行业资产比较

指标	2010 年	2011 年	2012 年	2013 年	2014 年
贵州省人均银行业资产（元）	25450.27	31221.89	38928.61	49365.51	57542.67
贵州省人均银行业资产增幅（%）	29.11	22.68	24.68	26.81	16.56
西部地区人均银行业资产（元）	42972.92	52289.17	63221.43	73090.59	79707.54
西部地区人均银行业资产增幅（%）	24.09	21.68	20.91	15.61	9.05
全国人均银行业资产（元）	66223.68	78524.51	91947.06	103033.69	113099.68
全国人均银行业资产增幅（%）	19.27	18.57	17.09	12.06	9.77

五、存款余额虽增速趋缓但仍然保持了较高水平

（一）2014 年银行业存款余额情况

2014 年末，贵州省银行业存款余额首次突破 15000 亿元的大关，达到 15263.3 亿元，增长幅度为 14.78%，增速位居全国前列。但由于受企业存款增长乏力、理财产品和证券市场分流等因素影响，人民币存款增速下降趋势明显，贵州省存款余额增速相比 2013 年下降了 11.05 个百分点。但与西部地区和全国相比，贵州省存款余额增幅分别高出 4.05 个百分点和 8.12 个百分点。存款余额占西部地区的比例从 2013 年的 6.62% 增至 2014 年的 6.92%，占全国的比例从 2013 年的 1.27% 增至 2014 年的 1.37%。

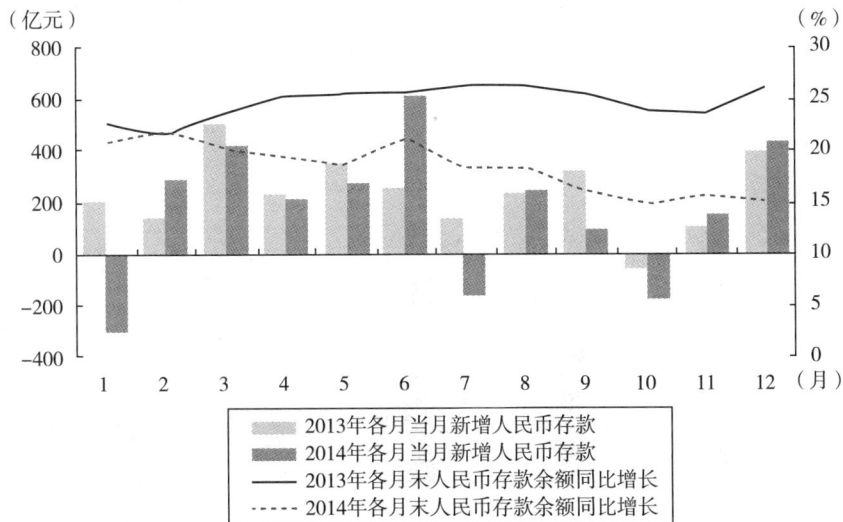

数据来源：中国人民银行贵阳中心支行。

图 3 – 4　2013—2014 年贵州省金融机构人民币存款增长变化

（二）过去 5 年来贵州省银行业存款余额与西部地区及全国的比较

回顾过去 5 年，从 2010 年至 2014 年贵州省存款余额分别为 7387.8 亿元、8771.3 亿元、10567.8 亿元、13297.6 亿元、15263.3 亿元，增长幅度分别为 24.95%、18.73%、20.48%、25.83%、14.78%。与西部地区相比，贵州省存款余额增幅在 2010—2014 年都高于西部地区。与全国相比，贵州省存款余额增幅在 2010—2014 年明显高于全国整体水平。2010—2014 年，贵州省存款余额占西部地区的比例分别为 5.86%、5.97%、6.07%、6.62%、6.91%，增长幅度连续 5 年明显上升，表现出良好的增长态势。2010—2014 年，贵州省存款余额占全国的比例分别为 1.01%、1.06%、1.12%、1.27%、1.37%，5 年来贵州省存款余额占全国的比例提升了 0.36 个百分点（见表 3-4、图 3-5、图 3-6）。

表 3-4　　　　贵州省、西部地区和全国存款余额及增幅等情况比较

指标	2010 年	2011 年	2012 年	2013 年	2014 年
贵州省银行业存款余额（亿元）	7387.8	8771.3	10567.8	13297.6	15263.3
贵州省银行业存款余额增幅（%）	24.95	18.73	20.48	25.83	14.78
西部地区银行业存款余额（万亿元）	12.6	14.7	17.4	20.1	22.1
西部地区银行业存款余额增幅（%）	22.33	16.67	18.37	15.52	9.95
全国银行业存款余额（万亿元）	73.3	82.7	94.3	104.8	111.3
全国银行业存款余额增幅（%）	19.77	12.82	14.03	11.13	6.2
贵州省银行业存款余额在西部地区的占比（%）	5.86	5.97	6.07	6.62	6.91
贵州省银行业存款余额在全国的占比（%）	1.01	1.06	1.12	1.27	1.37

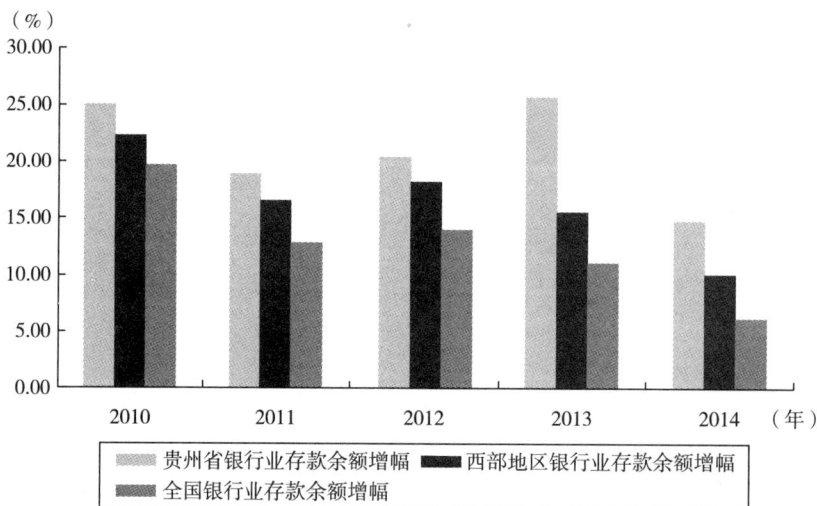

图 3-5　贵州省、西部地区和全国的银行业存款余额增幅

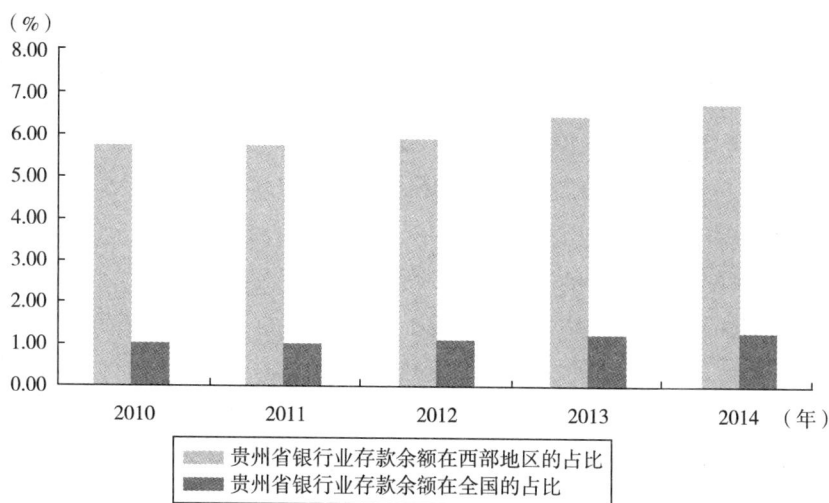

图3-6 贵州省银行业存款余额在西部地区和全国的占比

（三）过去5年来贵州省人均银行业存款余额与西部地区及全国的比较

2010—2014年，贵州省人均银行业存款余额分别为21235.77元、25286.85元、30331.77元、37971.44元、43509.48元，增幅分别为27.04%、19.08%、19.95%、25.19%、14.58%。从增长趋势来看，与西部地区相比，贵州省人均银行业存款余额增幅均高于西部地区；与全国相比，贵州省人均银行业存款增幅连续5年明显高于全国水平。

2010—2014年贵州省人均银行业存款余额分别相当于西部地区的60.79%、62.31%、63.50%、69.21%、74.09%，分别相当于全国水平的38.85%、41.20%、43.55%、49.30%、53.46%。贵州省人均银行业存款余额与西部地区和全国平均水平的差距日趋缩小。

表3-5　　　　贵州省、西部地区、全国人均银行业存款余额比较

指标	2010年	2011年	2012年	2013年	2014年
贵州省人均存款余额（元）	21235.77	25286.85	30331.77	37971.44	43509.48
贵州省人均存款余额增幅（%）	27.04	19.08	19.95	25.19	14.58
西部地区人均存款余额（元）	34932.83	40583.46	47766.08	54862.57	58721.28
西部地区人均存款余额增幅（%）	23.40	16.18	17.70	14.86	7.03
全国人均存款余额（元）	54664.37	61379.75	69643.44	77018.05	81390.97
全国人均存款余额增幅（%）	19.20	12.28	13.46	10.59	5.68

六、贷款余额保持较高增速并突破 12000 亿元大关

（一）2014 年贵州省银行业贷款情况

2014 年，"定向降准"政策有效落实，再贷款杠杆化运作模式在全省推广，"三农"、小微、保障性住房建设等民生领域的贷款力度加大，"5 个 100 工程"、重大工程、重点项目、基础设施建设等重点领域的信贷支持力度持续加大。截至 2014 年末，贵州省贷款余额达到 12368.3 亿元，比 2013 年增加 2211.3 亿元，增长幅度为 21.77%，比 2013 年的增长幅度上升了 0.13 个百分点。贷款投放节奏总体较为平稳。与西部地区和全国贷款余额增幅相比，贵州省增幅分别高出 8.07 个百分点和 14.11 个百分点，增速领先优势更加明显。贵州省贷款余额占西部地区贷款余额的比例从 2013 年的 6.96% 增至 2014 年的 7.23%，占全国的比例从 2013 年的 1.39% 增至 2014 年的 1.52%。

中国人民银行贵阳中心支行统计数据显示，贵州省银行业对贫困地区的贷款支持力度加大。2014 年，贵州省 50 个国家级贫困县各项贷款余额为 2018.4 亿元，较年初增加 376.6 亿元，同比增长 22.9%，增速高于全省贷款增速 0.5 个百分点。金融机构信贷投放持续向贫困地区特别是少数民族贫困地区倾斜，为当地经济社会发展提供有力的资金保障。2014 年，50 个贫困县中长期贷款余额为 1572 亿元，同比增长 20.9%，较年初增加 217.5 亿元。其中，少数民族地区贫困县中长期贷款余额为 917.3 亿元，同比增长 20%，较年初增加 147.2 亿元。贵州省贫困地区交通水利、市政设施等建设周期较长的项目得到充足资金支持。

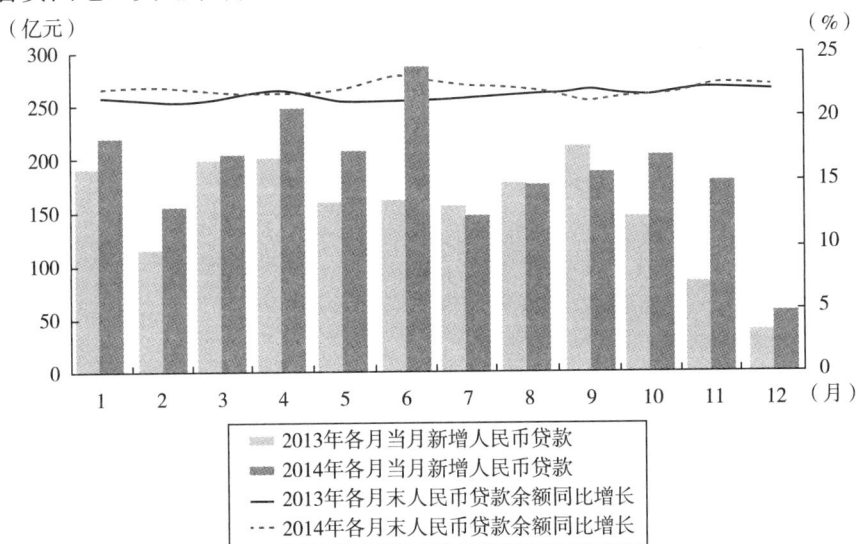

数据来源：中国人民银行贵阳中心支行。

图 3-7　2013—2014 年贵州省金融机构人民币贷款增长变化

截至 2014 年 12 月末，50 个贫困县经营贷款余额为 260.5 亿元，同比增长 24.2%，较年初新增 103.4 亿元，同比多增 44.2 亿元。其中，少数民族地区贫困县经营贷款余额为 130 亿元，同比增长 33.7%，较年初增加 32.7 亿元。2014 年，50 个贫困县个人消费贷款余额为 429.5 亿元，同比增长 29.2%，较 2013 年同期提高 0.8 个百分点，高于全省平均水平 6.7 个百分点。其中，少数民族地区贫困县个人消费贷款余额为 260.5 亿元，同比增长 30.2%，有效支持了居民购房和购车等大额资金需求，生活品质得以明显提高。

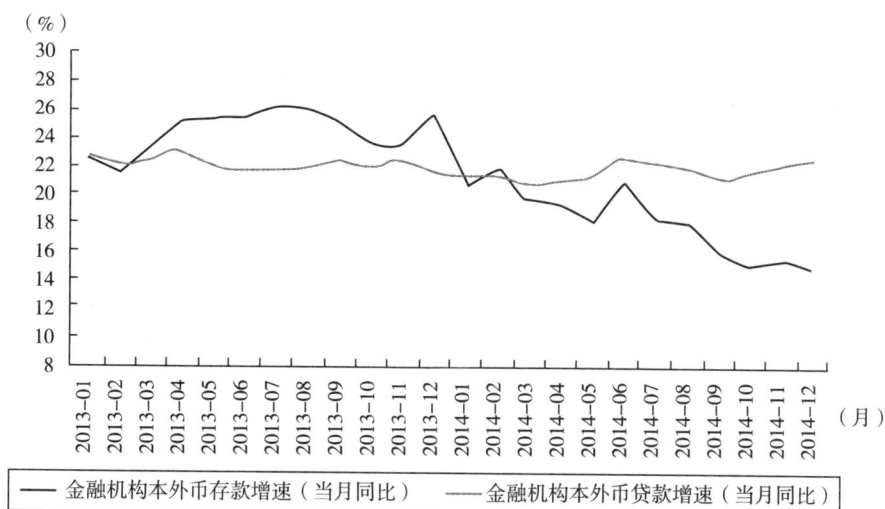

数据来源：中国人民银行贵阳中心支行。

图 3 - 8 2013—2014 年贵州省金融机构本外币存、贷款增速变化

（二）过去 5 年来贵州省银行业贷款余额与西部地区及全国的比较

回顾过去 5 年，2010 年至 2014 年贵州省的贷款余额分别为 5771.7 亿元、6875.7 亿元、8350.2 亿元、10157 亿元、12368.3 亿元，增幅分别为 23.59%、19.13%、21.45%、21.64%、21.77%。与西部地区相比，贵州省贷款余额增幅除 2011 年与西部地区基本持平外，2010 年、2012 年、2013 年、2014 年的增长幅度均明显高于西部地区。与全国相比，贵州省贷款余额增幅高于全国水平，增幅优势越来越明显。2010—2014 年贵州省贷款余额占西部地区的比例分别为 6.56%、6.55%、6.68%、6.96%、7.45%，除 2011 年基本与 2010 年持平外，其余年份均稳中有升，表现出良好的增长态势。2010 年至 2014 年，贵州省贷款余额占全国的比例分别为 1.13%、1.18%、1.24%、1.39%、1.57%，近 5 年来保持了高速增长，在存款余额增幅放缓的情况下，贷款余额保持较高的增速尤为不易。

表 3 - 6 贵州省、西部地区和全国贷款余额及增幅等情况比较

指标	2010 年	2011 年	2012 年	2013 年	2014 年
贵州省贷款余额（亿元）	5771.7	6875.7	8350.2	10157	12368.3
贵州省贷款余额增幅（%）	23.59	19.13	21.45	21.64	21.77
西部地区贷款余额（万亿元）	8.8	10.5	12.5	14.6	16.6
西部地区贷款余额增幅（%）	22.22	19.32	19.05	16.80	13.7
全国贷款余额（万亿元）	50.9	58.2	67.3	73.1	78.7
全国贷款余额增幅（%）	19.48	14.34	15.64	8.62	7.66
贵州省贷款余额在西部地区的占比（%）	6.56	6.55	6.68	6.96	7.45
贵州省贷款余额在全国的占比（%）	1.13	1.18	1.24	1.39	1.57

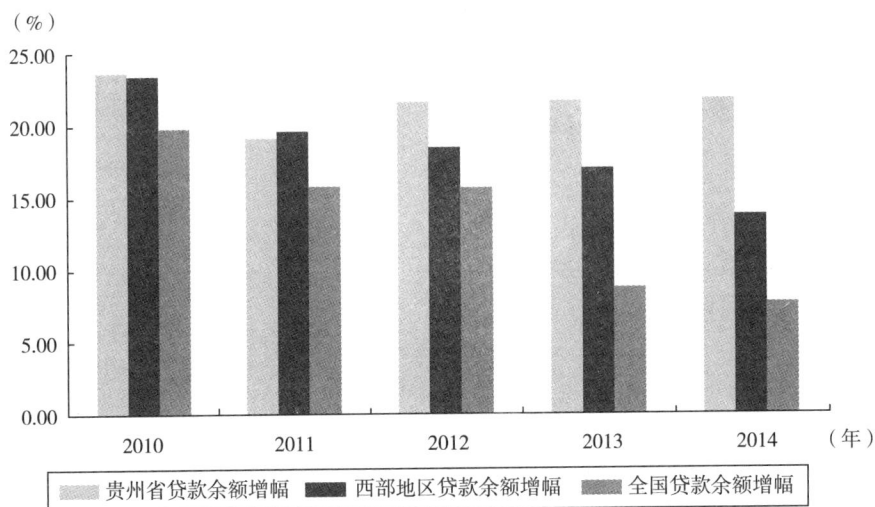

图 3 - 9 贵州省、西部地区、全国贷款余额增幅情况

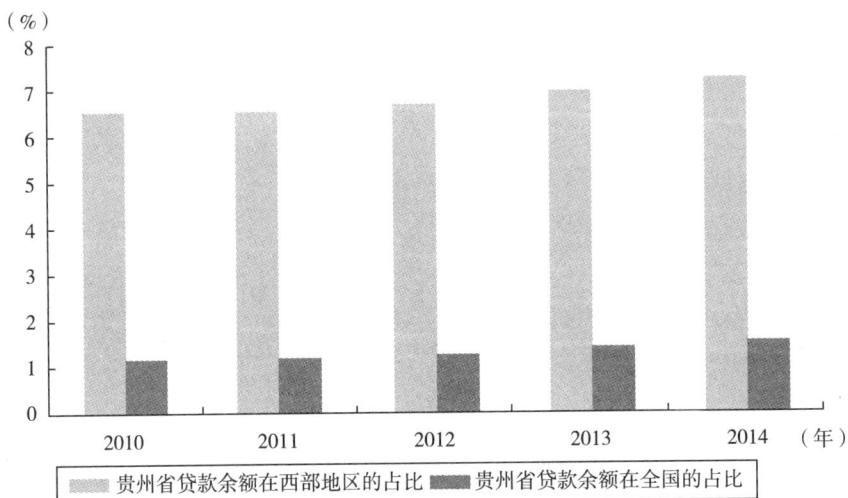

图 3 - 10 贵州省贷款余额在西部地区和全国的占比

（三）过去5年贵州省人均银行业贷款余额与西部地区及全国的比较

2010—2014年，贵州省人均银行业贷款余额分别为16590.39元、19822.01元、23966.8元、29003.43元、35207.01元，增幅分别为25.65%、19.48%、20.91%、21.02%、21.56%。从增长趋势来看，与西部地区相比，贵州省人均银行业贷款余额增幅在2010—2014年均高于西部地区；与全国相比，贵州省人均银行业贷款余额增幅均大大高于全国水平。

2010—2014年贵州省人均银行业贷款余额分别相当于西部地区的68.00%、68.38%、69.84%、72.78%、79.6%，分别相当于全国水平的43.71%、45.89%、48.22%、53.99%、61.23%。如果保持这一势头，到2020年，贵州省人均贷款余额有望达到西部地区的90%和全国水平的80%。

表3-7　　　　　　贵州省、西部地区、全国人均银行业贷款余额比较

指标	2010年	2011年	2012年	2013年	2014年
贵州省人均贷款余额（元）	16590.39	19822.01	23966.8	29003.43	35257.01
贵州省人均贷款余额增幅（%）	26.65	19.48	20.91	21.02	21.56
西部地区人均贷款余额（元）	24397.53	28988.19	34314.72	39850.42	44293.25
西部地区人均贷款余额增幅（%）	23.29	18.82	18.37	16.13	11.15
全国人均贷款余额（元）	37959.3	43195.9	49703.11	53721.56	57585.79
全国人均贷款余额增幅（%）	18.91	13.8	15.06	8.08	7.19

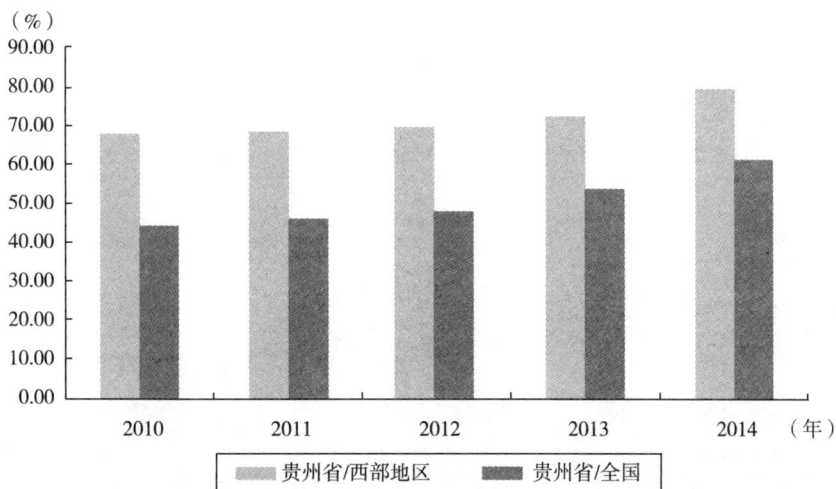

图3-11　贵州省与西部地区、全国人均银行业贷款余额之比

七、存贷比水平明显提高

2014 年贵州省银行业存贷比为 81.03%，比 2013 年的 76.38% 上升了 4.65 个百分点，与西部地区和全国相比，贵州省的存贷比分别高出 5.92 个百分点和 10.32 个百分点。值得注意的是，贵州省的存贷比在 2013 年有所回落以后，2014 年回归上升阶段，西部地区存贷比和全国存贷比也有着不同幅度的回升。

回顾过去 5 年，贵州省存贷比一直高于西部地区和全国平均水平，这说明贵州省经济和社会的快速发展为银行贷款提供了更多机会，但需要关注的是，存贷比达到 80% 以上后，再提升的难度越来越大。

表 3－8　　　　　　　　近 5 年贵州省、西部地区及全国存贷比比较

指标	2010 年	2011 年	2012 年	2013 年	2014 年
贵州省存贷比（%）	78.12	78.39	79.02	76.38	81.03
西部地区存贷比（%）	69.84	71.43	71.84	72.64	75.11
全国存贷比（%）	69.44	70.37	71.37	69.75	70.71

八、利率定价进一步市场化

存款利率出现分化，全国性金融机构根据期限不同采取差异化定价策略，地方法人金融机构中的城市商业银行、农村信用社、农村商业银行的存款利率全部一浮到顶。两家城市商业银行成为市场利率定价自律机制成员并成功发行同业存单。金融机构利率定价能力逐渐增强，资金议价能力进一步提升。贷款利率整体水平有所下降，各月人民币一般贷款加权平均利率（不含贴现）除 2 月有较大幅度下降外，其余各月保持窄幅波动。非对称降息、再贷款杠杆化运作等政策引导市场利率下行，民间借贷利率逐步回落。

表 3－9　　　　　　2014 年贵州省人民币贷款各利率浮动区间占比表　　　　单位：%

月份		1	2	3	4	5	6
合计		100	100	100	100	100	100
下浮		3.2	3.1	3.8	1.2	1.5	11
基准		26.2	40.9	24.9	22.8	25	24.7
上浮水平	小计	70.5	55.9	71.3	76.0	73.5	64.3
	（1.0－1.1]	10.8	12.1	11.8	14.0	20.8	12.2
	（1.1－1.3]	18.8	19.6	18.0	16.6	16.8	16.8
	（1.3－1.5]	12.3	11.2	13.9	14.5	10.7	12.0
	（1.5－2.0]	27.0	12.0	26.3	29.2	23.4	20.6
	2.0 以上	1.6	1.0	1.3	1.7	1.8	2.7

续表

月份		7	8	9	10	11	12
合计		100	100	100	100	100	100
下浮		1.3	4.3	2.5	6.8	7.0	4.3
基准		27.1	26.9	24.1	21.6	21.3	16.3
上浮水平	小计	71.6	68.8	73.4	71.6	71.7	79.4
	(1.0－1.1]	15.7	14.0	14.4	11.4	17.5	20.7
	(1.1－1.3]	17.0	14.1	19.7	15.9	15.2	14.5
	(1.3－1.5]	12.3	14.8	15.4	14.8	15.1	18.3
	(1.5－2.0]	24.2	23.4	22.0	26.6	21.8	21.7
	2.0 以上	2.4	2.4	1.8	2.9	2.1	4.2

注：表中数据采取四舍五入。

数据来源：中国人民银行贵阳中心支行。

九、银行业金融机构改革稳步推进

中国农业发展银行将毕节市列为扶贫开发试验区，中国邮政储蓄银行贵州省分行全面完成二类支行改革。地方金融机构改革发展步伐加快，资本充足率继续提高，村镇银行新增 8 家，新组建农村商业银行 17 家。小额贷款公司达281 家。全省实现行政村基础金融服务全覆盖。

十、人民币成为涉外结算第一大币种

2014 年，贵州省跨境人民币实际收付金额达 390.0 亿元，同比增长 65.6%，占国际收支的比重从第一季度起就突破 50%。其中，货物贸易结算金额同比增长 109.8%，带动经常项目快速增长；资本项目则随着跨境信贷融资的增加而继续增长。市场参与面不断提高，业务品种继续丰富。

十一、当前贵州省金融工作面临的新形势

金融深化改革的机遇：金融市场化改革持续推进，市场准入门槛降低，有利于健全贵州省金融机构种类；股票发行注册制改革和多层次资本市场建设加速，有利于贵州省直接融资；贵州省正在发展大数据产业，为发展互联网金融创造了历史机遇。

货币政策调控的窗口期：和微调相结合，有利于改善"三农"、小微等薄弱领域的融资需求；总量调节和定向调控相结合，有利于争取规模，盘活存量，增加供给。

贵州省转型发展的加速期：贵州省正处于加速发展、后发赶超、同步小康

的关键期，工业化、城镇化加速发展，融资需求旺盛，"资金洼地"效应凸显；"四个一体化"、"五张名片"、"5个100工程"、"五大新兴产业"和贵安新区的发展，使贵州省经济运行的质量不断提升，为金融发展奠定良好基础。

专栏1 贵州省强化"政银企"对接
助推人民币成为省内第一大涉外结算货币

自2011年8月贵州省获批开展跨境人民币结算业务以来，中国人民银行贵阳中心支行在政策宣传、业务指导、信息反馈等方面强化"政银企"对接合作，形成扎实的工作机制，推动人民币跃升为贵州省第一大涉外结算货币。

一、搭建"四项机制"，营造良好的政策环境

一是以"企业需求"为突破口，建立"政府部门＋人民银行＋商业银行"的宣传合作机制。联合相关部门将20余项跨境人民币业务相关政策制成专门的操作手册，及时组织商业银行并联合商务等部门通过互联网、报刊媒体、展架等发布政策解读、业务知识。

二是以"涉外发展较快的企业"为重点，建立"人民银行＋政府部门＋商业银行"的培训机制。将近年来贵州省300家涉外业务增长较快的企业纳入重点培训和指导对象，筛选出10家重点企业集团，详细整理企业的业务类型、结算量、结算方式、境内主办行、境外参加行、目标国家（地区）等信息，建立跨境人民币业务企业信息库，组织商业银行对企业进行具体指导和有关国际贸易风险提示。

三是以"消除信息不对称"和"提升服务水平"为目的，建立"政府部门＋人民银行＋商业银行"的信息反馈机制。积极加强与相关政府职能部门的协作，实现数据信息互通。建立"商业银行—人民银行"和"企业—人民银行"咨询接待日制度，解答商业银行与企业在业务办理中出现的各种问题。建立"企业—商业银行—人民银行—政府部门"跟踪服务制度，定期搜集整理企业业务需求、问题及建议等信息。采取定期回访座谈的方式，与政府部门、商业银行一同走进重点企业开展专题座谈会，并通过现场解答与电话回访等形式为企业提供针对性服务。

四是以"营造内外部生态环境"为手段，建立对商业银行的评价激励机制。建立对商业银行跨境人民币业务评价制度，通过按年通报、按月简报等方式，评价各家商业银行的排名情况、分类型业务进展、迟报和漏报率。及时借助各类载体发布全省业务发展情况，尤其是新业务、新品种、新政策的开展情况，激励商业银行努力开拓新业务领域。

二、跨境人民币业务量大幅增长，人民币跃升为贵州省第一大涉外结算货币

一是结算量不断实现新突破。截至2014年末，贵州省跨境人民币累计结算金额突破700亿元大关，其中2014年当年结算量突破300亿元，达到390亿元，同比增长65.6%。

二是人民币跃升为贵州省第一大涉外结算货币。2014年贵州省当年跨境人民币累计结算量占国际收支的比重自第一季度以来一直维持在50%以上，人民币成为省内涉外经济第一大结算币种，年末占比达到55%左右，较2013年提高约17个百分点。

三是参与机构不断增多。全省开展跨境人民币结算业务的省级商业银行数量、分支机构数量已分别扩大至16家、87家，覆盖全省绝大部分具备国际业务结算资质的商业银行。

四是受益主体范围不断扩大。2014年末的受益主体（包括企业、机关、团体等）已增加至176个，较2013年末新增51个。

下一步，中国人民银行贵阳中心支行将进一步加大政策宣传力度，在风险可控的前提下推动全省跨境人民币业务规范发展，为贵州省涉外经济主体提供更多的结算便利。

专栏2 贵州省银行业深入推进小微和"三农"金融服务

贵州省银监局按照发展普惠金融要求，充分发挥监管引领作用，实施正向激励，落实差异化政策，引导全省银行业金融机构不断深化小微和"三农"金融服务，信贷投入和金融服务供给不断增加。

围绕加大信贷投入，继续实现"两个不低于"目标。该局积极引导银行业金融机构优化信贷结构，合理调配信贷资源，持续加大对小微、"三农"的信贷支持力度。截至2014年3月末，全省小微企业、涉农贷款余额分别为2397.44亿元、4102.04亿元，增速达到7.45%、7.76%，连续完成"两个不低于"目标，即贷款增速不低于各项贷款平均增速，增量不低于2013年同期水平。

围绕金融机构体系建设，金融服务供给不断增加。该局制定城市和农村地区银行业网点布局的指导意见，引导机构下沉，积极支持小微特色支行和专营机构建设，稳步推进农村信用社改制组建农村商业银行，大力实施村镇银行县域全覆盖，加快建设"村村通"工程，完善多层次、广覆盖、可持续的小微和"三农"金融机构体系，为金融"输血"农村经济畅通渠道。截至2014年3月末，全省已开业和批筹的农村商业银行25家、村镇银行43家、社区银行3家、

科技支行 1 家，已批设的 46 家小微企业金融服务中心正在转为小微支行，自助机具行政村普及率为 67%，小微和"三农"金融服务覆盖面明显提高。

围绕产品和服务创新，特色化、差异化服务凸显。全省银行业金融机构积极响应贵州银监局号召，加大创新力度，推出一系列富有特色、体现差异的小微、"三农"金融产品和服务。建行贵州省分行推出"助保贷"产品，由小微企业缴纳一定比例的助保金和政府提供的风险补偿资金共同作为担保手段，企业最低仅需提供 40% 的抵押物即可获贷。国开行贵州省分行推出"开行小额农贷"产品，通过"四台一会"方式将开发性金融融资融智优势与政府组织优势有机结合，以支持县域特色优势农业产业发展为农户建立持续增收机制。

围绕战略发展方向，重点支持优势产业、重要领域。贵州银监局结合贵州省实际，找准战略发展方向，明确重点支持"5 个 100 工程"、科技型中小企业、现代高效农业发展，落实"3 个 15 万元"、"万名小老板"等特色政策，全面推进"阳光信贷"工程、金融服务进村入社区工程和富民惠农金融创新"三大工程"建设，努力满足不断变化的"三农"发展需求。

专栏3　贵阳银行移动金融平台建设迈出新的一步

近年来，移动支付的发展日新月异，在继承了传统互联网开放、精准、互动特点的同时，更进一步拥有了在人们生活中能随时、随身提供全方位服务的特点。从目前的形势来看，人们手中的移动智能终端将不可阻挡地成为现代人生活的信息中心和服务枢纽。与此同时，移动支付为银行的移动金融服务方式提供了丰富的创新途径。

移动支付时代的特征有以下几个方面：第一，可选择的支付工具和支付方式变得更多，消费者在支付的时候更加强调体验和感受，注重个性化需求的满足。第二，参与主体多元化。过去银行卡时代的支付参与机构主要是由发卡机构、收单机构和银行组成，而现在移动支付时代的支付参与机构扩大到通信运营商、互联网电商、手机制造商和芯片制造商等。第三，银行业务办理流程简化。过去银行对客户账户的开立都要求客户到银行柜台亲自办理面签开户手续，现在移动支付方式通过手机 SIM 卡的客户身份信息就可以完成实名身份的认证。这标志着从过去要求客户上门办理银行业务到现在客户随时、随地、随身地享受银行提供的服务与产品的转变。第四，服务主体的改变。过去的银行卡转账只能办理本行卡转出，这是以卡片为主体的强制性服务方式，而现在以客户为主体的任意银联卡之间的相互转账逐渐受到客户端青睐，这与过去的习惯相比已有很大的改变，我们称之为"超级转账"。第五，支付变得更加方便。过去的银行卡支付基于 POS 机刷卡的方式，现在使用手机客户端输入相应信息就能完成支付。以上这些特征从根本上反映了以客户为中心、方便客户的服务思想。

在移动支付背景下的芯片卡时代，银行卡的形态已经不限于钱包中方寸之间的卡片，银行卡可以存在于手机、SD 卡、手机外壳、SIM 卡甚至手表等设备中。技术上的进步迅速地体现在卡片载体的丰富性、发卡渠道的多样性上，同时卡片应用也越来越广。但是，在为银行增加了广阔和深入的业务操作空间的同时，也带来了卡片发行、管理和使用的新课题。由于移动智能终端和现代人的生活形影不离，所以这个课题研究得越透、问题解决得越好，银行越能在新技术时代的用户争夺和业务服务战斗中胜出。

TSM 系统（Trusted Service Management）作为芯片时代对 IC 卡多应用管理的综合平台，将成为银行卡片发行和管理的核心系统，其不但承载了 IC 卡芯片应用的各阶段生命周期管理，也可进一步以无线通信的方式帮助银行利用空中渠道，为客户提供远程发卡、消卡、圈存（充值）、查询等核心功能。更进一步地，TSM 系统还可与银行的 POSP、ATMP、柜台等平台对接，允许持卡人通过 POS、ATM 等联网设备，实现远程、自助化的 IC 卡多应用管理的自助服务和操作。

在银行与第三方机构无卡模式的竞争中，基于芯片的有卡模式在很长时期内都将是银行的立足点和明显的竞争优势。因此建设好 TSM 系统、管理好多种形态丰富的芯片卡、提供更便捷的金融服务方式、创新金融服务产品种类都将是银行重点拓展的方向。

贵阳银行 TSM 综合平台按照人民银行 MTPS 标准规范进行建设，除支持本行自行发行的各种 IC 卡、SD 卡等卡片形态外，已实现了与中国移动 TSM、中国银联 TSM、金电 TSM 平台的全面合作与对接，并不断拓展与中国联通 TSM、中国电信 TSM 等企业级 TSM 平台的对接，实现了对本行多种芯片卡的自主全方位管理和支持，也打通了运营商 SIM 卡发卡渠道、分享了人民银行 MTP 平台上最为丰富的 IC 卡行业应用，为下一步更多的金融服务和产品创新打下了坚实的基础。

由人民银行建设的国家级移动金融安全可信公共服务平台（英文简称"MTPS"），很好地解决了移动支付的身份认证标准不一和移动金融服务机构间互联互通的难题，是商业银行、移动通信运营商、第三方等移动支付参与方互联互通的桥梁和纽带。MTPS 平台的建设目标定位在基于"联网通用、安全可信"的金融行业标准上，在此顶层架构下建立多个企业 TSM 并存的移动金融健康生态环境。MTPS 相应的试点工作标志着移动支付"联网通用"的时代即将到来，MTPS 将成为国内移动支付产业的核心组件。与 MTPS 平台的对接将成为各机构在移动支付领域必须完成的任务。

2014 年 5 月，国家发改委、中国人民银行下发《关于组织开展移动电子商务金融科技服务创新试点工作的通知》。贵阳市成为全国移动电子商务金融科技服务创新试点城市之一。贵阳银行作为贵阳市开展移动金融试点建设的排头兵，在贵阳市委、市政府、人民银行贵阳中心支行的领导、关心和支持下，大力推进相关工作，在信息科技建设上先试先行，不断加大移动金融方面的探索和创新。

2014 年 11 月，贵阳银行与中国移动贵州公司、中国移动电子商务公司合作，推出全国第一张符合人民银行 PBOC3.0 标准和 MTPS 规范的移动金融 SIM 卡，并已在全省范围内推广使用。客户在持有支持 NFC（近场通信）功能手机的基础上，更换移动 4G SIM 卡，通过下载及使用中国移动"和包"APP 应用，即可实现贵阳银行移动支付 IC 卡空中开卡。通过将银行金融 IC 卡与移动 SIM 卡整合后，市民可在手机上实现转账、理财、贷款申请、刷卡付款等银行业务和覆盖市民生活的水、电、燃气等十余种便民缴费，同时还可通过手机刷卡的方式进行乘坐公交和出租车、停车、超市购物、看电影等日常消费。金融 IC 卡的唯一性也使手机可运用于身份识别的门禁系统等。

贵阳银行在贵阳市委、市政府、人民银行贵阳中心支行的领导、关心和支持下，结合本地特点，在移动金融工作方面先行先试，更好地落实普惠金融的理念，为搭建安全、便捷、可信的移动金融平台迈出了重要一步。

第二节 2014 年贵州省证券业发展报告

一、我国证券业发展的整体情况

2014 年，我国证券市场发展迅速。全年各地区证券期货市场交易活跃，A 股市场筹资额明显增加，证券期货行业加快发展。创业板市场改革加快推进，准入标准放宽，建立再融资制度，新三板试点扩大到全国，为广大中小微企业通过资本市场融资提供了有力支持。

证券公司资产规模、营业收入增长较快。截至 2014 年末，全国共有证券公司 120 家，与 2013 年相比增加 5 家。70% 的证券公司集中在东部地区。分省份来看，广东省、上海市和北京市证券公司数量分别为 23 家、21 家和 19 家，分居全国前三位。2014 年末，120 家证券公司总资产为 4.1 万亿元，净资本为 6791.6 亿元，同比分别增长 94.8%、30.5%。2014 年，证券公司全年实现营业收入 2602.8 亿元，同比增长 63.5%。全年实现净利润 965.5 亿元，同比增长 119.3%。基金公司管理资产总规模增长较快，2014 年末，全国各地区共有基金公司 93 家，比 2013 年末增加 15 家，其中的 98% 集中在东部地区，仅上海市、北京市就分别有 44 家和 23 家基金公司。从资产净值来看，2014 年末基金公司总规模为 4.5 万亿元，较 2013 年末增加 1.5 万亿元；净值规模过千亿元的基金公司由 2013 年的 6 家增加至 13 家。截至 2014 年末，证券公司资产管理业务、基金公司及其子公司专户业务管理资产总规模达 12.9 万亿元，较 2013 年末增长 94%。

截至 2014 年末，沪深证券交易所上市公司（A 股、B 股）达到 2613 家，比 2013 年增加 124 家，上市公司总市值为 37.25 万亿元，增幅为 55.8%，流通市值为 35.16 万亿元，增幅为 76.15%，流通市值占比为 94.39%；上市公司营业收入为 28.43 万亿元，增幅为 4.83%，净利润为 2.57 万亿元，增幅为 6.20%；交易所股票和基金交易为 74.71 万亿元，同比上升 59.03%。

二、贵州省证券业发展的整体情况

2014 年贵州省证券业发展的整体情况是：证券业机构不断发展，法人机构创新能力持续增强，多层次资本市场快速发展，证券经营机构收入猛增，证券机构经营业绩提高幅度较大，期货市场保持稳定发展，上市公司稳健发展，受资本市场大涨影响，直接融资大幅度增加，为 2013 年的 14 倍。同时，全省区域股权交易市场实现突破。

三、证券业经营机构不断发展，法人机构创新能力持续增强

截至 2014 年末，贵州省有 1 家独立法人证券经营机构、4 家分公司、74 家证券公司营业部，营业部数量比 2013 年增加 20 家，有期货公司营业部 10 家，比 2013 年增加 1 家，证券从业人员为 964 人，客户保证金为 4.53 亿元。全年股票交易额同比增长 35.9%，证券经营机构实现营业收入 6 亿元、净利润 3 亿元。法人机构创新步伐明显加快，华创证券搭建互联网证券交易平台，直投子公司"金汇理财"平台实现交易和管理规模 60 亿元。

表 3-10　　　　　2014 年贵州省证券业基本情况表

项目	数量
总部设在辖内的证券公司数（家）	1
总部设在辖内的基金公司数（家）	0
总部设在辖内的期货公司数（家）	0
年末国内上市公司数（家）	21

续表

项目	数量
当年国内股票（A股）筹资（亿元）	64.5
当年发行 H 股筹资（亿元）	0.0
当年国内债券筹资（亿元）	495.6
其中：短期融资券筹资额（亿元）	217.0
中期筹资额（亿元）	97.6

数据来源：中国人民银行贵阳中心支行、中国证监会贵州监管局、贵州省发展和改革委员会及各金融机构。如无特别说明，本节数据来源不变。

四、通过资本市场直接融资大幅上升，多层次资本市场稳步发展

2014 年，贵州省全省直接融资发展迅速。社会融资规模同比增加 31.8 亿元。其中，直接融资（含企业债券、非金融企业境内股票融资）占社会融资规模的比重提升至 14.5%，较 2013 年提高 9.3 个百分点。其中，非金融企业债务融资工具发行 314.6 亿元，是 2013 年的 2.4 倍。贵阳市公共住宅建设投资有限公司成功发行 20 亿元 5 年期定向工具，填补了贵州省非金融企业债务融资工具专项用于保障性住房建设的空白。实体经济以委托贷款、信托贷款和未贴现的银行承兑汇票方式合计融资 716.0 亿元，仅为 2013 年的 47.8%。

在国内资本市场整体大涨、融资功能逐渐恢复的有利背景下，贵州省通过资本市场融资比往年有很大提升。其中，上市公司再融资为 64.5 亿元，比 2013 年的 4.6 亿元增加了 1302.17%，2014 年债券融资达 495.6 亿元，比 2013 年增加了 287.5 亿元，增幅为 138.15%。

回顾过去 5 年，贵州省 IPO 融资在 2011 年、2013 年、2014 年均为零，但从全国来看，2010 年至 2012 年 IPO 融资分别为 4882.63 亿元、2825.07 亿元、1034.32 亿元，受 2013 年 A 股新发全面停滞的影响，2013 年没有 IPO 融资，2014 年 IPO 融资额为 790 亿元。2010—2014 年贵州省上市公司再融资规模分别为 54.2 亿元、15.7 亿元、20.8 亿元、4.6 亿元、64.5 亿元，占全国上市公司再融资的比例分别为 1.05%、0.71%、0.96%、0.16%、0.92%，表现很不稳定。2010—2014 年贵州省债券融资额分别为 87 亿元、70 亿元、304 亿元、208.1 亿元、495.6 亿元，占全国债券融资额的比例分别为 0.56%、0.32%、0.81%、0.57%、2.08%，其间虽有波动，但在整体上呈现了跳跃式增长的态势。

贵州省多层次资本市场快速发展。截至 2014 年末，全省共有上市公司 21 家，总市值为 4002.2 亿元，7 家上市公司通过非公开发行融资 97 亿元。13

家公司成功挂牌新三板。当年实现国内债券筹资 495.6 亿元，其中，中小企业私募债融资 4 亿元。区域股权交易市场建设取得新突破，贵州省股权金融资产交易中心、贵州中黔金融资产交易中心、贵州绿地金融资产交易中心先后成立，省外股权交易中心纷纷与贵州省企业合作，企业融资有了更多的市场选择。

表 3 – 11　　　　　　　　贵州省和全国资本市场融资情况比较

指标	2010 年	2011 年	2012 年	2013 年	2014 年
贵州省 IPO 融资额（亿元）	20.4	0	2.8	0	0
全国 IPO 融资额（亿元）	4882.63	2825.07	1034.32	0	790
贵州省上市公司再融资额（亿元）	54.2	15.7	20.8	4.6	64.5
贵州省再融资额增幅（%）	149.77	−71.03	32.48	−77.88	1302.17
全国上市公司再融资额（亿元）	5155.57	2218.46	2156.43	2803	7032.68
全国再融资额增幅（%）	64.93	−56.97	−2.80	29.98	150.90
贵州省再融资额的全国占比（%）	1.05	0.71	0.96	0.16	0.92
贵州省债券融资额（亿元）	87	70	304	208.1	495.6
贵州省债券融资额增幅（%）	770.00	−19.54	334.29	−31.55	138.15
全国企业债券融资额（亿元）	15491.45	21850.71	37365.5	36699	23817
全国企业债券融资额增幅（%）	−2.35	41.05	71.00	−1.78	−35.10
贵州省债券融资额的全国占比（%）	0.56	0.32	0.81	0.57	2.08

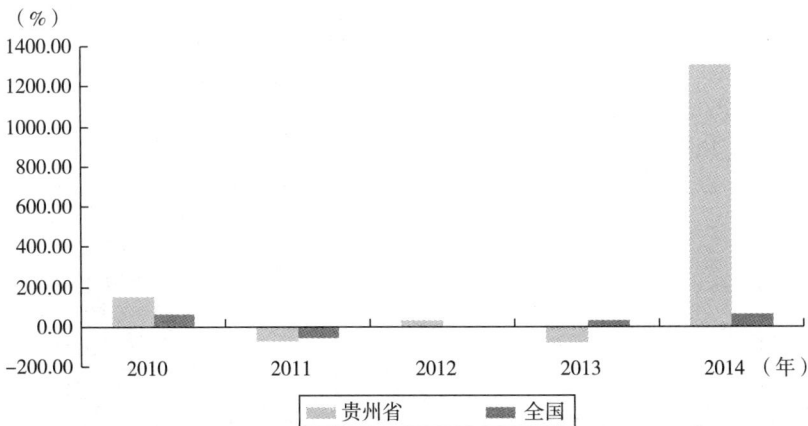

图 3 – 12　贵州省和全国资本市场再融资增幅比较

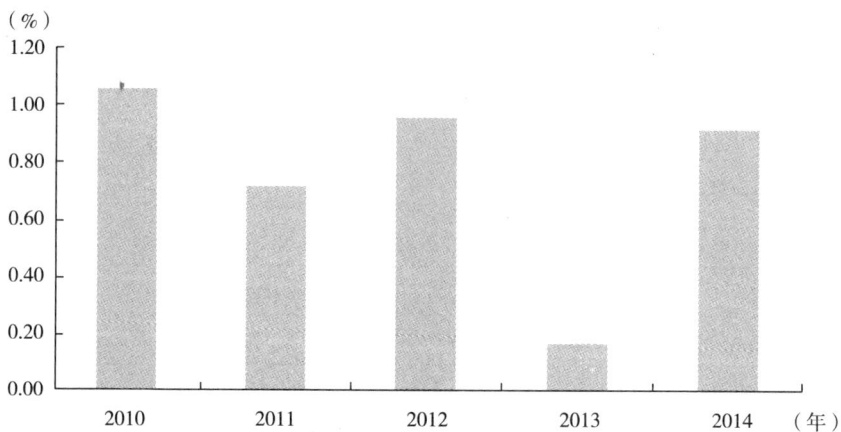

图 3 - 13　贵州省资本市场再融资额的全国占比变化

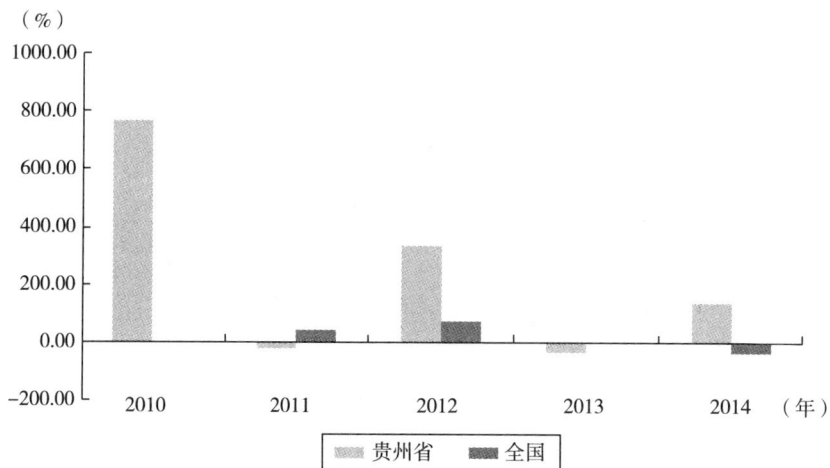

图 3 - 14　贵州省与全国债券融资额增幅比较

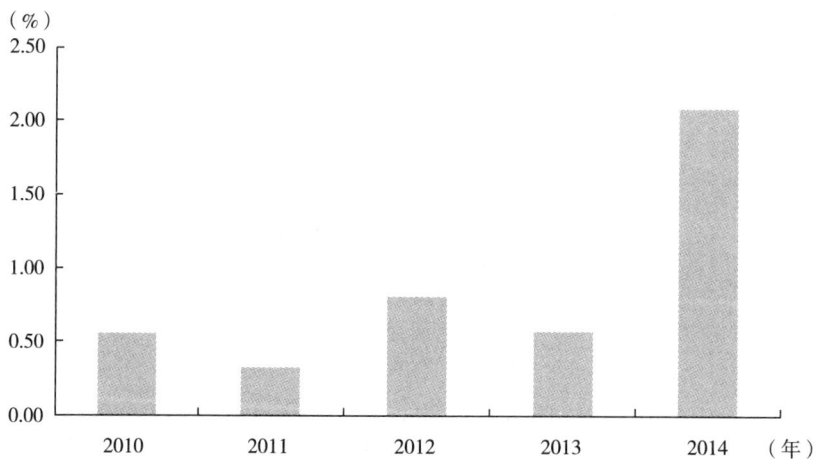

图 3 - 15　贵州省债券融资额的全国占比变化

五、上市公司资产质量有所提高

（一）贵州省上市公司总市值大幅上涨，总股本快速增长

2014年贵州省上市公司总家数达到21家，与2013年持平，其中主板15家，中小板5家，创业板1家。A股上市公司总市值达到3397.62亿元，同比上涨42.34%，比全国总市值增幅低了12.88个百分点，总股本达到129.55亿股，同比增长13.00%，比全国上市公司总股本增幅高了5.5个百分点。

回顾过去5年，贵州省上市公司总股本分别为86.1亿股、100亿股、109亿股、114.65亿股、129.55亿股，增幅分别为26.06%、16.16%、9.00%、5.18%、13.00%，大部分时间增幅都明显高于全国上市公司总股本的增幅，说明贵州省上市公司保持了较好的成长性。2010—2014年贵州省上市公司总市值分别为3063亿元、2911亿元、3209亿元、2387亿元、3397.62亿元，贵州省上市公司总市值占全国上市公司总市值的比重分别为1.15%、1.36%、1.39%、1.00%、0.92%。2014年基于经济改革的预期，股票市场非常活跃，贵州省上市公司总市值增幅也相对较大。

2014年，21家上市公司中有18家公司总市值实现正增长，其中，贵航股份增长率达到163.28%，赤天化增长率达到121.9%，振华科技增长率为107.01%，黔轮胎A增长率为105.55%，另外，南方汇通、久联发展、黔源电力、中航重机、贵绳股份、盘江股份这6家上市公司总市值均有超过50%的增长。在贵州省三家制药公司中，只有贵州百灵在继2013年的大幅增长之后，2014年保持了60.24%的大幅增长，其余两家上市公司总市值均有所下跌，其中益佰制药下跌幅度最大，由2013年117.64亿元下跌至2014年的65.84亿元，下跌了44.03个百分点，信邦制药由2013年的47.9亿元下跌至40.34亿元，下跌15.78个百分点。另外，天成控股的总市值也有所下跌。总之，贵州省上市公司2014年总市值整体情况很好。

表3-12 贵州省、全国上市公司家数、总股本、总市值情况比较

指标	2010年	2011年	2012年	2013年	2014年
贵州省上市公司总股本（亿股）	86.1	100	109	114.65	129.55
贵州省上市公司总股本增幅（%）	26.06	16.16	9.00	5.18	13.00
全国上市公司总股本（亿股）	33184	36095.52	38395	40569.08	43610
全国上市公司总股本增幅（%）	26.84	8.77	6.37	5.66	7.50
贵州省上市公司总股本占全国的比重（%）	0.26	0.28	0.28	0.28	0.30
贵州省上市公司总市值（亿元）	3063	2911	3209	2387	3397.62
贵州省上市公司总市值增幅（%）	30.45	-4.96	10.24	-25.62	42.34

指标	2010 年	2011 年	2012 年	2013 年	2014 年
全国上市公司总市值（万亿元）	26.54	21.48	23.04	23.91	37.11
全国上市公司总市值增幅（%）	8.81	-19.09	7.26	3.78	55.21
贵州省上市公司总市值占全国的比重（%）	1.15	1.36	1.39	1.00	0.92
贵州省上市公司总数（家）	20	21	21	21	21
全国上市公司总数（家）	2063	2342	2494	2489	2613

注：以原始数据计算，结果存在四舍五入。

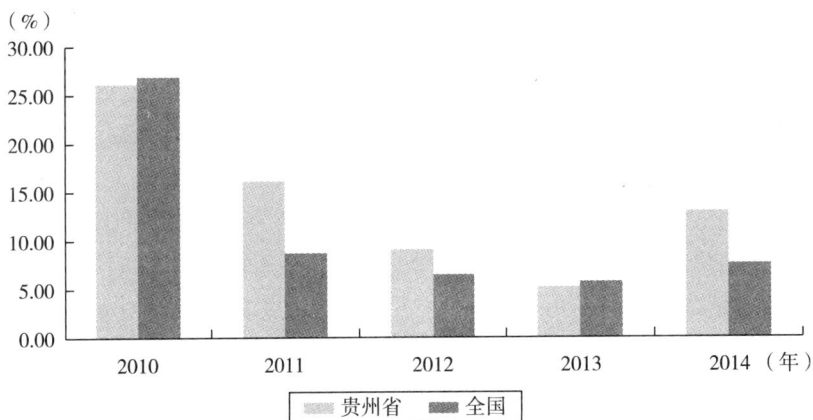

图 3-16　贵州省与全国上市公司总股本增幅比较

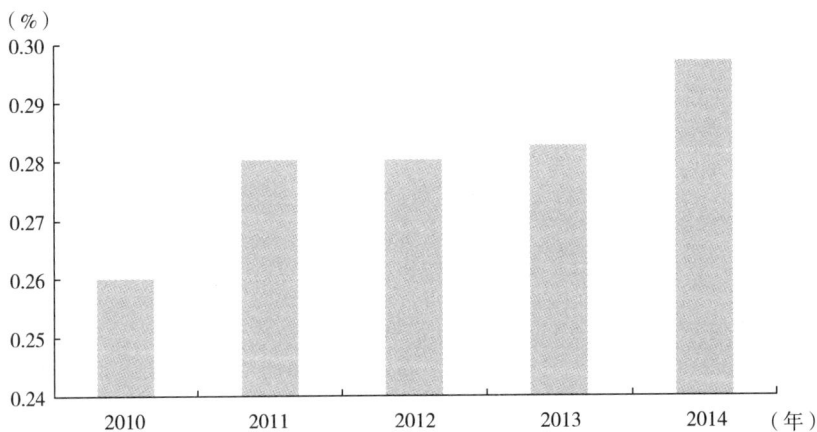

图 3-17　贵州省上市公司总股本占全国的比重变化

134

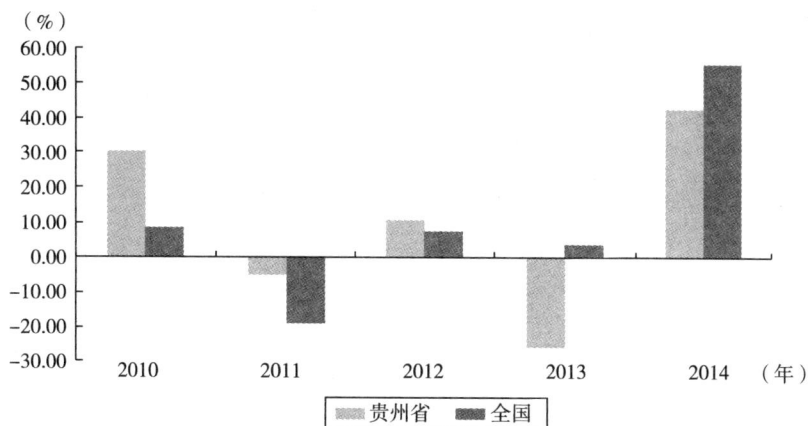

图 3 - 18 贵州省与全国上市公司总市值增幅比较

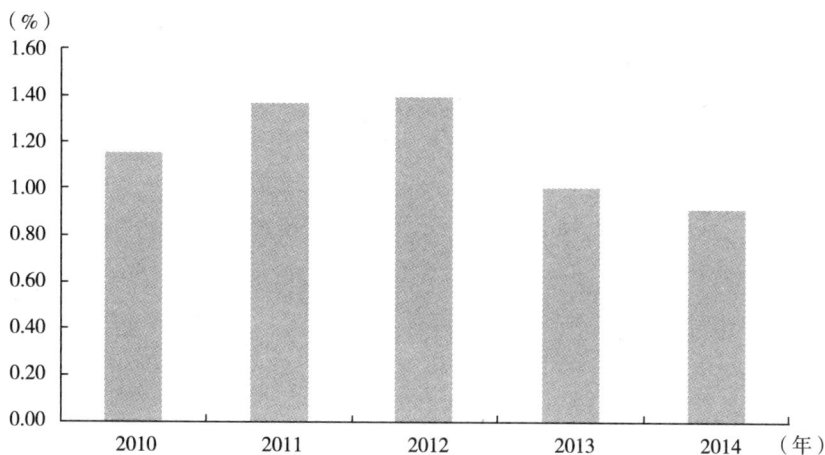

图 3 - 19 贵州省上市公司总市值占全国的比重变化

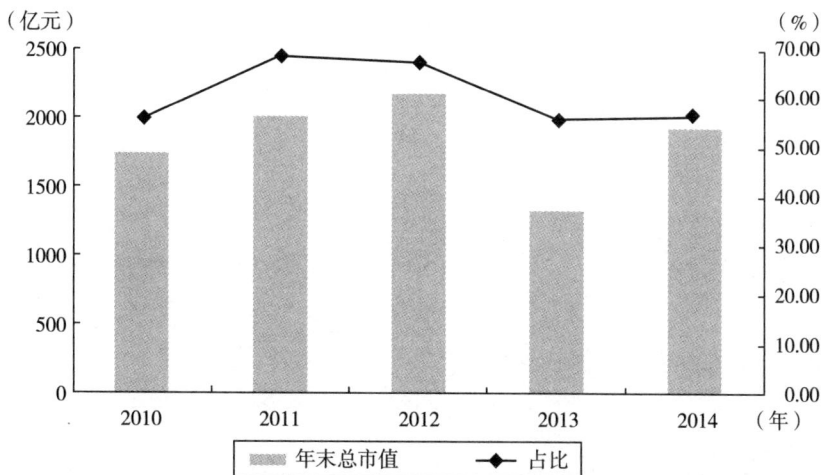

图 3 - 20 2010—2014 年贵州茅台年末总市值及占贵州省上市公司总市值的比重

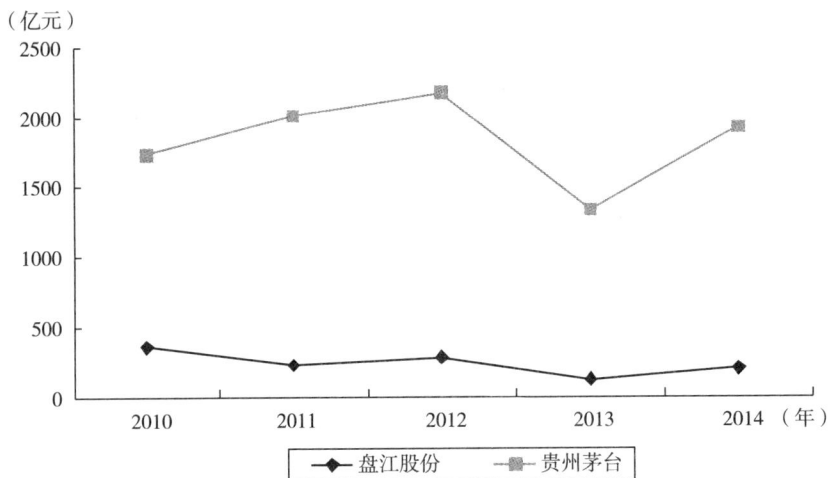

图 3 – 21　2010—2014 年贵州省部分上市公司年末总市值变化情况之一

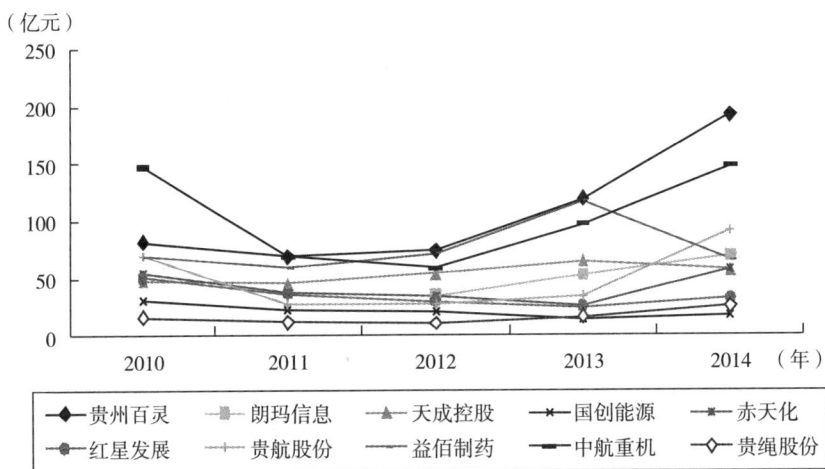

图 3 – 22　2010—2014 年贵州省部分上市公司年末总市值变化情况之二

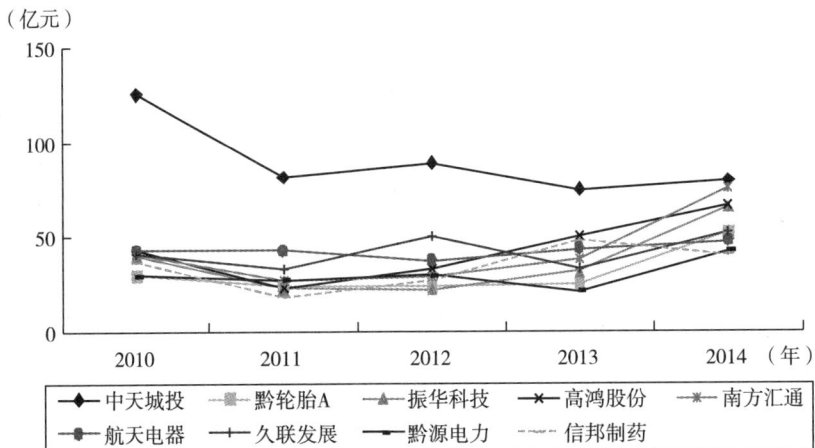

图 3 – 23　2010—2014 年贵州省部分上市公司年末总市值变化情况之三

（二）上市公司总资产、净资产增幅高于全国水平，资产质量保持较高水平

2014 年贵州省上市公司总资产为 2183.87 亿元，同比增长 14.55%。2014 年贵州省上市公司净资产为 1026.63 亿元，同比增长 12.69%。回顾过去 5 年，贵州省上市公司总资产分别为 1088.95 亿元、1347.49 亿元、1587.51 亿元、1906.42 亿元、2183.87 亿元，增幅分别为 29.34%、23.74%、17.81%、20.09%、14.55%；贵州省上市公司净资产分别为 542.21 亿元、650.87 亿元、796.22 亿元、910.99 亿元、1026.63 亿元，增幅分别为 32.20%、20.04%、22.33%、14.41%、12.69%。总资产和净资产的增幅均高于全国平均水平，说明贵州省上市公司表现了更好的成长性。虽然与 2013 年相比债务融资水平有所上升，但相对于全国而言仍然具有较大的上升空间。

表 3-13　　　　　　　贵州省及全国上市公司总资产和净资产情况

指标	2010 年	2011 年	2012 年	2013 年	2014 年
贵州省上市公司总资产（亿元）	1088.95	1347.49	1587.51	1906.42	2183.87
贵州省上市公司总资产增幅（%）	29.34	23.74	17.81	20.09	14.55
全国上市公司总资产（亿元）	187881.73	232864.46	266706.06	301459.24	342660.67
全国上市公司总资产增幅（%）	25.97	23.94	14.53	13.03	13.67
贵州省上市公司总资产的全国占比（%）	0.58	0.58	0.60	0.63	0.64
贵州省上市公司净资产（亿元）	542.21	650.87	796.22	910.99	1026.63
贵州省上市公司净资产增幅（%）	32.20	20.04	22.33	14.41	12.69
全国上市公司净资产（亿元）	79388.01	94923.13	106466.59	117886.46	122431.78
全国上市公司净资产增幅（%）	26.21	19.57	12.16	10.73	3.86
贵州省上市公司净资产的全国占比（%）	0.68	0.69	0.75	0.77	0.84

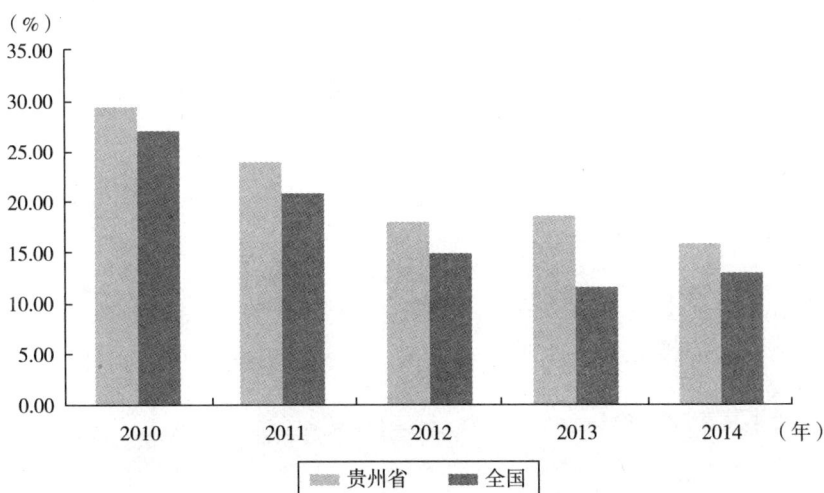

图 3-24　贵州省和全国上市公司总资产增幅比较

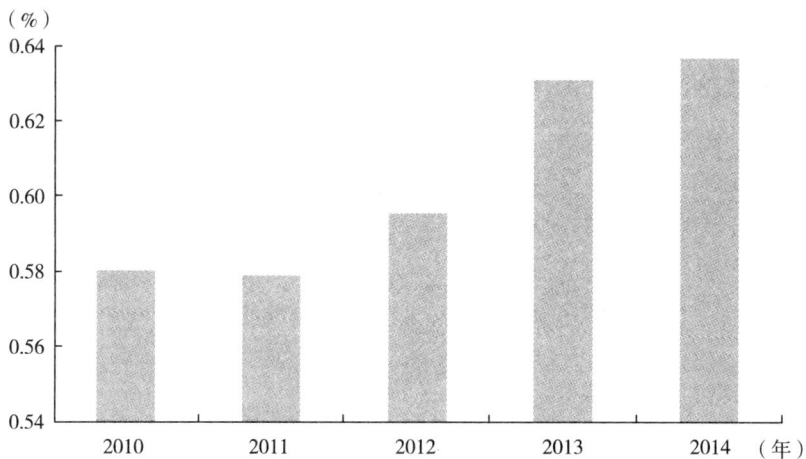

图 3 - 25　贵州省上市公司总资产的全国占比变化

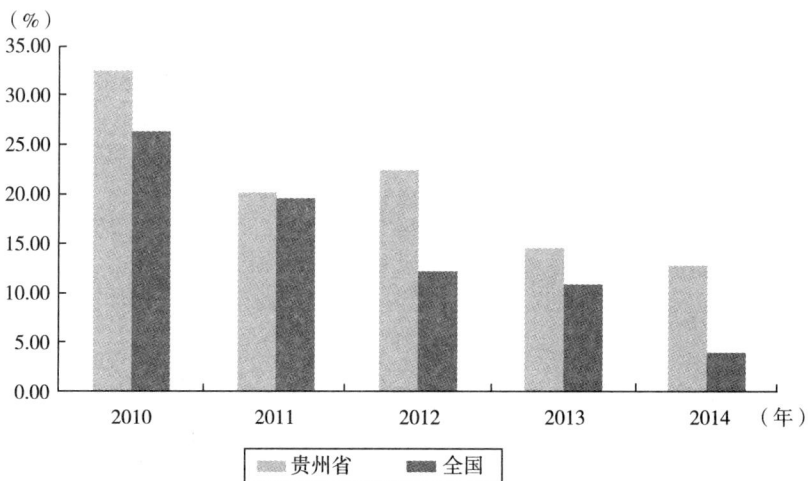

贵州省　　全国

图 3 - 26　贵州省和全国上市公司净资产增幅比较

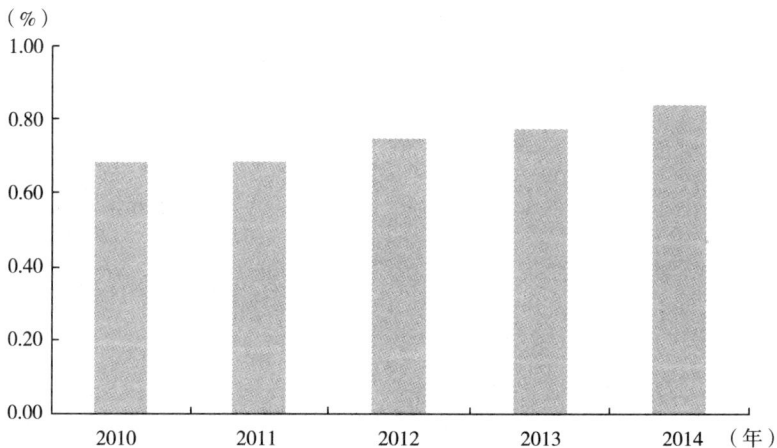

图 3 - 27　贵州省上市公司净资产的全国占比变化

（三）贵州省上市公司盈利能力有所下滑

2014 年贵州省上市公司营业收入为 982.37 亿元，同比增长 9.15%，比全国上市公司营业收入增幅高出 4.15 个百分点。上市公司净利润为 182.61 亿元，同比下降 1.06%，而同期全国上市公司净利润增幅为 6.84%。21 家上市公司里有 19 家盈利能力较为稳定，特别是贵州茅台在整个行业受政策影响不景气的情况下，仍保持着较强的盈利能力，实现了 155.5 亿元的净利润，比 2013 年增长了 4.13 亿元，占贵州省 21 家上市公司净利润总额的 85%；受基础原材料产业和能源产业不景气的影响，*ST 新亿（国创能源）和赤天化两家上市公司出现严重亏损，净利润为 -15.39 亿元和 -5.64 亿元，导致贵州省上市公司整体利润出现下滑。

回顾过去 5 年，2010—2014 年，贵州省上市公司营业收入分别为 506.47 亿元、669.93 亿元、795.34 亿元、899.98 亿元、982.37 亿元，增幅分别为 34.05%、32.27%、18.72%、13.16%、9.15%，净利润分别为 85.29 亿元、124.83 亿元、172.17 亿元、184.56 亿元、182.61 亿元，增幅分别为 21.18%、46.36%、37.92%、7.20%、-1.06%。从过去 5 年的整体水平来看，贵州省上市公司净利润增幅小于营业收入，这对贵州省上市公司的经营能力提出了更高的要求。

上市公司不仅经营状况良好，而且治理结构得到改善，对投资者的回报意识增强。在 21 家上市公司中，共有 16 家公司进行了分红，分红公司数占比为 76.19%。其中主板、中小板和创业板均实现了分红。贵州茅台每 10 股派送 1 股，每 10 股派发现金红利 43.74 元（含税），位列全国第一。同时，上市公司中没有发生重大信息失真的公司。

表 3 - 14 　　　贵州省及全国上市公司净利润和营业收入情况比较

指标	2010 年	2011 年	2012 年	2013 年	2014 年
贵州省上市公司净利润（亿元）	85.29	124.83	172.17	184.56	182.61
贵州省上市公司净利润增幅（%）	21.18	46.36	37.92	7.20	-1.06
全国上市公司净利润（亿元）	17556.16	20417	20799.68	24083.02	25730.4
全国上市公司净利润增幅（%）	53.98	16.30	1.87	15.79	6.84
贵州省上市公司净利润的全国占比（%）	0.49	0.61	0.83	0.77	0.71
贵州省上市公司营业收入（亿元）	506.47	669.93	795.34	899.98	982.37
贵州省上市公司营业收入增幅（%）	34.05	32.27	18.72	13.16	9.15
全国上市公司营业收入（亿元）	148101.5	191630.01	208572.05	229409.92	240879.23
全国上市公司营业收入增幅（%）	42.31	29.39	8.84	9.99	5.00
贵州省上市公司营业收入的全国占比（%）	0.34	0.35	0.38	0.39	0.41

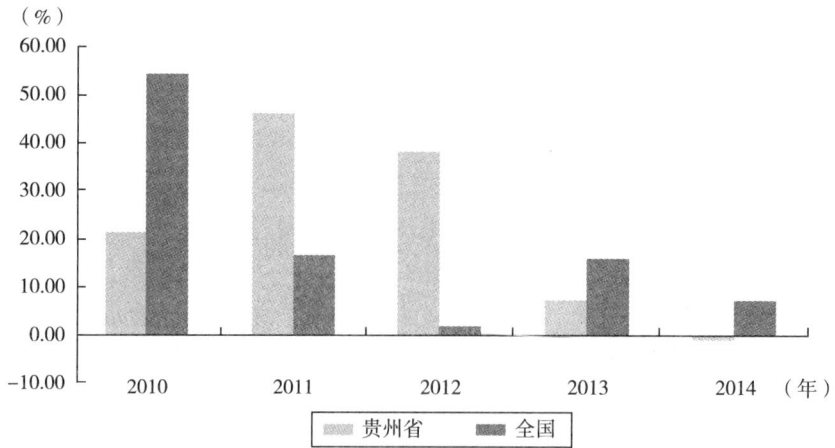

图 3 - 28 贵州省与全国上市公司净利润增幅比较

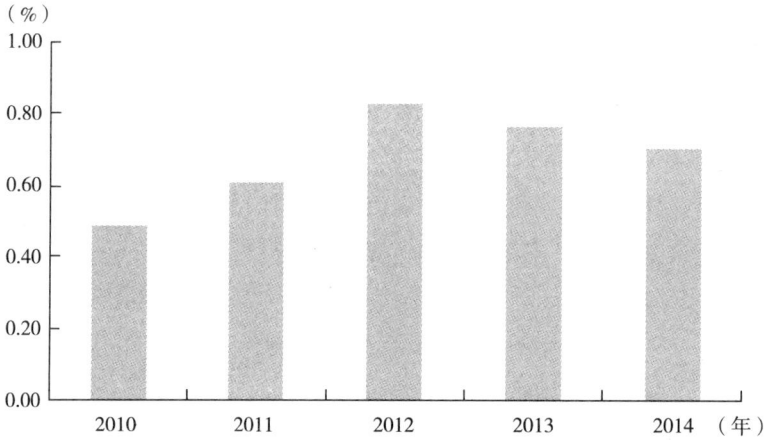

图 3 - 29 贵州省上市公司净利润的全国占比变化

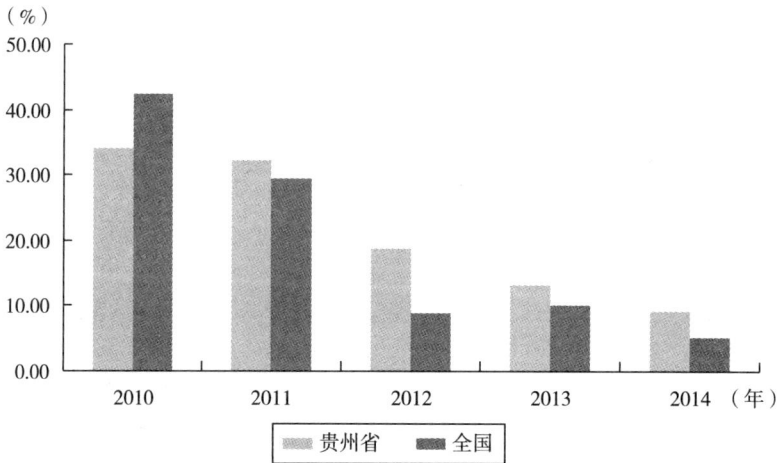

图 3 - 30 贵州省与全国上市公司营业收入增幅比较

（%）

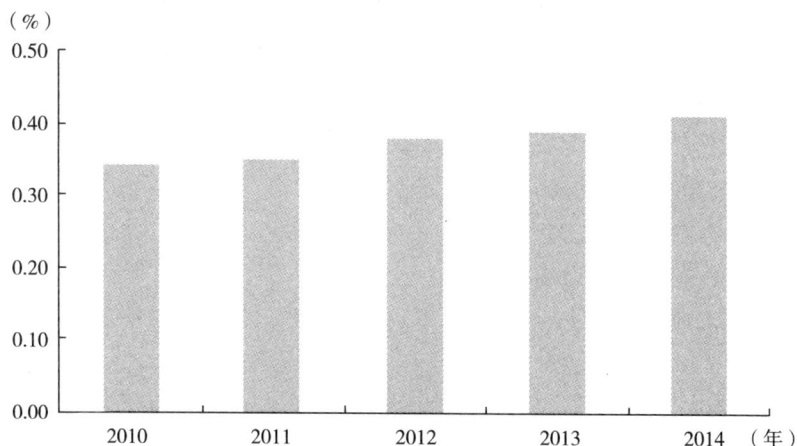

图 3 – 31　贵州省上市公司营业收入的全国占比变化

专栏 4　贵州股权金融资产交易中心揭牌成立

2014 年 1 月 14 日，贵州省地方金融体系建设再获新突破，贵州股权金融资产交易中心在贵阳市揭牌成立，首批 28 家中小企业当天在该中心挂牌上市。

《国务院关于进一步促进贵州经济社会又好又快发展的若干意见》（国发〔2012〕2 号）提出，贵州省要健全多层次资本市场。为贯彻落实党的十八届三中全会《中共中央关于全面深化改革若干重大问题的决定》有关健全多层次资本市场的精神，省委十一届四次全会明确提出，要完善贵州省金融市场体系，成立贵州股权交易中心。

省政府副秘书长、金融办主任周道许在致辞中说，成立贵州股权金融资产交易中心是省委、省政府为贯彻落实党的十八届三中全会精神，全面深化地方金融体制改革作出的重要决策，对于加快贵州省多层次资本市场体系建设和金融创新步伐，扩大直接融资比例，提升金融服务水平，推动全省实体经济发展具有重要意义。

据悉，我国在继续完善主板、中小板和创业板市场的基础上，正在逐步探索构建全国性和区域性市场协调发展的多层次资本市场体系。贵州股权金融资产交易中心是贵州省区域股权交易市场，是在加强与证监会政策对接，借鉴学习发达省份区域股权市场、金融资产交易市场建设先进经验的基础上，按照"省市共建、券商参与、引入民营资本"的思路组建的。

启动仪式上，该中心董事长彭波表示，该中心成立后将致力于完善贵州省多层次资本市场体系，吸引全国各类资本，优化金融资本配置，实现产业资本与金融资本有效对接，拓宽区域内企业特别是中小微企业融资渠道，成为省内各类产业园区、重点项目的投融资服务平台。该中心将为企业提供股权投融资、债权投融资以及符合国家及相关监督管理部门规定的类金融资产交易等综合性融资服务，积极培育筛选贵州省上市后备企业对接资本市场。

近年来，省委、省政府高度重视金融工作，全省金融业连续三年实现金融资产、存款、贷款"万亿三级跳"，地方金融体系不断完善，金融业对全省经济社会发展的支持力度不断增强。

贵州股权交易中心是贵州省地方金融体系建设以及多层次资本市场建设的重要成果，未来将积极与新三板和主板对接，有望成为西南地区有一定影响力的非上市公司股权转让平台、综合性的投融资服务平台、新三板挂牌企业输送平台和IPO企业培育平台。预计未来三年，该中心挂牌、托管企业数量将达到300家左右，帮助企业融资100亿元，托管企业总股本50亿股。

专栏5　依托微信公众平台的信息披露

"互联网＋"这一理念的提出最早可以追溯到2012年易观第五届移动博览会上。如今这一热词势不可当地融入了我们的工作和生活。"互联网＋"中的"＋"是指传统的各行各业。互联网正跟传统产业融合，如互联网金融、互联网交通、互联网医疗、互联网教育等新业态正是互联网与传统产业融合的产物。在各方共同推进"互联网＋"的过程中，微信具有"连接器"的作用。其新增的功能模块"微信公众平台"，是给个人、企业和组织提供业务服务与用户管理的全新服务平台。依托微信公众平台，通过微信连接器将上市公司与互联网融合，拓宽上市公司信息披露渠道，从而更好地服务于投资者，既顺应了时代的要求，又为投资者和上市公司营造了一个良好的互动氛围。

为什么微信公众平台具有如此的魅力？简单地介绍一下它的特点功能。

第一，微信用户的真实性。微信从一诞生就拥有真实的基因，一开始就严格限定与手机号绑定，可以说是中国最严谨的实名认证社交平台。它和用户是一对多的关系，直接对应到手机，被观看率几乎是百分之百，就这一点比其他的传播媒体厉害太多。

第二，微信公共号粉丝的可控性。它的后台有强大的分组功能，这个功能可以把粉丝分门别类，按地区、按需求层次等划分，并且保证粉丝都是想要影响的受众。

第三，微信公众平台是开放的。个人和企业都可以免费打造一个微信公众号，实现文字、图片、语音的全方位沟通、互动，现在许多机关、政府部门也都开通了微信公众平台，实现了由远距离变零距离服务的延伸。

　　微信公众平台具有编辑模式和开发模式，可以进行二次开发。编辑模式就是公众号的运营者可以通过简单的编辑，将企业信息、服务、活动等内容通过微信网页的方式表现出来。对于回复内容，可直接进行回复，也可以设置"按关键字回复"；对于自动回复功能，可以设定常用的文字、语言、图片、录音作为回复消息，当用户的行为符合自动回复规则的时候，就会收到自动回复的消息。开发模式为开发者提供与用户进行消息交换的功能。当用户发消息给公众号，微信公众平台服务器会使用 http 请求，对接入的网址进行消息推送，第三方服务器可通过响应包回复特定结构，从而达到回复消息的目的。

　　上市公司利用微信公众平台与投资者进行信息交流和互动有哪些好处呢？

　　第一，拓宽与投资者的沟通渠道。一直以来，投资者获取上市公司可靠的信息数据主要来源于官方指定网站——上海证券交易所和深圳证券交易所，以及官方指定的纸质媒体，如《中国证券报》、《上海证券报》等，除此之外，一些门户网站的财经栏目、金融门户网站等都只有一般的相关信息；投资者还可通过上市公司的网站获取信息，可至今还有上市公司网站不完善；另外，还可向上市公司的证券部门咨询，可偶尔也会出现电话无人接听的情况。依托微信公众平台，更好地发挥了信息的采集和传播作用。

　　第二，有助于投资者更准确地掌握上市公司的生产经营状况。资本市场是一个典型的信息不对称市场，由于多种原因，投资者不能完全走进上市公司，准确、及时地了解其运营状况、经营业绩和发展前景，这导致上市公司创造的投资价值往往不能被充分发现。投资者所作出的投资决策并不一定真正反映上市公司的内在价值，可能会出现偏差。因此，多一些向市场揭示公司价值的途径，可以最大限度地消除信息不对称，更多地争取投资者对公司价值的认知和认同。

　　第三，以投资者的需求为导向，做到简明、易懂、实用。上市公司披露的信息是一种专业性很强的信息，这很容易造成与披露信息不具有同一专业特征的投资者对信息理解困难，从而使得投资大众对同一信息不能达到相同的理解程度，造成实质上的信息不公平。通过微信公众平台的信息咨询和沟通，增加信息的可理解性，提高了上市公司信息披露的市场效率和市场公平性，可以提高投资者的决策效率。同时，上市公司通过微信公众平台向投资者发布公司的各种信息，可以为公司减少宣传成本，投资者也可以成为潜在的客户。总之，在履行法定信息披露义务的同时，微信公众平台可为上市公司打造一个动态窗口，有助于创建良好的投资者关系，增强公司运作的透明度。在当今中国经济进入新常态的背景下，上市公司信息披露的渠道也应该与时俱进，依托微信公众平台，可以实现上市公司与投资者的良性沟通互动。

第三节　2014 年贵州省保险业发展报告

一、全国保险市场发展整体情况

全国保险业机构规模稳步扩张。2014 年末，全国有保险法人公司 178 家，较 2013 年末增加 11 家；有保险公司分支机构 1585 家，较 2013 年增加 19 家。保险业总资产保持平稳增长，年末资产总额首次超过 10 万亿元，同比增长 9.94%。其中，投资类资产增长 23.62%，占资产总额的比重为 65.94%，较 2013 年提高 0.04 个百分点。保险收入增速加快，全年实现保费收入 2.02 万亿元，增长 17.44%，增速较 2013 年提高 6.24 个百分点。全年原保险赔款给付支出为 7216.2 亿元，增长 16.2%，继续保持较快增长。其中，财产险赔付 3788.20 亿元，同比增长 10.20%；人身险赔付 3428.00 亿元，同比增长 23.60%。2014 年全国保险密度为 1479.30 元/人，较 2013 年提高 213.60 元。2014 年全国保险深度为 3.18%，较 2013 年提高 0.18 个百分点。

近年来，在党中央、国务院的正确领导下，我国保险业快速发展，规模不断扩大，结构不断优化，效益显著增长，形象持续提升，为促进经济社会发展和保障人民生活作出了重大贡献，行业发展进入历史上最好的时期。特别是 2013 年《国务院关于加快发展现代保险服务业的若干意见》的出台，将保险业纳入党和国家事业的整体布局，保险业成为落实"四个全面"战略、促进经济转型升级、保障改善民生、转变政府职能的有效抓手和重要动力。

二、贵州省保险市场发展整体情况

2014 年贵州省保险业受益于积极的后发赶超以及行业改革，整体实现较快发展，市场呈现以下特点：整体业务保持较快发展，但增长不平衡；监管指标相对较好，市场风险总体可控；结构调整稳步推进，持续发展能力增强；重点业务稳步推进，服务能力延伸拓展。

三、保险业机构平稳发展，保险业务稳步增长

2014 年末全省共有保险经营主体 35 家，其中财产险机构 25 家，人身险机构 10 家；辖内各级分支机构 1052 家，较年初增加 61 家，保险从业人员增加

4887 人，达到 5. 27 万人。保险营销员增加 3153 人，达到 3. 99 万人；其中人身险公司营销员 3. 44 万人，比年初增加 2228 人。

回顾过去 5 年，贵州省保险业机构数量稳中有升。贵州省 2010 年至 2014 年保险分支机构分别为 20 家、22 家、23 家、23 家、25 家，增幅分别为 5. 26%、10. 00%、4. 55%、0、8. 70%，同期西部地区保险分支机构分别为 321 家、343 家、366 家、373 家、385 家，增幅分别为 - 2. 73%、6. 85%、6. 71%、1. 91%、3. 22%，同期全国保险分支机构分别为 1294 家、1470 家、1536 家、1566 家、1585 家，增幅分别为 7. 12%、13. 60%、4. 49%、1. 95%、1. 21%。与西部地区相比，贵州省 2010 年、2011 年、2014 年保险分支机构增幅高于西部地区，但 2012 年和 2013 年的增幅略低于西部地区；与全国相比，贵州省保险分支机构增幅仅 2012 年和 2014 年高于全国水平，其余年份保险分支机构数量的发展速度均低于全国水平。

2010 年至 2014 年贵州省保险分支机构数在西部地区的占比分别为 6. 23%、6. 41%、6. 28%、6. 17%、6. 49%，2010 年至 2014 年贵州省保险分支机构数在全国的占比分别为 1. 55%、1. 50%、1. 50%、1. 47%、1. 58%，保持稳步增长。

表 3 - 15　　贵州省、西部地区和全国保险法人机构和保险分支机构情况

指标	2010 年	2011 年	2012 年	2013 年	2014 年
贵州省保险法人机构数（家）	0	0	0	0	0
贵州省保险法人机构数增幅（%）	0	0	0	0	0
西部地区保险法人机构数（家）	9	9	9	10	10
西部地区保险法人机构数增幅（%）	0	0	0	11. 11	0
全国保险法人机构数（家）	146	140	153	167	178
全国保险法人机构数增幅（%）	5. 80	- 4. 11	9. 29	9. 15	6. 59
贵州省保险分支机构数（家）	20	22	23	23	25
贵州省保险分支机构数增幅（%）	5. 26	10. 00	4. 55	0	8. 70
西部地区保险分支机构数（家）	321	343	366	373	385
西部地区保险分支机构数增幅（%）	- 2. 73	6. 85	6. 71	1. 91	3. 22
全国保险分支机构数（家）	1294	1470	1536	1566	1585
全国保险分支机构数增幅（%）	7. 12	13. 60	4. 49	1. 95	1. 21
贵州省保险分支机构数在西部地区的占比（%）	6. 23	6. 41	6. 28	6. 17	6. 49
贵州省保险分支机构数在全国的占比（%）	1. 55	6. 85	1. 50	1. 47	1. 58

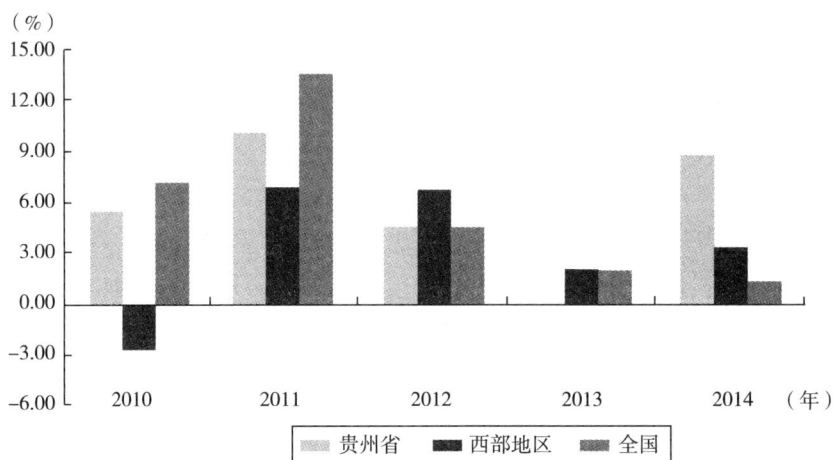

图 3 – 32　贵州省、西部地区和全国保险分支机构数增幅比较

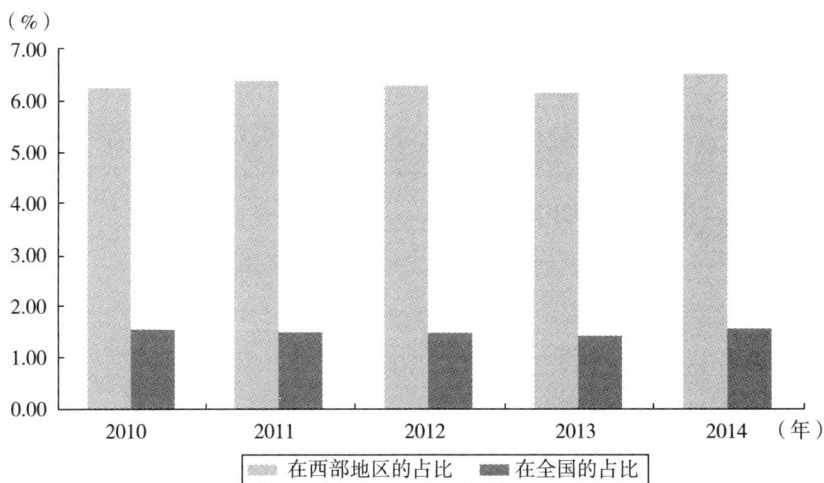

图 3 – 33　贵州省保险分支机构数在西部地区和全国的占比

四、保费收入继续保持较高水平，财险收入增幅位居全国第一

2014 年贵州省保费收入为 213.06 亿元，同比增长 17.32%，增速居于西部地区第二位，比 2013 年的增幅下降 3.57 个百分点，保费收入增幅略有下降。其中财产险业务 112.43 亿元，较 2013 年增长 26.28 个百分点，增速位居全国第一；人身险业务 100.63 亿元，较 2013 年增长了 8.69%，增速相对处于较低水

平。2014 年西部地区和全国的保费收入分别为 3829.64 亿元和 20235.4 亿元，增幅分别为 15.34% 和 17.50%。与西部地区和全国相比，贵州省保费收入增幅高于西部地区 1.98 个百分点，略低于全国 0.18 个百分点。贵州省保费收入占西部地区的比重为 5.56%，占全国的比重为 1.05%。

2014 年，全省 9 个市（州）保费收入均有增长，但差异比较明显。从增速来看，铜仁市在 2013 年全省第三的基础上继续快速增长，增速为 35.37%，排名全省第一。六盘水市、安顺市保险市场发展相对较慢，位于全省最后两位。其中发展最慢的六盘水市落后于铜仁市 28.18 个百分点。从规模来看，贵阳市保费规模是安顺市的 9.35 倍。规模前两位的贵阳市和遵义市保费收入占全省保费收入的 57.32%。

回顾过去 5 年，2010—2014 年贵州省保费收入分别为 122.63 亿元、131.81 亿元、150.22 亿元、181.6 亿元、213.06 亿元，增幅为 28.77%、7.49%、13.97%、20.89%、17.32%。同期西部地区保费收入分别为 2606.20 亿元、2684.95 亿元、2922.35 亿元、3320.31 亿元、3829.64 亿元，增幅分别为 29.59%、3.02%、8.84%、13.62%、15.34%，同期全国保费收入分别为 14527.97 亿元、14339.25 亿元、15487.93 亿元、17222.24 亿元、20235.4 亿元，增幅分别为 30.44%、−1.30%、8.01%、11.20%、17.50%。其中 2010 年贵州省保费收入增幅略低于西部地区和全国 0.82 个和 1.67 个百分点，2011 年、2012 年、2013 年均高于西部地区和全国水平，2014 年高于西部地区水平但略低于全国水平。2010—2014 年贵州省保费收入占西部地区的比重分别为 4.71%、4.91%、5.14%、5.47%、5.56%，占全国的比重分别为 0.84%、0.92%、0.97%、1.05%、1.05%，保费收入保持相对平稳增长。

表 3-16　　　　　　　　贵州省、西部地区和全国保费收入情况

指标	2010 年	2011 年	2012 年	2013 年	2014 年
贵州省保费收入（亿元）	122.63	131.81	150.22	181.6	213.06
贵州省保费收入增幅（%）	28.77	7.49	13.97	20.89	17.32
西部地区保费收入（亿元）	2606.2	2684.95	2922.35	3320.31	3829.64
西部地区保费收入增幅（%）	29.59	3.02	8.84	13.62	15.34
全国保费收入（亿元）	14527.97	14339.25	15487.93	17222.24	20235.4
全国保费收入增幅（%）	30.44	−1.30	8.01	11.20	17.50
贵州省保费收入占西部地区的比重（%）	4.71	4.91	5.14	5.47	5.56
贵州省保费收入占全国的比重（%）	0.84	0.92	0.97	1.05	1.05

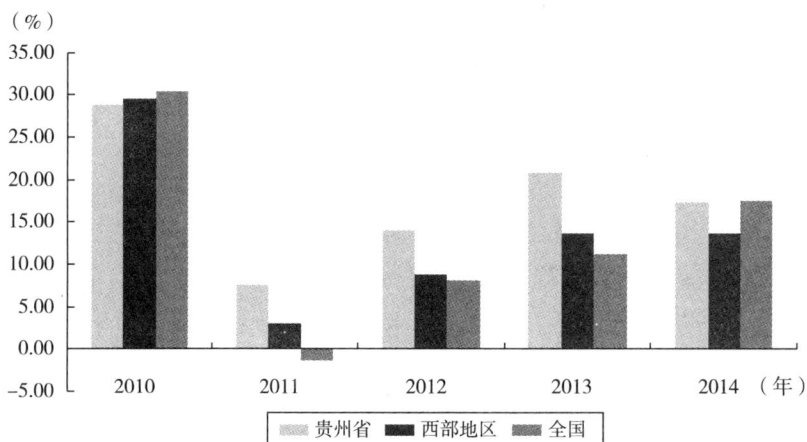

图3-34 贵州省、西部地区和全国保费收入增幅比较

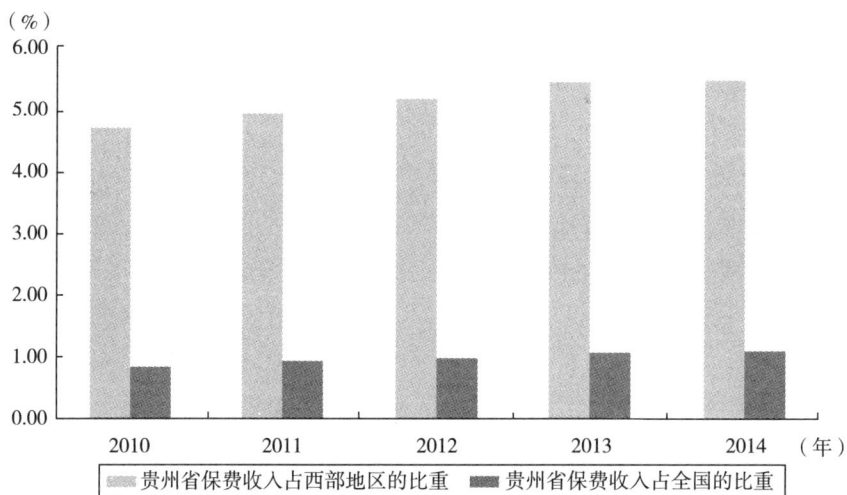

图3-35 贵州省保费收入占西部地区和全国的比重

五、保费赔付快速增长

2014年贵州省赔款和给付为89.7亿元，增幅为23.90%，较2013年增幅下降6.93个百分点。2014年西部地区和全国保险赔付分别为1423.96亿元和7216.2亿元，增幅分别为19.43%和16.15%。贵州省保险赔付增幅分别高于西部地区和全国4.47个和7.75个百分点，贵州省保险赔款和给付占西部地区的比重为6.30%，比2013年上升0.23个百分点，占全国的比重为1.24%，比2013年上升了0.07个百分点。

回顾过去5年，2010—2014年贵州省保险赔款和给付增幅分别为2.61%、

24.24%、40.03%、30.83%、23.90%。同期西部地区保险赔付增幅分别为
8.43%、22.66%、15.22%、43.12%、19.43%，全国保险赔付分别为2.40%、
22.78%、20.03%、31.73%、16.15%，其中2010年、2013年贵州省保险赔付
增幅分别低于西部地区5.82个和12.29个百分点，2013年贵州省保险赔付低于
全国0.9个百分点，2010年略高于全国水平，2011年、2012年、2014年均高于
西部地区和全国水平。2010—2014年贵州省保险赔款和给付占西部地区的比重
为5.40%、5.47%、6.64%、6.07%、6.30%，占全国的比重分别为0.99%、
1.01%、1.17%、1.17%、1.24%。其中，2013年贵州省保险赔款和给付占西
部地区的比重呈下降趋势，2011年、2012年、2014年都为上涨趋势，2013年贵
州省保险赔付占全国的比重与2012年持平，其余年份均为上涨趋势。

表3-17　　　　　　　　贵州省、西部地区和全国保险赔款和给付情况

指标	2010 年	2011 年	2012 年	2013 年	2014 年
贵州省保险赔款和给付（亿元）	31.81	39.52	55.34	72.4	89.7
贵州省保险赔款和给付增幅（%）	2.61	24.24	40.03	30.83	23.90
西部地区保险赔款和给付（亿元）	589.47	723.02	833.09	1192.32	1423.96
西部地区保险赔款和给付增幅（%）	8.43	22.66	15.22	43.12	19.43
全国保险赔款和给付（亿元）	3200.43	3929.37	4716.32	6213	7216.2
全国保险赔款和给付增幅（%）	2.40	22.78	20.03	31.73	16.15
贵州省保险赔款和给付占西部地区的比重（%）	5.40	5.47	6.64	6.07	6.30
贵州省保险赔款和给付占全国的比重（%）	0.99	1.01	1.17	1.17	1.24

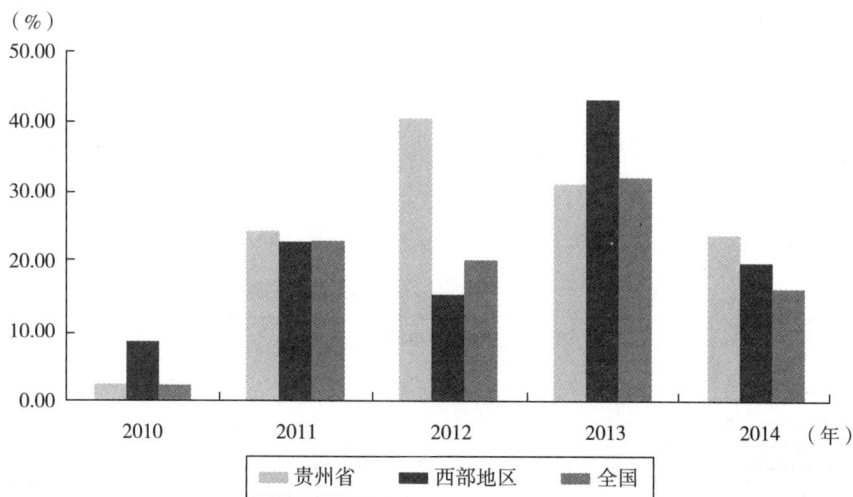

图3-36　贵州省、西部地区和全国保险赔款和给付增幅比较

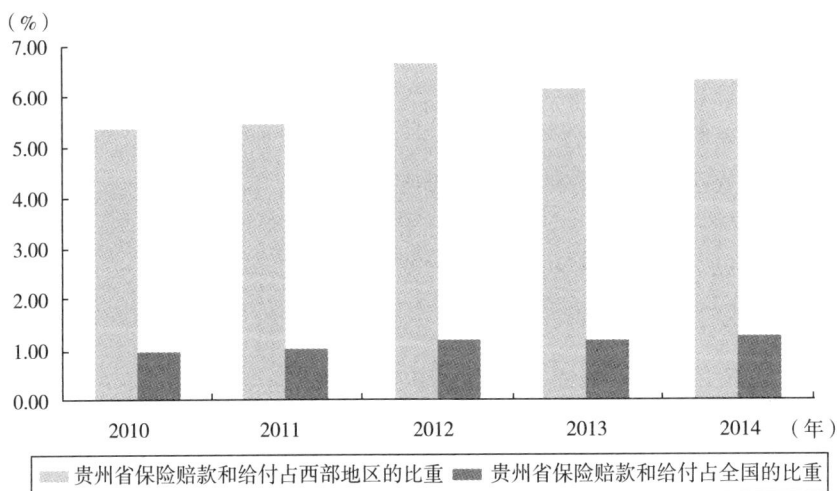

图 3 - 37　贵州省保险赔款和给付占西部地区和全国的比重

六、贵州省保险资产增幅有所下降

2014 年，贵州省保险机构的资产规模保持了快速增长势头，达到 330.00 亿元，增幅为 9.94%，比 2013 年 18.83% 的增长幅度下降了 8.89 个百分点。与全国保险机构总资产增幅相比，贵州省增幅低了 12.66 个百分点。贵州省保险机构总资产占全国的比重从 2013 年的 0.36% 降至 2014 年的 0.32%。

回顾过去 5 年，2010 年至 2014 年贵州省保险机构总资产分别为 180.1 亿元、217.2 亿元、252.6 亿元、300.17 亿元、330.00 亿元，增幅分别为 16.49%、20.60%、16.30%、18.83%、9.94%。与全国相比，贵州省保险机构资产规模增幅在 2011 年和 2013 年分别高出全国水平 2.08 个百分点和 6.13 个百分点，其余年份增幅低于全国水平。2010—2014 年贵州省保险机构总资产占全国的比重分别为 0.36%、0.36%、0.34%、0.36%、0.32%，所占比例相对较为稳定。

表 3 - 18　　　　　　贵州省和全国保险机构总资产及增幅等情况比较

指标	2010 年	2011 年	2012 年	2013 年	2014 年
贵州省保险机构总资产（亿元）	180.1	217.2	252.6	300.17	330.00
贵州省保险机构总资产增幅（%）	16.49	20.60	16.30	18.83	9.94
全国保险机构总资产（亿元）	50481.61	59828.94	73545.73	82886.95	101619.4
全国保险机构总资产增幅（%）	24.23	18.52	22.93	12.70	22.60
贵州省保险机构总资产占全国的比重（%）	0.36	0.36	0.34	0.36	0.32

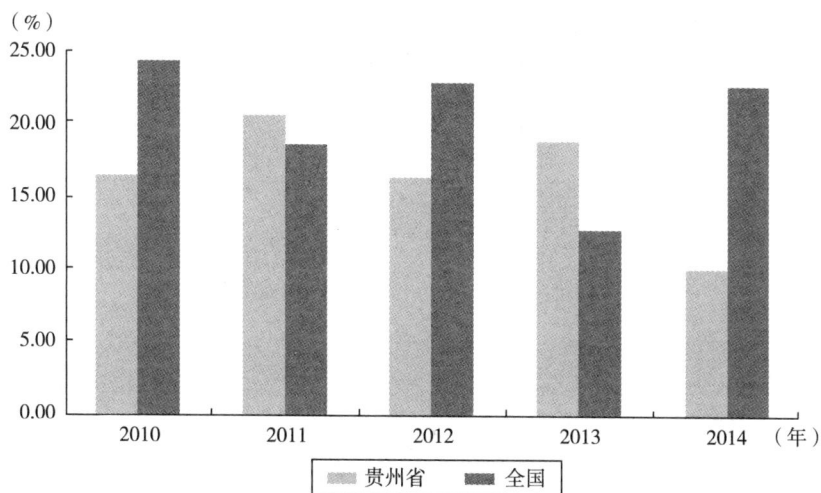

图 3-38 贵州省和全国保险机构总资产增幅比较

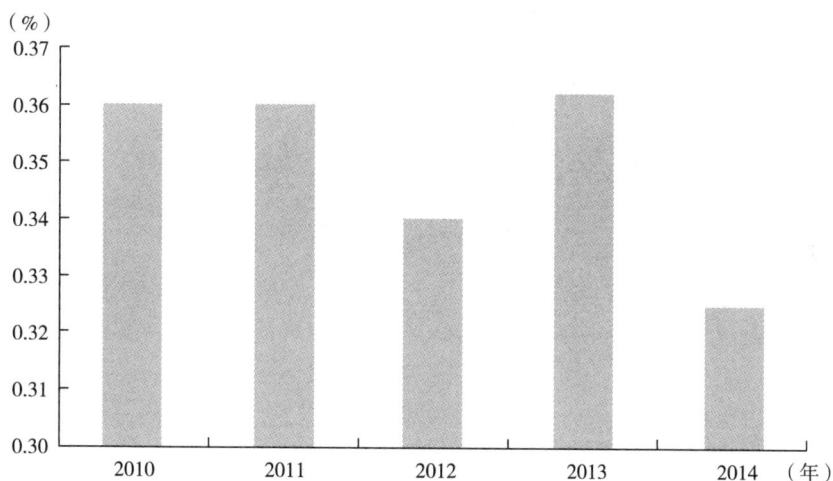

图 3-39 贵州省保险机构总资产占全国的比重

七、保险密度水平较低，但保持快速增长

2014 年贵州省保险密度为 607.2 元/人，增幅为 17.08%，较 2013 年增幅虽下降了 3.19 个百分点，但高于西部地区 2.86 个百分点，高出全国 0.2 个百分点。贵州省保险密度低于西部地区和全国的水平。

回顾过去 5 年，贵州省保险密度增幅起伏不定，从 2010 年的 28.22% 下降到 2011 年的 17.94%，2011 年后持续下降至 2012 年的 13.65%，2013 年又回升至 20.27%；同期西部地区保险密度增幅分别为 30.72%、2.59%、8.23%、11.27%、14.22%，全国保险密度增幅分别为 29.82%、-1.77%、7.48%、

10.65%、16.88%，波动幅度均大于贵州省。贵州省保险密度增幅整体来说比全国的保险密度增幅要高，特别是 2011 年和 2013 年比全国更是分别高出 19.71 个百分点和 9.62 个百分点，但与西部地区相比则没有明显优势。

表 3 - 19　　　　　贵州省、西部地区和全国保险密度及其增幅比较

指标	2010 年	2011 年	2012 年	2013 年	2014 年
贵州省保险密度（元/人）	321.7	379.4	431.2	518.6	607.2
贵州省保险密度增幅（%）	28.22	17.94	13.65	20.27	17.08
西部地区保险密度（元/人）	722.56	741.26	802.24	892.64	1019.6
西部地区保险密度增幅（%）	30.72	2.59	8.23	11.27	14.22
全国保险密度（元/人）	1083.44	1064.26	1143.83	1265.7	1479.39
全国保险密度增幅（%）	29.82	-1.77	7.48	10.65	16.88

（元/人）

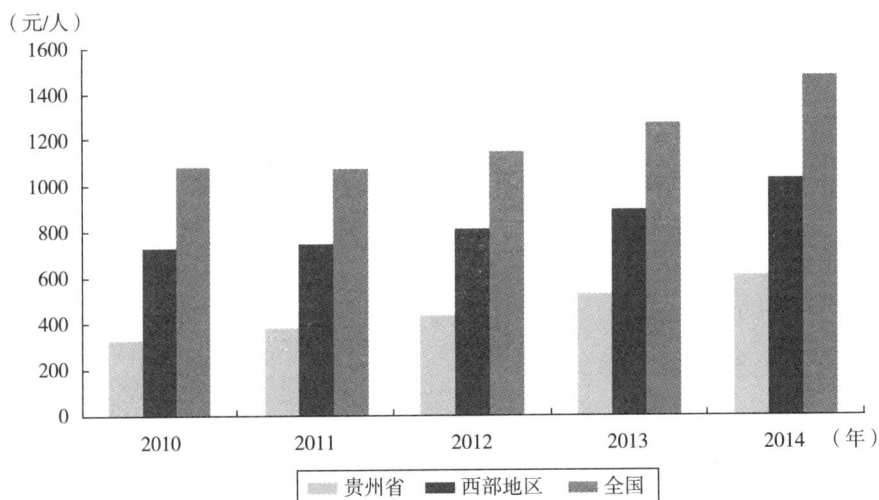

图 3 - 40　贵州省、西部地区和全国保险密度比较

（%）

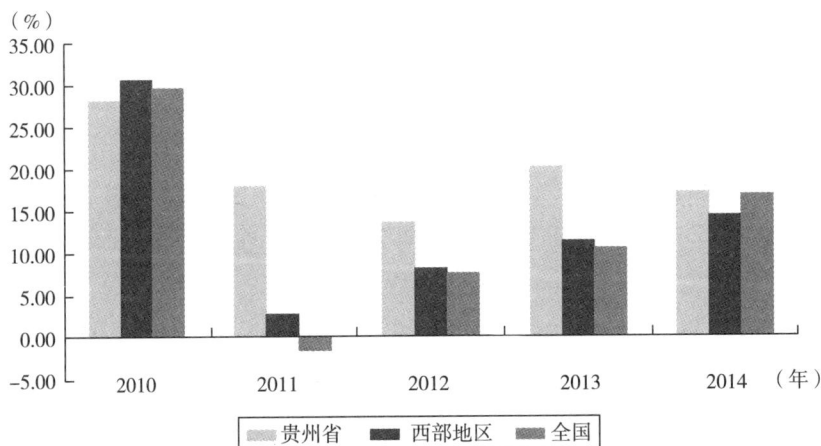

图 3 - 41　贵州省、西部地区和全国保险密度增幅比较

八、保险深度与 2013 年持平

2014 年贵州省保险深度为 2.30%，与 2013 年持平，与西部地区相比低 0.80 个百分点，与全国相比低 0.88 个百分点。

回顾过去 5 年，贵州省 2010 年至 2014 年保险深度分别为 2.70%、2.30%、2.20%、2.30%、2.30%。同期西部地区保险深度分别为 3.20%、2.68%、2.57%、2.50%、3.10%，同期全国保险深度为 3.62%、3.03%、2.98%、3.00%、3.18%。与西部地区和全国相比，贵州省保险深度水平较低且差距有拉大趋势。

表 3 – 20　　　　　　　贵州省、西部地区和全国保险深度比较

指标	2010 年	2011 年	2012 年	2013 年	2014 年
贵州省保险深度（%）	2.70	2.30	2.20	2.30	2.30
西部地区保险深度（%）	3.20	2.68	2.57	2.50	3.10
全国保险深度（%）	3.62	3.03	2.98	3.00	3.18

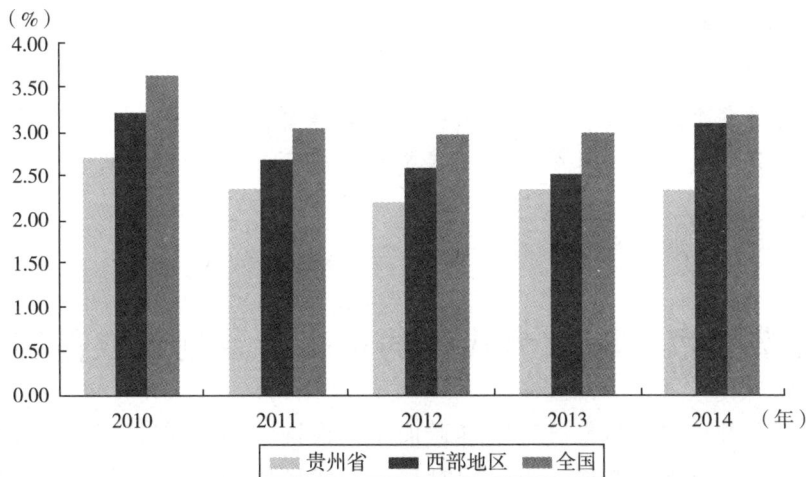

图 3 – 42　贵州省、西部地区和全国保险深度比较

专栏 6　贵州省出台环境污染责任保险指南要求限时赔款

2014 年 7 月，贵州省环境保护厅和中国保监会贵州监管局出台《贵州省环境污染责任保险指南（试行）》（以下简称《指南》），规定投保企业发生环境污染事故后，保险公司应当及时进行现场查勘、定损和责任认定，与投保企业达

成赔偿协议、完善相关赔付手续后，保险公司应在 5 个工作日内支付赔款。

据悉，2013 年末，贵州省正式开展环境污染强制责任保险试点工作，但工作中存在保险责任不明确、在投保过程中保险公司未按要求开展环境风险评估、保费确定不合理、相关保险服务不配套等问题，《指南》的出台对以上问题进行了明确的规范。

《指南》明确要求保险公司将突发自然灾害导致的被保险人环境污染损害，纳入保险责任赔偿范围，不得以任何理由缩小或免除自身的保险责任；建立了企业环境风险定量评估的基本规则，保险公司可以直接根据企业的环境风险管理、企业产值规模、行业风险情况对投保企业环境风险进行定量评估，并据此确定投保企业保费。

另外，保险公司在承保前应对投保企业进行风险评估，根据企业生产性质、规模、管理水平及危险等级等要素合理确定保费；在企业投保或续签保险合同前，保险公司应当独立进行投保企业环境风险评估，当地环保部门应当给予积极支持；保险期内未发生环境污染事故，投保企业续保环境污染责任险的，保险公司应当在上年度缴纳保费的基础上对续保保费予以优惠。

《指南》还规定，投保企业发生环境污染事故后，保险公司应当及时进行现场查勘、定损和责任认定，在与投保企业达成赔偿协议、完善相关赔付手续后，保险公司应在 5 个工作日内支付赔款；对于案情复杂或损失较大的环境污染事件，保险公司在责任明确和损失初步确定的情况下，应就责任部分预先支付不少于 50% 的赔款。

第四节　以贵阳市为代表的贵州金融创新取得突破

互联网金融首次被写入《2014 年政府工作报告》，充分彰显了中央政府对互联网金融创新的重视与期待。由于同时具有气候环境和能源资源的"天时"和"地利"的独特优势，贵州省自然也就成为金融创新的理想之地，贵州省金融行业的创新也因此受到了中央政府的重视与密切关注。习近平总书记对贵州省发展作出"坚守发展和生态两条底线，切实做到经济效益、社会效益、生态效益同步提升"的重要指示；李克强总理考察贵州省时提出贵州省要发挥优势，依托信息技术、互联网等发展新兴产业，带动大量新就业，让中西部地区在更高起点上实现跨越发展。2014 年贵阳市申报移动电子商务金融科技服务创新试点城市成功获批也体现了中央对贵阳市的支持和信心。

贵州省全省金融系统和省直有关部门认真贯彻落实中央和省委、省政府决策部署。在 2015 年 1 月 24 日召开的贵州省金融工作座谈会上，赵克志书记、陈敏尔省长均强调要加强创新，积极发展互联网金融等新兴业态。面对省委、省政府的支持和互联网金融和科技金融迅速发展的形势，贵阳市委、市政府决心抢抓战略机遇，积极制定并出台了一系列政策支持贵阳市金融创新。在 2013 年 11 月，贵阳市出台支持中关村贵阳科技园建设的十条意见，鼓励设立服务园区的各类金融机构和金融产品，2014 年初制定《贵阳市科技金融和互联网金融发展规划（2014—2017 年）》，该规划出台后贵阳市政府相继出台了《支持贵阳市互联网金融发展的若干政策措施》、《关于申请入驻贵阳市互联网金融特区企业审核管理办法》等一系列政策性文件，这些都彰显了贵阳市委、市政府对金融创新的支持力度。正是得益于政府的大力支持，以贵阳市为代表的贵州省金融创新取得了一系列重要成果和突破。

一、互联网金融创新取得突破

（一）移动金融试点取得重大成效

2014 年 5 月，国家发改委、人民银行联合下发了《关于组织开展移动电子商务金融科技服务创新试点工作的通知》，选取成都市、贵阳市、合肥市、宁波市和深圳市 5 个城市作为移动电子商务金融科技服务创新试点城市。按试点要求，贵阳市将建设移动金融安全可信服务管理系统（TSM）并接入移动金融安全可信公共服务平台（MTPS），推广具有安全芯片、采用国家密码管理局规定算法的移动智能终端，探索创新基于 TSM 和安全移动终端的移动金融服务，促进移动电子商务健康发展。

2014 年 11 月 7 日，贵阳市移动金融试点工作取得重大突破——由贵阳银行与中国移动电子商务公司合作推出的全国第一张符合金融 IC 卡标准和移动金融安全可信服务（MTPS）规范的移动金融 SIM 卡在贵阳市发行。该卡将传统的银行柜台业务搬到手机上，能在手机上实现代缴水费、电费、煤气费、有线电视费、物管费、学费、社保、交通罚款等业务，同时可以实现转账、刷卡付款等银行业务。此外，由贵阳移动金融发展公司具体负责建设和运营的"贵州通"TSM 系统已进入系统开发阶段，并确定了以 SIM 卡为主的发卡新模式；在"贵州通"TSM 平台基础上，正全力推广移动智能终端，已建立研发基地、示范小区、演示中心；以贵阳银行先行试点示范，引领了中国移动、中国联通、金融电子化公司、中国银联等参与主体和相关方积极开展试点工作。2015 年贵州省将全面加大移动金融的普及应用，贵阳市移动金融试点工作将扩大到全省，商业银行大规模发行符合我国金融标准规范的移动金融 IC 卡力争达到 20 万张。基于"贵州通"TSM 系统，推动移动金融在贵州省交通、旅游、教育、医疗等公共服务领域和民生领域的应用。

随着"贵州通"TSM系统上线运行，贵州省还将不断完善推广移动金融产业应用外的受理环境，以及通过试点积极引导各种产业相关方加入，最终打造一条完整的移动金融产业链条，使移动金融成为贵州省经济发展实现弯道取直、后发赶超目标的助推器。

（二）P2P快速健康发展

近年来，随着互联网用户的普及、技术的进步与货币数字化的迅速发展，依托互联网技术的新型网络信息业务——P2P网络借贷，在中国迅速推广、快速发展。全国各地的网贷平台如雨后春笋，不断涌现。贵州省也掀起了互联网金融创新的浪潮，P2P作为互联网金融创新模式，正以爆发的形式不断扩张。

在互联网金融创新的背景下，贵州省内成立了包括合石招商贷、中国融信贷、黔口贷、乾贷网等在内的一大批优秀互联网信贷平台。截至2014年末，贵州省登记在册的P2P网贷平台已经达到40家左右。从成交量来看，贵州省P2P网贷平台累计成交量由2013年的10亿元迅猛增长到2014年的40亿元，增幅高达300%。一些国内大型网贷平台2014年在贵州省的资金投放也有了突破性进展，仅合石招商贷通过P2P平台撮合融资规模就超过了35亿元。这些网贷资金90%以上是从发达地区引入的，较好地发挥了"引金入黔"的功能；从资金投向分析，这些资金60%以上投向了小微企业和个人，较好地发挥了普惠金融职能。

作为贵州省首家从事互联网金融的企业，招商贷发展非常迅猛。招商贷于2013年6月上线运营，截至2015年4月末，短短两年时间内，累计撮合资金约42亿元，扶持中小企业近300家。2014年招商贷主营业务收入约为4000万元，实现利润约2000万元，纳税约600万元，平台实现净利润1400万元，就业人数达70余人。招商贷上线运营仅2年的时间，已成为全国具有一定影响力的P2P平台之一。2015年由人民银行、银监会、社科院指导并联合成立的课题组对网络信贷行业深入调查和分析研究，并从近2000家P2P平台中，遴选出104家优秀平台进行风险评级分析，结果招商贷获得排名前50、总第43名、贵州省第1名的好成绩。

以招商贷为代表的优秀网络信贷平台的快速崛起吸引了行业的密切关注，包括中国领先创新型互联网金融服务公司"融360"联合创始人、首席执行官叶大清和坚持深耕互联网金融领域、致力于推动中国网络个人金融发展的"我爱卡"创始人兼CEO涂志云等都希望在贵州省拓展业务。这样的发展势头会为贵阳市的互联网信贷行业带来更多优质资源，推动互联网信贷服务的快速发展并对传统金融也带来冲击性的变革。

二、金融交易平台建设和创新取得突破

（一）贵阳大数据交易所成功挂牌

随着互联网的普及，大数据时代来临，大数据是趋势所在。2013年，中国电信、中国移动、中国联通三大电信运营商数据中心和富士康第四代绿色产业园落户贵州省。以此为标志，贵州省在大数据时代的产业蓝海起航。统计数据显示：三大电信运营商在贵安新区储存的服务器将超过250万台，全部建成后将成为中国最大、全球靠前的数据产业基地，这样高密度、优布局的产业集群必将使贵州省成为中国数据产业领跑者。贵州省敏锐地抓住了这一次机遇，站到了以信息技术为基础的产业革命的最前沿。全力打造大数据产业成为贵州省实施创新驱动战略的生动实践。

与此同时，大数据与金融产业的融合形成了大数据金融业。贵阳市在充分利用现有大数据产业的基础上，积极开拓新兴产业。在李克强总理的亲自关心下，在贵阳市政府的大力支持和推动下，贵阳大数据交易所于2015年4月15日正式挂牌成立。贵阳大数据交易所是全国首个大数据交易所，面向全国提供数据交易服务，旨在促进数据流通，规范数据交易行为，维护数据交易市场秩序，保护数据交易各方合法权益，向社会提供完善的数据交易、结算、交付、安全保障、数据资产管理和融资等综合配套服务。

（二）贵阳众筹金融交易所成功上线交易

众筹金融是互联网金融的一种新兴业态，也是非常具有发展前景的领域。在贵阳市委、市政府的大力推动和支持下，贵阳众筹金融交易所于2015年5月27日实现首笔交易上线。贵阳市委书记陈刚为贵阳众筹金融交易所授牌。贵阳众筹金融交易所由北京特许经营权交易所和北京领筹金融信息服务有限公司（领筹网）联合贵州阳光产权交易所、贵阳互联网金融产业投资发展有限公司、贵阳移动金融发展有限公司等单位共同成立，构建有股权众筹板块、债权众筹板块、经营权众筹板块、知识产权众筹板块和产品众筹板块共五大众筹金融交易板块。前期计划建立100个各行业企业及产品众筹金融板块，现已在体育、饮食等金融板块注册相应的领筹金融公司，在教育、养生、房产、大学生创业众筹等20多个众筹板块与相关企业和单位签署合作意向协议。

（三）贵州股权金融资产交易中心正式挂牌

2012年《国务院关于进一步促进贵州经济社会又好又快发展的若干意见》（国发〔2012〕2号）提出，贵州省要健全多层次资本市场。省委十一届四次全会明确提出，要完善贵州省金融市场体系，成立贵州股权交易中心。正是在政府的大力支持下，贵州股权金融资产交易中心于2014年1月14日在贵阳市正式

挂牌成立，这标志着贵州省多层次资本市场、地方金融体系建设取得了新突破。

贵州股权金融资产交易中心将为中小微企业提供股权投融资、债权投融资以及符合国家及相关监督管理部门规定的金融类资产交易等综合性投融资服务。在贵州股权金融资产交易中心成立的当天，就有 28 家企业签约注册，这其中包含了特色农业、旅游、化工、矿业等行业，不少是贵州省本土优质企业。贵州股权金融资产交易中心成立之后，不断创新金融产品，陆续推出了包括银杏系列特定资产收益权凭证、股权收益权（回购型）小贷资产收益权以及银杏债系列私募债券等金融产品，帮助好一多、威门药业等"四板"市场挂牌企业进行融资。此外，贵州股权金融资产交易中心还启动了中关村贵阳科技园企业股权交易市场板块，专业服务于高新技术产业，开辟中关村贵阳科技园企业股权挂牌、转让和融资的新渠道，助推科技金融的快速崛起。

与此同时，2014 年 6 月和 8 月贵州中黔金融资产交易中心和贵州省绿地金融资产交易中心也分别挂牌成立。这三家金融资产交易中心的成立，为贵州省地方政府平台融资项目、金融机构存量金融资产、中小企业的投融资服务等方面的金融资产业务提供了平台和机会，必将改善贵州省的金融资产业务结构和金融生态。

三、科技金融创新取得突破

（一）科技支行建设取得重要进展

得益于政府的政策支持，贵阳市科技金融迅猛发展，目前已经初具规模，在一些领域还走在了全国前列。2013 年贵阳市人民政府与中关村科技园区管理委员会签订了战略合作框架协议，并举行了"中关村贵阳科技园"揭牌仪式，拉开了建设中关村贵阳科技园的序幕。

2013 年末，贵州省首家科技银行——贵阳银行科技支行落户中关村贵阳科技园，它不仅是贵州省金融创新与科技创新深度融合的新成果，而且还是全国屈指可数的经批准成立的科技银行之一。贵阳银行科技支行的成立将会为贵阳市创新驱动发展战略的实施提供金融要素支撑。贵阳银行科技支行为科技企业搭建起量身定制的金融服务体系和管理架构，其提供涵盖科技企业种子期、初创期、成长期、成熟期等不同成长阶段融资需求的"知识产权贷款"、"股权贷"、"科技链助力贷"、"科技创业贷"四大类共 11 款特色金融产品。此外，贵阳银行通过与中国银联合作，开发移动支付产品超级转账，2013 年交易量达 246 亿元，占据了中国银联移动支付全国交易总额的半壁江山，在中国银联总公司手机支付平台交易中排名第一，这给贵阳市带来了 80 多亿元的资金沉淀。另外，围绕中关村贵阳科技园的建设发展，贵阳市加快构建科技金融服务体系，积极推动各类股权投资基金发展，探索金融支持中关村贵阳科技园建设的新方式。同时，加快金融专营机构建设，贵阳银行科技支行、工商银行科技支行和创"三个全国第一"的贵阳小河科技村镇银行也已经开业运营，全市科技银行的数量逐步增加。

贵阳银行科技支行的成立和更多为金融要素与科技要素高度融合而搭建的一体化、专业化的渠道和平台，将更有利于引导金融资本投入科技创新领域，缓解科技型中小企业融资难题，为区域经济结构的调整、发展方式的转变、创新活力的聚集创造更加有利的条件。

（二）科技风险投资业快速健康发展

贵州省科技风险投资有限公司为贵州省第一家创业投资机构，也是贵州省科技风险投资的主力军，是由贵州省科技厅与贵阳市人民政府以省市共建方式于 2008 年在原贵阳市科技风险投资有限公司的基础上增资扩股，更名组建成立，注册资本为 2.58 亿元。

截至目前，公司累计为广大中小企业提供融资近 70 亿元，培育了一大批国内知名企业。与此同时，公司还积极发挥政府资金引导作用，吸纳社会资金参与地方投融资。目前，公司已设立分支机构 11 家，业务范围涵盖创业投资、担保、小额贷款、投资管理、咨询等诸多方面，是国内第一批获得科技部科技型中小企业创业投资引导基金支持的机构。

（三）科技厅出台了科技保险补助方案

为推进科技保险事业发展，有效分散、化解科技创新创业风险，营造良好的创新创业环境，促进自主创新战略的实施，根据《国务院关于保险业改革发展的若干意见》（国发〔2006〕23 号）、《关于进一步做好科技保险有关工作的通知》（保监发〔2010〕31 号），贵州省科技厅出台了《贵州省科技保险补助资金管理暂行办法》和《贵州省科技保险保费补助实施方案（暂行）》等文件。科技保险等文件的出台必将推动贵州省科技金融乃至科技创新的健康发展。

随着贵州省特别是贵阳市金融创新和金融新兴业态的不断突破，我们有理由相信，贵阳市在区域金融中心建设方面一定会取得更快的发展，贵阳市在贵州省的发展中也能够更好地发挥火车头和发动机的作用。

专栏7　贵阳互联网金融产业园揭牌
谌贻琴、陈刚出席并揭牌

2014 年 5 月 28 日，贵阳互联网金融产业园在观山湖区举行揭牌仪式，省委常委、常务副省长谌贻琴，省委常委、贵阳市委书记陈刚出席并揭牌。

近年来，贵阳市确立以金融业为龙头发展现代服务业，不断强化金融业对实体经济的支撑力，通过加快发展大数据产业，促进科技与金融的融合发展，努力打造互联网金融产业高地。

为充分发挥互联网金融在升级发展中的积极作用，该市编制了《科技金融和互联网金融发展规划（2014—2017年）》，制定了《关于支持互联网金融产业发展的若干政策措施》等一系列政策文件，积极规划建设贵阳互联网金融产业园，引导互联网金融创新、培训、研究、开发、应用等要素落户园区，打造互联网金融企业的聚集区，把贵阳市打造成西部地区的科技金融创新城市和互联网金融创新城市。围绕中关村贵阳科技园建设，积极发展电子商务、互联网金融、大数据等产业，目前该市互联网金融进入了发展快车道，已吸引全国知名电商京东商城落户贵阳市，贵州合石电商互联网金融业务半年吸引省外资金10亿元，华创证券成功推进金汇理财平台。

揭牌仪式上，中国互联网协会互联网金融工作委员会常务副主任陈静、全国工商联并购公会会长、国家金融博物馆馆长王巍、中国股权投资基金协会常务副会长衣锡群分别做了发言。当天下午，贵阳市政府、市政府金融办还举办了2014贵阳互联网金融圆桌会议。

专栏8　贵阳互联网金融协会成立

贵阳互联网金融协会是由贵阳市传统银行业机构以及从事P2P、众筹、信息中介、交易平台等互联网金融行业的企业自愿组成的行业性、地方性、非营利性社会组织，是在贵阳市民政局登记的非营利性社会团体法人。

成立大会由姜安主持，贵阳市金融办和民政局首先宣布了审核批准贵阳互联网金融协会成立的相关文件，大会审议通过了《贵阳互联网金融协会章程》（草案）、《贵阳互联网金融协会会员代表大会选举办法》（草案）、《贵阳互联网金融协会会费收取及管理办法》。选举产生了由贵阳互联网金融产业投资发展有限公司、贵阳银行、贵阳农商行、贵州合石电商公司等13家企业负责人组成的第一届理事会。

贵阳互联网金融产业投资发展有限公司总经理杨会生当选为常务副会长，贵州合石电子商务有限公司以及贵阳银行、贵阳农商行、贵州钱口袋互联网金融服务有限公司等8家企业单位当选为副会长。会议决定任命姜安为协会秘书长。

协会聘请贵阳市人民政府副市长王玉祥担任名誉会长，聘请北京市金融工作局书记霍学文、五道口金融学院常务副院长廖理、全国工商联并购公会会长王巍、中国股权投资基金协会常务副会长衣锡群、中关村互联网金融协会会长赵国庆、中关村管委会副主任廖国华、宽带资本董事长田朔华等为协会顾问。

新当选常务副会长的杨会生表示，互联网金融协会的成立，标志着贵阳市互联网金融企业有了自己的自律组织。杨会生就协会发展提出三点意见：第一，倍加珍惜贵阳市发展互联网金融的大好形势，抢抓机遇、乘势而上，为贵阳市经济转型升级提供新的动力。第二，加强合作交流，携手共进，共同做大做强。第三，加强行业自律，保持健康发展。协会要成为联系各家企业的桥梁和纽带，加强企业与政府间的联系和沟通，营造良好的发展环境，为把贵阳市打造成"西部地区科技金融创新城市"和"西部地区互联网金融创新城市"作出贡献。

专栏9　大力发展中国特色移动金融事业达成《贵阳共识》

党的十八届三中全会号召发展普惠金融，鼓励金融创新，丰富金融市场层次和产品，《国务院关于促进信息消费扩大内需的若干意见》明确提出要建设移动金融安全可信公共服务平台和大力发展移动支付。为此人民银行组织相关单位建设完善移动金融安全可信公共服务平台，为商业银行、电信运营商、银行卡清算组织、支付机构、电子商务企业等各方搭建互信互通的桥梁，提供跨行业、跨区域、跨机构的系统互联、资源共享、数据交换、交易实名等公共基础服务，构建移动电子商务交易的可信保障体系，营造移动电子商务开放、共赢、规范发展的良好环境。

中国电子商务协会移动分会会员通过深入学习和探讨，达成全力发展中国特色移动金融《贵阳共识》。

一、移动金融分会工作目标

针对移动电子商务支付存在安全隐患、身份认证标准不一、移动金融服务难以互联互通等问题，加快移动金融可信服务管理设施建设，构建移动电子商务可信交易环境，探索创新符合电子商务企业和消费者多元化需求的移动金融服务，切实提升移动电子商务应用的安全性和便捷度，完善移动金融相关标准和政策，为移动电子商务健康快速发展提供有效支撑。

二、移动金融分会工作任务

1. 商业银行、电信运营商、银行卡清算组织、支付机构、电子商务和P2P及众筹等移动金融分会会员企业将加强合作，推广应用具有安全芯片、支持硬件数字证书、采用国家密码管理局规定算法的安全移动终端，保障移动电子商务交易的安全性和真实性，满足大额资金交易的电子商务需求。

2. 大力支持移动金融分会会员相关企业基于符合相关法律和标准的城市金融安全可信服务管理系统和安全移动终端，通过移动金融IC卡，重点在手机信贷、信用服务、实名认证、在线支付、移动银行等领域，探索创新符合电子商务多元化需求、安全便捷的移动金融服务。为移动电子商务提供密钥管理、身份认证、应用软件真伪鉴别和数据安全分发等可信服务。

3. 尽快完善相关标准、政策，优化移动电子商务创新发展政策环境和支撑体系，推动电子商务和金融服务的深度融合。为消费者提供安全、可信和便捷的移动金融服务，维护消费者的资金安全。促进移动电子商务规模化健康发展。

4. 积极组织和参与移动金融培训、论坛和会员活动，加强交流，研讨应用移动金融的新道路、新技术和新模式。

5. 有效借助现代数字通信、互联网、移动通信及物联网技术，通过云计算和大数据等方式为消费者提供安全、便捷和高效的移动金融产品和服务。

6. 充分尊重各会员的意愿，考虑各方得失，权衡各方利益，努力协调各会员建立良好的合作关系，努力争取打造一条较为完整的移动金融产业链。

7. 加强移动金融领域的国际交流与合作，打造"贵阳全球移动金融峰会"品牌，确定贵阳市永入会址。移动金融分会各会员将积极响应党中央和国务院关于发展移动金融促进普惠金融的号召，紧紧围绕"政府主导推动、央行监督指导、市场主体动作、联网通用和互利共赢"的原则，把消费者的资金安全和利益摆在首位，坚持诚信经营，为全力发展中国特色移动金融事业而奋斗。

第四章 贵州金融指数

第一节 贵州金融指数评价

一、贵州金融指数的总体评价分析

贵州省金融发展的总体评价可以从两个方面展开：一是与同时期的全国和西部地区的金融发展状况相比较，构建贵州金融发展现状指数；二是以 2008 年为开始年，将当年与前一年的金融发展状况相比，构建贵州金融发展增长指数。

（一）贵州金融发展现状指数与各指标贡献值

1. 贵州金融发展现状指数

从第一层次三个研究对象——全国、西部地区和贵州省的金融现状发展指数来看，贵州金融现状发展指数稳步提升，贵州省的金融环境正在不断改善，金融发展不断进步。对比 2010—2014 年金融发展现状指数，贵州从 2010 年到 2014 年分别低于全国 42.76 个、40.56 个、38.28 个、35.97 个、34.90 个指数点，分别低于西部地区 16.84 个、16.39 个、16.53 个、14.26 个、13.46 个指数点，说明贵州省正在不断缩小与全国和西部地区的金融发展差距。

表 4–1　　　　　　　贵州、西部地区和全国的金融发展现状指数

区域	2010 年	2011 年	2012 年	2013 年	2014 年
全国	98.57	98.20	97.83	97.68	98.04
西部地区	72.65	74.03	76.08	75.97	76.60
贵州省	55.81	57.64	59.55	61.71	63.14

回顾 2010—2014 年的 5 年数据，贵州省的金融发展现状指数分别为 55.81、57.64、59.55、61.71、63.14，比全国和西部地区的金融发展现状指数值都要低，但总体上可以看出呈现明显的上升趋势，从 2010 年的 55.81 增长到 2014 年的 63.14，5 年增长了 7.33 个指数点。

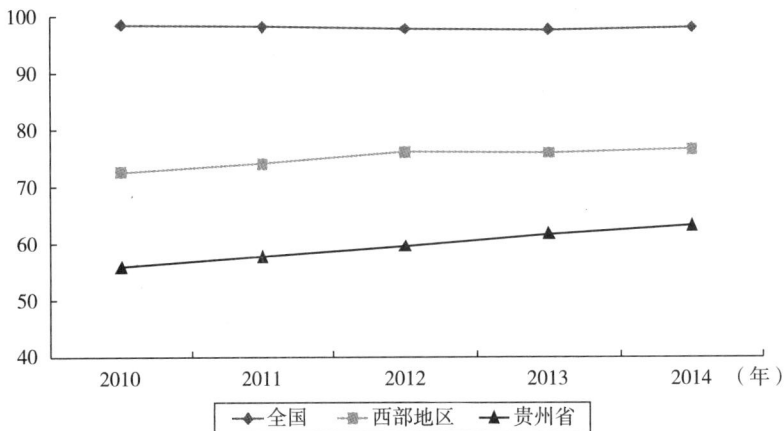

图 4 - 1　贵州省、西部地区和全国的金融发展现状指数

2. 贵州金融发展现状指数的各指标贡献值

贵州金融发展现状指数是由金融外部环境、金融市场规模和金融市场效率三个方面的标准化得分按权重加总得到的。各指标的贡献值是各指标的标准化得分乘以其所占权重得到的。

表 4 - 2　贵州省、西部地区和全国的金融发展现状指数的金融外部环境贡献值

区域	2010 年	2011 年	2012 年	2013 年	2014 年
全国	30	30	30	30	30
西部地区	22.37	22.71	23.49	23.12	23.63
贵州省	16.56	17.9	19.04	19.52	19.46

如表 4 - 2 所示，从金融外部环境贡献值水平的角度来看，从 2010 年到 2014 年的 5 年里，金融外部环境贡献值最高的是全国，5 年平均值为 30；其次是西部地区，5 年平均值为 23.06；贵州省第三，5 年平均值为 18.5。这说明贵州省的金融外部环境与全国和西部地区都存在较大的差距，贵州省需要不断改善，不断缩小与全国和西部地区的金融外部环境差距。

从金融外部环境贡献值变化的角度来看，从 2010 年到 2014 年的 5 年里，贵州省金融外部环境贡献值在 2010 年到 2013 年均有增长，但由于受到人均固定资产投资、第二和第三产业在地区生产总值占比和城乡居民收入比等数据的影响，贵州省 2014 年金融外部环境贡献值比 2013 年下降了 0.06 个指数点。

表 4 - 3　贵州省、西部地区和全国的金融发展现状指数的金融市场规模贡献值

区域	2010 年	2011 年	2012 年	2013 年	2014 年
全国	54.34	54.33	54.13	53.7	54.30
西部地区	37.77	38.84	40.5	40.55	40.69
贵州省	26.06	26.57	27.55	29.07	30.55

如表 4 - 3 所示，从金融市场规模贡献值水平的角度来看，从 2010 年到 2014 年的 5 年里，金融市场规模贡献值最高的是全国，5 年平均值为 54.16；其次是西部地区，5 年平均值为 39.67；贵州第三，5 年平均值为 27.96，比全国低了 26.20 个指数点。

从金融市场规模贡献值变化的角度来看，从 2010 年到 2014 年的 5 年里，贵州省金融市场规模贡献值均略有增长，从 2010 年 26.06 增长到 2014 年的 30.55，增长了 4.49 个指数点。全国金融市场规模贡献值中，受证券业指标的影响，从 2010 年到 2013 年略有下滑趋势，2014 年中国证监会会同财政部制定了《公开发行证券的公司信息披露编报规则第 21 号——年度内部控制评价报告的一般规定》，全面贯彻实施企业内部控制规范体系，规范上市公司内部控制信息披露行为，保护投资者的合法权益，2014 年中国证券市场得到完善，证券业指数回升。西部地区从 2010 年到 2014 年也保持平稳增长，从 2010 年的 37.77 增长到 2014 年的 40.69，增长了 2.92 个指数点。

表 4 - 4　贵州省、西部地区和全国的金融发展现状指数的金融市场效率贡献值

区域	2010 年	2011 年	2012 年	2013 年	2014 年
全国	14.23	13.87	13.70	13.97	13.74
西部地区	12.5	12.48	12.09	12.3	12.28
贵州省	13.19	13.17	12.97	13.11	13.12

如表 4 - 4 所示，从金融市场效率贡献值水平的角度来看，从 2010 年到 2014 年的 5 年里，贵州省、西部地区乃至全国的金融市场效率有所波动，全国金融市场效率波动较大，波动值达 0.53 之高，西部地区为 0.41，贵州省为 0.22，比全国低了 0.31。不过金融市场效率贡献值最高的仍是全国，5 年平均值为 13.9；其次是贵州省，5 年平均值为 13.11；西部地区贡献值最小，5 年平均值为 12.33。这说明全国的金融市场具有较高的效率水平，而西部地区和贵州省的金融市场效率相对处于较低的水平，但贵州省的市场效率明显好于西部地区平均水平。

贵州省在金融外部环境、金融市场规模、金融市场效率三个一级指标走势上都表现出了稳定增长或小幅度下滑后再出现稳定增长的趋势，这说明在上述三个方面贵州省与西部地区、全国的差距都在缩小。

（二）贵州金融发展增长指数与各指标贡献值

1. 贵州金融发展增长指数

贵州省、西部地区与全国金融发展增长指数的评价结果如表 4 - 5 和图 4 - 2 所示。

对比三个研究对象 5 年的增长指数，贵州金融发展增长指数平均值为

115.11，高于全国 111.09 的平均水平，也高于西部地区 113.52 的平均水平。贵州金融发展增长指数在近 5 年排名均为第一。

回顾从 2010—2014 年的 5 年，贵州金融发展增长指数均高于全国、西部地区，其中 2010—2014 年分别高于全国 5.27 个、4.20 个、6.22 个、2.02 个、2.41 个指数点，分别高于西部地区 1.06 个、1.03 个、2.40 个、2.06 个、1.44 个指数点。这说明贵州省金融业的发展在过去 5 年中保持了高于全国和西部地区的发展速度。

表 4 - 5 贵州省、西部地区和全国的金融发展增长指数

区域	2010 年	2011 年	2012 年	2013 年	2014 年
全国	113.65	109.69	109.44	110.26	112.41
西部地区	117.86	112.86	113.26	110.22	113.38
贵州省	118.92	113.89	115.66	112.28	114.82

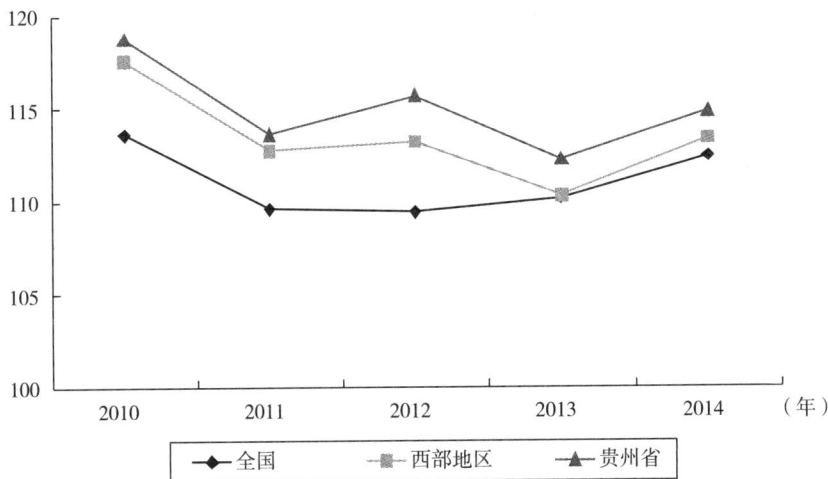

图 4 - 2 贵州省、西部地区和全国的金融发展增长指数

2. 贵州金融发展增长指数的各指标贡献值

金融发展增长指数是由金融市场外部环境、金融市场规模和金融市场效率三个方面的 52 个指标增长率的标准化得分加总得到的。

从 2010 年到 2014 年的 5 年里，金融外部环境贡献值最高的是贵州省，5 年平均值为 35.98；其次是西部地区，5 年平均值为 34.83；全国第三，5 年平均值为 33.96。贵州省的金融外部环境贡献值自 2010 年以来均高于西部地区、全国。这说明自 2010 年以来，贵州省金融外部环境（也就是整体的经济发展增长水平和经济结构优化幅度）持续优于西部地区和全国。这表明贵州省的金融市场环

境越来越优化，越来越有利于金融业的高速发展。

表4-6　　　　　　　贵州省、西部地区和全国的金融发展
增长指数的金融市场外部环境贡献值

区域	2010 年	2011 年	2012 年	2013 年	2014 年
全国	34.76	34.94	33.27	33.62	33.21
西部地区	35.94	35.99	34.63	33.27	34.30
贵州省	36.24	38.07	36.01	34.71	34.87

从 2010 年到 2014 年的 5 年里，金融市场规模贡献值最高的是贵州省，5 年平均值为 63.61；其次是西部地区，5 年平均值为 63.09；全国第三，5 年平均值为 61.74。自 2010 年以来（2011 年除外），贵州省金融业市场规模的贡献值一直高于西部地区，更高于全国，这说明贵州省金融市场规模综合增幅高于西部地区，更高于全国。

表4-7　贵州省、西部地区和全国的金融发展增长指数的金融市场规模贡献值

区域	2010 年	2011 年	2012 年	2013 年	2014 年
全国	63.51	60.44	60.53	61.36	62.85
西部地区	65.96	62.17	63.13	61.74	62.45
贵州省	66.58	61.39	63.67	62.95	63.45

表4-8　贵州省、西部地区和全国的金融发展增长指数的金融市场效率贡献值

区域	2010 年	2011 年	2012 年	2013 年	2014 年
全国	15.37	14.31	15.64	15.28	16.36
西部地区	15.96	14.70	15.50	15.22	16.64
贵州省	16.10	14.44	15.98	14.61	16.51

从 2010 年到 2014 年的 5 年里，在金融市场效率贡献值方面，西部地区 5 年平均值为 15.60，高于贵州省 5 年平均值的 15.53。2014 年，贵州省金融市场效率贡献值已经超过全国，但仍然低于西部地区。

二、贵州金融指数的优势指标分析

所谓优势指标，就是在同一层次研究对象中排名第一、对金融指数贡献值最大的指标。所谓劣势指标，就是在同一层次研究对象中排名最后、对金融指数贡献值最小的指标。

跟全国和西部地区相比，2014 年的贵州金融指数指标体系中具有一定数量的优势指标，这些优势指标值得保持其优势地位，因此课题组从现状和增长两个方面分析贵州金融指数的优势指标。

（一）现状指数的优势指标

在 2014 年第一层次金融发展现状指数三级评价指标体系的 52 个指标中，贵州省共有如下 5 个优势指标：人均涉农贷款新增量、人均法人银行数、储蓄投资转化系数、存贷比、贷款余额的 GDP 占比（如表 4 - 9 所示）。其中储蓄投资转化系数指标为逆向指标，其他指标为正向指标。

在储蓄投资转化系数方面，贵州省大幅度高出全国和西部地区，全国仅为贵州省水平的 53.47%，西部地区仅为贵州省水平的 62.93%，表明贵州省的储蓄转化为投资的程度最高。

在人均涉农贷款新增量方面，贵州省略高于全国和西部地区水平，全国为贵州省水平的 73.43%，西部地区为贵州省水平的 76.41%，显示了贵州省较高的涉农贷款支持力度。

在人均法人银行数方面，贵州省略高于全国和西部地区水平，全国为贵州省水平的 78.79%，西部地区为贵州省水平的 90.41%，表明贵州省在人均法人银行数方面虽处于领先水平，但优势不明显。

在存贷比方面，贵州省略高于全国和西部地区水平，全国为贵州省水平的 89.61%，西部地区为贵州省水平的 93.09%，表明贵州省银行业的贷款利用率最为充分。

在贷款余额的 GDP 占比方面，贵州省略高于全国和西部地区水平，全国为贵州省水平的 96.99%，西部地区为贵州省水平的 89.61%，表明贵州省在贷款方面处于领先水平。

表 4 - 9　　　　　　　2014 年贵州金融发展现状指数中的优势指标

区域	人均涉农贷款新增量	人均法人银行数	储蓄投资转化系数	存贷比	贷款余额的GDP 占比
全国	73.43	78.79	53.47	89.61	96.99
西部地区	76.41	90.41	62.93	93.09	89.61
贵州省	100	100	100	100	100

（二）增长指数的优势指标

在 2014 年第一层次增长指数的 52 个三级评价指标体系中，贵州省共有 32 个指标是优势指标。根据贵州省的领先水平，这些优势指标可以分三类，分别为大幅度领先指标（比第二名的增幅高出 10% 以上）、明显领先指标（比第二名增幅高出 5% ~ 10%）和略微领先指标（比第二名增幅高出 5% 以下）。

2014 年贵州省与西部地区和全国相比，大幅度领先指标有 6 个，分别为人均外币贷款余额、人均股票融资额、人均证券公司及分支机构数、人均进出口总额、人均涉农贷款新增量和人均外币存款余额。

2014 年贵州省人均外币贷款余额增幅明显高于全国和西部地区，分别高出 44.63 个和 23.65 个百分点；人均股票融资额高于全国和西部地区，分别高出 24.4 个和 37.26 个百分点；人均证券公司及分支机构数增幅明显高于全国和西部地区，分别高出 16.65 个和 14.49 个百分点；人均进出口总额增幅明显高于全国和西部地区，分别高出 26.61 个和 12.01 个百分点；人均涉农贷款新增量高于全国和西部地区，高出 29.56 个和 19.6 个百分点；人均外币存款余额高于全国和西部地区，高出 26.46 个和 12.85 个百分点。

表 4 - 10　　　　　　　　　　增长指数大幅度领先指标

区域	人均外币贷款余额	人均股票融资额	人均证券公司及分支机构数	人均进出口总额	人均涉农贷款新增量	人均外币存款余额
全国	89.49	125.60	110.94	103.84	87.50	110.89
西部地区	110.47	112.74	113.10	118.44	97.46	124.50
贵州省	134.12	150.00	127.59	130.45	117.06	137.35

2014 年贵州省与西部地区和全国相比，明显领先的指标有 6 个，分别为人均公共财政支出、农村居民人均纯收入、人均小微企业贷款余额、人均涉农贷款余额、人均财产险保费收入和人均保险公司及分支机构数。其中，人均公共财政支出高出全国 6.38 个百分点，高出西部地区 5.8 个百分点；贵州农村居民人均纯收入的增幅高出全国 11.57 个百分点，高出西部地区 7.43 个百分点；人均小微企业贷款余额高出全国 8.36 个百分点，高出西部地区 6.17 个百分点；人均涉农贷款余额高出全国 13.19 个百分点，高出西部地区 8.05 个百分点；人均财产险保费收入高出全国 10.34 个百分点，高出西部地区 6.51 个百分点；人均保险公司及分支机构数高出全国 7.49 个百分点，高出西部地区 5.48 个百分点。

表 4 - 11　　　　　　　　　　增长指数明显领先指标

区域	人均公共财政支出	农村居民人均纯收入	人均小微企业贷款余额	人均涉农贷款余额	人均财产险保费收入	人均保险公司及分支机构数
全国	108.53	111.20	116.55	113.46	115.95	101.21
西部地区	109.11	115.34	118.74	118.60	119.78	103.22
贵州省	114.91	122.77	124.91	126.65	126.29	108.70

2014 年贵州省与西部地区和全国相比，略微领先的指标有 20 个，分别为人均 GDP、人均公共财政收入、人均固定资产投资总额、城镇居民人均可支配收入、城镇化率、人均金融业从业人员、人均小微企业贷款新增量、人均人民币存款余额、人均人民币贷款余额、人均资产总额、人均法人银行个数、人均法人期货公司数、人均保险公司赔款给付、经济储蓄动员力、存贷比、存款余额

的 GDP 占比、贷款余额的 GDP 占比、上市公司总市值的 GDP 占比、资本市场融资总额的 GDP 占比及不良贷款率。其中，贵州省人均人民币贷款余额指标比全国高出 12.86 个百分点，比西部地区高了 5.54 个百分点；资本市场融资总额的 GDP 占比高出全国 15.5 个百分点，高出西部地区 5.42 个百分点，人均固定资产投资总额比全国高出 11.86 个百分点，高于西部地区 4.61 个百分点。

表 4 - 12　　　　　　　　　　　　增长指数略微领先指标

区域	人均 GDP	人均公共财政收入	人均固定资产投资总额	城镇居民人均可支配收入	城镇化率	人均金融业从业人员
全国	111.89	108.68	114.69	106.99	101.94	105.65
西部地区	110.29	109.98	121.94	108.59	101.36	103.91
贵州省	115.54	113.26	126.55	109.10	105.73	106.49

区域	人均小微企业贷款新增量	人均人民币存款余额	人均人民币贷款余额	人均资产总额	人均法人银行个数	人均法人期货公司数	人均保险公司赔款给付
全国	98.33	106.66	109.55	110.34	101.90	97.45	116.15
西部地区	90.16	110.73	116.87	111.80	100.00	100.00	118.14
贵州省	99.90	115.06	122.41	116.77	106.50	100.00	123.90

区域	经济储蓄动员力	存贷比	存款余额的 GDP 占比	贷款余额的 GDP 占比	上市公司总市值的 GDP 占比	资本市场融资总额的 GDP 占比	不良贷款率
全国	93.46	101.53	95.42	96.81	144.16	134.50	116.11
西部地区	99.43	103.75	74.87	102.97	137.29	144.58	88.89
贵州省	103.14	106.09	99.63	105.99	145.13	150.00	119.87

三、贵州金融指数的劣势指标分析

与全国和西部地区相比，2014 年的贵州金融指数具有一定数量的劣势指标，这些劣势指标需要多加关注。课题组拟从现状和增长两个方面分析贵州金融指数的劣势指标。

（一）现状指数的劣势指标

在金融发展现状指数指标体系的 52 个指标中，贵州省共有 45 个指标标准化得分低于全国和西部地区，劣势指标占比达到了 86.64%，这些劣势指标可以分为三类：一是大幅落后于全国平均水平的指标（标准化得分低于全国平均水平的 40%），二是明显落后于全国平均水平的指标（标准化得分处于全国平均水平的 40% ~ 70%），三是略微落后于全国平均水平的指标（标准化得分高于全国平均水平的 70%，但仍小于全国平均水平）。

大幅落后于全国平均水平的指标包括人均公共财政收入、人均社会消费品零售总额、人均进出口总额、人均外币存款余额、人均外币贷款余额、人均债券融资额、人均证券交易额、人均证券公司营业收入、人均期货成交额、人均法人证券公司数、人均上市公司数、人均法人期货公司数、人均期货公司及分支机构数、人均人身险保费收入、人均保险公司法人机构数 15 个指标。落后指标主要集中在证券和期货市场，15 个落后指标中，证券和期货业有 8 个，超过一半的指标属于证券和期货业，说明贵州省的证券和期货业市场需要不断地提升和完善，以满足贵州省的金融市场发展需求。从落后幅度来看，由于贵州省没有法人期货公司和法人保险公司，贵州省这两个指标为零，贵州省需要加快这两方面的发展。另外，人均进出口总额、人均外币存款余额、人均外币贷款余额、人均证券公司营业收入、人均期货成交额这 5 个指标均未达到全国指标的 10%。

表 4 - 13   2014 年贵州金融发展现状指数中
大幅落后于全国平均水平的劣势指标

区域	人均公共财政收入	人均社会消费品零售总额	人均进出口总额	人均外币存款余额	人均外币贷款余额	人均债券融资额	人均证券交易额
全国	100	100	100	100	100	100	100
西部地区	41.22	65.51	27.77	27.60	34.69	52.80	80
贵州省	37.96	38.33	9.76	5.86	6.51	34.68	24.72

区域	人均证券公司营业收入	人均期货成交额	人均法人证券公司数	人均上市公司数	人均法人期货公司数	人均期货公司及分支机构数	人均人身险保费收入	人均保险公司法人机构数
全国	100	100	100	100	100	100	100	100
西部地区	51.77	76.45	54.62	52.82	38.08	60.60	63.93	20.46
贵州省	8.99	6.96	32.49	31.33	0	29.63	30.10	0

明显落后于全国平均水平的指标包括人均 GDP、农村居民人均纯收入、人均金融业增加值、人均金融业从业人员、人均小微企业贷款余额、人均人民币存款余额、人均人民币贷款余额、人均资产总额、人均股票融资额、人均证券公司及分支机构数、人均财产险保费收入、人均保险公司赔款给付、人均保险公司及分支机构数、资本市场融资总额的 GDP 占比以及人均固定资产投资总额 15 个指标。与全国的平均水平相比，除了农村居民人均纯收入、人均人民币贷款余额、人均财产险保费收入、人均保险公司及分支机构数、资本市场融资总额的 GDP 占比和人均固定资产投资总额外，其他指标的标准化得分均处于不及格的水平。

表 4 – 14　　　　　　　　2014 年贵州金融发展现状指数中
明显落后于全国平均水平的劣势指标

区域	人均 GDP	农村居民人均纯收入	人均金融业增加值	人均金融业从业人员	人均小微企业贷款余额	人均人民币存款余额	人均人民币贷款余额
全国	100	100	100	100	81.55	100	100
西部地区	79.01	81.3	69.35	75.03	100	72.15	76.92
贵州省	56.67	67.44	42.23	55.12	42.81	53.45	61.22

区域	人均资产总额	人均股票融资额	人均证券公司及分支机构数	人均财产险保费收入	人均保险公司赔款给付	人均保险公司及分支机构数	资本市场融资总额的 GDP 占比	人均固定资产投资总额
全国	100	100	100	100	100	100	100	100
西部地区	70.48	98.91	68.50	77.95	71.86	88.46	71.51	89.48
贵州省	50.87	51.78	44.26	60.83	48.46	61.49	63.61	66.75

略微落后于全国平均水平的指标包括人均公共财政支出、城镇居民人均可支配收入、第二和第三产业的 GDP 占比、城镇化率、城乡居民收入比、人均小微企业贷款新增量、人均涉农贷款余额、人均银行业机构数、贷款加权平均利率、经济储蓄动员力、金融业增加值的 GDP 占比、金融业增加值的第三产业占比、保险深度 13 个指标。

表 4 – 15　　　　　　　　2014 年贵州金融发展现状指数中
略微落后于全国平均水平的劣势指标

区域	人均公共财政支出	城镇居民人均可支配收入	第二和第三产业的 GDP 占比	城镇化率	城乡居民收入比	人均小微企业贷款新增量	人均涉农贷款余额
全国	100	100	100	100	99.92	73.39	100
西部地区	93.17	83.37	97.82	85.09	100	100	84.71
贵州省	91.06	78.17	94.91	73.05	86.20	54.11	80.09

区域	人均银行业机构数	贷款加权平均利率	经济储蓄动员力	金融业增加值的 GDP 占比	金融业增加值的第三产业占比	保险深度
全国	100	100	100	100	94.58	100
西部地区	97.28	92.55	96.23	87.77	100	86.62
贵州省	86.77	86.04	94.03	74.45	76.11	72.33

（二）增长指数的劣势指标

在金融发展增长指数指标体系的 52 个指标中，贵州省共有 17 个指标低于全国。这些指标可以分为三类：一类是大幅落后于全国平均水平的指标（标准化得分低于全国平均水平的 80%），二类是明显落后于全国平均水平的指标（标准化得分处于全国平均水平的 80%～90%），三类是略微落后于全国平均水平的指标（标准化得分高于全国平均水平的 90%，但仍低于全国平均水平）。

大幅落后于全国平均水平的指标有城乡居民收入差距率和人均期货成交额两个指标。这说明贵州省城乡居民收入差距较大，期货成交额一直处于全国的底层，增长很不稳定。

表 4 - 16　　　　　　　　2014 年贵州金融发展增长指数中
大幅落后于全国平均水平的劣势指标

区域	城乡居民收入差距率	人均期货成交额
全国	137.81	150
西部地区	182.70	149.65
贵州省	88.87	72.60

明显落后于全国平均水平的指标包括人均金融业增加值、人均证券公司营业收入、储蓄投资转化系数、金融业增加值的 GDP 占比 4 个指标。2010 年至2014 年 5 年里，虽然贵州省金融业增加值在不断提高，但贵州省金融业增加值的 GDP 占比基本保持平衡，在 2013 年和 2014 年两年均略有下降，说明贵州省金融业这几年的发展还没有实现最优，还可以再加大投入力度加大投资。

表 4 - 17　　　　　　　　2014 年贵州金融发展增长指数中
明显落后于全国平均水平的劣势指标

区域	人均金融业增加值	人均证券公司营业收入	储蓄投资转化系数	金融业增加值的 GDP 占比
全国	135.36	150	109.08	120.98
西部地区	129.06	149.65	110.07	126.36
贵州省	115.35	133.33	88.52	99.83

略微落后于全国平均水平的指标包括人均社会消费品零售总额、第二和第三产业的 GDP 占比、人均证券交易额、人均法人证券公司数、储蓄投资转化系数、人均上市公司数、贷款加权平均利率、人均人身险保费收入、人均保险公司法人机构数、金融业增加值的第三产业占比和保险深度 11 个指标。除去贵州省辖区内没有法人保险公司外，其余指标 2010 年到 2014 年 5 年里都处于增长或稳定状态，虽然人均上市公司数和贷款加权平均利率两项指标在 2014 年相比 2013 年略有下降，可总体还是在不断上升，但增幅仍略微落后于全国平均水平。

表 4 – 18　　　　　　　　　2014 年贵州金融发展增长指数中
略微落后于全国平均水平的劣势指标

区域	人均社会消费品零售总额	第二和第三产业的 GDP 占比	贷款加权平均利率	人均证券交易额	人均法人证券公司数	储蓄投资转化系数
全国	110.34	100.94	105.83	150	104.35	109.08
西部地区	123.66	101.59	104.86	149.65	100	110.07
贵州省	109.01	98.92	99.02	136.62	100	107.10

区域	人均上市公司数	人均人身险保费收入	人均保险公司法人机构数	金融业增加值的第三产业占比	保险深度
全国	104.98	118.37	106.59	115.70	106.00
西部地区	103.55	112.51	100	126.05	110.18
贵州省	100	108.64	100	104.33	100

四、研究结论及政策建议

综合分析，对贵州金融指数的研究得出以下结论：（1）贵州金融发展现状指数与全国相比差距较大，与西部地区也还有一定的差距，但 2010 年以后与西部地区和全国的差距正在逐步缩小，说明贵州省金融业保持了较为迅猛的增长势头；（2）贵州金融发展增长指数一直领先于西部地区和全国，说明在全国经济新常态下，贵州省金融业仍具有较大的增长潜力。

通过对贵州省、西部地区和全国金融发展现状指数和增长指数的总体评价及对各项指标的分析，本课题组提出以下政策建议：

首先，从各方面指数来看，贵州省的储蓄投资转化系数、存贷比、贷款余额的 GDP 占比在全国处于较为领先的水平，贵州省的人均股票融资额、人均证券公司及分支机构数、人均进出口总额、人均外币存款余额、人均外币贷款余额以及人均公共财政支出和农村居民人均纯收入等指标保持着较快的增速。对于这些优势指标，仍要继续优化发展质量，并且努力实现优势的保持。

其次，贵州省在证券和期货行业与全国和西部地区的平均水平都存在较大差距，由于证券行业是金融业的三大支柱之一，所以要想推动金融业的快速发展，需对证券业提出更高的发展要求，贵州省应该不断规范和完善证券期货市场，加强行业监督与管理，推动证券和期货行业的快速优质发展。

最后，贵州省经济要实现弯道赶超必须依靠包括互联网金融和科技金融在内的创新金融的快速崛起，并以金融创新带动整个金融产业和经济的发展。值得注意的是，自 2013 年以来，省委、省政府积极落实中央决策部署，加强了对金融创新的支持力度，制定了一系列推动科技金融和互联网金融创新的政策，有助于贵州省经济实现弯道赶超。得益于政府的支持，贵州省金融业取得了创新和突破，而且吸引了大量优秀企业的入驻，激发了金融创新的动力和活力，带来了更多优质的资源。贵州省科技金融和互联网金融行业的快速崛起将加快推进贵州省实现全面小康社会。

专栏10　鼎盛鑫"普惠金融"草根模式引人关注
拥抱互联网让我们做得更好

2014年12月18日至19日，第四届财新峰会在北京举行。著名经济学家、国务院发展研究中心资深研究员吴敬琏、诺贝尔经济学奖评委会主席佩尔·克鲁塞尔等92名全球顶级经济学家及政商界领袖与会发言，共商全面深化改革。

贵州省融资担保企业——鼎盛鑫融资担保有限公司（以下简称鼎盛鑫）应邀参会，与来自中央财经大学、有利网、平安陆金所、中国金融认证中心等的著名专家学者、精英人士一起共话"互联网金融与金融创新变革"。

作为一个产品很"草根"的西部地区民营企业，在全国首创无抵押装修担保贷款的鼎盛鑫以"普惠金融"的草根模式以及互联网金融构想，引起了全场关注和热议。

现场——"贵州模式"引热议

"8年时间，我们从小到大、从默默无闻到成为行业标杆、从地方走向全国的根本原因，是我们坚信'信仰普惠精神，从小变巨大，是我们产品创新与企业向上的生命力量'。"在探讨会现场，鼎盛鑫董事总经理唐文凤的演讲掷地有声。

家庭与微小企业发展市场是鼎盛鑫创新的基础和蓝海所在。8年前，正是因为想要服务更多的普通家庭和微小企业，鼎盛鑫创新了中国首个无抵押装修担保贷款产品——"改巢唤贷"。

从最初500万元资金、7名员工，仅为3万至5万元的无抵押装修担保贷款客户服务，到现在已在全国开设近20家分支机构、拥有600名员工、为6000多个人及微小企业提供超过50亿元担保贷款，鼎盛鑫的发展模式被业界誉为融资担保的"贵州模式"。

唐文凤说，同样是做一个亿的贷款，在别的担保公司几十笔或者几笔，但在鼎盛鑫可能要571笔，这就是践行普惠金融最好的证明。

"创新是企业面对市场的姿态所决定的。只有把'普惠精神'当作信仰，尊重每一个普通人的'信贷权'，才会在求大于供的市场里、在那些原本被俯视的贷款需求中发现市场，助力平凡大众对美好生活的向往与梦想。"

会议一结束，唐文凤就被投资机构、互联网平台等业界人士团团包围，交流探讨更细的操作模式及未来发展，业界人士表示希望与其开展合作，将草根金融推向全国更多区域。

"作为一个产品很'草根'的西部地区民企，鼎盛鑫不得不说是国内担保行业的一个奇迹。""鼎盛鑫颠覆了我们以往对'担保公司'的认识，他们实实在在是在做创新。"

成立一年多时间交易量就达 4 亿元的互联网金融企业——有利网创始人兼董事长任用当场就向鼎盛鑫抛出"橄榄枝"。他表示，P2P 让小贷、担保公司拥抱互联网，有利网目前的合作机构共有 6 家小贷公司，接下来还会考虑跟更多鼎盛鑫这样的线下担保公司合作，为更多的"草根"提供融资支持。

规划——拟推互联网融资担保

随着余额宝、百发、现金宝火爆发行，互联网金融冲击波一浪接着一浪。探讨会上，来自中央财经大学、有利网、平安陆金所、中国金融认证中心等的著名专家学者、精英人士就"互联网金融与金融创新变革"发表了各自的观点。

融资担保作为互联网金融的线下业务，专业化程度较高，承担风险最多，收益却很少，鼎盛鑫也一直在积极思考：融资担保在互联网金融发展中到底应该处于怎样的地位，将有怎样的未来。

"我们的信仰是普惠金融，因此我们认为互联网金融发展的根本是通过互联网金融创新，开放地、平等地、无地域限制地发挥互联网技术优势，通过产品创新、资源整合，降低融资成本，让普通百姓享有安全的、低成本的、受尊重的、便捷的普惠金融服务。"

唐文凤认为，如果不是为了普惠大众，无论是传统金融还是互联网金融，怎么大谈创新都是治标不治本，不会得到市场的广泛认可和实质性进展与发展。互联网再神奇，也只是一种技术手段，并不能改变金融投资本身的属性，成为一本万利或毫无风险的投资神器。

"2014 年，我们将努力搭建一个互联网融资担保平台，把我们的融资担保产品搬上互联网，为普通民众提供高效便捷的融资服务。"唐文凤说，虽然目前互联网金融还存在不规范、风险控制和制度建设不完善的诸多问题，但不可否认的是，互联网金融正在以一种难以预料的速度改变着人们的思维、投资理财甚至日常生活，人们都可以在这个平台上获得相关融资方案。

基于这种想法和判断，鼎盛鑫决定大胆尝试互联网金融，通过鼎盛鑫专业的平台、丰富的经验，在互联网上推出融资担保业务，以操作更简便、效率更高的方式，为普通民众解决求学、创业、旅游、装修甚至消费的多种融资需求。

感言——贵州省企业要敢于"走出去"

财新峰会是财新传媒每年举办的规格最高、规模最大的论坛活动，汇聚顶尖学者、经济官员和中外企业高层，分享思想、传播智慧，被认为是中国经济和金融领域最具权威性和前瞻性的年度盛会之一。

"我们是最传统、最草根的金融从业者，也仅仅是中国民间金融的一个缩影和代表，但财新却给了我们站在这里大声说出我们故事的机会，我想这就是最好的创新。"唐文凤说，现场有多家投行、企业都表达了和鼎盛鑫合作的愿望，这说明企业应该多多走出来，到更广阔的天地寻觅商机。

"作为贵州省企业，如果觉得迈出贵州省都是一件挺难的事，那就更不可能走向全世界。"曾随我国两任总理温家宝和李克强两次出访欧洲的唐文凤对记者说："以前很多事想都不敢想，现在眼界开阔了，信心足了，心有多大，舞台就有多大，贵州省企业要敢于"走出去"，到更广阔的天地搏击市场。"

"只要敢想，一切皆有可能。"唐文凤认为，8年来，鼎盛鑫专一、专注、专业地在家庭与微小企业发展市场这个领域里探索和发展，融资担保的经验让她更加坚信，在中国家庭及微小企业发展金融服务市场潜力巨大，市场需求井喷，谁致力于满足和服务普通大众，谁就会被认可，甚至被追捧。

未来，鼎盛鑫将用信仰、态度、创新在持有融资担保许可的同时，为普通百姓的房屋装修及小微企业连锁经营提供融资担保，加大力度研发产品线，推出更多符合普通百姓和小微企业需求的产品。

同时，运用8年累积的信用资产加资本优势，联合线下不断增多的分支机构，以及成熟且可复制的产品与信贷工厂模式，与互联网金融紧密结合，向互联网金融和资本市场发起冲击，让企业迈入更高的发展序列。

第二节　贵阳金融中心指数评价

近年来，贵阳市把金融工作放在城市发展更加突出的位置，以金融业为现代服务业发展的龙头，促进金融和科技创新的融合，为经济加速发展打造"温床"；各大金融机构支持贵阳市的力度不断加大，实现经济、金融的良性互动。通过对2014年贵阳金融中心指数的测算，得出以下结论：贵阳市金融生态环境更加优化，金融市场规模进一步扩大，金融市场效率提升较为迅速。

一、贵阳金融中心指数的总体评价分析

贵阳市金融发展的总体评价可以从两个方面展开：一是通过构建金融中心现状指数，将贵阳市与同时期的昆明市、南宁市和乌鲁木齐市的金融发展状况相比较；二是以各指标的环比增长为基础，构建贵阳金融中心增长指数，以此

来比较贵阳市与昆明市、南宁市和乌鲁木齐市近年来金融发展的态势。

（一）贵阳金融中心现状指数与各指标贡献值

1. 贵阳金融中心现状指数

通过对第二层次里面的贵阳市、昆明市、南宁市和乌鲁木齐市四个研究对象的评价，得出了各自的现状指数（如表 4 – 19 和图 4 – 3 所示）。昆明市的现状指数最高，为 83.54；贵阳市居第二位，为 68.98；乌鲁木齐市第三，为 68.51；南宁市处于最低水平，为 66.74。相比 2013 年的指数，贵阳市实现了对乌鲁木齐市的后发赶超。

从 2010—2014 年各个年份的数据来看，贵阳市的现状指数分别低于昆明市 24.38、23.24、20.13、22.65、14.56，差距在逐步缩小；2010 年到 2013 年分别低于乌鲁木齐市 6.24、7.18、6.96、5.16；2010 年到 2013 年分别低于南宁市 7.56、11.96、8.62、3.39，但在 2014 年贵阳金融中心现状指数首次超越乌鲁木齐市和南宁市，高于乌鲁木齐市 0.47，高于南宁市 2.24。2014 年四个城市金融中心现状指数数据表明，贵阳市的金融发展水平与昆明市的差距正在快速缩小，并且超越了乌鲁木齐市和南宁市。2014 年贵阳金融中心现状指数超越乌鲁木齐市和南宁市，对于贵阳市来说具有里程碑意义。

表 4 – 19　贵阳市、昆明市、南宁市和乌鲁木齐市四市金融中心现状指数

城市	2010 年	2011 年	2012 年	2013 年	2014 年
贵阳市	60.86	60.52	63.34	64.88	68.98
昆明市	85.24	83.76	83.47	87.53	83.54
南宁市	68.42	72.48	71.96	68.27	66.74
乌鲁木齐市	67.10	67.70	70.30	70.04	68.51

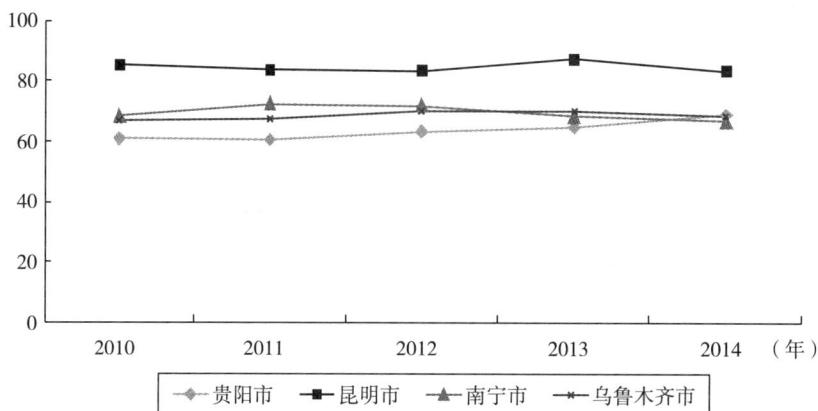

图 4 – 3　贵阳市、昆明市、南宁市和乌鲁木齐市的金融中心现状指数

2. 贵阳金融中心现状指数的各指标贡献值

从金融外部环境贡献值水平的角度来看，2014年贵阳市为21.62，在四个城市中仍然处于最低水平。

从2010年到2014年的5年里，金融外部环境贡献值最高的是昆明市，5年平均值为28.43；其次是南宁市，5年平均值为22.84；乌鲁木齐市排名第三，5年平均值为21.32；贵阳市排名最后，5年平均值为20.52。这表明贵阳市的金融外部环境处于最低水平。

从金融外部环境贡献值变化的角度来看，从2010年到2014年的5年里，除昆明市、南宁市外，贵阳市、乌鲁木齐市保持正增长，增长最快的是贵阳市，其次是乌鲁木齐市，昆明市则相对有些下降。贵阳市金融外部环境贡献值在2010年到2014年保持稳速增长。从2010年到2014年的5年里由19.20稳步提升到21.62，上升了2.42，这表明贵阳市的金融外部环境正在稳步提升，越来越适合金融业的发展。

表4-20　　　　　贵阳市、昆明市、南宁市和乌鲁木齐市四市
金融中心现状指数的金融外部环境贡献值

城市	2010年	2011年	2012年	2013年	2014年
贵阳市	19.20	20.29	20.58	20.91	21.62
昆明市	28.53	28.71	28.33	28.56	28.03
南宁市	22.77	22.61	23.34	22.66	22.81
乌鲁木齐市	19.92	20.85	21.42	22.04	22.37

从金融市场规模贡献值水平的角度来看，2014年贵阳市为36.48，首次超越乌鲁木齐市和南宁市，排名第二。这说明在金融外部环境并不占优的情况下，金融业自身的发展水平得到提高。

从金融市场规模贡献值变化的角度来看，从2010年到2014年的5年里，贵阳市增长最快。从2010年的31.34上升到2014年的36.48，上升了5.14，这表明贵阳市的金融市场规模正在逐步稳定提升。

表4-21　　　　　贵阳市、昆明市、南宁市和乌鲁木齐市四市
金融中心现状指数的金融市场规模贡献值

城市	2010年	2011年	2012年	2013年	2014年
贵阳市	31.34	30.10	32.71	33.98	36.48
昆明市	45.10	43.84	44.04	46.92	44.68
南宁市	36.75	40.40	39.05	35.38	33.97
乌鲁木齐市	35.07	34.91	36.31	35.94	33.31

从金融市场效率贡献值水平的角度来看，2014 年贵阳市为 10.89，居第二位，高于昆明市和南宁市，但低于乌鲁木齐市。

从 2010 年到 2014 年的 5 年里，金融市场效率贡献值最高的是乌鲁木齐市，5 年平均值为 12.31，其次是昆明市，5 年平均值为 11.36；贵阳市排名第三，5 年平均值为 10.27；南宁市排名最后，5 年平均值为 9.62。

表 4 - 22　　　　　贵阳市、昆明市、南宁市和乌鲁木齐市四市
金融中心现状指数的金融市场效率贡献值

城市	2010 年	2011 年	2012 年	2013 年	2014 年
贵阳市	10.31	10.13	10.05	9.99	10.89
昆明市	11.61	11.21	11.11	12.05	10.84
南宁市	8.90	9.46	9.56	10.23	9.97
乌鲁木齐市	12.11	11.94	12.58	12.06	12.84

（二）贵阳金融中心增长指数与各指标贡献值

1. 贵阳金融中心增长指数

贵阳市、昆明市、南宁市和乌鲁木齐市的金融中心增长指数评价结果如表 4 - 23 和图 4 - 4 所示。

2014 年，贵阳市金融中心增长指数为 117.28，排名第一，且远高于其他三个城市。这说明贵阳市金融业在 2014 年的增长优势开始显现。

从四个城市的各个年份数据来看，2010 年到 2011 年，南宁市增长指数最大，2012 年乌鲁木齐市的增长指数最大，2013 年昆明市的增长指数最大，2014 年贵阳市的增长指数为最大。对于贵阳市来说，2010 年到 2014 年的增长指数分别位列四个城市的第四、第三、第二、第三、第一，分别为 112.06、111.00、111.58、108.42、117.28，在 2010 年到 2013 年贵阳市的增长水平在四个城市中处于中下游水平，但是在 2014 年增长速度上升至四个金融中心的首位。

表 4 - 23　　贵阳市、昆明市、南宁市和乌鲁木齐市四市金融中心增长指数

城市	2010 年	2011 年	2012 年	2013 年	2014 年
贵阳市	112.06	111.00	111.58	108.42	117.28
昆明市	114.29	108.02	106.73	109.91	107.11
南宁市	121.97	125.85	105.18	100.38	105.46
乌鲁木齐市	114.67	115.21	114.78	108.75	101.15

从各城市的增长指数时间序列来看，从 2010 年到 2014 年，乌鲁木齐市和昆明市两个金融中心的增长指数波动幅度最小，南宁市的增长指数波动幅度最大。总体来说，贵阳市的金融增长指数表现最为强劲。

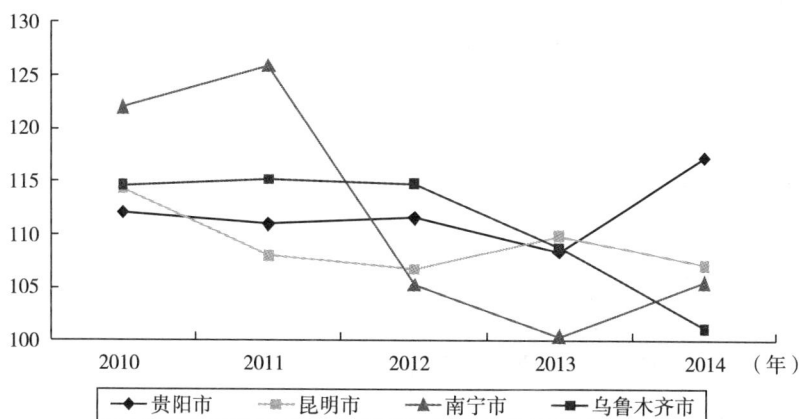

图4-4 贵阳市、昆明市、南宁市和乌鲁木齐市的金融中心增长指数

2. 贵阳金融中心增长指数的各指标贡献值

表4-24 贵阳市、昆明市、南宁市和乌鲁木齐市四市
金融中心增长指数的金融外部环境贡献值

城市	2010 年	2011 年	2012 年	2013 年	2014 年
贵阳市	34.84	37.53	34.49	34.18	33.91
昆明市	35.10	35.08	33.40	33.74	31.84
南宁市	35.10	34.47	35.22	32.45	32.83
乌鲁木齐市	34.86	36.00	35.95	34.57	30.55

从金融外部环境贡献值水平的角度来看，2014年贵阳市为33.91，明显高于其他三个城市。相对于其他三个金融中心，5年来贵阳市的金融外部环境贡献值较为稳定，这表明贵阳市的宏观经济增长最为强劲，并且经济结构进一步优化，为金融业的发展提供了更加有力的支撑。

表4-25 贵阳市、昆明市、南宁市和乌鲁木齐市四市
金融中心增长指数的金融市场规模贡献值

城市	2010 年	2011 年	2012 年	2013 年	2014 年
贵阳市	62.58	59.75	63.11	58.89	65.10
昆明市	63.90	59.11	60.10	57.95	59.00
南宁市	70.47	74.28	56.40	52.26	57.97
乌鲁木齐市	64.01	63.81	63.30	58.64	53.46

从金融市场规模贡献值水平的角度来看，2014年，贵阳市为65.10，保持了2013年的领先优势，继续居于四个城市的首位，显示出近两年来贵阳市的金融市场规模增长相对较快。

表 4 - 26   贵阳市、昆明市、南宁市和乌鲁木齐市四市
金融中心增长指数的金融市场效率贡献值

城市	2010 年	2011 年	2012 年	2013 年	2014 年
贵阳市	14.64	13.72	13.98	14.30	18.27
昆明市	15.29	13.83	13.23	17.19	16.28
南宁市	16.40	17.10	13.56	14.67	14.66
乌鲁木齐市	15.79	14.81	15.53	14.50	17.14

从金融市场效率贡献值水平的角度来看，2014 年贵阳市为 18.27，从 2013 年的第四位升至第一位，这说明贵阳市金融市场效率在 2014 年得到了大幅提升，并对昆明市和南宁市以及乌鲁木齐市实现了后发赶超。

二、贵阳金融中心指数的优势指标分析

与其他三个城市相比，2014 年贵阳金融中心指数具有一定数量的优势指标，这些优势指标值得保持其优势地位，因此课题组从现状和增长两个方面分析了贵阳金融中心指数的优势指标。

（一）现状指数的优势指标

2014 年贵阳金融中心现状指数为 68.98，在其评价指标体系（48 个指标）中，共有 4 个优势指标，分别是代表性法人银行不良贷款率、代表性法人银行平均资产收益率、代表性法人银行资产总额、法人银行数（如表 4 - 27 所示）。

代表性法人银行（贵阳银行）的 5 个指标有 3 个（不良贷款率、代表性法人银行资产总额、平均资产收益率）领先，说明贵阳银行经营能力高于其他三个金融中心的代表性法人银行，并且风险控制较为合理。贵阳市的法人银行数是 7 家，与昆明市一样，比南宁市多 2 家，比乌鲁木齐市多 6 家。

表 4 - 27   2014 年贵阳金融中心现状指数中的优势指标

城市	代表性法人银行 不良贷款率	代表性法人银行 平均资产收益率	代表性法人 银行资产总额	法人银行数
贵阳市	100.00	100.00	100.00	100.00
昆明市	88.29	70.65	77.85	100.00
南宁市	26.95	47.6	54.99	71.43
乌鲁木齐市	23.71	4.00	45.77	14.29

（二）增长指数的优势指标

2014 年贵阳金融中心增长指数为 117.28，在其评价指标体系（48 个指标）中，贵阳市共有 20 个指标高于其他三个城市，处于领先的水平。

对于金融外部环境类指标，贵阳市 2014 年共有 7 个指标是优势指标。2014

年贵阳市地区生产总值和进出口总额增幅大幅度高于其他三个城市；2014 年贵阳市的公共财政收入和公共财政支出、城乡居民收入比增幅明显高于昆明市和南宁市，且远高于乌鲁木齐市。2014 年贵阳市的农村居民人均纯收入和社会消费品零售总额两个指标的增幅虽排名第一，但与其他三个城市非常接近。

表 4-28　2014 年贵阳金融中心增长指数中的优势指标（金融外部环境类）

城市	地区生产总值	公共财政收入	公共财政支出	社会消费品零售总额	进出口总额	农村居民人均纯收入	城乡居民收入比
贵阳市	119.75	119.62	113.99	113.10	124.12	112.86	110.21
昆明市	108.72	106.03	101.42	111.96	102.10	111.79	103.83
南宁市	112.30	107.26	112.44	111.45	108.89	111.59	105.17
乌鲁木齐市	104.58	85.00	89.94	110.30	69.04	110.53	99.66

对于金融市场规模类指标，贵阳市 2014 年共有 8 个指标处于优势地位，其中人民币存款余额、人民币贷款余额、上市公司募集资金和保险公司赔款给付 4 个指标增幅的优势地位非常显著；贵阳市 2014 年代表性法人银行核心资本充足率增幅明显高于乌鲁木齐市和南宁市，稍高于昆明市，也具有明显的优势地位；贵阳市 2014 年代表性法人银行平均资产收益率和代表性法人银行资产总额、财产险保费收入 3 个指标的增幅略高于其他三个城市，有一定的优势地位。

表 4-29　2014 年贵阳金融中心增长指数中的优势指标（金融市场规模类）

城市	人民币存款余额	人民币贷款余额	代表性法人银行核心资本充足率	代表性法人银行平均资产收益率	代表性法人银行资产总额	上市公司募集资金	财产险保费收入	保险公司赔款给付
贵阳市	121.77	157.04	126.46	106.53	126.87	100.00	129.25	171.77
昆明市	104.93	111.51	125.34	100.43	98.39	7.79	120.25	135.88
南宁市	108.96	115.95	118.97	26.55	93.14	18.56	102.39	113.31
乌鲁木齐市	111.09	114.32	91.67	6.18	107.69	5.76	121.07	116.31

对于金融市场效率类指标，贵阳市 2014 年共有 5 个指标处于优势地位。其中贵阳市上市公司总市值的地区生产总值占比增幅明显高于乌鲁木齐市，且大幅度高于昆明市和南宁市；贵阳市的存贷比、贷款余额的地区生产总值占比、金融业增加值的地区生产总值占比和金融业增加值的第三产业占比均大幅度高于昆明市、南宁市和乌鲁木齐市，处于明显优势地位。

表 4 – 30　　2014 年贵阳金融中心增长指数中的优势指标（金融市场效率类）

城市	存贷比	贷款余额的地区生产总值占比	上市公司总市值的地区生产总值占比	金融业增加值的地区生产总值占比	金融业增加值的第三产业占比
贵阳市	128.96	131	144.74	161.64	155.37
昆明市	106.27	102.29	127.45	149.44	146.67
南宁市	106.42	103.14	96.86	113.95	111.43
乌鲁木齐市	102.91	109.08	133.82	135.73	134.3

三、贵阳金融中心指数的劣势指标分析

与其他三个城市相比，2014 年的贵阳金融中心指数具有一定数量的劣势指标，这些劣势指标是贵阳市的弱势所在，需要下力气改变。

（一）现状指数的劣势指标

2014 年贵阳金融中心现状指数为 68.98，与昆明市、南宁市和乌鲁木齐市相比，在评价指标体系的 48 个指标中，贵阳市共有 10 个指标处于劣势地位。这些指标包括金融外部环境类指标中的地区生产总值和社会消费品零售总额 2 个指标，金融市场规模类指标中的银行业分支机构数、法人证券公司营业收入、期货成交额、期货公司法人机构数、人身险保费收入、保险法人机构数、保险公司分支机构数 7 个指标，金融市场效率类指标中的保险深度指标。

对于金融外部环境类指标，贵阳市 2014 年社会消费品零售总额与其他城市的差距最为明显，仅为昆明的 46.62%，与南宁市和乌鲁木齐市的差距也较大；地区生产总值为昆明市的 67.26%，但与乌鲁木齐市差距较小。

表 4 – 31　　2014 年贵阳金融中心现状指数中的劣势指标（金融外部环境类）

城市	地区生产总值	社会消费品零售总额
贵阳市	67.26	46.62
昆明市	100.00	100.00
南宁市	84.79	84.84
乌鲁木齐市	67.60	56.14

对于金融市场规模类指标，贵阳市 2014 年期货公司法人机构数和保险法人机构数均是零，与其他城市差距最为明显；贵阳市法人证券公司营业收入、期货成交额两项指标不及领先水平的 1/5，差距很大；人身险保费收入指标不到领先水平的一半，差距较大；银行业分支机构数和保险公司分支机构数两项指标为领先水平的 68.98% 和 70.59%，差距相对较小。

表4-32 2014年贵阳金融中心现状指数中的劣势指标（金融市场规模类）

城市	银行业分支机构数	法人证券公司营业收入	期货成交额	期货公司法人机构数	人身险保费收入	保险法人机构数	保险公司分支机构数
贵阳市	68.98	13.84	10.08	0.00	45.20	0.00	70.59
昆明市	100.00	29.74	100.00	100.00	100.00	100.00	94.12
南宁市	88.16	29.39	41.36	0.00	62.02	100.00	100.00
乌鲁木齐市	69.61	100.00	12.48	100.00	86.80	100.00	85.29

对于金融市场效率类指标，贵阳市2014年保险深度低于其他城市，但相对2013年有了较大的提升，并且与三个城市的差距也在逐步缩小。

表4-33 2014年贵阳金融中心现状指数中的劣势指标（金融市场效率类）

城市	保险深度
贵阳市	76.92
昆明市	99.76
南宁市	81.73
乌鲁木齐市	100

（二）增长指数的劣势指标

2014年贵阳金融中心增长指数为117.28，在其评价指标体系（48个指标）中，贵阳市共有8个指标低于其他三个城市，处于较低的水平。这些指标包括金融外部环境类指标中的城镇居民人均可支配收入、第二和第三产业的地区生产总值占比2个指标，金融市场规模类指标中的金融业人均工资、证券交易额、期货成交额、人身险保费收入4个指标，金融市场效率类指标中的金融业增加值的地区生产总值占比和金融业增加值的第三产业占比2个指标。

对于金融外部环境类指标，贵阳市2014年的第二和第三产业的地区生产总值占比略低于昆明市、南宁市和乌鲁木齐市，但是城镇居民人均可支配收入则大幅低于乌鲁木齐市。

对于金融市场规模类指标，贵阳市2014年的期货成交额与昆明市和南宁市差距非常明显，人身险保费收入与昆明市、南宁市和乌鲁木齐市差距较大。

对于金融市场效率类指标，贵阳市金融业增加值的地区生产总值占比和金融业增加值的第三产业占比与排名第一的南宁市仍有着不小的差距。

表 4 - 34　　　　　　　2014 年贵阳金融中心增长指数中的劣势指标

城市	城镇居民人均可支配收入	第二和第三产业的地区生产总值占比	金融业人均工资	证券交易额	期货成交额	人身险保费收入	金融业增加值的地区生产总值占比	金融业增加值的第三产业占比
贵阳市	106.78	99.56	109.13	135.72	101.08	103.22	108.10	105.83
昆明市	110.37	100.04	113.28	141.81	149.11	121.36	122.82	120.71
南宁市	109.10	101.37	112.35	147.86	143.47	111.79	150.41	152.98
乌鲁木齐市	114.32	99.90	116.67	147.58	110.82	116.14	133.33	134.62

四、研究结论及政策建议

综合分析，对贵阳金融中心指数的研究得出以下结论：（1）在 2014 年，贵阳金融中心现状指数首次超越乌鲁木齐市和南宁市，居于第二位，说明贵阳市金融业发展水平已经超过乌鲁木齐市和南宁市，同时现状指数与昆明市的差距也在缩小，说明贵阳市与昆明市金融业发展水平的差距正在逐步缩小。（2）贵阳市金融中心增长指数在 2014 年大幅度超过其他三个城市，说明贵阳市金融业发展的速度明显快于其他三个城市，发展态势良好。

通过对贵阳市、昆明市、南宁市和乌鲁木齐市四个城市金融中心现状指数和增长指数的总体评价及对各项指标的系统分析，提出如下政策建议：首先，对于贵阳市来讲，优势指标主要集中在银行业，对于这些指标，贵阳市仍需要继续保持其领先地位。其次，对于现状指数，劣势指标主要集中在金融市场规模方面，增长指数里的劣势指标主要集中在证券和期货行业，因此贵阳市仍需要积极扩大金融市场规模，大力发展证券和期货行业。最后，政府应该继续加大对包括科技金融和互联网金融的创新支持力度。由于金融创新评价的主观性因素，我们在设计指标体系时并没有将金融创新和特色金融纳入评价指标体系中，但贵阳市金融指数的积极变化说明，特色金融和金融创新不仅能够改善整个金融生态，而且能够带动经济社会的全面发展。

专栏11　贵阳市成为首批中国金融生态城市

2015 年 1 月 31 日，中国金融生态城市发布系列活动在贵阳市举行，贵阳市及其他四个城市（区）成为首批中国金融生态城市（区）。

陈刚在致辞中代表贵阳市市委、市政府对来自全国金融业的代表表示欢迎。他说，中国金融生态城市发布系列活动作为业界具有重要影响力的活动，选择在贵阳市举办的一个重要原因，就是贵阳市选择了发展大数据产业作为发展战略目标。大数据产业的蓬勃发展为互联网金融创新创造了无限可能。省委、省政府审时度势把大数据产业作为重点发展的战略性新兴产业之一，中关村贵阳科技园的建设、富士康等领军企业的落户，给了贵阳市发展大数据产业的可能；而发展大数据产业也是贵阳市守住发展与生态"两条底线"，不走先污染后治理弯路、逐步工业化老路的必然选择。贵阳市将牢牢抓住时代机遇，大力营造良好的互联网生态环境和金融生态环境。希望在包括互联网金融界的各界共同努力下，实现西部地区欠发达城市生态保护和经济发展的双赢梦想。

张承惠表示，贵阳市是一个金融和大数据蓬勃发展的城市，正在成为互联网金融的新基地，希望以此次发布活动为契机，促动更多有识之士到贵阳市传播金融新业态、推动金融新发展，同时让更多人关注贵州省、贵阳市的发展。希望贵阳市金融业的发展在大数据产业的引领下更上一层楼，希望贵阳市成为全国有影响力的金融大都市，更好地助推转型发展、跨越发展。

初本德表示，我国的城市发展已经形成了以金融生态为核心竞争力的全新势头。此次发布活动，以金融生态的视角来帮助城市改善金融环境、规范金融生态、打造"城市名片"，具有重要的现实意义和历史意义。首批中国金融生态城市将在普及金融知识、开展金融教育、改善全国金融生态环境中发挥重要作用。

活动中，中国金融教育发展基金会向贵阳市捐赠书籍，为互联网金融千人会金融指数研究院、互联网金融千人会贵阳分会、中国电子商务协会移动金融专业委员会、中国新兴产业大数据信用西部示范中心、中国并购公会贵阳分会进行了授牌，金融界知名专家学者、企业负责人发表了讲话。

专栏12　贵阳市互联网金融产业的实践

一、做好顶层设计，搭建培育互联网金融的政策环境

贵阳市发展互联网金融有一个非常好的条件，那就是市委、市政府高度重视。2014年9月，市委书记陈刚同志就提出贵阳市要发展以金融为龙头的现代服务业，并根据中央对贵州省提出的守住"经济发展和环境保护"两条底线，提出了以大数据产业发展为龙头的转型升级发展思路。贵阳市市长刘文新同志高度重视互联网金融工作。贵阳市政府分管副市长王玉祥同志在2014年初亲自带领一批来自全国各大金融机构的挂职干部，在充分调研的基础上，主持了贵阳市金融规划的起草。这个规划得到了省外特别是北京市一批专家、学者、中央监管部门领导的指导。2014年6月，贵阳市委下发了《贵阳市科技金融和互

联网金融发展规划（2014—2017 年）》，规划出台后，贵阳市政府相继出台了《支持贵阳市互联网金融发展的若干政策措施》、《关于申请入驻贵阳市互联网金融特区企业审核管理办法》等一系列政策性文件。规划的出台，在社会上引起了广泛关注和好评。事实证明，良好的政策环境和发展思路是发展互联网金融最好的招商引资名片。为了落实这个规划，一批来自金融机构的挂职干部留下来，组建了贵阳互联网金融产业投资发展有限公司，这个创业团队成员来自银行、证券、保险领域，对传统金融有比较深的了解，同时，在地方政府工作了一段时间，对当地的环境也有所了解，与互联网金融业内也保持了良好的沟通，这是他们干好自己工作的一个基础。

二、创新贵阳互联网金融产业园的发展路径

（1）体制机制的创新。贵阳互联网金融产投公司是一个政府主导、市场参与、国有和民营混合所有制的企业，这样的制度安排，既能保证政府的规划得到落实，又能保持企业的活力和激情。为全面贯彻落实《贵阳市科技金融和互联网金融发展规划（2014—2017年）》，努力实现把贵阳市打造成"西部科技金融创新城市和互联网金融创新城市"这一目标，创造互联网金融企业发展所需要的良好环境，更好地吸引和带动互联网金融企业落户贵阳市，贵阳市初步以中天会展中心副楼作为互联网金融产业园的初期办公用地，建设互联网金融企业的聚集区和展示区。目前，入园企业业态丰富，涵盖了P2P、大数据征信、大数据清洗、第三方支付、众筹、供应链金融、私募股权基金、基金管理、互联网金融终端设备、手机芯片等各种业态。

（2）"前店后厂"规划创新。为拉长互联网金融产业链，创新设计了"前店后厂"的规划方案。"前店"坐落在贵阳国际金融中心北一楼，交通便利，配套齐全，集聚互联网金融产业的研发中心、展示中心、结算中心、总部基地。"后厂"设立在清镇市金清大道旁、百花湖边，环境优美，空气清新，集聚互联网金融产业的生产中心、大数据清洗中心、服务外包中心。根据专家组意见，在"前店"贵阳国际金融中心北一楼挂牌"贵阳互联网金融特区"。贵阳互联网金融特区位于贵阳国际金融中心北一塔，毗邻各大金融机构。作为贵阳互联网金融特区，不仅有优越、舒适的办公环境，更重要的是，为了推动贵阳市互联网金融产业的快速发展，市政府对入驻贵阳互联网金融特区的企业将给予更加优厚的扶持政策。

（3）管理组织创新。园区不设管委会，由贵阳互联网金融产业投资发展有限公司负责招商引资、投资建设、运营服务。在招商引资和园区管理工作上，贵阳互联网金融特区坚持创新驱动，致力于打造一个"竞合"并存、企业共同发展的生态圈。短短半年左右时间，全国各地64家互联网金融企业齐集特区，其中已完成工商注册或已经进入工商注册程序的企业共39家，注册资本近11.3亿元，实收资本近3.56亿元。入园和拟入园企业中，开展P2P、众筹业务的企业代表有宜信、人人贷、融360、招商贷；从事互联网金融智能终端业务的有无锡视美乐、征信业务企业代表北京金电联行等；涉及移动支付领域的企业代表有贵阳移动金融公司、上海柯斯、华科建邺；私募股权投资企业代表有贵山基金、中金众和投资、九禾投资。此外，中国电子商务协会移动金融专业委员会、全国农商行联盟、中国新兴产业大数据信用西部示范中心已落户特区，中国并购公会贵阳分会、互联网金融千人会贵阳分会、中国金融博物馆贵阳分馆即将落户特区。

（4）特区的"特"色创新。贵阳互联网金融特区是市政府强力推动、市场各方参与、高度市场化运作的园区，通过业务和股权的纽带积聚互联网金融企业，是国内互联网金融业态丰富、产业链生态完整的成长型创新园区典型代表。贵阳互联网金融特区主动融入贵阳市大数据产业发展趋势，发挥贵阳市作为全国"移动金融"试点城市的先发优势，依靠互联网金融和移动金融双轮驱动，推动科技金融不断发展，充分依托中关村贵阳科技园的平台优势，引导互联网金融优秀企业不断入驻园区。贵阳市委书记陈刚对互联网金融工作提出要求：贵阳市互联网金融最大的软环境是贵阳市具有强大包容性的"容错空间"，鼓励企业创新发展、敢为人先的创新举措。

三、加强行业自律，成立贵阳互联网金融协会

与产业园同时揭牌成立的有贵阳互联网金融协会，贵阳市互联网金融相关企业通过贵阳互联网金融协会自律管理。协会首批会员企业有30余家，为贵阳市内从事P2P、众筹、信息中介、交易平台等互联网金融行业的企业，随着招商引资的深入，协会成员单位还将继续扩大。

为有效发挥互联网金融行业协会的自律机制，提升贵阳市互联网金融行业的风险防范水平，优化贵阳市互联网金融的发展环境，引导互联网金融行业的规范健康发展，2014年12月31日，市金融办下发《关于发挥贵阳互联网金融协会行业自律机制加强互联网金融企业风险防范的通知》。根据要求，贵阳互联网金融协会草拟出《关于加强互联网金融企业风险防范的工作指引》，通过行业自律公约，规范贵阳市互联网金融的发展，努力管控风险，促进贵阳市互联网金融企业的健康发展。

四、聚集要素，扩大影响力

（1）搭建交流平台，扩大贵阳市互联网金融影响力。为搭建互联网金融管理部门、知名企业与专家学者的交流及合作平台，提升贵阳市在互联网金融领域的知名度和影响力，贵阳市在2014年5月28日、7月10日、9月4日分别举

办了贵阳互联网金融圆桌会议、以"大数据时代的互联网金融"为主题的"生态文明贵阳国际论坛 2014 年年会"金融分论坛以及 2014 年中国电子商务创新发展峰会互联网金融分论坛。

（2）加快互联网金融智库建设。加快组建中国电子商务协会移动金融分会及贵阳市移动金融协会，推动"互联网金融千人会"创始人黄震教授在贵阳市成立"互联网金融千人会贵阳分会"和"互联网金融千人会贵阳研究院"等机构，开展科技金融和互联网金融相关课题研究。

（3）推进新金融生态城工作。通过与中国金融博物馆深入沟通，2014 年 1 月末，中国金融博物馆组织"新金融生态城"的遴选，并将评选和发布地点定于贵阳市，贵阳市已被列入全国十多个"新金融生态城"候选城市之一。活动旨在引导和激发金融创新，防范和化解金融风险，分享和便利金融普惠，完善和普及金融教育，促进和帮助金融创业，优化和保护金融生态环境。

第三节 贵州省 8 个市州的金融指数评价

一、总体情况

（一）现状指数总体评价

贵州省 8 个市州金融现状指数如表 4 - 35 和图 4 - 5 所示。

表 4 - 35　　贵州省 8 个市州 2010—2014 年金融发展现状指数

地区	2010 年	2011 年	2012 年	2013 年	2014 年
遵义市	82. 79	86. 91	85. 51	86. 87	87. 21
六盘水市	72. 77	74. 37	69. 04	69. 05	69. 51
安顺市	61. 26	60. 18	58. 75	58. 26	62. 16
毕节市	50. 31	51. 58	48. 37	48. 65	49. 73
铜仁市	51. 54	53. 59	52. 83	54. 79	54. 83
黔西南州	51. 50	55. 02	51. 26	51. 10	57. 17
黔东南州	54. 39	57. 61	58. 54	58. 41	57. 72
黔南州	59. 37	58. 41	57. 56	57. 48	63. 26

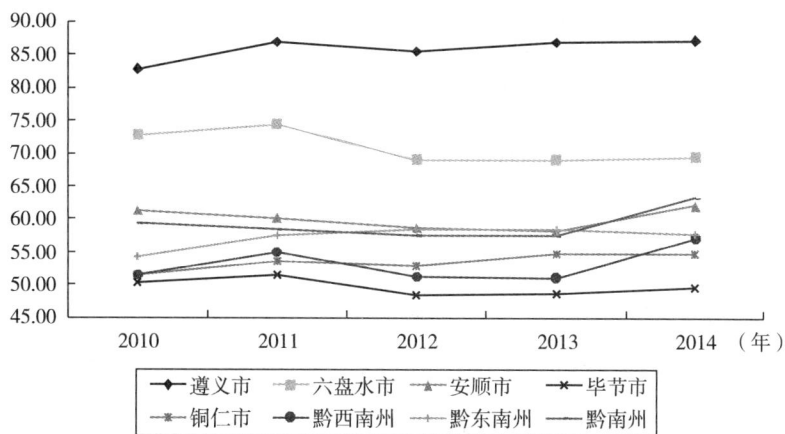

图 4 - 5　贵州省 8 个市州 2010—2014 年金融发展现状指数

从现状指数来看,遵义市继续保持领先地位。2014 年遵义市的金融发展现状指数为 87.21,一直保持大幅度领先地位,六盘水市仍然排在第二位,为 69.51,而毕节市还是排在倒数第一位,为 49.73。

2014 年与 2013 年相比,现状指数排名上升的是黔南州、黔西南州,黔南州从第五位上升至第三位,黔西南州从第七位上升至第六位;排名没有变化的是遵义市、六盘水市、毕节市、安顺市;排名下降的是黔东南州和铜仁市,黔东南州从第三位下降至第五位,铜仁市从第六位下降至第七位。

如果各地区各项指标越接近,则现状指数越靠近最高值,因而各地区现状指数相加后的加总值就越大。从 2010 年至 2014 年,8 个市州历年现状指数总和分别为 483.93、497.67、481.86、484.61、501.59,稳中有升,这说明各地区之间金融业发展水平与最好水平的遵义市相比,差距正在进一步缩小。

(二) 增长指数总体评价

贵州省 8 个市州金融发展增长指数如表 4 - 36 所示。

表 4 - 36　　　　贵州省 8 个市州 2010—2014 年金融发展增长指数

地区	2010 年	2011 年	2012 年	2013 年	2014 年
六盘水市	114.03	119.45	110.95	110.62	111.07
遵义市	117.73	122.16	115.48	116.77	110.77
安顺市	122.74	114.70	115.19	115.51	115.45
毕节市	123.12	118.95	111.20	116.89	113.63
铜仁市	119.85	121.87	118.18	119.45	110.01
黔西南州	115.46	118.97	113.42	118.30	119.59
黔东南州	122.25	121.37	120.11	112.96	108.02
黔南州	121.97	118.02	118.14	119.39	116.15

总体上看，受国家宏观经济增长速度放缓的影响，贵州省8个市州的增长指数2010年至2014年呈现下降态势，从2010年的平均119.64下降到2014年的平均113.09，下降了6.55个指数点，其中只有黔西南州在2014年的增长指数高于2010年、2011年、2012年、2013年的增长指数。

从分地区来看，黔西南州的增长指数在2014年的表现最好。其增长指数在2010年至2014年的排名分别为第七、第五、第六、第三、第一，从2010年的倒数第二快速上升到2014年的正数第一。而表现最不理想的是黔东南州。其增长指数排名在2010年至2014年分别为第三、第三、第一、第七、第八，2013年、2014年排名下降明显。

二、金融发展现状指数与各指标贡献值分析

（一）现状指数的金融外部环境指标分析

金融外部环境共有17个指标，总权重为35%，表4-37是金融外部环境对8个市州现状指数的贡献值及其排名。2014年金融外部环境对现状指数贡献最大的地区是遵义市，贡献最小的是铜仁市，变化比较大的地区是黔南州。

2014年，遵义市的金融外部环境对现状指数的贡献值为31.23。在17个金融外部环境指标中，遵义市有9个指标也就是超过一半的指标排在第一位，分别是地区生产总值规模、公共财政收入、公共财政支出、固定资产投资、社会消费品零售总额、城镇居民人均可支配收入、农村居民人均纯收入、城乡居民收入比、城镇化率，排名第二位的指标有3个，分别是人均地区生产总值、人均社会消费品零售总额、第二和第三产业的地区生产总值占比，因而遵义市在金融外部环境对现状指数贡献值的排名是第一位。

铜仁市的金融外部环境对现状指数的贡献值为21.06。在17个金融外部环境指标中，铜仁市有5个指标排在最后一位，分别是公共财政收入、人均公共财政收入、社会消费品零售总额、进出口总额、人均进出口总额，所以以铜仁市金融外部环境对现状指数贡献值的排名为最后一位。

黔南州的金融外部环境对现状指数的贡献值为24.29，由2013年的第五位上升到第三位。在17个金融外部环境指标中，黔南州有3个指标排名第二位，分别是固定资产投资总额、农村居民人均纯收入、城乡居民收入比。排名第三位的指标有3个，分别是人均地区生产总值、人均固定资产投资总额、城镇居民人均可支配收入。

表 4 – 37　　　　　　　　8 个市州金融外部环境对现状指数贡献值的比较

地区	2010 年		2011 年		2012 年		2013 年		2014 年	
	贡献值	排名	贡献值	排名	贡献值	排名	贡献值	排名	贡献值	排名
六盘水市	28.99	2	29.99	2	30.60	1	30.06	1	29.79	2
遵义市	30.29	1	30.26	1	29.23	2	29.66	2	31.23	1
安顺市	22.44	5	21.93	5	21.82	6	21.92	7	22.52	6
毕节市	24.03	3	24.25	3	23.62	3	23.57	4	23.00	5
铜仁市	20.54	7	20.73	8	20.89	8	22.30	6	21.06	8
黔西南州	20.80	6	21.02	7	21.08	7	21.17	8	22.41	7
黔东南州	20.47	8	21.56	6	22.41	5	24.92	3	23.67	4
黔南州	22.56	4	22.94	4	22.75	4	23.27	5	24.29	3

（二）现状指数的金融市场规模指标分析

金融市场规模共有 25 个指标，总权重为 50%。表 4 – 38 是金融市场规模对 8 个市州现状指数的贡献值及其排名。

从表 4 – 38 可以看出，2014 年遵义市的金融市场规模指标表现最好，而毕节市表现最弱，变化比较大的地区是黔西南州。

遵义市的金融市场规模对现状指数的贡献值为 43.75，排在第一位。在 2014 年的 25 个金融市场规模指标中，遵义市有 17 个指标排名第一，分别是存款余额、人均存款余额、贷款余额、人均贷款余额、银行业资产总额、人均银行业总资产、证券公司分支机构数、证券交易额、人均证券交易额、上市公司数、上市公司总市值、人均上市公司总市值、财产险保费收入、人均财产险保费收入、人身险保费收入、人均人身险保费收入和保费赔付，人均上市公司数这个指标排名第二，由于大部分指标排名第一，所以遵义市的金融市场规模对现状指数的贡献值也就最大。

毕节市的金融市场规模对现状指数的贡献值为 17.96，排名仍然是第八位，导致毕节市金融市场规模对现状指数贡献值最小的主要原因是人均金融资源较少。在 2014 年的 25 个金融市场规模指标中，毕节市有 14 个指标排名垫底，分别是人均人民币存款余额、人均人民币贷款余额、人均银行业资产总额、证券交易额、人均证券交易额、上市公司数、人均上市公司数、上市公司总市值、人均上市公司总市值、上市公司募集资金、人均上市公司募集资金、人均人身险保费收入、人均财产险保费收入和人均保险公司赔款给付，排名倒数第二的指标有 2 个，是保险公司赔款给付和人均证券公司分支机构数。

黔西南州的金融规模对现状指数贡献值为 24.07，由 2013 年的第七位上升到第五位。在 2014 年的 25 个金融市场规模指标中排名靠前的指标有 10 个，分别是人均人民币存款余额、不良贷款率、人均资产总额、证券公司分支机构数、人均证券公司分支机构数、证券交易额、人均证券交易额、人均财产险保费收入、保险公司赔款给付和人均保险公司赔款给付，这是黔西南州排名上升较大的原因。

表 4 – 38　　　　　　　8 个市州金融规模对现状指数贡献值的比较

地区	2010 年		2011 年		2012 年		2013 年		2014 年	
	贡献值	排名	贡献值	排名	贡献值	排名	贡献值	排名	贡献值	排名
六盘水市	32.24	2	33.53	2	27.81	2	27.83	2	28.52	2
遵义市	42.24	1	45.72	1	45.28	1	46.06	1	43.75	1
安顺市	28.82	3	26.55	3	26.12	3	25.63	3	26.80	4
毕节市	17.90	8	18.38	8	15.76	8	16.10	8	17.96	8
铜仁市	20.77	7	21.73	7	20.90	6	21.22	6	21.45	7
黔西南州	21.58	6	24.14	6	20.42	7	20.25	7	24.07	5
黔东南州	22.73	5	24.18	5	24.45	4	22.37	5	22.26	6
黔南州	26.30	4	25.28	4	24.35	5	23.77	4	27.10	3

（三）现状指数金融市场效率指标分析

金融市场效率共有 9 个指标，总权重为 15%，表 4 – 39 是金融市场效率对 8 个市州金融发展现状指数的贡献值及其排名。

2014 年金融市场效率对现状指数贡献值最大的地区是安顺市，最小的地区是毕节市，变化比较大的地区是黔南州和六盘水市。

安顺市的金融市场效率对现状指数的贡献值为 12.85，排名第一，在 2014 年金融市场效率的 9 个指标中，安顺市有 1 个指标排名第一，即贷款余额的地区生产总值占比，有 1 个指标排名第二，即上市公司总市值的地区生产总值占比，其余大部分指标居于前列，所以安顺市的金融市场效率对现状指数的贡献值处于最高水平。

毕节市的金融市场效率对现状指数的贡献值为 8.78，排名仍然是第八位，这说明毕节市的金融市场效率一直处于落后水平，而且从绝对值来分析，毕节市金融市场效率对现状指数的贡献值一直低于 9，这说明毕节市的金融市场效率与先进地区相比差距还比较大。在 2014 年金融市场效率的 9 个指标中，毕节市有 7 个指标排名倒数第一，分别是经济储蓄动员力、存款余额的地区生产总值占比、贷款余额的地区生产总值占比、上市公司的地区生产总值占比、上市公司募集资金的地区生产总值占比、保险密度和保险深度。所以，总的来讲，毕节市的金融市场效率对现状指数的贡献值处于较低水平。

黔南州的金融市场效率对现状指数的贡献值比 2013 年提升了 1.43 个指数

点，排名也从第六上升到第四，金融市场效率提升较为迅速。在金融市场效率的9个指标中，黔南州的上市公司募集资金的地区生产总值占比排名第一，其他的包括储蓄投资转化系数、保险密度和保险深度也都处于较为领先的水平，其中上市公司募集资金的地区生产总值占比、储蓄投资转化系数和保险深度较2013年的标准化数据有了很大的提升，这也为黔南州金融市场效率排名的提升打下了基础。

表4-39　　　　　　　　8个市州金融市场效率对现状指数贡献值的比较

地区	2010 年		2011 年		2012 年		2013 年		2014 年	
	贡献值	排名	贡献值	排名	贡献值	排名	贡献值	排名	贡献值	排名
六盘水市	11.54	1	10.84	5	10.63	5	11.16	2	11.20	6
遵义市	10.25	4	10.93	4	10.99	3	11.15	3	12.23	3
安顺市	10.01	6	11.70	2	10.82	4	10.71	5	12.85	1
毕节市	8.39	8	8.95	8	8.99	8	8.98	8	8.78	8
铜仁市	10.23	5	11.13	3	11.04	2	11.26	1	12.31	2
黔西南州	9.11	7	9.86	7	9.77	7	9.67	7	10.69	7
黔东南州	11.19	2	11.87	1	11.68	1	11.12	4	11.80	5
黔南州	10.51	3	10.19	6	10.45	6	10.43	6	11.86	4

三、金融发展增长指数与各指标贡献值分析

（一）增长指数的金融外部环境指标分析

表4-40是8个市州金融外部环境对增长指数贡献值的比较。从总体来看，2014年金融外部环境对增长指数贡献值最大的地区是黔西南州，最小的地区是铜仁市，增幅变化较大的地区是安顺市、六盘水市和黔西南州。

黔西南州的金融外部环境对增长指数的贡献值为41.52，排名第一，在17个金融外部环境指标中有3个指标排名第一，分别是城乡居民收入比、进出口总额和人均进出口总额。排名靠前的指标有5个，分别是固定资产投资总额、社会消费品零售总额、人均社会消费品零售总额、农村居民人均纯收入、城乡居民收入比，因此黔西南州金融外部环境对增长指数的贡献值由2013年的第四位大幅上升到第一位。

铜仁市的金融外部环境对增长指数的贡献值为37.05，排名最后一位，在17个金融外部环境指标中有3个指标排名最后一位，分别是人均进出口总额、进出口总额和人均社会消费品零售总额，有4个指标排名靠后，分别是固定资产投资总额、人均固定资产投资总额、人均社会消费品零售总额和城乡居民收入比。

黔西南州的金融外部环境对增长指数的贡献值由2013年的41.17提升到了

2014 年的 41.52，增长了 0.35，从相对值来看，黔西南州的增幅较大。其中社会消费品零售总额、人均社会消费品零售总额、进出口总额和人均进出口总额的标准化得分相对 2013 年有了较大的提升，其余指标相对较为稳定。

表 4-40　　　　　　　8 个市州金融外部环境对增长指数贡献值的比较

地区	2010 年		2011 年		2012 年		2013 年		2014 年	
	贡献值	排名	贡献值	排名	贡献值	排名	贡献值	排名	贡献值	排名
六盘水市	40.45	8	44.26	2	43.01	3	38.11	8	39.23	5
遵义市	41.11	7	43.41	5	41.97	7	40.07	5	40.78	3
安顺市	42.94	3	41.68	8	42.09	5	38.72	7	40.60	4
毕节市	44.14	1	42.82	6	39.77	8	40.06	6	37.99	7
铜仁市	43.01	2	44.06	4	42.95	4	41.40	3	37.05	8
黔西南州	41.36	5	42.22	7	43.30	2	41.17	4	41.52	1
黔东南州	42.84	4	44.42	1	43.80	1	41.69	2	38.01	6
黔南州	41.17	6	44.14	3	41.98	6	41.78	1	41.30	2

（二）增长指数的金融市场规模指标分析

表 4-41 是 8 个市州金融市场规模对增长指数贡献值的比较。2014 年金融市场规模对增长指数贡献最大的是黔西南州，最小的是遵义市，增幅排名变化较大的是毕节市。

黔西南州的金融市场规模对增长指数的贡献值为 62.20，排名第一，在 25 个金融市场规模的指标中黔西南州有 13 个指标排名第一，分别是人均人民币存款余额、人民币存款余额、人均人民币贷款余额、不良贷款率、资产总额、人均资产总额、法人银行数、人均法人银行数、证券公司分支机构数、人均证券公司分支机构数、证券交易额、人均证券交易额以及上市公司数。有 6 个指标排名第二，分别是人民币贷款余额、上市公司募集资金、人身险保费收入、人均人身险保费收入、保险公司赔款给付以及人均保险公司赔款给付，因此黔西南州金融市场规模对增长指数的贡献值排名第一。

遵义市的金融市场规模对增长指数的贡献值为 53.71，排名第八，在 25 个金融市场规模的指标中有 4 个指标排名最后一位，分别是证券交易额、人均证券交易额、上市公司募集资金和人均上市公司募集资金。有 6 个指标排名靠后，分别是不良贷款率、资产总额、人均资产总额、人均上市公司数、保险公司赔款给付和人均保险公司赔款给付。但是遵义市有 2 个指标排名第一，分别是人身险保费收入和人均人身险保费收入。

毕节市的金融市场规模对增长指数的贡献值为 61.53，排名由 2013 年的第六上升到第二，在 25 个金融市场规模的指标中有 9 个指标排名第一，分别是资产总额、人均资产总额、法人银行数、证券交易额、人均证券交易额、上市公司数、人均上市公司数、人均上市公司总市值、人均上市公司募集资金。由于排名第一的指标有所增加，所以毕节市由 2013 年的第六上升至第二。

表 4－41　　　　　　　8 个市州金融市场规模对增长指数贡献值的比较

地区	2010 年		2011 年		2012 年		2013 年		2014 年	
	贡献值	排名	贡献值	排名	贡献值	排名	贡献值	排名	贡献值	排名
六盘水市	56.89	8	58.24	7	53.87	8	56.57	7	57.36	5
遵义市	59.62	6	61.67	1	58.09	4	59.77	5	53.71	8
安顺市	63.02	2	56.43	8	56.16	5	60.15	4	58.39	4
毕节市	62.54	3	60.06	5	55.17	6	59.57	6	61.53	2
铜仁市	59.95	5	61.51	2	58.21	3	60.47	2	57.25	6
黔西南州	58.57	7	60.78	4	54.71	7	60.33	3	62.20	1
黔东南州	62.11	4	61.26	3	61.15	1	55.90	8	54.52	7
黔南州	63.30	1	59.65	6	59.39	2	60.86	1	58.86	3

（三）增长指数的金融市场效率指标分析

表 4－42 是 8 个市州金融市场效率对增长指数贡献值的比较。2014 年金融市场效率指标对增长指数贡献值最大的是安顺市，最小的是毕节市，增幅变化较大的是遵义市。

安顺市的金融市场效率对增长指数的贡献值为 16.46，排名第一，在 9 个金融市场效率指标中有 2 个指标排名第一，分别是储蓄投资转化系数和上市公司总市值的地区生产总值占比。有 3 个指标排名第二，分别是存贷比、上市公司募集资金的地区生产总值占比以及经济储蓄动员力，因此安顺市金融市场效率对增长指数的贡献值排名第一。

毕节市的金融市场效率对增长指数的贡献值为 14.11，排名最后一位，在 9 个金融市场效率指标中有 3 个指标排名最后一位，分别是经济储蓄动员力、储蓄投资转化系数以及上市公司总市值的地区生产总值占比，同时有 2 个指标排名比较靠后，分别是上市公司募集资金的地区生产总值占比和存款余额的地区生产总值占比。但是关于存贷比这个指标毕节市是排名第一的，说明毕节市的存贷比还是做得很好的。

遵义市的金融市场效率对增长指数的贡献值为 16.29，排名由 2013 年的第七位上升到第二位，在 9 个金融市场效率指标中有 4 个指标排名第一，分别是储蓄投资转化系数、存款余额、存款余额的地区生产总值占比、贷款余额的地区生产总值占比，有 3 个指标排名靠前，分别是存贷比、保险密度以及经济储蓄动员力。

表 4 – 42　　　　　　　　8 个市州金融市场效率对增长指数贡献值比较

地区	2010 年		2011 年		2012 年		2013 年		2014 年	
	贡献值	排名	贡献值	排名	贡献值	排名	贡献值	排名	贡献值	排名
六盘水市	15.51	6	15.79	6	15.80	4	15.45	6	14.49	7
遵义市	16.37	3	15.64	7	14.72	8	15.38	7	16.29	2
安顺市	15.33	7	16.22	3	15.81	3	15.93	4	16.46	1
毕节市	16.80	1	16.41	2	16.12	2	16.04	3	14.11	8
铜仁市	15.84	5	16.47	1	15.79	5	16.26	1	15.71	5
黔西南州	14.50	8	16.20	4	15.66	7	15.76	5	15.87	4
黔东南州	16.04	4	15.94	5	15.67	6	15.06	8	15.48	6
黔南州	16.44	2	14.89	8	16.31	1	16.11	2	15.99	3

四、研究结论及政策建议

通过以上研究，可以得出如下结论：（1）贵州省 8 个市州之间金融发展现状指数差距较大，遵义市和六盘水市稳居第一位和第二位，毕节市的排名则处于最后一位，其中黔南州和黔西南州的排名相比 2013 年提升较为明显。（2）贵州省 8 个市州现状指数加总呈现增加的趋势，这说明 8 个市州金融发展的差距正在缩小。（3）贵州省 8 个市州增长指数一直保持了较高的水平，但相比 2013 年，增长指数有所下降。

根据对 8 个市州金融发展现状指数和增长指数的评价，提出如下政策建议：

第一，从金融发展现状指数来看，毕节市和铜仁市相对处于较低的水平，表明这两个地区的金融外部环境、金融市场规模和金融市场效率与遵义市、六盘水市这些排名靠前的地区相比仍有不小的差距，所以省委、省政府应当加大对这些贫困落后地区的政策和资金支持力度。鉴于贵州省目前正处于科技金融和互联网金融创新的浪潮下，这些落后的地区也应当积极尝试、大胆创新，为金融的发展注入新鲜的、流动的血液，激活整个金融市场，进一步提升金融业的整体水平。

第二，从金融发展现状指数来看，遵义市和六盘水市排名靠前，表明这两个地区的金融业相对其他市州较为发达。对于这些地区仍应当从以下几点推动当地金融业的高质快速发展：（1）政府应继续鼓励金融创新，鼓励金融竞争；（2）积极构建完善的多元化的金融结构体系；（3）加强金融机构的内部管理；（4）强化金融机构的内部创新，从而使得金融市场运行环境、金融市场规模和金融市场竞争效率得到协同上升，进一步提升在贵州省金融界的影响和地位。

专栏13 铜仁市深化金融改革支持地方经济社会发展

铜仁市在不断深化金融体制机制改革中，发挥金融杠杆作用，有力地支持了地方经济社会发展，探索出了符合铜仁市实际的金融改革之路。

实施"引银入铜"工程，增强金融支持地方发展的实力。全市积极引进金融机构，提高金融机构的覆盖率，不断壮大金融机构支持地方经济社会发展实力。自2012年以来，全市银行业金融机构共新设立11家分支机构，如中国工商银行、中国银行、中国邮政储蓄银行各新设分支机构3家，贵阳银行铜仁分行、贵州银行铜仁分行正式营业。截至目前，全市有各类银行业机构网点423个，助农服务点达4267个，全市银行业金融机构覆盖面不断扩大，支持地方经济社会发展实力不断增强。2014年8月全市金融机构贷款余额达580.72亿元，同比增长28.66%，增速排名全省第二位，有力支持了地方经济社会发展。

深化农村金融改革，激发金融支持地方发展的活力。全市深入推进"三权"抵押贷款试点工作，破解"三农"发展融资瓶颈。同时，在石阡县、德江县成功试点"三权抵押"贷款工作的基础上，建立完善了农村产权流转体系、农村产权价值评估机制和"三权"登记管理办法，在全市深入推进"三权抵押"贷款改革工作。2014年6月末，全市"三权抵押"贷款余额达3.19亿元，同比增长1.46倍，惠及农户5386户、企业125户。德江县探索农村"三权抵押"、企业"三品三表"的农村金融改革和碧江区"三权抵押"产权交易改革被列为全省第五轮农村改革试点，并获得省委副书记李军的批示肯定；德江县农村金融改革正在申报全国新一轮第二批农村改革试验区和试验项目。

创新金融扶贫模式，支持地方发展壮大优势产业。铜仁市率先启动实施开发性金融支持农村产业发展项目，推动了开发性金融与开发性扶贫的深度结合，探索出了"政府选择重点产业、金融资金跟进扶持、多措并举防范风险、政银企农四方联动、壮大产业互利共赢"的合作发展模式，该模式被称为金融扶贫"铜仁模式"。2013年5月，全国开发性金融扶贫经验交流会在铜仁市召开，向全国推广"铜仁模式"。全市已有7个区县与国开行贵州省分行建立金融贷款合作关系，共获授信资金30亿元，2013年发放贷款13.2亿元，惠及茶叶、畜牧、中药材、食用菌及乡村旅游5大特色优势产业。

探索融资新模式，支持地方旅游产业大发展。市政府与明石投资管理有限公司联合发起设立武陵山片区旅游产业投资基金（下称"武陵山旅游基金"），基金总规模为300亿元。基金已于2013年7月9日获得国家发改委正式批准筹备，是首只国家级旅游产业投资基金。基金总规模为300亿元，首期规模为60

亿元。武陵山旅游基金将立足武陵山片区，辐射中西部地区，面向全国，主要投向旅游资源整合产业、旅游文化产业与文化创意产业、特色农业及其他延伸产业，将促进产业结构优化升级和资本市场良性发展，加快铜仁市群众脱贫致富步伐。目前，已成立了梵净山旅游产业基金管理公司，首期 60 亿元正在募集中，现正在征集铜仁市及全省优质旅游资源项目。

积极培育小额信贷公司，引导民间资本支持地方发展。全市大力发展小额贷款公司和融资性担保机构，积极引导民间资本支持小微企业、"三农"发展，给地方经济社会发展注入了新的动力。2014 年 6 月末，全市正式开业的小额贷款公司有 42 家，注册资本共计 11.03 亿元，比年初增加 1.1 亿元。小额贷款公司贷款重点支持"三农"、中小企业、个体工商户，贷款余额为 9.4 亿元，比年初增加 2 亿元，共计 3100 户，全市融资性担保机构共有 14 家，总计注册资本 6.83 亿元，在保责任余额合计 9.01 亿元，在保客户达 5772 户。为个人提供融资担保 6.51 亿元，其中农户 5.43 亿元；为中小微企业提供融资担保 2.07 亿元。

探索农民资金互助合作社试点工作，拓展农村发展融资渠道。2013 年初，铜仁市启动农民资金互助合作社试点，各区县积极开展农民资金互助合作社试点工作，取得了一定成效。目前，已设立 19 家乡镇级、1 家村级农民资金互助合作社试点单位。2014 年 6 月末，全市农民资金互助合作社试点单位已吸纳社员 4480 人，缴纳基础股金 2414.92 万元，吸纳互助金 3338.96 万元，投放互助金 4445.2 元。互助金主要投放在社员养殖、种植以及支持社员办微型企业、农民自建房、农村商品经营、农业运输、村民就医、农民子女上学、农民专业合作社发展等方面，有力地支持了农村经济社会发展。

第五章　金融专题研究与建议

专题 1　关于全省金融工作的思考

周道许[①]

近年来，省委、省政府高度重视金融工作，克志书记、敏尔省长多次对金融工作作出重要指示，要求全省上下牢固树立"抓经济必须抓金融，只有抓好金融才能抓好经济"的理念，全力打造贵州金融升级版，在"一行三局"和全省金融系统的共同努力下，全省金融工作不断实现新突破。根据会议安排，现将近年来全省金融工作有关情况汇报如下：

一、近年来全省金融业发展的总体情况

（一）金融业规模不断扩大，对地方发展贡献进一步提高

一是总量不断迈上新台阶。2012 年，全省金融机构各项存款余额突破 1 万亿元；2013 年，全省金融机构各项贷款余额突破 1 万亿元；2014 年，全省银行业资产突破 2 万亿元。2014 年，社会融资规模达到 3576 亿元，是 2011 年的 2.2 倍，占全国比重由 1.2% 上升到 2.1%；2015 年 1～5 月，社会融资规模达到 1928 亿元，在西部地区 12 省份中仅次于四川省和陕西省，占全国比重上升到 2.8%。2015 年 6 月末，全省存、贷款余额分别达到 17010 亿元、13980 亿元，同比分别增长 15.2%、22.3%。二是增速排位持续靠前。2013 年，全省金融机构存贷款余额分别增长 25.9%、22.1%，列全国第 1 位和第 4 位；2014 年，存贷款余额分别增长 15.1%、22.4%，列全国第 4 位和第 3 位；2015 年 6 月末，存贷款余额增速均列全国第 3 位，财产保险保费收入增速列全国第 2 位。三是对地方发展贡献不断加大。2014 年，金融业增加值达到 492 亿元，近四年年均增长 15.4%，高于生产总值增速 3.4 个百分点，占生产总值的比重保持在 5% 以上；金融业税收保持年均 32.6% 的增速，2014 年首次实现过百亿元，达到 129 亿元，是 2011 年的 2.31 倍；金融业吸纳从业人员 12 万人，较 2011 年新增 3

---

① 作者职务：贵州省人民政府副秘书长、省金融工作办公室主任。

万人。

（二）金融体系不断完善，支撑实体经济发展能力进一步增强

一是银行证券保险机构数不断增加。2011 年至 2014 年，全省银行证券保险机构（含分支机构）从 5288 家增加到 5978 家，净增 690 家，其中：银行业机构由 4309 家增加到 4855 家，证券业机构由 49 家增加到 71 家，保险业机构由 930 家增加到 1052 家。二是支农支小金融主体加快发展。2011 年至 2015 年 6 月，村镇银行由 12 家增加到 47 家，县域覆盖率由 13.6% 提高到 53%。小额贷款公司由 173 家增加到 398 家，县域覆盖率由 60% 增加到 93%；融资性担保机构由 270 家增加到 344 家，县域覆盖率由 75% 增加到 89%。截至 5 月末，小微、社区、科技支行等专营机构达 143 家，贵阳市实现社区支行、小微支行城市社区全覆盖。三是普惠金融网络不断扩大，实施金融服务"村村通"工程。2014 年在全国率先实现自助机具行政村全覆盖，截至 2015 年 6 月末，全省银行业金融机构在农村地区安装 ATM 5609 台，POS 机 49190 台，各类电子机具覆盖行政村 15884 个，构建了"覆盖省市县乡村五级、联通全国"的服务网络。2014 年末，基本实现农业保险服务网络和主要粮食作物参保全覆盖，全省农业保险保障金额 706.9 亿元，同比增长 152.4%，赔付支出 1.1 亿元，同比增长 55.2%。2015 年 1~6 月，全省农业保险保障金额 499 亿元，同比增长 33%，赔付支出 5810 万元，同比增长 133%。

（三）融资渠道不断拓宽，融资难、融资贵问题得到进一步缓解

一是直接融资快速增长。2014 年，全省企业直接融资规模达 1100 亿元，是 2013 年的 2 倍多、2011 年的 10 倍多，2015 年 1~6 月，直接融资规模达 383 亿元。二是融资结构不断优化。2014 年直接融资已占到同期新增贷款额的 50%，债券融资增速列全国第 2 位。新型融资取得突破，截至 2015 年 6 月末，保险资金投资贵州省重大项目建设规模累计达 130 亿元。全省"新三板"挂牌公司达 22 家，贵州股权金融资产交易中心（四板市场）成功吸引 288 家企业挂牌。三是融资成本有所降低。2015 年 5 月，全省贷款加权平均利率为 7.22%，较去年同期下降 0.3 个百分点，这一成绩得到了国务院重大政策措施落实情况督导组的充分肯定，并在今年 6 月 10 日《人民日报》的《确保重大政策落地生根》一文中得以体现。服务企业能力不断增强，尤其是通过采取多种措施，整合金融系统资源，深入开展工业"百千万"工程和"双服务"活动，为近 200 家企业解决了实实在在的融资难题。

（四）金融改革不断深化，对外开放步伐进一步加快

一是地方金融机构设置成效明显，组建成立贵州银行、茅台集团财务公司、贵州股权金融资产交易中心等 8 家地方法人金融机构。农信社改革有序推进，

截至 2015 年 6 月末，全省已开业农商行达 28 家。二是争取金融总部支持力度加大。比如，人民银行 2015 年年初核定贵州省地方法人金融机构合意贷款增量达到 765 亿元，是 2011 年的 2.5 倍。多家金融机构出台了专门支持贵州发展的意见或与贵州签署合作框架协议，国开行给予贵州棚户区改造全国最大授信，农发行将毕节试验区列为扶贫开发试验区，给予差别化信贷政策支持，等等。三是金融对外开放步伐不断加大。深入实施"引金入黔"工程，先后引进兴业银行、民生银行等 20 余家金融机构。截至 2015 年 6 月末，各金融机构通过跨境人民币融资业务融入境外资金 239 亿元，贵州省相关企业节约利息支出超过 2 亿元。中国银行等金融机构还引进了一批高端金融人才支持地方发展。成功举办了贵州首届金融博览会、生态文明贵阳国际论坛金融分论坛、香港及长三角金融招商会、金政企对接会等活动。

（五）保障措施不断增强，金融生态环境进一步优化

一是支持政策不断完善。出台了《省人民政府关于贯彻落实国发 2 号文件精神促进金融加快发展的意见》（黔府发〔2012〕16 号）、《省人民政府关于加快发展现代保险服务业发展的实施意见》（黔府发〔2015〕7 号），对全省金融机构进行两次贡献奖励，出台小额贷款公司和融资性担保机构的税收优惠政策，两类机构的企业所得税从 25% 减至 15%。二是信用体系不断健全。以农村信用社为主体，农业银行和邮政储蓄银行等机构参与的农村信用体系建设格局初步形成。截至 2015 年第一季度末，已建档农户 712 万户，建档农户占总农户的 83.5%，评定信用农户 687 万户，信用农户占比 96.5%，授信总额 2306 亿元，农户小额信用贷款余额 903.58 亿元，占比 34%。制定贵州省金融生态环境测评指标体系，引导社会各方力量共同推进农村信用体系建设。三是金融秩序保持平稳。积极协调解决部分煤矿、房地产等企业存在的信用风险，6 月末全省银行业金融机构不良贷款率为 1.5%，风险总体可控。重点开展整治投融资理财信息咨询类公司涉嫌非法集资行为的专项行动，截至 6 月末，全省共排查 3651 家投融资中介、融资担保、小贷公司等机构，立案 164 起，抓获涉案人员近 1000 名，查获涉案金额近 10 亿元。

二、当前贵州省金融工作面临的新形势

做好当前金融工作，必须紧紧围绕省委、省政府中心工作，紧紧围绕全省主基调主战略，积极适应金融改革开放"新常态"，科学把握全省金融工作面临的问题和机遇。

从问题看，主要有以下五个方面问题：

一是融资规模快速增长，但缺口依然较大，人均存贷款余额在全国仍处于

较低水平。近年来，与贵州省生产总值增速均位居全国前列相对应，贵州省存贷款余额、社会融资规模、直接融资增速均位居全国前列。尽管如此，从融资供求看，供不应求现象十分明显，融资缺口仍然较大。加之到 2020 年贵州省将与全国同步建成小康，客观要求全省经济较快增长，可以预见未来 5 年融资需求必将更加旺盛，融资缺口依然较大，实体经济整体"缺粮"，在县域、小微企业、"三农"等领域尤为明显。从人均金融资源占有看，尽管贵州省人均存贷款余额从 2011 年至 2015 年 6 月均增加了 1 倍，分别从 25203 元、19723 元增加到 48573 元、39920 元，但与全国和西部地区平均水平相比仍处于较低水平，人均存款余额仅分别占全国、西部地区平均水平的 50.1%、74.5%，人均贷款余额分别占全国、西部地区平均水平的 61.2%、80.5%。

二是融资渠道日趋多元，但融资难问题依然突出。近年来，我们千方百计拓宽融资渠道，从省外境外引进了大量资金，仅以贵州银行为例，该行成立两年半来引进省外资金就超过 1200 亿元。但相对于需求而言，加之受信贷规模控制、债务约束等因素的影响，融资难问题依然突出。从机构来看，种类不全、层次不全、分布不均，特别是目前贵州省县域金融机构平均仅 10 家，平均存贷比低于全省 10 个百分点，使得县域供给水平相对较低。从中小微企业融资需求来看，存在信息不对称、财务管理不规范、有效担保物缺乏等问题，难以满足银行和资本市场融资条件，导致金融机构对这类客户选择谨慎。

三是融资成本整体下降，但融资贵问题依然存在。全省整体加权平均贷款利率呈逐步回落趋势，5 月已降至 7.22%，但与企业实际盈利能力相比，融资贵现象依然突出，主要表现为"三高"：资金来源成本高，各家银行普遍上浮存款利率，部分上浮 30%，理财产品成本高于同期存款利率 1 倍左右；资金中介成本高，小微企业贷款一般需要提供抵押和融资担保，登记、评估和融资担保等中介费用约为 5%~8%；资金运用成本高，仅少数优质企业能以基准利率融到资金，很少享受下浮优惠，而中小微企业、"三农"等领域的贷款利率一般会上浮 20%~50%，有的贷款利率甚至翻倍。

四是金融改革不断深化，但金融创新能力存在不足。近年来，我们不断发出贵州省金融改革"好声音"、不断释放贵州省金融改革正能量，金融助推全省经济发展成效明显，但贵州省金融创新能力不足，尚不能完全适应全省经济社会发展的要求。主要表现在：机构创新不足，传统金融机构种类不全，新型金融业态发展滞后，金融市场竞争还不充分；业务创新不足，特别是对扶贫开发、小微企业、"三农"等方面的服务和产品创新缺乏顶层设计，与"大数据"产业的融合发展水平较低；地方金融监管体制机制不完善，工作能力严重不足，不能适应构建地方金融体系、加快发展金融新业态和履行地方金融监管责任的新常态和新要求。

五是金融运行总体健康平稳，但潜在风险不容忽视。总体来看，全省金融运行健康平稳，风险可控，但是经济结构调整带来的挑战依然严峻。一方面，当前经济金融运行错综复杂，主要行业增长分化，煤矿、白酒等行业产能过剩，部分地区房地产市场调整，信用风险逐步显现，不良贷款反弹较大。另一方面，新科技、新业态、新机构等经济动力快速成长，给金融机构带来发展机遇的同时也带来了更大竞争压力和风控压力，对金融机构经营发展提出了更高要求。同时，民间资本加速进入金融领域，这既增加了金融市场活力，但也给金融风险防范带来了更大压力，特别是非法集资现象凸显，扰乱了经济金融秩序。

此外，近期资本市场剧烈震荡，2015 年 6 月 15 日至 7 月 3 日，短短 13 个交易日，股指下跌约 30%，实属罕见，我们必须予以高度关注，认真分析对贵州省实体经济、金融机构、上市公司、散户投资者、社会稳定等方面的影响，加强市场监测和风险排查，强化舆论导向，完善风险处置联动机制，牢牢守住不发生区域性金融风险的底线。

从机遇来看，贵州省金融工作主要面临三方面机遇：

一是金融深化改革的机遇期。近年来，利率市场化、人民币国际化、民营银行发展、互联网金融、金融机构行政许可事项修订优化、股票上市注册制推出等金融改革力度加大，全国金融发展格局正在发生深刻变化，这有利于贵州省加快健全金融机构种类，有利于推动金融创新发展，有利于提高直接融资比重。特别是贵州省正在优先发展大数据产业，这对贵州省提升金融服务水平、优化融资结构和发展互联网金融创造了历史性机遇。

二是货币政策调控的窗口期。2014 年以来，国家 7 次降准、4 次降息，更加注重预调微调和定向调控，重点是针对小微企业、"三农"、民族地区、棚户区改造等领域，有利于贵州省用好支农支小再贷款再贴现、民贸民品贷款贴息、扶贫信贷贴息等政策，继续发挥好开发性和政策性金融作用。近几个月来国家陆续出台取消商业银行存贷比红线、规范大额存单业务、加速信贷资产证券化等相关政策，有利于贵州省金融机构争取信贷规模，拓展负债空间，盘活存量信贷资源，为实体经济提供更加稳定的资金供给。

三是贵州省转型发展的加速期。尽管当前全国经济下行压力加大，但对贵州省而言，"四个一体化"、"五张名片"等传统优势产业加快转型升级，"5 个100 工程"和贵安新区发展平台加快打造，"五大新兴产业"正在快速成长，经济运行稳中有进、稳中向好，融资需求旺盛，银行存贷比持续上升，社会融资规模快速增长，表明贵州省"资金洼地"效应凸显，为金融跨越发展创造了巨大空间。

三、贵州省当前及"十三五"时期金融工作思路和重点

面对复杂的经济金融形势，全省金融工作将坚持规划引领和创新发展，科学谋划和实施金融"十三五"规划，以打造主业鲜明、功能互补、融资便利、运作良好、治理规范的金融服务体系和风险防范体系为目标，以解决融资难、融资贵为突破口，以大力实施"金融八项三年行动计划"为抓手，加快推动全省金融改革发展，力争主要金融指标增速继续保持全国前列，全力为经济社会发展提供强有力的融资支持，为努力走出一条有别于东部、不同于西部地区其他省份发展的新路作出金融业的新贡献。短期主要是围绕解决融资难、融资贵问题，做到"四个着力"：一是着力保持流量，千方百计保障资金规模，为重点领域和薄弱环节提供稳定资金供给；二是着力做大增量，向上争取资金政策倾斜，激发民间资本活力；三是着力盘活存量，抓好企业上市，积极发展私募资金和场外市场，大力推进资产证券化；四是着力提升质量，加强信用体系建设，强化地方金融监管，提升金融服务水平。中期主要是围绕打造贵州省金融升级版，开展"金融八项三年行动计划"，即重点抓好"引金入黔"、地方法人金融机构建设、金融扶贫、金融生态环境建设、贵阳国际金融中心建设、贵安绿色金融港开发建设、金融"互联网＋"、金融支持重点项目和重点领域建设等八方面工作的贯彻落实。长期主要是要围绕建立贵州省现代金融服务体系和风险防范体系，坚持"四个并举"，即机构建设与服务提升并举，间接融资与直接融资并举，盘活存量与优化增量并举，创新发展和风险防范并举。围绕主要工作思路，当前和下一步将重点抓好以下工作：

（一）加快扩大融资规模

一是继续争取规模和政策支持。力争国开行350亿元、进出口银行100亿元、工行300亿元、农行200亿元的新增贷款规模落地，年内保险资金运用规模突破130亿元。积极推进国开行开发性金融助推贵州省城乡统筹发展试点，三年内完成1500亿元融资规模落地。二是创新举措，盘活用好存量信贷规模。抓住国家推进信贷资产证券化试点机遇，推动银行业金融机构加入信贷资产流转中心，力争贵州省年内信贷资产证券化实现100亿元。深入实施"3个15万元"扶持政策，年内启动贷款保证保险试点，进一步用好用足信贷资源。三是努力扩大直接融资。利用好证监会支持的"即报即审、即报即挂"优惠政策，力争年内完成20家以上企业在"新三板"挂牌。推动6家上市公司拟再融资224.8亿元。鼓励引导企业在贵州股交、绿地、中黔等省内金融资产交易中心融资，力争2015年新增50家以上企业在贵州股权金融资产交易中心挂牌。四是支持贵州银行、贵阳银行、贵阳农村商业银行等地方法人金融机构利用二级资本债、

小微企业专项金融债、"三农"专项金融债、同业存单等筹集资金，力争年内全部实现突破。

（二）加快金融机构建设

一是继续实施"引金入黔"工程。积极开展中国进出口银行在贵州省设立分行有关工作；做好平安银行、华夏银行在贵州省设立分行纳入2015年规划有关工作；着手5家保险公司来黔设立分支机构有关事宜。二是加快地方法人机构组建。加快贵安银行组建步伐，力争2014年下半年完成批筹任务；完成9家农村商业银行获批、新设15家村镇银行工作，力争2017年农村信用社全部改制为农村商业银行，实现村镇银行县域全覆盖。三是推动小额贷款公司和融资性担保机构整合重组，建立全省担保联盟体系和小贷联盟体系，进一步发挥两类机构的行业自律作用，逐步提升两类机构融资服务水平和能力。

（三）加快降低融资成本

一是推动建立政金企常态化对接机制。逐步改变零星、单一的对接模式，借助推广政府和社会资本合作（PPP）模式、工业"百千万"工程、"双服务"等现有平台，加强横向信息交流和整合，利用好融资供求双方信息，积极运用大数据技术降低信息不对称，增强供求双方竞争性选择，提升市场竞争深度和广度，推动降低融资成本。二是充分发挥好货币政策的引导作用。全面推广支农再贷款和支小再贷款杠杆化运作模式，实行定向优惠利率贷款。督促金融机构落实好办理再贴现票据的贴现利率低于其同期同档次贴现加权平均利率的有关政策。进一步创造有利条件，用好用足民贸民品优惠利率政策。三是支持符合条件的企业通过协议融资、内保外贷、海外直贷、跨境人民币业务等方式融入境外低成本资金。

（四）加快金融改革创新

一是借鉴经验推动改革。学习上海、深圳等地经验，在贵阳、贵安、遵义三个保税区探索开展离岸金融运作模式。二是强化金融改革试点工作。配合贵州省参与"一带一路"建设战略，推动人民币股权投资基金跨境创新业务，继续推动移动金融试点工作。借鉴浙江省、山东省等地金融改革举措，力争年内出台贵州省民间融资管理措施。加快推广PPP模式金融创新，通过设立PPP引导基金等创新举措，提升金融机构和社会资本参与PPP项目的积极性。三是加快互联网金融发展。按照"搭建一个平台，发展两类机构，打造三个聚集区"的思路加快发展贵州省金融"互联网＋"。依托贵州省大力发展大数据产业的契机，着力打造贵州省金融发展大数据平台，搭建并推广运用"金融云"，促进大数据技术在金融领域的商业应用；重点发展互联网金融和金融大数据服务机构，努力做好互联网银行、互联网保险、互联网证券的筹建工作，创新设立互联网小贷公司、互联网担保公司，推动设立科技金融和互联网金融专营机构，加快成立金融大数据服务公司，大力推动金融机构在贵州省设立大数据后台服务中心，建立贵州省地方法人金融机构呼叫中心；大力打造贵阳国际金融中心、贵阳互联网金融产业园和贵安西部绿色金融港城市综合体，推动贵州省金融业聚集发展，形成金融产业高地。

（五）加快金融生态建设

一是加强信用建设，积极推动社会信用体系建设，形成市场化的"守信激励，失信惩戒"机制。加大对创新农村金融信用县的奖励力度，鼓励创建信用乡镇、信用村组。继续实施金融生态环境测评，推动建立金融生态环境建设正向激励机制。二是结合贯彻落实全国整治非法集资专项行动部署，继续深入开展好贵州省打击非法集资专项行动，保持对非法金融活动的高压态势；同时密切关注过剩行业、房地产、地方融资平台等领域的信用风险，依法保护银行债权。三是贯彻落实《国务院关于界定中央和地方金融监管职责和风险处置责任的意见》（国发〔2014〕30号），启动地方金融监管体制机制改革，明确地方金融监管职责和风险处置责任，进一步健全地方金融监管协调机制，推动形成条块结合、运转高效、全面覆盖、无缝对接的区域性金融监管和风险防范机制。

专题2　推动移动金融创新培育新经济增长点

戴季宁[①]

一、移动互联网为金融服务创新带来机遇

在经历了30多年高强度大规模开发建设后，我国的传统产业相对饱和，同时互联网技术向传统产业渗透，衍生了大量新的技术、产品和商业模式，经济正在向形态更高级、分工更复杂、结构更合理的阶段演化。随着移动互联网的飞速发展，企业到企业、企业到个体、个体到个体的联系越来越紧密。企业和个体通过移动互联网拓宽了信息传播渠道，个体在移动互联网上释放需求并形成社会效应，企业因此降低生产和流通成本，不断孕育出新的产业组织形式，形成新的经济增长点。这些快速创新的经济形态对传统的银行业金融服务提出了挑战，同时也带来了机遇。

党的十八届三中全会明确提出，发展普惠金融，鼓励金融创新，丰富金融

---

① 作者职务：中国人民银行贵阳中心支行行长。

市场层次和产品。发展普惠金融，需要进一步扩大金融服务的广度和深度，提高金融服务的覆盖面和渗透率，让大众，特别是广大中低收入阶层以及贫困人口能获得便捷、经济合理的金融服务。目前在我国的农村地区，特别是像贵州省这样的边远少数民族地区，仍然有相当数量的群众难以获取现代金融服务。随着通信技术的发展和智能手机的普及，移动互联网技术的使用和移动金融的创新应用，使这些地区拥有安全、可信和便捷的金融服务成为可行的现实。目前，随着手机终端以及移动互联网技术的日益发展和普及，传统金融行业与移动互联网不断融合，同时大众对移动互联网软硬件及网络技术不断熟悉，创新安全、可信、联网通用的移动金融服务正成为传统金融业应用现代技术服务大众的重要手段。

移动金融是以手机等移动设备作为交易终端，通过实体受理设备在交易现场或通过移动通信网络与后台系统交互，从而完成交易的金融服务方式。移动金融创新是智能芯片、移动通信、电子认证等信息技术与金融服务融合发展的产物，是创新金融产品和服务模式、实现普惠金融的有效途径和方法。加快移动金融在普通消费、电子商务、公共服务等领域的广泛应用，对提升金融业服务实体经济与网络经济的深度和广度具有十分重要的意义。

二、合规有序是移动金融创新的前提

随着移动互联网的快速发展以及移动支付业务的爆发式增长，跨地区、跨行业的公司和团体纷纷涉足，参与的机构规模、用户规模和业务范围越来越大，粗放的发展方式暴露出一些问题：一是互联网巨头无视市场秩序，为争夺用户疯狂撒钱，无序竞争；预付卡非法充值、布放非法移动 POS、非银行机构老板跑路等事故和案件频发，移动金融发展呈现"野蛮生长"态势。二是各种移动金融应用越来越多，如支付宝钱包、微信钱包、百度钱包、和包、沃支付、翼支付等，不一而足，消费者面对繁多的支付技术方案和工具，面对不断的媒体风险报道，感到无所适从。三是基于移动互联网的支付工具和技术方案越来越多，各方自定技术标准和产品，难以互联互通。四是非金融支付机构大规模使用虚拟账户，其天生缺乏营业网点的缺陷使其在账户开立、转账以及支付等业务环节中涉及真实身份核实时不能到位。五是使用无卡方式的移动金融应用在保护消费者资金安全上能力偏弱。

随着市场规模的不断扩大，粗放式发展的移动金融模式正聚集越来越大的风险，亟须国家从产业发展的高度，做好顶层设计，把移动金融创新健康发展纳入正确轨道。

中国人民银行站在国家金融安全的高度，以安全可信和联网通用为理念，制定并发布了《中国金融移动支付技术标准》，从客户端安全、SE 单元服务技术、移动金融发卡及应用认证、远程及近场交易、公共可信服务管理等涉及移动金融的各方面提出安全规范标准，为移动金融创新的顺利推进奠定了坚实的基础。2014 年 5 月，国家发改委与中国人民银行联合下发《关于组织开展移动电子商务金融科技服务创新试点工作的通知》（发改办高技〔2014〕1100 号），要求推动移动金融安全可信公共服务平台（MTPS）建设，为移动电子商务健康快速发展提供有效支撑；同时选取成都、合肥、贵阳、宁波、深圳为"移动电子商务金融科技服务创新试点定向申报城市"，要求试点城市积极运用信息技术推动移动金融在公共服务、电子商务、小额消费等领域的应用，为人民群众提供更为安全、便利的普惠金融服务，并由此促进当地智慧城市、绿色城市建设。

建立国家层面的安全、可信、便捷的移动金融创新平台具有重要意义：一是符合中央提出的逐步增强战略性新兴产业和服务业的支撑作用，着力推动传统产业向中高端迈进，促进大众创业、万众创新，积极发现培育新增长点的要求；二是能拓宽传统银行服务领域，畅通企业及个人之间的资金流通渠道，有利于促进生产型及消费型服务产业的发展；三是能培育并发挥市场在促进就业中的作用，带动就业增加，改善民生；四是能以更贴近客户的方式服务"三农"，深化农村金融服务；五是能有效整合各方资源，以安全可信的模式建设移动金融服务平台，防范风险，避免浪费；六是能大量减少现金使用，节约资源，降低社会成本。

随着 MTPS 建设的完善和移动金融创新试点的逐步深入，国家倡导的安全、可信、便捷的移动金融 IC 卡模式必将成为移动金融服务的主流，有序规范移动金融产业的发展。

移动金融创新涉及顶层设计、平台建设、参与方互联互通、业务规划与营销、市场推广等方方面面，技术与服务深度融合，是一个系统工程。贵阳市作为国家移动电子商务金融科技服务创新试点城市，试点工作的推进要统筹规划，形成合力，建立"政府推动、央行支持、市场运作"的试点工作机制，健康、快速、有序地推进。

一是加强组织保障，建立政府、人民银行共同牵头的领导机制。要充分发挥贵阳市移动金融创新试点工作领导小组的作用，为试点工作的顺利开展提供强有力的组织保障。参与试点的相关单位要加强组织领导，制订工作计划和实施方案，明确目标、路径、责任和进度，落实到部门、落实到人，加强协作，监督到位，及时反馈工作进展，保证试点工作顺利开展。

二是要始终把安全放在首位。移动金融创新要以安全可信和风险可控为底线，遵循金融及密码领域的相关技术标准，发挥检测认证的质量保障作用，坚持以基于安全芯片的交易方式为主，切实保障客户资金和信息安全，维护金融消费者合法权益。

三是要坚持继承式创新发展。移动金融是金融 IC 卡应用的继承和创新。移动金融创新要坚持继承式发展，最大限度使用金融 IC 卡的受理环境、基础设施、安全保障体系等金融领域的丰富资源，避免重复建设和资源浪费，实现集约化发展和规模化应用。

四是要注重服务融合发展。移动金融是金融服务在信息化、移动化技术环境下的渠道拓展和功能延伸。移动金融创新应加快银行卡与手机银行服务的协同发展，推动线上线下金融服务的一体化，促进移动金融与普通消费、电子商务、公共服务等领域的融合发展。

五是要注重开展有特色的移动金融创新。要以发行符合 MTPS 规范的 SIM 卡作为发行移动金融 IC 卡的主要方式，SIM 卡价格便宜，其 SE 单元与移动终端的 NFC 技术紧密协作，能支持安全、可信的移动金融 IC 卡线上线下应用。要开发适合贵阳市特点的行业应用，为促进地方生产型和消费型服务业发展添砖加瓦。要研究和落实移动金融服务"三农"的业务和技术手段，丰富和完善农贸市场及助农金融服务。

专题 3　贵阳将打造西部地区互联网金融创新城市

王玉祥[1]

一、贵阳经济金融发展情况

贵阳地处西南的腹地，是贵州省的省会，是一座宜居、宜业、宜游的生态城市。贵阳的生态非常良好，气候凉爽，空气清爽，素有"中国避暑之都"的美誉。贵阳在贯彻落实习近平总书记对贵州省提出的坚守两条底线，一个就是加快发展，还有一个就是保护生态。在建设全国生态文明示范城市，率先在全省实现小康这样一个总目标下，贵阳以中关村贵阳科技园建设为总的载体，大力发展高新技术和现代制造业，努力打造贵阳经济发展的升级版。贵阳经济总量不大，但是贵阳的增速在全国省会城市中排名第一。

经济的快速发展离不开金融业的大力支持，这几年贵阳市委、市政府高度重视金融业的发展，特别是在 2013 年 7 月，原北京市委常委、分管中关村的陈

① 作者职务：贵阳市人民政府副市长。

刚同志到了贵阳担任贵州省委常委、贵阳市委书记以后，明确提出了发展以金融业为龙头的现代服务业的目标。打造中国西部地区科技金融创新和互联网金融创新城市的要求，金融业在贵阳市的发展中更为突出，金融业对于整个实体经济发展的支撑作用也在不断地增强。

2013 年，贵阳的金融业增加值达近 200 亿元，总量不大，对整个地区生产总值的贡献度达到了 9.26%，在整个西部地区城市中也是排在前面的。至 2014 年 9 月末，有银行业金融机构 32 家，非银行业的保险、证券管理公司有 60 家，贵阳在主板和创业板上市的企业不多，只有 14 家。但是在新三板挂牌的企业，贵阳是走在全国的前面的。9 月末贵阳的金融机构人民币存款是 6883 亿元，同比增长 18%，存款余额占到全省的 46.2%。金融机构的人民币贷款 6300 多亿元，同比增长 19%，贷款余额占到全省的 53% 以上。这就表明贵阳把金融业作为第三产业的龙头提出来，应该是有一定的道理的。

这几年贵阳以创新驱动转型升级为支撑，贵阳在发展大数据产业中，以科技金融和互联网金融为切入点，抢抓大数据和互联网金融的发展机遇，统筹规划，设计和引进了各类的金融业态，在促进科技与金融的融合方面，在加快互联网金融发展方面，在打造新金融生态城市方面贵阳进行了积极的探索。

二、贵阳在打造新金融生态城市方面的一些思路和做法

贵阳紧紧围绕互联网技术和大数据的运用，特别是移动金融这样一个时代的到来，不断地创新和丰富贵阳的产品不断扩大着贵阳在金融业的规模，应该说极大地提升了资金的配置效率和金融的服务水平。贵阳互联网金融的发展，使得传统的金融业版图发生了深刻的变化，促进了传统金融业与互联网金融的融合。

首先是开放合作。开放合作中最重要的就是与北京开展的区域合作，贵阳和北京共同建设了中关村贵阳科技园，形成了先进科技资源引入的有效机制，高新技术现代制造业等得到迅速发展，"北京→贵阳"、"贵阳→北京"的同城效应逐步显现，为科技金融和互联网金融的发展提供了重要的条件。在互联网金融、科技金融和移动金融方面，贵阳也得到了北京金融工作局的大力支持，得到了中关村管委会的大力支持。贵阳设立了贵阳综合保税区，这是国务院批准的一个含金量非常高的，在金融创新方面非常有影响的一个保税区，为贵阳开展的跨境金融创新也提供了一个非常重要的平台。

贵阳积极地搭建互联网金融的管理机构，和知名企业、专家学者之间形成一个交流合作的平台，提升贵阳在互联网金融领域的知名度和影响度。在 2014 年 5 月 28 日、7 月 10 日和 9 月 4 日，贵阳分别举办了"互联网金融圆桌会议"、

以"大数据时代的互联网金融"为主题的"生态文明贵阳论坛"的金融分论坛、"2014 中国电子商务创新发展峰会"的互联网金融论坛。国内主要的金融机构的一些同志和贵阳互联网金融、大数据领域的一些专家学者共同与会，经过这一段时间的讨论，大家一致认为，贵阳在发展互联网金融产业方面具有独特的竞争优势，同时对贵阳这一段时间以来发展互联网金融和移动金融的思路和做法都给予了充分的肯定。

其次是强化创新。在创新方面，贵阳的贵阳银行通过与中国银联合作，开发了移动支付的产品——"超级转账"。2013 年的交易量就达到了 246 亿元，占到了整个中国银联移动支付全国交易总额的 46%，在中国银联总公司手机支付平台交易中排名第一，在全国 145 家城商行中也是排名第一。

中国银联分公司建立了贵州省互联网缴费平台，并获得了中国银联总公司互联网缴费平台商业化的运营权。中国银联公用事业互联网缴费业务都是由贵州公司来开展商业化运营的，所以这一块对于整个贵阳发展互联网金融起到了非常重要的支撑作用。

贵州省本土的证券机构加强与互联网金融的融合，开通了证券保证金消费支付项目，成功推出了一个重要的互联网平台——"金惠理财平台"，在互联网金融领域进行了非常有益的探索。贵州省的股权金融交易中心也在积极地探索如何通过互联网金融实现资金的融通，如何与相关互联网企业合作开发网上交易系统，目前已经实现了集网上开户、登记、交易、发行、托管、清算等一体化全流程的一站式金融服务，也为金融资产交易提供了安全、高效、便捷的网络运行平台。

贵阳本土的互联网金融企业、贵州省一家电子商务公司，作为全球从事互联网信贷的 P2P 企业，已经成功地撮合融资 26 亿元，为解决中小企业融资难开辟了非常重要的渠道，交易量在全国 P2P 企业中排名第七，而且没有发生一起风险和代偿案例。

贵阳积极地打造互联网金融和移动金融的平台，积极构建金融机构的聚集区，将贵阳国际金融中心建设为金融业聚集发展的重要平台，引导各类金融机构入驻中心，加快形成核心金融商务圈，促进金融机构之间的强强合作，增强区域金融中心的辐射力和带动力，已经有 20 多家金融机构达成入驻的意向，有 12 家金融机构业务全面启动。

为促进互联网金融产业加快发展，贵阳加快建设贵阳互联网金融产业园，打造互联网金融发展的平台，着力吸引和带动互联网金融企业落户贵阳，目前已引进"北方的九次方"等 20 多家互联网金融企业正式落户贵阳互联网金融产业园。另外像"宜信"、"360"等企业，也就正式入驻互联网金融产业园达成了意向。现在贵阳的互联网金融产业园也是按照国内的相关专家、学者和金融街一些官员的意见，已经挂出了"贵阳互联网金融特区"这样一个牌子。贵阳这样做是为了更好地吸引国内的互联网金融企业、学者和人才聚集到贵阳来。贵阳的特色主要体现在市场准入的手段上，在贵阳的人才政策和产业政策上，贵阳制定出有别于国内其他城市的一些特殊办法。

中国电信、中国移动和中国联通三大运营商数据中心落户贵阳，对贵阳的产业配套和环境也形成非常有利的外部条件，同时也为贵阳互联网金融产业利用大数据提供了重要的支撑。贵阳完成了互联网金融的顶层设计，贵阳在国内著名的专家学者的支持下，出台了贵阳科技金融和互联网金融的产业规划，得到了一批国内搞互联网金融和大数据的领导和专家学者的支持；提出了通过科技金融的创新和互联网金融的创新，把贵阳打造成为中国西部地区科技金融城市和互联网金融创新城市这样一个目标；同时贵阳也出台了一批支持互联网金融产业发展的政策。

在要素聚集方面，全国知名的电商"京东"已经正式落户贵阳，正在建设单体面积超过 30 万平方米的集仓储和配送于一体的高度智能化的库房。另外贵阳作为人民银行总行确定的全国移动金融的五个试点城市之一，贵阳在 9 月 23 日已经正式通过了专家的审核，得到了充分的肯定。贵阳还在大力推动移动金融的平台建设，很快就会接入人民银行总行的平台。

专题 4　创新移动电子商务金融科技服务的设计与安排

——以贵阳市为例

候加林[1]

2014 年 5 月，贵阳市被国家发改委、中国人民银行确定为移动电子商务金融科技服务创新试点定向申报城市，标志着贵阳市金融与支付、科技深度合作步入新的起点。本文试以贵阳市为例，就创新移动电子商务金融科技服务的设计与安排进行初步探讨。

一、创新移动电子商务金融科技服务的现实需要

（一）法规政策和标准规范统一的需要

移动电子商务属于新生事物，在我国还缺乏明晰的统一标准、行业规范、

---

① 作者职务：中国人民银行贵阳中心支行副行长。

准入制度和监管政策，没有形成完整的法律支撑，消费者权益得不到有效保障，严重制约了人们广泛参与的积极性，阻碍了移动电子商务的发展，急需建立和完善相关法规政策与标准规范。

（二）应用模式和服务产品发展的需要

目前，移动电子商务、移动金融信息系统支撑和平台运营方面还处于初步探索阶段，尚未形成行之有效的经验和可以大规模推广的运营模式。已有的应用主要围绕实时交易、网上订票、移动购物、在线银行等移动支付领域展开，未形成完整的产业链。急需探索推动移动教育、移动医疗、移动应急行动、移动旅游等公共服务领域和民生领域的应用，拓展覆盖面，实现金融科技服务民生，推动金融普惠制。

（三）联网通用和可信服务共享的需要

目前移动电子商务涉及的支付体系、信用体系、身份认证体系等还比较分散，尚无统一的区域性可信服务平台能同时实现这些要素和功能，没有通用的接口标准和规范，不能做到联网通用、资源共享。

（四）支付安全和交易安全保障的需要

由于移动电子商务交易环节的多重性、交易方式的多样性、互联网的开放性等因素，移动电子商务面临着来自移动终端、移动互联网、移动商务平台等多方面的安全问题。急需研究探索基于安全芯片、支持硬件数字证书、采用国家密码管理局规定算法的安全移动终端，以保证信息的机密性、完整性、不可否认性，推动安全的移动支付应用。

二、创新移动电子商务金融科技服务的实践基础

（一）契合的省市发展战略

贵州省政府先后出台了《贵州省关于加快发展电子商务的意见》、《贵州省大数据产业发展应用规划纲要（2014—2020 年)》；贵阳市出台了《贵阳大数据产业行动计划》、《贵阳市科技金融和互联网金融发展规划（2014—2017 年)》，明确提出大力推动电子支付结算应用，创建区域电子商务结算中心、西部地区物流中转中心和互联网金融机构全国结算中心。

（二）良好的电子商务环境

2013 年贵阳市电子商务交易达到 244.48 亿元，同比增长 167.48%，其中网络零售交易额为 39.87 亿元，成为全国网商发展指数百强城市，电子商务发展初具规模。根据淘宝指数，在西部地区省份中，贵州省的网购消费能力仅次于四川省。

（三）坚实的信息技术支撑

目前国内三大电信运营商正在贵阳市建立全国云计算中心；贵州省政府与

阿里巴巴签署了《云计算和大数据战略合作框架协议》，在贵州省大力发展云计算和大数据、智能物流骨干网及新银泰 O2O 体验中心等项目。贵阳市与北京市联合打造中关村贵阳科技园，在创业生态系统构建、产业对接、科技金融、现代服务业等方面深度合作，实现资源共享。

（四）广泛的金融 IC 卡应用

2011 年贵阳市被人民银行指定为金融 IC 卡应用试点城市，辖内 ATM、POS 终端等金融 IC 卡受理环境明显改善，发卡量显著增加，在公共服务和民生领域应用取得重大突破，实现了"内五通"（即交通通、旅游通、缴费通、民生通、购物通）和"外两通"（即出省通、来黔通），成功打造了独特的"贵州模式"，为移动金融发展奠定了基础。

（五）前期的移动金融探索

辖内金融机构基于 SIM 卡和 SD 卡方式实现了黔 e 通、黔 e 付、NFC 手机钱包、掌上 e 支付等移动金融应用。其中黔 e 通、黔 e 付用户数已超过 10 万户，2014 年 1～4 月交易笔数为 49.12 万笔，交易金额为 50.86 亿元。

三、创新移动电子商务金融科技服务的总体框架

（一）总体目标

结合贵阳市移动金融发展情况，构建移动金融可信交易环境，创新符合电子商务企业和消费者多元化需求的移动金融服务，提升移动金融应用的安全性和便捷度，形成标准规范、安全便捷、应用融合、多卡合一的移动金融新服务新模式。

（二）具体目标

通过改革创新，达到"十个一"目标。

一是打造一条完整的产业链条。积极引导产业相关各方加入试点，打造一条完整的移动金融产业链条。通过各方资源的整合和共享，有效降低社会成本，切实提升社会服务能力。

二是创建一个良好的政策环境。有效推动政府、监管部门以及相关行业主管部门，在财政支持、行业协作、技术创新、标准规范、市场推广等方面出台相关政策，创建良好的政策环境。

三是建立一个高效的协作机制。结合贵州省金融 IC 卡行业应用推广协调机制，建立覆盖政策出台、平台搭建、业务注入和市场推广的、高效务实的移动金融应用推广协作机制。

四是搭建一个开放共享的系统平台。依托于人民银行 MTPS 系统架构，建立开放共享的移动金融安全可信服务平台，实现互联互通，促进移动金融产业链

上下游加快业务合作。

五是塑造一个服务民生的市场品牌。借助品牌的力量让移动金融更好地服务民生，为建设节约型社会创造条件。

六是构建一个多方共赢的商业业态。不断丰富服务内容，深化服务内涵，为客户创造更多的价值。促进产业融合，形成完整的产业链，建立市场化、多方共赢的商业业态。

七是建立一个持续发展的运营模式。以"贵州通"TSM 平台为依托，建立从系统运维、业务支持，到产品开发、市场推广的完整、合理的运营模式，确保移动金融业务的可持续发展。

八是拓展一批相关产业的行业应用。在先期实现空中发卡、远程应用、近场应用以及 O2O 应用的基础上，将移动金融同贵州省大数据产业有机结合，拓展同大数据产业相关的行业应用。

九是开发一系列契合市场需求的创新产品。以 NFC SIM 产品为主，以其他产品为辅，对电信运营商、商业银行、银联等业务流程进行再造，开发一批创新产品，适应市场发展需要。

十是完善一系列的标准规范。逐步构建和完善移动金融标准规范，实现移动金融市场主体跨机构间应用共享、实体互信、系统互联、协同发展，切实减少风险，降低产业融合的复杂度。

（三）阶段目标

一是 2014 年 8 月到 2015 年 7 月，将 PBOC 标准和相关数据放置在移动终端 SE 中的金融 IC 卡发卡量达 20 万张，发布的移动金融应用数量不少于 10 个，交易量不低于 200 万笔、200 亿元。二是到 2016 年 7 月，发卡量累计达 70 万张，应用数量累计不少于 20 个，交易量不低于 500 万笔、500 亿元。三是到 2017 年 7 月，发卡量累计达到 150 万张，应用数量累计不少于 30 个，交易量不低于 800 万笔、800 亿元。

四、创新移动电子商务金融科技服务的实现路径

（一）实现的基本举措

1. 建设"贵州通"TSM 平台。在人民银行 MTPS 系统框架下，建设面向全省的区域性 TSM 系统。负责辖内区域性银行的空中发卡功能，以及本地应用（包括行业特色应用）的发布管理，并通过人民银行 MTPS 平台实现同其他 SE 发行 TSM 系统、SP 应用 TSM 系统的联网通用、资源共享。系统一方面具备 TSM 系统的接口服务、应用管理、认证授权等一般功能，另一方面重点开发符合贵州省本地特色的金融应用服务和行业应用服务。

2. 打造安全移动终端产品。一是开发移动金融 IC 卡产品。基于 NFC – SIM 产品现有服务渠道成熟、业务推广便利、支持机卡分离、灵活性高等优势，采用基于 NFC – SIM 卡为主、NFC – SD、NFC 全终端为辅的安全移动终端硬件数字证书和加密技术方案。二是针对贵阳市移动金融的现状及趋势，选择采用卡片模拟和读卡器两种 NFC 应用模式。三是推广安全移动终端。以 NFC 终端普及为基础，迅速构建规模化的安全移动终端环境；聚焦重点行业，加快应用拓展，实现应用领域的大规模突破；协同金融及电信运营商构建安全、高效的移动金融 IC 卡发卡机制。逐步形成 NFC 终端、移动金融 IC 卡用户和应用拓展的良性循环，实现业务健康发展。

3. 创新移动支付服务内容。一是以云计算和大数据服务为基础，打造包括电子政务云、智能交通云、智慧物流云、智慧旅游云、工业云、电子商务云、食品安全在内的"7 + N"朵云服务。二是发展移动金融空中发卡服务。对个人用户提供空中下载并开通金融 IC 卡的功能；通过发卡方 TSM 系统，对非贵州省本地银行实现空中发卡；TSM 系统通过同本地银行系统，对贵州省本地银行客户实现空中发卡。三是拓展移动金融的线上服务。"贵州通" TSM 系统通过银联、银行相关系统，访问线上服务提供商的系统，实现公共事业缴费、自助金融以及移动电子商务等相关的应用。其中公共事业缴费服务包含全省电费、贵阳市水费、贵阳市煤气费、贵阳市数字电视费、全省交通罚款、全国话费等民众日常生活必需的缴费应用；自助金融服务包含余额查询、个人转账、电子现金圈存、贷款申请、基金理财、交易担保等；移动电子商务应用同贵州省电子商务云平台对接，服务包含机票、彩票、电影票、酒店预订，以及餐饮预订、商品购买等。

4. 完善相关政策标准。一是制定《贵阳市移动金融发展规划》、《加快贵阳市移动金融产业发展的若干意见》，重点从创新移动金融服务、完善移动金融受理环境、普及移动金融智能终端等方面制定相关政策，实现跨部门保障机制，建立移动金融一站式服务。二是完善相关标准和规范。遵循原有《中国金融移动支付技术标准》等标准，进行完善和补充。三是建立移动金融新规范。研究制定移动金融空中发卡、挂失、补卡、销户规范，移动金融服务资金清算流程规范，移动金融智能卡管理流程规范，"贵州通" TSM 平台渠道接入接口、应用接入接口、文件接口标准、差错处理流程、数据安全传输控制、通信接口等系列规范。

（二）实现的进度安排

主要分三步走："第一步"为基础阶段，从 2014 年 8 月到 2015 年 7 月，主要完成系统建设和实现基本应用，培养部分用户群体；"第二步"为整合阶段，从 2015 年 8 月到 2016 年 7 月，将已有的各类应用资源整合到"贵州通"TSM 系统，形成一定规模的应用和用户群体；"第三步"为突破阶段，从 2016 年 8 月到 2017 年 7 月，完成对关键领域和垄断行业的应用突破，使移动金融成为贵州人民重要的金融服务方式之一。

（三）实现的制度保障

重点是建立"一主干、两分支"的组织管理架构。"一主干"是指"政府引导、人民银行支持、银联协调、银行参与、行业推动、市场运作"的工作机制。"两分支"包括 TSM 平台建设和行业应用开拓的两套组织管理体系，具体框架如下：一是"贵州通"TSM 平台建设组织体系。在贵阳市国家移动电子商务金融科技服务创新试点工作领导小组领导下，成立"贵州通"TSM 平台项目工作组，负责 TSM 建设期的组织管理等。二是行业应用开拓组织体系。以各试点参与者自主开拓行业应用为基础，建立贵州省移动金融应用推广协作机制，通过市场化运作为主、市政府和人民银行参与为辅的方式协调解决投入与收益分配、行业壁垒等问题。

五、创新移动电子商务金融科技服务的问题与建议

（一）技术与安全风险

TSM 平台涉及金融标准和互联网技术、信息安全技术等多方面的新技术和标准，目前没有太多可参考的方案，在物理安全、加密技术、平台开发、应用评估、检测认证等方面都存在风险点。如果把握不当，可能会造成巨大的损失。因此，要严格遵循 MTPS 接入规范和检测认证机制，制定技术管理规章制度，以"安全可信、联网通用"为目标打造地方 TSM 平台，组织相关单位加强技术研究，实行稳健的技术路线和成熟的技术方案，降低技术安全风险。

（二）市场与经营风险

移动金融的商业模式尚不成熟，存在产品不被市场接受的风险。各参与机构在市场投入、市场开拓、成本分担、收益分配等方面存在利益冲突。因此，要明确市场主体各方责权，按照"谁投资谁受益，共同投资集体受益"的原则，政府和人民银行加强引导和监督，协调解决市场失灵问题。

（三）资金与投入风险

移动金融试点项目包括 TSM 平台开发、后续运维以及行业扩展等多个方面，需要大量的资金投入，如果资金筹措不到位，投入不足，可能会降低系统开发质量，影响运维效率，导致试点工作无法达到预期效果。因此，要多渠道筹集资金，项目前期主要以政府投入作为保障，用于建立 TSM 平台。

（四）政策与法律风险

移动金融属新生事物，涉及金融行业和民生领域的多个方面，试点项目需

要政策支持和法律支撑。在行业应用方面，存在行业壁垒。因此，要加强宣传引导，沟通协调，促进各行业主管部门在遵循市场机制原则下制定出本行业移动金融应用的相关政策。

（五）管理与运作风险

移动金融试点项目的重要任务是在系统支撑、平台运营、应用模式方面进行探索，其中 TSM 平台是基础。TSM 平台要为商业银行、银行卡清算组织、电信运营商、各行业部门、相关接入企业等多方机构提供接入服务。因此，要加强与其他试点城市的沟通交流，学习借鉴并结合贵阳实际逐步探索。

专题5 贵阳推进移动金融试点工作的思路和做法

肖 杰[①]

贵阳是国家发改委和人民银行指定的 5 个移动金融试点城市之一，在人民银行总行的正确指导和大力支持下，人民银行贵阳中心支行与贵阳市政府密切合作，积极组织辖内各相关机构开展试点工作，在空中开卡、TSM 平台建设、应用开拓等方面取得了较大进展，为全国试点工作提供了可借鉴的成功案例，得到李行长和总行科技司的肯定。借此机会，我想就贵阳移动金融创新试点工作情况向大家做一个简要介绍。

一、贵阳推动移动金融试点工作的主要做法

（一）建立试点工作的组织架构与制度

人民银行贵阳中心支行高度重视移动金融试点工作，积极与贵阳市政府协商配合，研究制订试点工作方案，共同推动试点向纵深发展。市政府正式发文成立了"贵阳市国家移动电子商务金融科技服务创新试点工作协调推动领导小组"，由省委常委、市委书记陈刚任名誉组长，市长和人民银行贵阳中支行长共同担任组长，实行双组长机制，王玉祥副市长和人民银行贵阳中支分管科技的副行长以及中国银联贵州分公司总经理等任副组长，统筹协调移动电子商务金融科技服务创新试点工作。在领导小组下设立办公室，由王玉祥副市长任办公室主任，办公室负责试点推动具体工作，定期组织召开行业主管部门、银行等机构协调会，为试点工作的顺利开展提供了强有力的组织领导保障。市政府负责协调政府资源和行业资源以推动行业应用和电子商务应用，人民银行贵阳中

---

① 作者职务：中国人民银行贵阳中心支行副行长。

支负责协调在黔金融机构和支付机构以推动金融应用。我们还以"贵阳市移动金融协调推动领导小组"的名义编发《试点工作简报》，及时向政府各部门、金融机构、电信运营商发布试点有关进展情况，搭建畅通的信息发布平台，促进信息共享和工作交流。

（二）明确试点工作目标与任务

我们结合贵阳实际，确立了试点工作要达到的十个具体目标任务：一是搭建一个开放共享的系统平台，二是开发一系列契合市场需求的创新产品，三是拓展一批相关行业应用，四是建立一种持续发展的运营模式，五是塑造一个服务民生的市场品牌，六是建立一个高效的协作机制，七是构建一个多方共赢的商业业态，八是打造一条完整的产业链条，九是创建一个良好的政策环境，十是完善一系列的标准规范。

（三）细化试点工作的具体路径与步骤

一是明确贵阳银行先行先试。通过贵阳银行在移动金融试点工作中取得的经验和成果来带动和引领各参与主体和相关方积极开展试点工作，形成以点带面，共同参与试点工作的良好局面。

二是建设"贵州通"TSM 平台。为促进贵阳移动电子商务规模化健康发展，市政府组织成立了贵阳移动金融发展有限公司，该公司负责"贵州通"TSM 系统的建设、运营和维护管理工作，公司接受人民银行的监督和指导。公司运用市场化手段推动贵阳移动金融试点落地与产业发展。

三是确立试点发卡工作技术路线。针对当前移动智能终端技术现状，充分考虑兼容性、市场推广、用户体验和成本等方面因素，通过广泛调研，充分论证，反复研究，确定贵阳试点以 SIM 卡为主、其他方式为辅的空中开卡技术模式。

四是拓展移动金融行业应用。在金融应用方面，推动各金融机构进行手机银行应用的改造和创新，使其符合人民银行有关要求和规范；在行业应用方面，推动移动金融在交通、旅游、公用事业缴费、社区服务等民生领域应用；在电子商务应用方面，引导移动金融公司、商业银行、第三方机构等运用市场化手段开拓移动金融在电子商务领域的应用，推动电子商务和金融服务的深度融合，促进移动电子商务规模化健康发展。

二、进展情况

（一）初步建立了三个示范基地

一是在贵阳银行建立了移动金融示范演示中心。体验区有手机银行、移动智慧银行、云金融服务平台、移动发卡机、手机钱包、手机支付 O2O、电子现金消费、自助闸机等应用场景可供参观体验。

二是将高新企业贵州博大智能终端科技发展有限公司打造成移动金融应用研发基地，开展移动金融应用研发。该公司先后研发了自助售货机、自助售水机、出租车刷卡终端和后台系统等。

三是在保利云山社区、市政府金华园住宅社区、会展城社区等安装自助售货机、自助售水机、门禁系统和支持非接的 ATM 等设施，让老百姓在日常生活中亲身感受金融 IC 卡应用和移动金融应用带来的便利和实惠，形成了示范小区。

（二）基本建成了 TSM 平台

2015 年 4 月 14 日，"贵州通" TSM 平台上线试运行并实现了应用发布功能，目前已经有公积金查询、交通违章查询、公用事业缴费、旅游景点购票、SIM 全卡空中开卡等应用可供使用。到 6 月底"贵州通"平台将完成与人民银行 MTPS 平台的对接，实现"贵州通"应用在 MTPS 注册，到 2015 年 10 月底，实现为电子商务提供密钥管理、身份认证、数据安全通路等服务。

（三）正式实现了空中开卡

一是 2014 年 11 月 7 日，贵阳银行与中国移动公司合作，成功发行了全国第一张符合人民银行 MTPS 规范的移动金融 SIM 卡，并配套发布了公用事业缴费、超级转账、理财等一批应用，用户只需借助一张经过实名认证过的银行卡就可以在手机上自助开立移动金融 IC 卡账户，并使用配套的移动金融应用，为在全国大规模发行移动金融 SIM 卡闯出了路子，奠定了基础。

二是辖内其他商业银行通过金融电子化公司 TSM 平台也发行了基于 SIM 卡和 SD 卡的移动金融 IC 卡，进一步丰富了发卡渠道。目前已实现空中发卡累计 3000 多张，贵阳移动金融创新试点工作已经形成了多渠道空中开卡的局面。

（四）陆续开展了行业应用

一是公交应用全面铺开。目前省内 9 个市州首府城市和 33 个县城公交可受理金融 IC 卡和移动金融 IC 卡的电子现金，只要在手机上空中开卡后圈存 PBOC 电子现金就可在公交上用手机刷卡乘车，据统计 4 月全省公交刷卡 531 万笔，运用电子现金 867.1785 万元。

二是出租车应用逐步取得突破，贵阳已有 4000 余台出租车可受 PBOC 电子现金，4 月刷卡 2776 笔，运用电子现金 2.5811 万元。

三是自助售货终端大面积推广。贵阳各商业银行营业厅、16 个住宅社区、部分大中企业正在陆续布放可受理电子现金的自助售货机、售水机，4 月刷卡 2.3864 万笔，运用电子现金 7.8945 万元，带动了移动金融线下应用的推广。

四是公共事业缴费平台初步建成。通过贵州银联公共事业缴费平台实现了交通处罚、水电煤气费、电话费、物业费、广电收视费的缴纳；通过人民银行超级网银通道，实现了超级转账功能。

五是景区电子票系统逐步完善。景区购票 O2O 应用已在贵州省落地，游客可通过手机 APP 购买贵阳青岩古镇景区门票，到达景区后刷手机快速通过闸机。

三、下一步试点工作计划

（一）扩大发卡覆盖范围

我们将结合改善农村金融生态环境，把移动金融应用由贵阳推广到 8 个市州、由城市逐步推广到农村，使农村用户可以随时随地通过手机终端处理新农保、新农合、涉农补贴等金融事务，切实解决农村用户难缴纳水电费、电话宽带费、电视收视费的问题。同时，围绕银行传统的"存、贷、汇"业务开拓金融应用，实现农村小额信贷应用，使农村中小企业获得授信后可以通过手机随时进行自助贷款还款。

（二）夯实安全体系

我们将根据人民银行《关于推动移动金融技术创新健康发展的指导意见》的要求，积极推进基于安全芯片的移动金融技术与应用创新，提升移动金融交易的可靠性。督促指导辖内金融机构对本机构的移动金融线上应用进行自查和整改，使其尽快符合有关安全要求和规范。组织督促各单位开展移动金融相关软硬件产品的检测认证。

专题6　贵阳如何发展互联网金融

陈　静[①]

第一个互联网银行是 1995 年美国"安全第一网络银行"，这是由一对连襟创造的：其中一位是银行家，另一位在美国国防部工作，研究密码和加密技术。这两位在银行成立之后的第一个礼拜就到了北京，访问了当时的中国人民银行。1995 年，我见到这两位网络银行的创立者，当时感到很震撼。把互联网的运用与银行的业务结合起来，这挑战了当时的金融行业。随后，中国银行、招商银行相继用互联网技术来改造传统的营业模式，一般我们叫"互联网银行"，后来逐渐发展到移动互联网的运用、移动支付的应用。尽管如此，随着第三方支付清算机构的兴起和大量的互联网企业的兴起，人们对互联网的理解更加深刻，进行了大量的创新。所以说，在过去一年提出了"互联网金融"这个词，尽管

---

① 作者职务：国家信息化专家咨询委员会委员、中国互联网协会金融工作委员会常务副主任。

国外没有这个词。国外有互联网银行、互联网保险，但是没有"互联网金融"这个词，所以他们感到很奇怪，什么叫"Internet Finance"，后来跟他们解释是怎么一回事。互联网金融是中国现在改革发展中的一个很重要的现象。随着经济的发展，邓小平在 1991 年提出"金融是现代经济的核心"，谈得更加明确，影响深远。现在贵州省特别是贵阳高度重视互联网金融的发展，我个人认为意义重大。刚才两位会长从很高的层面讲了经济学的金融形式，或者从互联网的思维方式角度讲，讲得很好。我想结合在贵阳以及西部地区如何发展互联网金融提点看法。因为我们要承认与沿海地区比，我们落后一些。怎么能奋起直追？不能简单地去攀比，更不能照搬。对在贵阳或者西部地区如何发展互联网金融，我谈三个问题：第一，发展互联网金融，电子商务是基础；第二，发展互联网金融，首先应为本地区的经济和社会服务；第三，发展互联网金融，要高度重视信用、诚信社会的建设，信用是发展互联网金融的社会基础和道德基础。

第一个问题，发展互联网金融，电子商务是基础。大家知道电子商务是人类骄傲的一场革命、一场变革。互联网金融是为互联网应用服务，首先是为电子商务产生和发展服务。电子商务的四大环节、四大参与者为网上购物、电子商城、网上结算和物流。由于电子商务的迅速发展，对网上支付结算提出了新的要求，大大推动了在线小额支付业务的迅速发展。而这恰好是传统银行业比较薄弱的环节。人民银行在过去相关的支付清算会议上提出要进一步深化改革、加强创新，要加快在小额支付领域的进一步发展，历史经验也清楚地反映了这一点。比如，阿里巴巴的淘宝网现在发展得很快，三年前它的支付清算是 900 多亿元，已经超过了新疆的整个收入总额。现在发展得更快，光是一个"光棍节"，销售额就达到了 160 亿元。现在看来，淘宝网的 B2C、C2C 模式的迅速发展，对在线小额支付提出了很高的要求，所以支付宝就诞生了。后来支付宝的发展，包括快捷支付、余额宝，都为电子商务服务、为网上大量的小额结算服务。所以我们感觉互联网金融的滞后，或者说互联网金融服务的落后往往都是由电子商务的落后和滞后造成的。

现在电子商务发展有三大趋势。

首先，向中西部地区、向三四线城市迅速发展。道理很简单，互联网的运用打破了地区差异，减少了发展的鸿沟。中西部地区、三四线城市人们的生活水平提高以后，没有这么多的专卖店，没有像大城市一样可选择的余地，但是通过互联网就可以选择。同时银行也使互联网的运用大大地扩展。其次，电子商务大踏步向境外发展。电子商务卖出、买进现在都是重要的方向，现在国家对这方面给予高度重视。国家外汇管理局牵头，联合人民银行有关部门下文在境外设电子商务结算的试点，现在第一批已经批了 20 家。最后，

B2B 的发展。大家知道，淘宝网代表电子商务发展中的 B2C，是企业对个人的模式，而 B2B 是企业对企业，当然这和金融业的发展也是分不开的。电子商务的深入发展给中西部地区的发展带来机遇，这是客观规律。而电子商务的发展给为它服务的互联网金融提供了市场环境和市场基础，这才真正叫作市场推动。我认为，中西部地区要切实加强加快电子商务发展，包括下一步移动电子商务的发展和境外电子商务的发展，要打好发展互联网金融的市场基础，这是很重要的。

第二个问题，发展互联网金融，首先应为本地区的经济和社会服务。刚才很多专家都谈了，互联网的服务是不受地域限制的，是比较开放的、公平的。但是我们仍然认为，尽管如此，它为本地区的经济服务是立足点。比如说为本地区电子商务的配套，贵阳、贵州省以及西部地区要发展 B2C 或者下一步的 B2B，那么现在线上支付、小额支付就要跟上，物流服务要跟上。同时，要为本地区的小微企业服务，这就是我们讲的普惠金融服务。这一点过去很长一段时间以来都是我们传统的金融行业比较薄弱的一块。现在要加快发展第三方支付清算机构，而且要给予小额信贷、P2P、众筹等互联网金融服务进一步的重视和关注。我认为还有一个重要观点，就是为本地区经济社会服务。我们的互联网金融包括新兴的互联网金融企业，包括第三方支付清算机构，包括从事这一项业务的互联网企业，一定要跟当地的经营机构密切地配合。

当然我们本地的金融机构，如银行、保险、证券等，也要积极与新兴的互联网企业加强合作。不可否认，改革开放的历史、互联网金融发展也证明了：竞争促进社会进步，不是垄断促进了社会的进步。同时我们也认为，在适度、科学、合理的竞争基础上，合作也促进了进步，而有的人却忽视了这一点。我们还认为，对于互联网金融的发展，传统经营行业仍然是主力，不可动摇。它本身按照社会的发展不断地改革、不断增强自己的服务能力、降低自己的服务成本，包括普惠金融服务。所以我们要面向竞争，同时我建议要进一步加强合作。在很多会议上，包括移动互联网的会议上，在北京、成都开会的时候，给三大运营商、中国银联和相关银行都讲了，希望它们加强这方面的合作。当然，说这些并不是我们排斥竞争或者反对竞争，我倒认为这个问题解决起来恐怕还需要探索、需要发展、需要真正按照市场经济的发展规律来加以解决。贵阳互联网金融产业园、贵阳以至于贵州省的互联网金融服务要迎头赶上，如果能够在这方面总结出点经验，就有可能后来居上。

第三个问题，发展互联网金融，要高度重视信用与诚信社会建设。市场经济某种程度上是信用经济，发展社会主义市场经济的过程里面，必须高度重视信用社会的建设。但是我们国家比较奇怪，"诚信"和"信用"的概念在我们国家有点混淆，跟国外的信用概念不一样：国际上讲的"信用"主要是指资金借贷关系的履约情况，简单说就是借贷还贷的情况、借钱还钱的情况，当然也包括少量法院判决、工商管理的信息。而"诚信"的范围更广泛，包括一般合同、一般企业、一般约定的履约情况，也包括遵守社会规范、纪律的情况等。比如合同的违约、坐公共汽车逃票等不是我们讲的"信用"，这是"诚信"的概念。在市场经济发达国家，"信用"很重要，在美国它是个人和企业生存与发展的基础。在美国，个人或企业如果信用好的话，获得信贷服务就非常容易，利用信用卡就直接可以买汽车、买房子。互联网金融是典型的虚拟化金融服务，"信用"和"诚信"更加重要。在互联网的虚拟环境中搞交易，不讲信用、不讲诚信，必然会造成问题多、困难重重。互联网金融的健康发展不能仅仅依靠法律法规监管，也不能完全依靠相关的安全技术措施等。即使有一部分人能做到，经济成本、社会成本也是很高的。当前出现的P2P、众筹这样的互联网投融资机制，为什么有市场前景？重要的原因之一就是传统的金融行业不能很好满足市场的要求，尤其是不能满足中小微企业的融资需求。传统银行过去由于很多原因，不了解企业的信用情况，造成这种情况的一个重要原因就是信息不对称，为了规避风险只能采取担保、抵押这种办法，不可避免地造成了信贷服务审批流程长、不及时等问题。而小微企业恰好连担保、抵押都很难，加上银行相关金融机构服务的成本比较高，所以造成了它们贷款难。如果我们不重视这个问题，我们的信用、诚信环境如果不进一步加以完善，那么我们就可以看到，现在其实已经开始了，为了防范风险，我们国家的P2P、众筹等互联网投融资服务不可避免地走上传统银行的道路，线下审查、担保、抵押的老路，而现在美国的P2P不是这么做的。因此低成本、高效率的普惠金融服务落实不了，成为了一句空话。

同时我们感觉中国的互联网金融服务已经有成功的经验。举个例子，淘宝网的支付宝，它的大量服务里面双向地建立了一个信用的评价机制，厂家有星、钻石、皇冠，反过来买家也可以这样，宝贵的信用资源是他们自己建立的。反过来支付宝利用宝贵的信息资源获得了大数据，它就可以开展很多相关的进一步的服务，信用比较好的就很快在网购中获得小额信贷的服务，它的安全措施就可以简化。这样就使它可能产生的风险可控。因此，我们认为在互联网金融的发展过程中要高度重视培育信用、诚信的社会团体。而且我认为这种环境不能完全靠人们自觉，不能靠人们认识觉悟的提高，这是有问题的。一句话，不能靠环境和教育，要靠社会机制。要充分利用人民银行已经有的征信系统服务，大家都知道人民银行有个征信数据库，当年是花了九牛二虎之力建起来的，现在有大量的企业和个人的数据，每年阻止可疑贷款上千亿元人民币。人民银行也正式下文，所有的信贷服务都要查询数据库，这样就避免了信息不对称的问题。但是我认为这对互联网用户服务还是不够的，比如支付宝搞这一套就没有。所以我们应该充分利用大数据等一些新的技术和手段建立有针对性的信用评估和信用评级，促进社会往信用社会、诚信社会转变。

总之，我认为要推动相关信用环境的培育，建设诚信社会是我国发展互联网金融服务很重要的事情。如果这个环境比较好的话，我想互联网金融必将发展得更加健康、更加迅速，更加有利于服务整个经济社会。

专题 7　融资担保：破解小微和"三农""两融"难题的有效途径

肖瑞彦[①]

在经济发展中，融资担保具有十分重要的促进作用。然而，由于我国政策性融资担保体系缺失、融资担保业基础薄弱，融资担保机构风险剧增，致使融资担保业陷入困境，极大地制约了融资担保重要作用的发挥。国务院发布的《国务院关于促进融资担保行业加快发展的意见》，制定了融资担保业改革发展的路线图，这对于融资担保业可持续发展具有划时代意义，标志着我国融资担保业的改革与发展进入了快车道。

一、融资担保的作用与发展

（一）融资担保的作用

"两融"难题即融资难和融资贵，是影响小微企业和"三农"发展的重要症结之一。2014 年 12 月，李克强总理指出："发展融资担保是破解小微企业和'三农'融资难融资贵问题的重要手段和关键环节，对于稳增长、调结构、惠民生具有十分重要的作用。"[②]

所谓融资担保，是指担保人与银行业金融机构等债权人约定，当被担保人不履行对债权人负有的融资性债务时，由担保人依法承担合同约定的担保责任的行为。融资方式包括借款、发行有价证券（不包括股票）、透支、延期付款及银行给予的授信额度等。在经济发展中，融资担保至少具有两方面的重要作用，即桥梁作用与"放大器"作用。

---

① 作者职务：贵州银行董事长。
② 李克强：《发展融资担保　破解小微企业和"三农"融资难融资贵》，http://www.gov.cn/guowuyuan/2014－12/18/content_ 2793669.htm，2014－12－18。

融资担保是连接银企的纽带。一边是为小微企业提供增信服务，帮助小微企业获得贷款；另一边是为银行分担风险，提高银行贷款投放小微企业的积极性。融资担保正是通过这种桥梁作用，加强增信服务和信息服务，破解缺乏信用保障这一融资"瓶颈"，把更多金融"活水"引向小微和"三农"。

在信贷融资领域，融资担保机构通常被形象地称为"放大器"。融资担保机构的主要服务对象是小微企业，可为这些财务报告不规范、尚未成长起来的小微企业增信，缓解其在贷款中遇到的信用不足与担保问题。企业在银行申请授信时，如果抵押物不足，可通过融资担保机构做担保，一旦企业无法偿还银行贷款，剩余资金由融资担保机构代偿，相当于银行、融资担保机构共同分担信贷风险，分散原本由银行一方承担的信贷风险。

（二）融资担保的发展

2009 年以来，随着一系列规章制度的出台和监管工作的推进，我国融资担保业逐步纳入规范经营的轨道，资本实力增强，业务稳步增长，总体运行平稳，为支持中小微企业融资和地方经济发展发挥了重要作用。

2009—2012 年，我国融资担保业实收资本年均增长 36%，在保余额年均增长 37%，与融资性担保机构开展业务合作的银行业金融机构年均增长 22%，融资性担保贷款余额年均增长 28%，中小企业融资性担保贷款余额年均增长 29%，为中小企业提供担保户数年均增长 27%，全行业担保业务收入年均增长 30%。[1]这些数据表明，融资担保行业对中小微企业的融资增信作用不断增强。

近几年我国融资担保业呈现爆发式增长。数据显示，截至 2014 年 12 月，全国共有融资担保公司 7898 家，在保余额为 2.74 万亿元，其中融资担保在保余额为 2.34 万亿元。[2]融资担保业的快速发展，对于促进资金融通，支持实体经济发展，特别是在缓解小微和"三农""两融"难题方面发挥了积极作用。

二、当前融资担保业面临的困境

（一）政策性融资担保体系缺失

我国银行体系中信贷资金总量并不少，大企业能获得较大的信贷支持，而小微和"三农"由于普遍缺乏有效担保，其融资难问题一直未能从根本上得以解决。

从我国各级政府现有的政策性融资担保机构来看，由于数量不多，自身实力不强，尚未形成自上而下统一的融资担保体系。而且即便是这些政策类融资

---

[1] 资料来源：中国行业研究网（http://www.chinairn.com），2013 – 09 – 18。

[2] 资料来源：http://www.chinalaw.gov.cn/article/xwzx/tpxw/201508/20150800478725.shtml，2015 – 08 – 12。

担保机构，政府往往还要求其自负盈亏，这在很大程度上背离了成立政策性融资担保机构的初衷，削弱了其政策性担保的职能。

从民营类融资担保机构来看，如果其控制风险的能力比银行强，则有其存在的必要性。但事实上，风险控制能力比银行强的民营担保公司只是极个别的。客观实践也证明了这一点：我国绝大部分民营担保公司要么不讲信用，不履行代偿责任；要么从事放高利贷甚至民间集资的不正当业务。

我国各级政府每年对中小微企业、科技创新型企业的名目繁多的补贴数量非常可观。但这种撒胡椒面式的补贴所起的作用实际上十分有限，同样的钱不同的花法效果完全不一样。如果在全国自上而下建立不以盈利为目的的政策性融资担保体系，把各种补贴改成对政策性融资担保机构的补偿，则可有效地解决小微和"三农"融资难问题，大大增强我国经济发展后劲。

（二）融资担保业基础薄弱

近年来，我国融资担保业尽管发展迅速，但融资担保业基础仍然薄弱，长期以来缺乏有效监管，存在机构规模小、资本不实、抵御风险能力不强等问题。从当前我国的融资担保机构来看，其基本状况如下。

一是相当部分融资担保机构的担保能力偏弱。主要表现在注册资本规模较小、公司治理结构不完善、风险管理水平不高、人力资源不足等方面，特别是部分区县级财政出资设立的融资担保机构，这些问题更为突出。

二是多而芜杂，资信良莠不齐。大多融资担保机构的服务质量低下，有些融资担保机构根本不为小微和"三农"提供金融担保服务，而是胡乱服务，误导和诱导小微和"三农"陷入非法融资泥潭中，导致其陷入生存困境。甚至有一些融资担保机构从事非法吸收存款、非法集资和高利贷等活动，严重扰乱市场秩序，危害社会稳定。

三是缺乏制度化规范。融资担保业存在着门槛低、不规范、不完善和高风险等业界痼疾，即使不为小微和"三农"服务，从整个融资担保业健康发展的角度来看，也亟待进行制度化规范。

（三）融资担保机构风险剧增

1. 严峻经济环境导致风险加剧

在我国经济持续下行的压力下，小微企业经营风险增加，导致融资担保业的状况不佳。突出表现为相关法律纠纷明显增加，有些地方甚至发生担保机构相继倒闭。以上海为例，近三年来与融资担保纠纷密切关联的金融借款合同纠纷、小额借款合同纠纷、典当纠纷和追偿权纠纷的案件数量呈大幅增长态势。这四类纠纷的一审案件数量由 2012 年的 10960 件增加到 2014 年的 19534 件，三年案件累计增幅高达 78. 23%。①

在经济持续下行的压力下，部分地区的融资担保业遭遇较大不良贷款压力，商业银行与融资担保机构业务合作趋于谨慎。一些银行大幅收紧银担业务合作，控制或调低担保放大倍数，有的甚至暂停了业务合作。对于商业银行而言，出于资金安全考虑，把防控风险放在首要位置无可厚非。小微企业规模小、抵押物少，理所当然成为银行风险防控重点对象。以上海为例，银行业金融机构融资性担保贷款余额持续减少。截至 2014 年末，上海银行业金融机构融资性担保贷款余额为 213 亿元，比年初减少 87 亿元，下降 29%。加大不良贷款处置后，上海 2014 年末融资性担保不良贷款余额为 20 亿元，下降 65%。其中，小微企业担保不良贷款占全部担保不良贷款的 81%。②

2. 经营风险隐患不断增加

一是机构代偿意愿下降。对银行来说，融资担保机构的担保能力直接体现在其能够及时动用的自有偿债资金规模。部分融资担保机构，特别是民营融资担保机构为确保其资本金实现最大收益，将资本金用于发放委托贷款或进行短期拆借，这就造成融资担保机构部分偿债基金实际成为风险资产，同时资金流动性减弱，影响其及时代偿的能力。

二是缺乏风险补偿机制。当前我国大多数融资担保机构还处于发展的初期阶段，单靠微薄的保费收入很难弥补可能发生的代偿或赔付，这在很大程度上威胁着融资担保机构的生存和可持续发展。因此，现阶段融资担保机构的风险补偿机制显得尤为重要。在西方一些中小企业发展机制成熟的国家，坏保后可由融资担保机构直接向政府中小企业管理部门申请补偿，或由政府设立的专门机构执行再担保功能。在我国，虽然政府大力支持融资担保业发展，但仍缺乏类似的风险补偿机制。

三、融资担保业改革发展进入快车道

构建全方位、多层次的企业融资担保体系，大力发展融资担保业，是破解小微和"三农""两融"难题，增强实体经济"细胞"活力的关键环节，更是为金融与实体经济之间架起了安全的"桥梁"。

2015 年 7 月 31 日，国务院常务会议部署加快融资担保业改革发展，更好发挥金融支持实体经济的作用。国务院于 2015 年 8 月印发《国务院关于促进融资担保行业加快发展的意见》（以下简称《意见》），系统规划了通过促进融资担保行业加快发展，切实发挥融资担保对小微和"三农"发展以及创业就业的重

---

① 资料来源：《中国经济时报》，2015 – 08 – 03。
② 资料来源：《中国经济时报》，2015 – 08 – 03。

要作用，把更多金融"活水"引向小微和"三农"。《意见》的发布对我国融资担保业发展具有划时代意义，标志着我国融资担保业的改革与发展进入了快车道。《意见》提出了融资担保业改革发展的路线图，主要表现在以下三个方面。

（一）发挥政府支持和主导作用

政府要发挥两方面的重要作用：一是支持作用，提高融资担保机构服务能力；二是主导作用，推进再担保体系建设。这方面，我国台湾地区的经验值得借鉴。我国台湾地区自上而下建立了不以盈利为目的的政策性融资担保体系，从根本上解决中小企业融资难题，以担保体系的少量亏损换取对中小微企业融资的巨大支持（我国台湾地区政策性融资担保体系每年仅亏损 2 亿元人民币左右）。一旦银行对中小企业的贷款发生损失，由政策性担保体系承担 80% 的损失，银行承担 20% 的损失。2008 年金融危机期间，我国台湾地区政府要求政策性担保体系放宽对中小企业的担保条件，通过这种方式让大量资金有效地注入了实体经济，较大程度地减缓了经济危机对实体经济的冲击。

要研究设立国家融资担保基金，通过股权投资、技术支持等方式支持省级再担保机构发展；推进政府主导的省级再担保机构在三年内基本实现全覆盖；明确省级再担保机构保本微利的经营原则、不以盈利为目的的定位，以及与之相适应的考核机制。需要指出的是，设立国家融资担保基金，意味着是用国家信用为地方政府、一些企业特别是小微企业"背书"。此举可谓一举两得。一方面可发挥信用增进作用，加速金融资源向实体经济的渗透，缓解"两融"问题；另一方面可缓解地方政府资金短缺问题，有助于盘活整个经济。

（二）构建可持续发展的模式

《意见》要求政府、银行、融资担保机构三方共同参与，构建可持续的商业合作模式。可持续的合作模式是融资担保业健康发展的基础，需要政府、银行、融资担保机构共同努力。小微和"三农"金融服务要可持续发展，关键是实现商业可持续，即探索一套合理的风险分散机制。

融资担保机构连接银行的纽带作用能否有效发挥，在相当大的程度上取决于政府支持。各级政府要多措并举，舍得投入，设立更多由政府出资控股参股的融资担保机构，完善再担保体系，通过税收优惠、风险补偿等政策措施加大支持力度。另外，地方政府要明确和落实好监管责任，地方政府作为监管主体，要守土有责，守住风险底线。

银行要主动作为，完善"银担"合作机制和风险分散机制，降低社会融资成本，更好地服务实体经济。要完善"银担"合作政策，优化"银担"合作环境。改进绩效考核和风险问责机制，提高对小微和"三农"融资担保贷款的风险容忍度。对银行业金融机构不承担风险或者只承担部分风险的小微和"三农"

融资担保贷款，可以适当下调风险权重。除了政策利好，银行今后也需在"银担"合作中承担更多责任。按照《意见》的要求，在与省级再担保机构达成的合作框架下，银行应对合作的融资担保机构提供更多优惠，如风险分担、不收或少收保证金、提高放大倍数、控制贷款利率上浮等。

融资担保机构要加强自身能力建设。融资担保机构是行业发展的基础和关键，为此要从以下方面努力：一是要按照信用中介的内在要求，经营好信用、管理好风险、承担好责任，提升实力和信誉，做精风险管理；二是要坚守融资担保主业，发展普惠金融，适应互联网金融等新型金融业态发展趋势，大胆创新，积极探索，为小微和"三农"提供丰富产品和优质服务，促进大众创业、万众创新；三是要发挥"接地气"优势和"放大器"作用，为客户提供增值服务，提升客户价值，形成独特核心竞争力。

另外，需要指出的是，小微和"三农"要努力提高自身素质，改善经营管理，健全财务制度，讲信誉、守诚信。完善小微和"三农"融资担保体系，应从最初的小微企业成立开始，便对该企业的信用情况做完整的记录，建立风险预警指标体系。通过预警指标及时发现在保项目的风险，同时强化小微企业的信用观念，严惩失信行为，由专门的机构对小微企业进行信用等级评级，降低社会交易成本。

（三）建立风险防范的长效机制

更好地发挥融资担保的作用，离不开有效控制金融风险。融资担保是一个高杠杆、高风险行业，如果不能建立风险防范的长效机制，势必制约其缓解"两融"难题的能力。在我国小微和"三农"信用基础薄弱的背景下，政府除应积极介入融资担保业，还应考虑整合整个行业的担保能力，特别是风险防范能力。政府、银行及融资担保机构共同编织安全网，在资信等方面共享信息，将有利于提高融资担保业的整体实力及信誉。

建立风险防范长效机制，要求加强协作，共同支持融资担保业发展。要落实财税支持政策，研究完善相关企业会计准则，规范、有序地将融资担保机构接入金融信用信息基础数据库，继续对非融资担保公司进行清理规范，加强管理和长效机制建设。

建立风险防范长效机制，要求加快监管法治建设。融资性担保业务监管部际联席会议要加强制度建设，完善融资担保监管法规体系；加大监管指导和监督力度，切实维护监管法规政策的统一性、权威性，确保有法必依、执法必严、违法必究；加强行业基础设施建设，建立统一的行业信息报送和监测系统，加强对重点地区和领域风险的监测和预警；对监管部门履职情况进行评价，指导地方政府及时妥善处置风险事件；对失信、违法的融资担保机构建立部门动态联合惩戒机制。

　　建立风险防范长效机制，要求有效履行监管职责，守住风险底线。要加强制度建设，推动《融资担保公司管理条例》尽快出台；要加强地方监管，明确监管责任，提高监管水平，守住风险底线；要发挥行业自律作用，为行业监管提供有效补充，提高监管和从业人员素质。

专题 8　我国 P2P 网络借贷的主要业务模式

刘利红[①]

　　现阶段，我国 P2P 业务模式种类较多，除了极少数 P2P 平台是作为信息中介平台以外，大部分 P2P 平台都是以信用担保、信用中介等模式来发展。我国 P2P 市场普遍提供担保，主要是我国现阶段征信体系尚不完善、投资者教育还有待增强等方面的现实因素所致。一方面，目前我国征信系统尚未向 P2P 平台开放；同时，民营征信体系尚不成熟，机构发展滞缓，信息覆盖面有限。另一方面，我国投资者教育基础薄弱，投资者对于投资的风险意识不足，而资金募集机构也缺乏对投资者的风险教育。

一、信息中介模式

　　信息中介模式是指 P2P 平台主要是为借款人和出借人提供信息中介服务，而平台自身并不承担借贷风险，也不承担信用、期限转换等职能，借贷风险由投资者自己承担。平台主要是提供信息中介服务，即对于借款人来说，借款人可以通过 P2P 平台提出贷款需求，递交贷款申请，并提交相关的贷款及个人信息，如贷款金额、用途、期限、利率、个人职业及收入稳定状况等方面的描述。P2P 平台对借款人的相关信息会做一定的审核，如身份证信息、户口簿、个人征信报告等。如果 P2P 平台审核通过并同意，则出借人的该笔贷款需求会在 P2P 平台的网站上公布并推介给投资者，P2P 平台还会公布一些关于该笔贷款用途及还款来源的描述。出借人（或投资者）将根据 P2P 平台上该笔贷款的相关信息来判断是否提供该笔贷款。如果借款人的借款计划在限定的期限内有足够的投资者来投资，则其借款计划被撮合成功，否则，借款计划自动被拆回。

　　该种模式最大的特点是，P2P 平台仅作为提供借贷信息的平台，平台不提供担保、资金池等信用中介服务，主要是提供信息服务。

---

① 作者单位：中国人民银行贵阳中心支行。

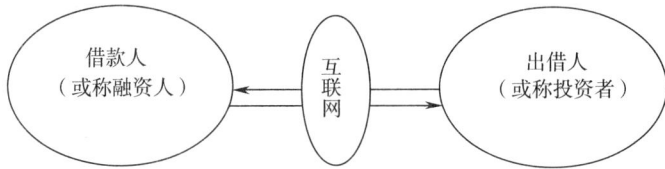

图 5 - 1　信息中介模式

从我国现阶段 P2P 行业来看，属于信息中介业务模式的 P2P 平台为数极少，目前较为典型的仅有拍拍贷一家。拍拍贷的盈利模式较为单纯，利润来源一是常规收费，即成交服务费和第三方平台充值服务费，二是逾期费用和补偿。

二、担保模式

信用担保模式是指 P2P 平台除了提供借款人的借款需求信息外，还对出借人的资金安全提供信用担保和信用承诺，为出借人的资金本息提供担保的模式。这种模式下，P2P 平台主要通过线下对借款人的相关资料及资产状况进行审核，通过审核的个人或公司贷款需求将会被发布在 P2P 平台上，而平台通过与第三方担保公司或其他合作伙伴合作等方式，为出借人的本息收益提供担保。借款人的还款出现逾期或逾期超过一定期限，将由合作的担保公司对出借人提供投资本息兑付。其中，一些是融资性担保公司担保，一些是小额贷款公司担保，一些是平台自身担保。

该种模式最大的特点是，P2P 平台除提供信息服务外，还以担保或风险准备资金等形式来承担借贷风险。

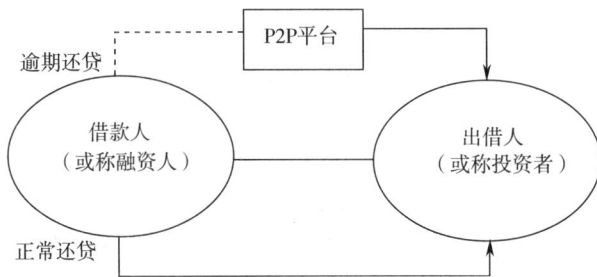

图 5 - 2　信用担保模式

从我国现阶段 P2P 行业来看，属于信用担保模式的较多，主要有宜信旗下的宜人贷、陆金所、有利网等。宜人贷是与专业担保公司合作，一旦借款人未按时还款，担保公司将按照本息保障规则进行垫付。陆金所是通过平安融资担保公司为其 P2P 借贷提供全额本息担保。但是，我国担保公司目前发展良莠不齐，很多担保公司的担保实力有限，且很多 P2P 平台借款人和担保公司之间存在关联关系，一旦出现兑付风险以及担保公司跑路等，风险将累积至 P2P 平台，并将传染至 P2P 平台其余的借款项目。

从我国现状来看，还有多数 P2P 平台是通过"风险备用金"或"风险准备金"等来作为担保资金，这里，我们也把这类模式归类为担保模式，不同之处在于，有的 P2P 平台是用自有资金来做担保，有的是通过与第三方合作来做担保。如人人贷平台设立了"风险备用金"，它是对投资者的"本金保障计划"，借款出现严重逾期时（逾期超过 30 天），通过"风险备用金"向理财人垫付此笔借款的剩余出借本金或本息。但是，虽然从部分 P2P 平台披露的信息来看，"风险备用金"实施第三方托管制度，但实质上资金的实际控制人仍然是 P2P 平台，并且"风险备用金"的杠杆放大作用使兑付风险一旦发生，"风险备付金"很可能难以独当一面。

表 5－1　　　　　　　　　　我国现有部分 P2P 平台出借本息担保情况

P2P 平台	担保机构	保项
陆金所	平安融资担保公司	全额本息担保
宜人贷	风险备用金	本息担保
有利网	合作机构担保	本息担保
积木盒子	融资性担保公司、非融资性担保公司、风险准备金	本息保障
和信贷	风险准备金	VIP 次日本息垫付，非 VIP 3 日内本息垫付
信融财富	融资性担保公司	本息保障
礼德财富	小贷公司、融资性担保公司、非融资性担保公司、风险准备金	VIP 本息保障、机构担保本息保障
付融宝	小贷公司、融资性担保公司、资产管理公司等	本息保障
微金所	小贷公司、融资性担保公司、电商平台等	本息保障
融金所	非融资性担保公司、风险准备金	VIP1 会员本金保障，VIP2、3、4 本息保障
PPmoney	融资性担保公司	本息保障
你我贷	非融资性担保公司、风险准备金	本金垫付

三、信用中介模式

信用中介模式是指，P2P 平台不仅具有信息中介功能，还同时具有"担保"和"债权分拆"等功能。这种模式下，P2P 平台对于融资项目以及债权的运作空间巨大，而 P2P 平台完全通过信用保障对出借人的资金本息提供全额兑付保障。此种模式下，P2P 平台除了提供信息中介服务外，还提供信用中介服务以及风险中介服务等。从实质来看，此类 P2P 平台已经演化为发挥银行功能的网络平台公司，不同之处仅在于其融资过程表面上是通过互联网来完成的。而一些信用中介模式蕴藏了较大的法律风险。如资金池模式，实质上是实现了信用转换。该模式最大的特点是 P2P 平台已经由单纯地提供借贷双方需求信息的平台转变为具有担保、债权分拆等功能的平台。

目前，我国很多信用中介模式的 P2P 平台实质上实现了信用转换，变相成为了银行表外非标业务平台，以及项目债权打包及转包平台。如国内大部分的 P2P 平台提供的债权转让服务，即放贷人以未偿还的贷款作为还款保障，获得一定比例的净值额度，并在平台上进行再融资。而一些信用担保模式的 P2P 平台同时交杂着信用中介模式来运作。并且，我国现阶段呈现出一些 P2P 平台已经逐步从信息中介模式向信用中介模式转变的趋势，蕴藏的风险较大，且监管和行业约束亟待跟进。如重庆市的宜信与汇中两家 P2P 行业的投资管理公司先行给借款人放款，曾将其对借款人的高息放款打包，设计成不同期限、回报率的"理财产品"卖给出资人，赚取息差，涉嫌无照经营和非法从事金融业务，且用于保证的资本金严重不足，并虚构借款人及借款用途将资金划到自己关联公司名下，最终形成"庞氏骗局"。

四、模式演变

P2P 本质上是一种个人之间的非标债权交易，但我国的 P2P 模式不断演变为多种衍生模式，其中包括 P2B 模式、资产证券化模式、财富管理模式，以及在 P2P 平台上衍生出票据业务等模式。

1. P2B 模式

B 是指 Business，即个人向企业提供借款，这种模式目前一些平台运用得较多，特点是投资标的的募集资金额度较大，有的标的募集资金高达上千万元。出于风险控制方面的考虑，该类型模式通常都需要引入担保公司进行担保，一般还需要由融资企业同时提供反担保。但是，由于该模式资金募集数额巨大，投资者难以分散投资风险，客观上需要平台具有良好的贷款调查和风险评估能力，以防范一旦融资企业资金链断裂而引发的风险。所以，此类模式对平台的专业化水平提出了新的挑战。

2. 资产证券化模式

该模式主要是指银行或券商的资产证券化产品借助 P2P 平台进行销售。其中较为典型的有票据业务模式，主要有票据贴现模式、票据质押模式、委托贸易付款模式以及内保外贷模式，这些模式主要是依托于票据的可流通性和流动性。但是，该模式相当于金融机构在背后进行隐性担保。

3. 财富管理模式

财富管理模式是 P2P 市场上的一种新兴模式，其核心思想是将财富管理理念融入 P2P 公司的运营之中，从而进一步满足出借人的投资需求。这一模式的兴起对 P2P 公司运营团队的专业化运作提出了新的要求。目前，国内采用该业务模式的主要有恒昌财富、宜信财富等。

目前，《关于促进互联网金融健康发展的指导意见》（银发〔2015〕221 号）已经明确，"个体网络借贷要坚持平台功能，为投资方和融资方提供信息交互、撮合、资信评估等中介服务"，而对于 P2P 网络借贷的业务模式而言，下一步更应该积极探索发挥网络平台的中介服务功能。

专题 9　P2P + 小贷：探求地方性 P2P 平台的发展路径

杨　锐[1]

贵州省第一批 P2P 平台上线运营始于 2013 年年中，当年仅有为数不多的 4 家。发展至今，全省已上线或即将上线的 P2P 平台数量已增至 30 余家。这两年时间里，贵州省大多数平台坚持稳健合规经营，撮合交易量不断攀升，但也先后有 8 家平台经国内知名的第三方网贷行业门户网站证实，成为了进入"灰名单"或"黑名单"的"问题平台"：有的实质已隐形停运，有的出现提现困难，有的宣告停业，有的索性跑路。业界人士认为，2015 年以来，监管部门颁布一系列政策法规性文件，特别是预判不久或将颁布 P2P 监管细则。一方面，这将有助于营造健康良好的行业发展环境；另一方面，一些运营不规范、实力不相当、业务模式不清晰的中小平台也将面临淘汰。

我们认为，互联网金融的兴起对传统金融业务造成了前所未有的冲击，特别是以前只能将银行作为单一融资来源的企业和个人如今有了更多的选择。不过，抵押品充足、往来金额较大且信用记录良好的大额贷款客户仍是银行眼里的"香饽饽"，而微贷业务未来将是拥有大数据征信优势的互联网金融巨头的天下。因此，地方性 P2P 平台最能发挥其独特优势的领域应该定位于中小贷业务。

钱口贷上线 9 个月以来，日均成交量超过 100 万元。其中，8 月单月成交量达 3717.56 万元，在全国 2283 家 P2P 平台中高于 93% 的同行。作为一家新平台取得这样的成绩，主要得益于对本地金融生态的正确判断，特别是对小微企业

---

①　作者职务：钱口贷公司执行董事、总经理。

融资难题的深入了解。小微企业是扎根在中国基层县域经济的细胞，其兴衰起落往往直接影响着当地的经济发展、社会就业乃至区域脱贫等问题的解决。小微企业通过银行或资本市场获得资金支持的难度，可以用"难在最后一公里"现象来简单概括。

从2014年末相关部门公布的数据来看，中小微企业为社会创造了90.05%的就业机会，新增就业岗位达90%以上，直接或间接创造GDP占比达62.4%，纳税占比为62%。但同时，也有80%左右的中小微企业面临着融资难题，占国内企业总数98%的小企业仅获得银行所发放贷款的1/4，获得资本市场资金的1/10。另据报道，我国近5成的企业生存周期不超过5年。在这5成里，有80%是小微企业，其中大多数是因为无法获得融资、资金链断裂而倒闭。小微企业融资难、融资贵问题之所以长期存在，其根本原因在于多数企业本身在信贷市场调查、风控等方面无规律可循，财务报表不健全、担保物不足、无信用记录、信息不对称，同时还受到银行等传统金融机构"重大轻小"的惯性思维以及制度不灵活、管理链条长、成本约束等因素制约。贷款风险的客观性使得银行不敢向小微企业发放贷款，在成本核算上，银行发放一笔1000万元的贷款与发放一笔50万元的贷款成本是一样的，而将贷款发放给小微企业，成本相对高而利润相对低，再加上传统的信贷市场制度导致信贷资源配置的不公平、不合理，小微企业获得贷款更难。

从另外一个角度来看，与小微企业相对应的小微金融机构如小贷公司等，经营的是非存款类的金融业务，面对的群体是那些具有潜在偿债能力与意愿但无法满足传统银行放贷要求的小微企业、个体工商户、农户等，具有"高效、简便、灵活"等特色，虽然填补了低端信贷市场的空白，但也同样由于缺乏政策的实质支持，发展相当受限。尽管至2015年6月末，全国已有小贷公司8951家，贷款余额为9594亿元，对解决小微企业和"三农"融资问题在一定程度上起到了积极作用，但由于其税负重（税率占营业收入的40%左右）、再融资渠道狭窄（在银行基本上拿不到批发资金），小贷公司大多只能依靠自有资本运营，不能形成规模经营，利润也不高，愿意走阳光化经营道路实际要承担更高的运行成本。一些企业实际是在"两条腿走路"，即除了企业以其注册资本正常经营以维护牌照以外，还依赖于大量超过注册资本的资金在体外循环，以自然人的身份对外发放贷款以规避税收、获取利润。小贷公司目前已无法吸纳更多的民间资本，就是因为投资者看不到合法合理且具有吸引力的利润回报。

互联网金融的出现为小贷公司解决融资来源问题提供了一个新思路。在贵州省、贵阳市各级党委、政府大力支持发展互联网金融的政策背景下，我们创立了"钱口贷＋黔中泉"即"P2P＋小贷"模式。一方面，通过钱口贷线上互联网渠道可以引入民间资本，为沉淀民间的大量资金寻找出路；另一方面，通过黔中泉小贷公司的风控技术，可以将资金安全、有效地投向线下众多的小微企业，缓解其融资难题。

在未来互联网将基本消除金融服务地域差异的预期下，我们对"P2P＋小贷"模式的发展前景仍然看好。银行就像"大卖场"，虽然可以提供品种丰富的物品，但由于其管理链条长、经营成本高，即使有心做小微业务，也没法比专门从事小微金融的机构做得更好。地方金融市场服务主体的差异化既需要"大卖场"，也需要"便利店"，专门针对小微企业服务的小微金融机构如钱口贷、黔中泉等平台，就像金融服务的终端机直接设在了居民小区的门口，在引导民间资金获得合理利润回报的同时，由于成本低、效率高、风控手段灵活、市场竞争充分，更加符合小微企业的实际融资需求，因此更能有效支持小微实体经济的发展，让资金的流动不输在"最后一公里"。

从趋势来看，传统银行的服务主体是优质的规模企业、大额贷款客户，而微众银行、网商银行等依托于腾讯、阿里巴巴等巨头的"互联网＋"民营银行利用大数据做征信，势必将把标准化高、可复制性强的个人微贷业务收入囊中，那么额度在一二十万元到一两千万元之间的中小贷业务就将是地方性 P2P 平台的优势领域。因为在实践中，借款企业的风险并不是简单用征信调查工具就能判断出来的，对企业拥有的大多非标资产，需要通过差异化的手段进行审核定价，特别是对抵押、担保、尽职调查等常规风控手段之外的"软信息"的掌握。这些"软信息"往往还包括企业经营者的人品、经历和企业所面临的软硬件环境等，而这也恰好是根植于本地市场、信息掌握充分的小微金融机构的优势。

要推动民间金融资本真正服务于小微企业，还应该通过市场充分竞争，优胜劣汰，从政策上允许优秀的小贷公司从银行批发到资金，获得与其风控能力相匹配的融资杠杆，再把资金提供给小微企业，最终降低小微企业的融资成本。这样，"P2P＋小贷"模式就将拥有两大资金来源，一大来源是依托互联网吸引而来的民间资金，另一大来源是依托于银行批发出来的低价资金，这将有利于扩展、吸纳更多的合作伙伴，更好地共同打造成小微企业贷款零售商，做好服务于"最后一公里"的"小微金融终端机"。

我们期望着在不远的将来，加速这一前景的实现。

专题10　互联网金融创新路上的探索与思考

盛桂芝[①]

贵州省虽然处于西部欠发达地区，但互联网金融的发展并不落后。贵州省委、省政府以及贵阳市委、市政府对互联网金融的发展非常关心和支持，这有力地推动了贵州省互联网金融的发展。据了解，目前贵州省从事网络借贷的互联网金融平台有40余家，并涌现出一批管理规范、运营稳健、发展迅速的平台，如招商贷、钱口贷、乾贷网等。本文仅就招商贷近两年在互联网金融这片蓝海中探索、实践、创新、发展的过程，谈谈对贵州省互联网金融现状的一点思考。

一、招商贷发展概况

招商贷是贵州省首家从事互联网金融服务的企业，由贵州合石电子商务有限公司创建。招商贷依托大数据、云计算等互联网技术，为本土中小企业和投资者提供投融资信息咨询服务，是目前中国西部地区交易规模最大的互联网金融平台。截至目前，通过平台累计撮合交易金额超过54亿元，平台撮合的交易量占贵州省市场总额的90%，在中国西部地区200多家网贷平台中，注册用户数和交易规模均名列第一，有力支持了贵州省电力交通、IT信息、餐饮酒店、服装百货、医药卫生、建筑建材等十多个行业的400家中小企业，为它们及时解决了资金需求。在服务本土实体经济的同时，企业经济效益同步增长，2014年，实现营业收入4029万元，缴纳税收600余万元，实现利润1400万元，安置就业100余人。

目前，该平台已接受上市公司中天城投集团增资控股，成为中天城投集团旗下从事互联网金融的核心信息平台。变更后公司注册资本达1.1亿元。同时，吸纳博实火炬基金入股，初步形成既有上市公司背景，又有政府引导资金参股的混合所有制的企业治理构架。

2015年4月，由人民银行、银监会、社科院联合发布的《中国网络信贷行业发展报告（2014—2015）》，从信用风险、流动性风险、操作风险和法律合规风险四个维度，遴选出全国领先的P2P平台共104家，招商贷位列该榜的第43位、贵州省第1位。

2015年9月，著名财经媒体《每日经济新闻》联合第三方权威机构，从

---

① 作者单位：贵州合石电子商务有限公司（招商贷）。

"股东背景"、"经营状况"、"稳健性"、"成长性"及"品牌影响力"五个方面，对全国 3000 家互联网金融平台进行分析评估。招商贷荣获"年度互联网金融平台 50 强"奖项，与陆金所、京东金融等知名平台一同站上了中国互联网金融平台第一梯队，成了名副其实的贵州省互联网金融领军企业。

二、招商贷快速发展的关键要素分析

从事互联网金融，必须具备以下几大要素：（1）有优质的资产端；（2）有足够的资金实力；（3）有严谨规范的风控手段；（4）有强有力的 IT 技术支撑；（5）有成熟规范的运营管理团队。这些是构成互联网金融平台的最重要基因。那么，招商贷是否具备上述条件？招商贷为什么能在短短两年间迅速成长为贵州省互联网金融领军企业？西部地区欠发达的互联网金融平台为什么能在全国 3000 多家互联网金融平台中崭露头角？经过研究总结，有以下几方面的重要因素。

（一）政策环境良好、政府重视支持、社会关心关注

这几年，贵阳市委、市政府高度重视互联网金融的发展。首先，做好顶层设计，明确提出了发展以金融业为龙头的现代服务业，打造中国西部科技金融创新和互联网金融创新城市的目标，把科技金融和互联网金融作为贵阳市金融业发展的重点。其次，营造政策环境，制定了《贵阳大数据产业行动计划》、《贵阳市科技金融和互联网金融发展规划》，出台了《关于支持贵阳市互联网金融产业发展的若干政策措施》。最后，努力打造互联网金融聚集区，促进互联网金融产业加快发展。贵阳国际金融中心正在加快建设，初步形成立足贵阳、带动全省、辐射周边省份的区域性金融中心。建立了贵阳互联网金融产业特区，吸引和带动 60 余家互联网金融企业落户贵阳。

在良好的政策环境下，招商贷平台作为创新型的金融业态，凭借雄厚的资金实力、专业的运营团队、稳健的运营模式和良好的经营业绩，受到各级政府的关心和重视，先后被评为贵州省最佳信用企业、中国互联网协会 2A 级信用企业。各级政府和相关部门十分关注招商贷的成长发展，省金融办、省银监局、贵阳市和观山湖区金融办、发改局、工信局、科技局等政府部门先后到招商贷进行调研考察并指导工作。平台的技术研发成果获得了市、区专项扶持资金。平台公信力大大提升。

招商贷在国内也名声鹊起。一些国内同行、专家、学者，以及政府部门、武汉大学、贵州财经大学、贵州互联网金融研究院、贵州省农村综合经济信息中心、阿里巴巴集团金融活水学者团、拉卡拉集团、中国银联北京分公司、北京联合货币兑换公司的代表和美国甲骨文软件系统集团中国区代表、全国各地

的投资人等先后来招商贷参观学习、调研考察。全国 50 多家媒体也对招商贷的情况先后做了大量报道。现在招商贷已成为中国电子商务协会移动金融专委会、贵阳移动金融协会、贵阳互联网金融协会副会长单位、互联网金融千人会理事单位。

（二）清晰的平台定位、独特的运营模式

招商贷成立之初，就明确了平台定位为"招商引资、服务实体经济，普惠金融、助力中小企业"；平台经营理念是"合作经营、坚如磐石"，平台运营模式是"围绕商圈经济、服务本土企业、构建线上线下数据平台"，服务宗旨是"诚信、敬业、安全、高效"，服务原则是"风控从严、合规经营、严守底线、不踩红线"。

两年来，撮合资金近 55 亿元，其中 80% 以上资金来自贵州省以外的 30 个省（区、市），甚至是国外，贵州省资金仅占 20%。支持的近 400 家实体企业全部是本土中小企业或微型企业。据不完全统计，这些企业共创产值收入近 300 亿元，安置就业近 3 万人，平台为本土中小企业解决融资难题、促进地方经济发展提供了有力支撑。招商贷招商引资、服务实体经济、普惠金融、助力中小企业的社会价值得到有力彰显。

（三）努力践行平等、分享、互利共赢的"互联网+"精神

《国务院关于积极推进"互联网+"行动的指导意见》指出"互联网+"是把互联网的创新成果与经济社会各领域深度融合的经济社会发展新形态。作为这一新形态的实践者，招商贷刚成立就提出"合作经营、坚如磐石"的经营理念并一直在努力探索平等分享、互利互惠、合作共赢的互联网金融创新发展之路。2014 年 10 月与中国民生银行签署了资金托管协议，2015 年以来，先后接受上市公司中天城投集团增资控股、参股具有国资背景的贵山基金、吸纳博实火炬基金入股，形成混合所有制的治理构架。同时与贵州广电网络股份有限公司合作，推出首个"互联网+金融+智慧生活"的创新产品"聚福盒子"。该项普惠金融创新产品在贵阳大数据博览会期间引起轰动，预售达 1.2 万份。

（四）不断探索实践、勇于创新发展

招商贷管理团队是一支有着丰富的互联网基因的团队。他们认为，创新是企业发展的不竭动力，尤其是在互联网时代。目前，在现有业务稳健运营的基础上，不断整合创新资源、积聚创新智慧，探索互联网下业务层次更丰富的产融结合的创新模式。提出依托大数据、定位老百姓、跨界布局的"汇财富、聚幸福"创新发展思路。具体而言，依托中天城投集团庞大的社区业主资源和贵州广电网络集团近 500 万户的客户资源，以"聚福盒子"为开端，推出聚福天使、聚福管家、聚福旅游、幸福巢、智慧社区等一系列"互联网+金融+民生"

的创新产品，让"汇财富、聚幸福"的普惠金融理念变成老百姓看得见摸得着的"幸福"系列产品，推送到千家万户，让普通百姓在享受便捷温馨的生活服务的同时，享受到安全、稳健的财富增长的幸福。这一创新项目得到了有关专家的一致好评。阿里巴巴集团副总裁涂子佩称赞道，"招商贷能够通过数据去考虑问题，并以此盘活中天城投集团的用户，创新模式很接地气。这充分说明招商贷是真正在做互联网金融平台，是一家真正的互联网公司，而且毫无疑问将做大做强"。

三、互联网发展面临的挑战

在两年的探索与实践中，招商贷认为贵州省的互联网金融发展面临如下挑战：

1. 互联网金融业作为一种新兴金融业态，在贵州省起步较晚，规模体量不大，除少数几家外，大部分是规模实力小、运营不规范的草根平台。对实体经济的支撑力、对地方经济的贡献度无法统计。

2. 互联网金融市场仍然处于群雄逐鹿、鱼龙混杂的发展期，一些互联网金融从业机构缺乏风险意识和风险防范能力，要么违规违法、恶意欺诈投资者，要么盲目扩张、风控不严，导致资金链断裂，在社会上产生负面影响。

3. 贵州省目前尚无互联网金融发展的规划意见和政策措施。贵阳市虽然有规划，有支持电子商务发展、支持互联网金融发展、支持以金融业为龙头的现代服务业发展的一系列政策措施，难以兑现落实。这在一定程度上制约了互联网金融业的发展。

4. 对互联网金融的理论研究落后于产业的发展，对普惠金融的宣传力度很小。

5. 在贵州省，一方面跨界融合型人才严重匮乏，另一方面企业引进的高层次人才很难通过贵州省高层次人才评审的门槛，很难享受到政府的相关优惠政策。

四、对贵州省发展互联网金融的建议

对此，招商贷结合自身的实践经验，提出如下建议：

1. 贵州省要尽快贯彻落实《国务院关于积极推进"互联网＋"行动的指导意见》和《关于促进互联网金融健康发展的指导意见》精神，尽早制定贵州省互联网金融、普惠金融发展规划和支持政策。

2. 对互联网金融企业，在划清业务边界的同时，应本着鼓励创新、包容失误的态度进行行业监管，为互联网金融业务、技术、产品、服务创新预留空间；

监管层要将互联网金融企业不能做的事情，列出负面清单，这样有利于企业预判商业行为的法律后果，为互联网金融企业创造良好营商环境。

3. 努力探索互联网金融行业自律、互律与他律相结合的创新模式，适时成立贵州省互联网金融行业协会，协调政府、行业、市场力量，促进和引导行业健康发展。

4. 按照《国务院关于积极推进"互联网＋"行动的指导意见》精神，加大宣传力度，着力培育一批具有行业影响力的互联网金融创新型企业，让互联网金融行业发挥更大的作用，为地方经济发展提供有力支撑。

专题11 释放融资渠道，破解"三农"融资难

——贵州华欣悦担保有限公司创新涉农金融产品

易雨容[①]

发展资金投入不足，涉农金融产品匮乏，成为制约"三农"融资发展的瓶颈。如何在日益旺盛的城中村市场需求和有限的金融服务之间，创新涉农金融产品，破解村民融资难题，成为金融行业面临的新课题。

一、创新涉农金融产品的缘由

近年来，随着城市飞速发展，旧城改造的步伐加快，贵阳周边的农村很多土地都被征拨，已成为名副其实的城中村。失去土地的城中村民，都面临着重新就业、转型创业、寻求发展的问题。

基于强烈的社会责任感，贵州华欣悦担保有限公司站在金融市场的前沿，结合贵阳城中村的发展与市场的实际需求，根据自身对农户、村办企业、区域发展情况的了解，深入基层、农户认真调研、反复论证、多方协调，按照金融服务实体经济的规律和农村经济诸多特点，大胆创新，2012年底，和贵阳市农商行联合推出了一套"农户通"涉农金融产品。

二、量身定制担保产品，独具特色

广大农户和村办企业拥有的大量农房，由于政策的缺失没有全产权证，进入不了银行的贷款审批流程。缺少抵押物是农村贷款的瓶颈。贵州华欣悦担保有限公司以农户的土地承包经营权和自建农房作为抵押物，联合当地多个部门

---

① 作者单位：贵州华欣悦担保有限公司。

（国土局、建设局下设的农房管理站、征收局、城管局、规划局），以及村委会、组委会、村民代表等，共同建立完善的连环牵制体系，设置完善的风险控制措施。操作流程如下：

（1）农户和村办企业提出贷款申请；（2）银保进行立项受理尽职调查；（3）贷款客户须有村委会推荐或出具房屋归属权证明，村民小组组委会证明，村民代表和亲友邻居村民愿意作互保；（4）提交相关农房信息手续证明到区农房站了解该村民办理的农房施工许可证是否真实有效；（5）到区国土局了解核实该农房的集体土地证是否真实有效；（6）到规划局了解核实该农户的农房所处区域是怎么规划的，充分掌握农户所抵押的农房位置、城市规划用途等；（7）到征收局了解核实该村民曾经被拆迁过房屋没有，主要核实该村民的户头被确权过没有，如果一个户头240平方米被使用过，对该农户的贷款就要更加谨慎；（8）到城管局了解核实该农户的抵押农房是不是在规划的红线范围内，是不是近年抢种出来的，如果是坚决不给予担保；（9）担保公司和银行走贷款资料流程；（10）农户家庭全体成员和互保农户签保证合同，村办企业全体股东和第三方连带责任人共同签保证合同。

三、创新产品破解"三农"融资难，专家领导齐肯定

以农户的土地承包经营权和自建农房作抵押物，联合当地多个部门，以及村委会、组委会、村民代表等，共同建立完善的连环牵制体系，为农户或村办企业提供融资担保，既解决了农户和村办企业缺少贷款抵押物的难题，又有效规避了公司的担保风险，该做法得到国家、省市领导及金融部门领导的高度认可与肯定。

2013年，贵州省前副省长、贵州省人民政府特邀咨询专家黄康生，省政协党组成员、秘书长李月成，中国保监会政策研究室主任、贵州省人民政府副秘书长、贵州省人民政府金融工作办公室主任周道许，贵州省银监局原局长邓瑞林，省人事劳动保障厅巡视员王明铮等，多次莅临贵州华欣悦担保有限公司进行调研，指导工作，一致认为贵州华欣悦担保公司的涉农产品是真正服务"三农"的产品，具有深远意义！

2014年6月20日，中国融资性担保业务监管部际联席会议主任文海兴、中国融资性担保业务监管部际联席会议处长樊卫东、副处长张正、贵州银监局政策法规处处长刘毅华、贵州省金融办银行处处长任辉、贵州省金融办保监处处长郑伯金一行专程到贵州华欣悦担保有限公司考察调研，文主任详细了解"农户通"产品的具体情况，并指出"农户通"产品是一个创新的突破，希望再接再厉，为服务"三农"作出新的成绩！

2015 年 8 月，微金融 50 人论坛组织的"金融活水计划"在贵州省调研时，阿里巴巴集团副总裁涂子沛等专家对公司的经营特色高度肯定，希望跟踪公司案例进行研究；中央财经大学金融学院张礼卿院长认为公司的经营模式具有可复制性。

四、释放融资渠道，为农村普惠金融引活水，解决农村融资难问题

2014 年 7 月，习近平主席在巴西提出，互联网金融创新正成为世界趋势。2014 年 3 月，李克强总理提出，让金融成为一池活水，更好地浇灌小微企业、"三农"等实体经济之树。面对旺盛的农村金融市场的需求，随着担保与互联网金融结合的趋势越来越明显、动作越来越快，在"互联网金融"、"普惠金融"理念的大力推动下，在互联网涉农金融产品非常匮乏的情形下，贵州华欣悦担保有限公司顺势而为，利用自身条件积极探索"三农"融资的新途径，2015 年 8 月与贵州中联农商互联网平台合作，力求打造线上线下相结合的 O2O 互联网涉农金融产品。

中联农商贷系统开发软件技术人员全部从北京引进，现整个系统平台已全部完成调试，于 2015 年 9 月上线，与之合作互联网涉农金融产品，将真正实现由区域金融（点）到互联网金融（面）的突破，从而也标志着真正实现从区域金融（云岩区）到互联网金融（全国）的突破，真正解决农村融资难、融资贵的问题。贵州华欣悦担保有限公司与贵州中联农商互联网金融服务平台强强联手，共同推出了贵州省首个为"三农"服务的互联网融资平台。

专题 12 移动互联网时代的券商 E 路行

马 鸿[①]

在当今社会，随着网络化以其所向披靡之势席卷全球，从市场本身到商家以及消费者都在日益接受网络带来的巨大变化。就如同托马斯·弗里德曼早在《世界是平的》一书中阐述的一样，全球化浪潮在今天的互联网时代愈演愈烈。世界是平的，互联网也是平的、没有边界的。

伴随着移动互联网的创新和发展，包括证券、保险、期货、基金等各个金融领域的企业纷纷将目光瞄准网络金融这块"蛋糕"，不仅推出各式移动终端应用软件争夺客户，还在谋划更深层次的应用和服务。

---

① 作者职务：国泰君安证券股份有限公司贵州分公司总经理助理。

这是一个变革的时期。

当支付宝联合天弘基金推出余额宝的时候，就如同一块天外飞石不期而至，让原本就不平静的金融行业瞬间警觉起来。证券行业也在暗流涌动。近期有媒体报道东方财富、大智慧在筹划"电子证券"业务，腾讯也在申请金融业务牌照，还传闻有金融网站欲收购券商。"搅局者"的出现必然会引发一些现有格局的变动。在这样的背景下，券商踏上网络金融道路势在必行。

每一条道路的探索都会借鉴先行者的经验。我们通过对比美国和中国台湾地区的互联网经纪业务发展轨迹，发现以下规律：第一，传统券商和新兴网络经纪商平分秋色、各有侧重。前者主要凭借研究支持和综合金融服务优势，以高净值客户为主；而后者主要是提供专业化的低成本服务，以佣金敏感型客户为主。第二，网上交易以量比价、薄利多销。第三，行业竞争从价格竞争向增值服务竞争过渡。不难发现，网络金融发展早期，涉足企业基本依靠低成本战略竞争，但在市场完全被瓜分，且新进入者依旧涌入的情况下，低成本、低毛利的盈利模式难以维持，网络金融服务商必然考虑通过研究支持等差异化的服务方式维持其竞争地位。因此，对于金融行业而言，最终的市场格局在管制的情况下，大量的金融业态其实是服务了传统金融机构无法服务得更好的那部分，而管制取消之后，则会形成相对具备各自优势的金融业态，而且竞争更为充分，相对均衡的可能性更大。

我们回头看几千年的历史，任何一种新技术的产生，都改变了很多业态。这种改变其实是底层生态的改变，是所有的行业都会面临的改变。所以，当它是一种威胁的同时，也是一种机遇。我们看到 IBM 存在了一百多年，但是其间从没有因为某种技术改变而使它消失。其实最终消失的是那些故步自封、墨守成规的企业罢了。

那么，就券商而言，如何参与这场无硝烟的网络金融之战呢？

知己知彼，百战不殆。首先我们还是要先了解网络金融的一些情况。互联网为金融带来了极为低廉的交易成本和更有效的大数据分析方法。就成本来说，由于投资需求具有典型的"推"的产品特质，因此只是单纯地将这类产品陈列在网上的模式并不能有效推动营销。而如果相关平台配备了大量的销售人员，则又会回到传统模式上，成本优势将丧失。对于大数据的分析而言，大数据时代的数据却未必对所有主体开放。公共机构拥有更广泛的数据来源，但往往缺乏对社会开放数据的意识。大量商业机构拥有的往往仅是自身经济活动的数据积累。商业购买行为可以成为获取数据的一种方式，但绕不开隐私保护这一问题。换言之，大数据时代数据却又是相对匮乏的，获取数据的能力成为一种稀缺资源。这就是互联网存在的两个弱点：一是"推"或"主动营销"的能力相对不足；二是大数据缺乏突破性创新的能力，因此无法替代专业金融能力。理财咨询、保险、资产管理等以"推"为主的业务条线，以及投行、托管等牌照将不会受到网络金融的明显影响。固然，交易成本的下降可以使这些业务略有受益，大数据的采用也有助于业务部门设计出更有效的产品，并采用新技术提高营销资源的配置效率，但基本的业务形态和商业模式不会发生改变。在这些业务上，互联网带来的改变仅限于工具。

基于以上分析，券商在应对来势汹汹的网络金融大潮时需考虑的是：如何利用多年积累下来的专业化队伍，结合新的 IT 技术来适应市场的变化与客户的需求；如何汲取互联网优势来构建高效、便捷、低成本、多元化的经营模式。提出以下拙见：

1. 充分挖掘信息技术优势，实现对现有客户及未知客户的精准分析，从而提出可行性较强的增值服务方案。一是基于大数据的客户精准营销，对客户信息实施大数据分析，通过流计算构建数据仓库进行信息整合治理，将客户非结构化数据转化为我们需要的结构化数据，实现客户与不同产品的智能匹配。同时通过大数据分析，实现客户信用评级及新产品的需求和风险预测。二是基于云计算的集中服务，对海量数据实现高可靠性、高扩展性、高效性、高容错的处理并且保障数据的安全。

2. 充实全能型理财顾问团队，精耕细作，提供更贴近客户需求的专业化服务。当前很多券商开展的非现场开户工作，仅仅是券商网络金融服务的一个便捷服务型开端；通过搜索引擎、微博、微信等社交网络形成的网络营销也仅仅是切入网络金融庞大客户群的一个工具和入口。我们需要认识到的本质是，客户对券商的需求不仅仅只是提供交易平台，而是转变为理财顾问和管家。

如果客户和市场对于产品服务的价值缺乏认识，那么无论再怎么压缩成本，都可能发生产品无法实现销售的情况。这种状况下，营销的关键已经转为如何提升客户的感知价值。特别是在一些高度复杂、专业性强的产品和服务上，提升感知价值的过程通常涉及高强度、高频度和个性化的互动沟通，并且人与人之间的信任关系会在其中起到巨大的催化剂作用，而这些作用是互联网模式难以实现的。因此，券商的角色需要从"以业务为中心"转向"以客户需求为中心"。

3. 提供多样化、定制式的服务产品，满足客户多样化的需求。从行业经营范围、管理模式转型上以及行业创新角度积极地为客户的财富寻求个性化的理财服务，将财富管理、机构服务作为未来经纪业务发展方向，放开分公司层级经营，集中优势资源打造区域化财富管理中心，构建统一的区域网络营销电子商务平台，最终演变为全能型投资银行。套用一句老话：网络金融带来的既是挑战也是机遇。认识不足、行动迟缓的金融企业未来将面临越来越窘迫的竞争局面，平台建设的后发劣势日益难以扭转。而对于成功把握网络金融趋势的企业来说，接触客户的渠道能力将显著增强，其信用风险管理等业务能力将持续受益于大数据技术，从而帮助其深挖企业融资和类贷款这些蓝海业务的机会。目前网络金融的竞争刚刚拉开帷幕，我们也难以判断中间战场的胜负输赢。但网络金融历史性地提供了又一个金融行业内的优胜劣汰筛选机制，通常来说这种机制会对更为市场化的金融机构有利，让赢家通吃。

虽然互联网企业正在向证券行业进军，比如支付宝推出的"余额宝"，但是互联网金融难以保持独立性，依然需要依托传统的金融体系，券商在"道路"的探索上并非被动，并且已经具备一定的实力加入互联网金融大军。

首先，券商的财富管理人才储备充足。与新兴起来的互联网金融企业相比，券商在投行、研究、自营、资管等方面都拥有自己专业的财富管理人才，能够为客户提供集投资、理财、资产管理等于一体的全方位财富管理服务。

其次，网络金融服务具备坚实的基础。经过一定的发展，券商已经具备集中交易系统、集中清算系统、集中风险监控系统以及集中的非现场稽核系统，且有相对完善的风险管理体系及制度保障。随着政策放开及技术提升，券商的网络金融服务将更加人性化。券商在充分肯定自身优势的前提下，必然需要汲取互联网金融模式的优势，在优势中寻求创新发展之路。

专题 13　P2P 股票配资：基于恒生 HOMS 配资系统

游宗君[①]　史　洋[②]

中国的股票市场在 2015 年上半年迎来了难得一见的大牛市。上证指数从 1 月 5 日的 3350 点一路飙升到 6 月 12 日的最高点——5166 点，半年内涨幅达到 54%。股市大幅飙升与其高杠杆有着密切关系，在股市狂飙突进时，大量中小投资者通过两融之外的 P2P 配资渠道进行杠杆交易。在强劲需求的刺激下，P2P 配资风生水起、大行其道，一时成为股市火热行情下发展极为迅猛的互联网金融业态。但随着政策的打压和做空势力的发力，从 6 月 12 日到 8 月 21 日的两个多月，上证指数一泻千里跌落到 3507 点，无数的股民血本无归。P2P 股票配资成为了这次股市大震荡的重要推手。

① 作者单位：贵州省金融研究院。
② 作者单位：贵州财经大学。

一、P2P 股票配资的影响机制

(一) 缘由

股票配资，是指配资机构向投资者提供资金杠杆放大的服务（杠杆比例从 1:1 至 1:5 不等），从而让投资者更好地抓住市场机会，实现利润最大化。配资业务对接的是伞形信托，这也是众多券商针对大客户的融资炒股需求采用的普遍类型。市场上配资公司的资金主要来自信托、银行优先级理财资金以及场外配资公司等。

由于互联网本身存在着实现去中心化、减少中间环节、提高效率、降低门槛等特点，将股票配资融入 P2P 顺理成章。与券商的"两融"业务相比，P2P 股票配资业务确实具备了天然的优势。

首先，P2P 股票配资业务门槛极低，满足了绝大多数投资者的配资需求。券商"两融"的审核周期较长，且设置的杠杆率偏低，给投资者带来了不少的投资障碍。但是，P2P 股票配资业务却具备了审核周期短、杠杆率高等低门槛优势，给急需配资的投资者创造了条件。

其次，杠杆比例高。融资融券的杠杆比例一般为 1~2 倍，部分券商可以最高操作到 3 倍。P2P 配资的杠杆则可以轻松达到 5 倍，最高甚至为 10 倍。

再次，配资期限灵活。P2P 配资没有任何期限要求，而融资融券最长只有半年。

最后，在标的方面，融资融券标的只有几百只，而 P2P 配资则限制很小，可以扩展到绝大多数股票。

(二) 发展状况

在 6 月之前，沪深两市的融资余额与融券余额的差值连创新高。抛开几乎可以忽略不计的融券余额，在 6 月 17 日、18 日的最高点，整个 A 股市场的融资余额为 2.2 万亿元。其中通过伞形信托入市的资金量在 1 万亿元左右，此外还有众多小型的配资公司的自有资金。截至 2015 年上半年，整个 P2P 行业的累计成交量达到 6835 亿元，创历史新高。其中，6 月成交量约为 650 亿元，同比增长近 2 倍。伴随着快速扩展而来的是问题平台的大量增多。

P2P 平台本身存在诸多违规担保、私建资金池、拆标错配等行为，由于缺乏有效监管，违规从事配资业务就更成为灰色地带，在行情暴涨之时，一度传出有 P2P 平台放出高达 1:10 的配资杠杆。由于 P2P 平台披露尚不完善，如果借款人变相投资股市，在股市暴跌时形成平台欠款，很可能引发恐慌，加剧行业性挤兑风险。统计显示，6 月共出现 125 家问题平台，创历史新高，环比增长 2 倍。近期被曝光的 P2P 平台，除了"跑路"之外，大部分发布澄清公告的问题平台主要是把问题归因于股市火爆、其他平台倒台造成挤兑等。

（三）影响机制：基于恒生 HOMS 配资系统

恒生电子推出的 HOMS 系统是恒生公司开发的一款全托管模式金融投资云平台，是 P2P 场外配资的典型代表。恒生 HOMS 系统有两个主要特点：其一是可以将一个证券账户下的资金分配成若干独立的小单元进行单独的交易和核算，也就是业内所称的伞形分仓功能；其二是这套系统部署在云端，不占用用户的本地硬件资源，用户只需要在网上签约进行账户托管即可。

在信息流端，恒生 HOMS 系统为整个结构提供了开户、分仓、交易、风控、平仓等全套信息流的管理功能；在资金流端，信托/资管结构化阳光私募产品账户和 P2P 平台实际控制的个人账户为资金提供了汇集、清算、汇划的资金流管理功能。由于这一新系统能够方便基金管理人对交易员团队进行分仓管理、交易风控和业绩考核，因此被广泛运用于信托阳光私募产品中，并从 2015 年初开始在证券投资私募管理人中迅速普及。

具体实现方式是：配资公司以自有资金在信托/资管公司发行一款结构化证券投资产品，信托/资管公司按合规性要求向配资公司分配交易客户端，而此时配资公司会以系统使用习惯等为由要求用其采购的 HOMS 系统与信托/资管公司交易系统对接，一旦信托/资管公司同意，HOMS 系统就能成功嫁接在信托/资管公司原系统之上，未来配资公司直接将其客户在 HOMS 系统端进行分仓，而不在资管系统中分仓，间接突破了信托/资管公司原有交易系统的合规性分仓控制限制。之后，配资公司通过合作券商或地推团队或者网站获取投资客户，以委托资金管理或收益互换为名为其提供杠杆交易。当有客户在配资公司进行配资杠杆交易时，配资公司将为该客户在 HOMS 系统开立二级分仓交易账户，并在其中分配一笔交易资金，将其之前"批发"的配资资金以更高的利率"零售"出去，从中获得无风险的收益。同时，在 P2P 方面，配资公司通过网络和手机 APP 吸引配资客户，让客户通过 P2P 网站达成保证金交付和配资撮合，月息为 2% 左右。资金出借方通常为网站控制人、小贷公司、民间高息资金等，通过 HOMS 系统和其所控制的自然人账户进行证券交易。

但是，这种交易方式在以下几个方面带来风险极大的影响：

第一，分仓单元实现了基金管理人在同一证券账户下进行二级子账户的开立、交易、清算的功能，其本质是打破了券商和中登公司对证券投资账户开户权限的垄断权限，这使得投资者不用到证券公司，只需要通过配资公司的网站就能完成证券交易的开户。并且这个账户不会在金融机构系统中留下一点痕迹。分仓账户的任意开立，将使得投资者碎片化、交易账户虚拟化、账户阅后即焚化，这将使得监管机构对投资者交易指令的追踪和恶意交易行为的监管体系失效，老鼠仓、内幕交易、坐庄等行为的可追踪性大大降低。

第二，配资公司＋HOMS系统＋信托/民间P2P账户已经构成了一个完整的互联网券商结构。配资公司在给投资者分配完分仓交易账户后，能通过信托配资/民间融资，直接让客户在自己账户上做高杠杆融资业务。这是一个没有固定办公场所、没有牌照、不受监管，却能实现几乎所有券商功能的体系。券商的核心功能可以在体系外通过技术组合方式实现，券商将沦落为交易通道。民间配资公司在实现券商功能后却不受任何监管，配资公司直接与客户进行资金往来和结算，金融机构不能也不会介入这个环节，在券商体系内建立的客户保证金三方存管制度就"断点"了，这将导致民间配资公司有机会上演挪用客户保证金的经典一幕，与10年前因此而倒闭的持牌券商如出一辙。

第三，整个体系如果崩溃，恒生只是做了信息流的管理，合理合法赚钱；配资公司已经不知所踪；券商只知道实体账户和资金交易，全无风险；信托/资管公司将为此埋单。道理很简单，虽然信托/资管公司自觉在业务中已经严格对配资公司进行调查，并把控住了整体产品的运营风险，可以假装对配资公司通过HOMS实现多级分仓、转卖资金份额、突破合格投资者限制视而不见，但信托/资管公司无法控制配资公司跟客户宣传产品，也无法控制配资公司跟客户签合同，更无法控制配资公司不会挪用客户资金，在出现问题后，所有的后果都会由信托/资管公司承担。

第四，劣币驱除良币效应，越是激进和偏好风险的越滋润，越是坚守金融底线和职业操守的越倒霉，金融秩序和监管威信就会受到挑战，如果保持不作为，那么经营压力和业绩压力就是将行业推入恶性循环的催化剂，再加上牛市行情的推波助澜，这种情况会表现得更加严重。

二、监管政策及影响

早在2014年12月15日至28日，证监会对45家公司的融资类业务进行了专项现场检查。检查结果显示：部分券商存在较为明显的问题，包括融资融券业务、股权质押式回购和约定购回式业务等。多家券商被证监会点名批评。除此之外，国家监管机构还采取了很多措施来对P2P股票配资进行监管。主要出台了以下监管政策或者监管举措。

（一）禁止为P2P配资提供便利

4月证监会通报证券公司融资融券业务开展情况，明确规定"不得以任何形式参与场外股票配资、伞形信托等活动，不得为场外股票配资、伞形信托提供数据端口等服务或便利"。同时强调了严格坚持"两融"开户50万元资产门槛，以及不得向开户不足半年的客户融资融券。

6 月 12 日至 13 日，证监会连续两日强调禁止证券公司为场外配资活动提供便利。7 月 12 日，证监会正式发布《关于清理整顿违法从事证券业务活动的意见》，规范不合规的场外配资行为。

（二）出台《关于促进互联网金融健康发展的指导意见》

7 月 18 日，人民银行、工信部、公安部、财政部、银监会等十部委联合发布了《关于促进互联网金融健康发展的指导意见》（以下简称《意见》），包括 P2P 在内的互联网金融业态这个存在着监管上的诸多弊端的"无监管机构、无准入门槛、无监管政策"的三无行业的监管空白终被打破。

其中，《意见》指出网络借贷包括个体网络借贷（即 P2P 网络借贷）和网络小额贷款。个体网络借贷是指个体和个体之间通过互联网平台实现的直接借贷。对于 P2P 平台的定位是信息中介还是信用中介的焦点问题，《意见》作出定性，P2P 是"信息中介"。这就意味着部分 P2P 平台以理财产品的名义进行宣传并不合规，即以 P2P 为代表的互联网金融，应该回归其普惠性，服务银行覆盖不到的中小微实体企业，不得变相改变资金用途到股市。

（三）政策影响

这些政策产生的影响立竿见影。据第三方资讯平台网贷之家的不完全统计，此前共有 40 多家 P2P 网贷平台涉及配资业务，纯配资平台包括米牛网、658 金融网、756 金融网、六合资本、贷未来、六六贷等，含配资业务的平台包括 PP-money、投哪网、团贷网等。在《意见》发布后，纯配资 P2P 平台及涉及股票配资的 P2P 平台就必须立即暂停该业务。许多 P2P 配资平台都面临着暂停业务和转型的风险，导致这些 P2P 公司业务萎缩和风险加大。

清理场外配资作为防范系统性金融风险、规范多层次资本市场发展的一个抓手，对于从互联网金融业务跨界到股票配资的不少 P2P 平台来讲，顺应监管层的号召和要求，剔除场外配资业务，才能真正回归到普惠金融的正轨上来。P2P 配资平台业务的转型将加速整个行业洗牌，交易监管的加强将促进整个行业的透明化、规范化。P2P 配资平台出借的钱不一定有对应的真实交易，这严重偏离了互联网金融为实体经济融资的原则，通过对该平台的整顿，一些不正规的小平台和依靠杠杆经营的平台将会逐渐被淘汰出局。当股票配资业务无以为继时，对于涉及配资业务的 P2P 平台转型就是最好的出路。

三、政策建议

互联网金融作为信息网络化时代产生的一种崭新的经济现象，在金融市场体系中扮演着越来越重要的作用。2015 年国家在"互联网＋"，特别是"互联网＋金融"领域连续释放出重要政治、经济信号，是"十三五"规划的热点议题。然而互联网金融这个新兴行业依旧存在着很多未解决的问题。这次股市的波动所暴露出的 P2P 配资问题，也只是冰山一角。国家已出台相关政策明确了 P2P 网络借贷机构信息中介的性质，对其行为界限进行了规范和监管。另外，笔者认为还应当从以下几个方面来对互联网金融进行政策引导和支持：

首先，进行立法规范刻不容缓。P2P 领域的法律以及细则还是空白，并且缺乏对敏感指标的统一计算口径，各个平台的呆坏账界定标准和计算方式差距较大。监管层在进行监管细则制定时，应敦促相关机构尽快进行立法；同时，监管层在对互联网金融的信息披露进行强制要求之前，应建立一个统一的信息披露指标和披露标准，针对投资者隐私，在加快法律建设的同时建立行业协会投诉机制。

其次，应当加大对于 P2P 和小微企业的支持力度和优惠政策。实体小微经济的问题在于利率的传导不畅通，缺乏一个合理的资金定价机制。风险大且利率低，并且存在着逆向选择等问题，导致融资困难，而这个根本问题是互联网金融解决不了的。通过税收优惠、特殊补助等形式，加大对小微企业和 P2P 网络借贷机构的支持力度，为其减轻税负，使其得到真正的利益，增加可持续发展的动力。

最后，加快个人和 P2P 平台的征信体系建设、加快我国信用评级业发展、降低借贷风险，是为我国各种经济体提供更好借贷服务的重要前提。由政府牵头，联合各大商业银行、资信评级机构、会计师事务所、律师事务所等机构，进行专业评级和信用系统整合，建立一个有效的公共信用平台，实现行业利益平衡、资信透明，将政府的权威性与专业机构的职业化管理结合，更好地实现"内部公开，对外收费"的盈利模式，并实现统计数据和信息共享，从而为 P2P 行业的发展提供保障。

金融的本质是服务实体经济。脱离这个，金融就是无本之木、无源之水。P2P 行业的服务对象是个人或者小微企业。只有这些小微企业客户能够盈利和健康发展，才能够和 P2P 平台共生共赢，相互促进发展。否则，若 P2P 网络借贷资金只是通过配资等方式进入金融渠道，资金在空转而未进入实体经济，实体经济发展不起来，P2P 网络借贷只会留下大量的坏账，这次的 P2P 股票配资问题就是一个很好的反例。

参考文献

[1] 邹辉霞、刘义：《P2P 网络借贷模式下的小微企业融资问题研究》，载《商业研究》，2015（2）。

［2］许圣道、韩学广、许浩然：《金融缺口、金融创新：中小企业融资难的理论解释及对策分析》，载《金融理论与实践》，2011（4）。

［3］潘凌霄：《关于伞形信托，你们看到的都是表象，真相在这里》，载《资管高层决策参考》，2015（1）。

专题 14　中国科技体制改革与互联网金融

皮建勇[①]

在 2014 年出版的《2013 年全国科技经费投入统计公报》显示，早在 2013 年，中国的科技研发投入已经占到 GDP 的 2%，科研经济年增速超过 20%，中国超过日本，暂时位居科技大国美国之后，成为全球第二。而在 2014 年中国经济年会上，中国国家发展和改革委员会副主任张晓强透露，中国的科技成果转化率仅为 10% 左右，远低于发达国家 40% 的水平。中国"科技资源配置不合理，利用效率低，大量的科研成果不能转化为应用技术"已经成为全国科技行业的共识。

一、现行的科技体制曾为新中国的科技发展和国际地位作出过重大贡献

回顾一下中国科技体系的由来与演变，起源于中国革命和军事斗争的需要。20 世纪 50 年代，中央政府根据国防建设的需要成立了几大部委，如核工业部、航空航天工业部、兵器工业部、船舶工业部等，主要从事核、航天、航空、兵器、船舶等涉及国家安全的支柱行业的科学研究和新技术研发，相应的由中央政府和各工业部成立组建了各行业的大学，如哈尔滨军事工程学院、南京航空航天学院等专业型的人才培养和基础科研的专业机构，同时各大工业部都设立了自己完整的行业和产业链科研体系，这些科研体系主要由大量的科研院所组成。应该说，在当时的社会主义政治和经济条件下，这一完全由国家主导建立的包括中科院在内的广大国立科研机构和大学构成了我国的核心科研力量，为中国的"两弹（一艇）一星"起到了决定性的作用，为改变新中国在国际上的处境发挥了重要作用。这一时期的科研机构任务均依赖于国家拨款，完全在计划经济条件下实施科研项目，科研目标明确，技术路线基本是模仿，以形成威慑能力为最高目标，科技创新、自主创新不是工作重点。

［①］作者单位：贵州大学云计算与物联网研究中心。

在 20 世纪七八十年代，为适应我国改革开放、发展社会主义商品经济的需要，国家的科技体制作出了重大调整：中国的核工业部、航天工业部、兵器工业部、船舶工业部等（也曾经叫过一机部、二机部、五机部、七机部），在改革开放的过程中，为了转变政府职能，把这些部门改为公司，即中国核工业总公司、中国航天工业总公司、中国航空工业总公司、中国船舶工业总公司、中国兵器工业总公司，这就是原来的五大军工集团。1997 年为了引入内部竞争机制，这五大军工集团均一分为二，形成了十大军工集团公司，划归国务院国有资产管理委员会与国防科学技术委员会管理。这一时期，在一些非国家安全和关系国计民生的科技领域，大量的集体和民营机构也开始进入科学技术的研究开发领域，如清华同方等高科技公司，逐渐形成了以国家科研机构为主体、大量不同所有制形式的科研机构并存的科研力量。

党的十七大报告中明确提出，提高自主创新能力，建设创新型国家，这是国家发展战略的核心。国家层面的科技规划成为行业、利益集团等竞争话语权的工具，专家成为利益集团的代言人。而以国家长远利益为目标、从国家战略的高度规划科技领域和发展方向的决策被关注的较少。中国要实现真正的伟大复兴，没有国际领先的科技实力是无法实现的，经济总量并不能代表我们实现了大国崛起和伟大复兴。

二、现行科技体制的一些弊端

统计数据显示：2014 年中国大中型企业科技研发支出占主营业务收入的比重仅为 1%，与发达国家大企业 5% 的水平也有很大差距。中国财政科技支出给企业的也仅占 15%，发达国家达 30% 以上。因此我国现行的科研体制在科研经费、科研人才队伍、课题项目规划、项目考核等方面都带有浓厚的计划经济色彩，国家主导着我国科技发展的方方面面。在国家大规模投入的情况下，虽然学术研究在数量产出上获得大丰收，但公认的、有分量的一流成果却与投入严重不成比例。

1. 顶层策划短视

行政决策代替科学意义上的民主决策。缺乏实事求是的思想和工作作风，特别是追求个人政绩的官本位思想导致战略规划和顶层策划的漏洞和不完善，甚至导致战略出现偏差。通常在一个特定的领域往往由一个特定的机构所控制，包括该领域的顶层规划，缺少一个真正科学民主的特定技术发展管理机构。

2. 量化的、外在的、行政主导型评价体制

量化的、外在的学术评价体制，其实质乃是以行政为主导。关于大学的

"去行政化"，这几年谈了很多，争议也很大，然而，所谓的"去行政化"，核心问题不在于大学和科研机构是否要有行政级别，而是不再以行政化的方式管理大学和科研机构的教学与研究事务，而能按照学术自身的逻辑，通过大学教师、科研机构研究员的学术共同体实现"教授治学"。

3. 科研项目管理体制明显受人际关系的影响

在大量科研项目指南的制定、发布、申请、批准、执行、验收、结题的全周期内，关系十分重要，而如何建立关系、怎么保持关系是一个更"科学"和更"实事求是"的问题，涉及申请单位的经济利益甚至生存空间，由此导致大量的人情课题，课题水平低下，甚至存在欺骗。

4. 各种考核体制和评价方式明显扭曲了中国科研人员的科研观念

现行的考核方式如年度考核评定、评先进、各类专家评定、评职称，甚至提拔管理干部和研究生毕业等，过分关注发表论文数、获得成果数、申请的专利数等。加上由于科研项目本身的水平太低和转化渠道、体制不畅，搞科研成了各类考核评定和提拔的硬件条件，为科研而科研，由此导致中国科研的世界影响力不大。

5. 一流的学术成果不是项目而是闲暇的产物

以量化考核为中心的行政化评价体制，因为受到工科思维的影响，特别重视项目，特别是重大项目的获得，拿项目成为比研究成果更显赫的衡量指标。以项目为核心的评价体制，或许比较适合工科、理科和医科，也部分适合某些社会科学，却不一定适合人文学科。因为古老的、传统的文史哲学科，其最需要的是闲暇和自由，却不一定需要大笔的资金投入。历史上古今中外人文学的经典研究，基本上都是个人按照自己的学术偏好、长期思考和研究而获得的，几乎没有一个是大规模资金投入的产物，更非团队攻关、合作研究的集体智慧结晶。

三、互联网思维对于科技体制的影响

时代的车轮永不停息。在互联网日益普及、"地球村"越来越成为现实的今天，国家与国家、组织与组织、人与人之间的交流与竞争、冲突与协作比历史上任何一个时期都要来得更坦然与直接。

在这种趋势背景下，科技的发展也越来越需要借助互联网思维，把科研人员、经费、资源、知识点有效管理起来，促进科研工作的有序开展，建立学术共同体的互联网价值与标准，摆脱科研行政管理体制的僵化与呆板，充分发挥全社会每个创新主体的创造潜力，实现李克强总理在政府工作报告中所倡导的"万众创新"理念。

1. 互联网思维让科研体制首次开启 O2O 模式

现行的以行政为主导的科研模式，是在不透明的情况下对重大科技项目进行规划、评审、论证、结题、推广。这里所说的不透明，是指项目的相关信息不是按照互联网模式进行广泛的传播，实现信息对称，借助于云计算和大数据技术得到纯粹的、透明化的数据。因此，传统上完全基于线下的科研模式本质上是盲目的：一是对科技发展的趋势是盲目的，二是对市场的真正需求是盲目的。因此，传统的科研模式是 Offline 的，要想使科研真正能凝聚广泛的智慧，实现科研目标最大化，必须将科研模式转变成 Online。

2. 以互联网方式分布存储知识点，实现科研过程的泛透明化

科研活动本质上是以人类思维活动为链条，对研究方向中所涉及的知识点进行推理，因此基于互联网的知识存储是分布式的，可以按照互联网的格局对分布存储的人类知识节点进行语义关联、数据挖掘。新的知识点又会不断产生出来，推动科研项目的发展。

3. 互联网金融将为新的科研体制注入强大动力

以 P2P、众筹为标志的普惠金融是互联网金融的主要发展方向，代表着资本——人类经济发展的血液将会渗入到人类经济生活的毛细血管中。其中当然也包括互联网 Online 模式的科研体制，科研管理将变得更加碎片化，与互联网金融结合，很容易建立科技团队的征信体系，让科研评价体系变得更直接，也更公正客观。

四、互联网金融与科技的双腾飞

李克强总理在政府工作报告中首次提到了"互联网＋"，将"互联网＋"行动计划提升为国家战略，标志着"Everything on Internet"从技术层面提升到了精神层面、人文层面和社会层面，也标志着大众创业、万众创新时代的到来。

这里我们所提到的第一个"互联网＋"就是指互联网金融，互联网金融将成为整个"互联网＋"的基础，也就是说基于互联网所构建的新的商务模式、学习模式、医疗模式、科研模式、娱乐模式、政务模式等都将以互联网金融为基础。互联网科研也不例外，将充分依赖于 P2P、众筹、征信、风控等互联网金融的基础平台和工具，解决互联网科研学术共同体的评价体系、融资规范、协作机制、去行政化等一系列困扰当今中国科技体制改革的深层次问题，实现互联网金融与科研的双腾飞。

专题 15 发展特色金融、打造"金融四谷"，推动贵州省后发赶超

王作功[1] 游宗君[2] 杨 锐[3]

当前，我国经济发展进入新常态，经济增长速度换挡回落是新常态的最大特点，调整经济结构和转变经济发展方式是新常态下最艰巨的任务，资源环境的承载力是新常态下经济发展最大的硬约束。在经济新常态背景下，贵州省正面临着新的战略机遇与严峻挑战。

早在100多年前，马克思就研究了技术创新与资本积累之间的关系并最先提出了"技术金融一体化"的思想。根据马克思的"技术金融一体化"的思想、熊彼特的"破坏性创新理论"以及亚历山大·格申克龙和林毅夫的"后发优势理论"，经济发展突变时期是创新最为活跃的时期，也是欠发达地区弯道超车、实现跨越发展的战略机遇期，而要抓住这一战略机遇，必须进行制度、管理、技术的创新集成。因此，贵州省作为欠发达地区的代表，必须以金融创新为支撑，以制度创新为保障，以技术创新为引领，推动"技术—管理—金融"一体化创新，抓住经济发展新常态的历史机遇实现后发赶超。

一、贵州省金融业发展的特点及薄弱环节

贵州省金融业发展的显著特点是近年来金融业发展速度高于全国和西部地区。

根据我们编制的贵州金融指数，从2010年至2013年，贵州省金融业增长指数分别高于全国4.45个、4.39个、7.72个、1.30个指数点，分别高于西部地区1.27个、0.75个、3.90个、0.84个指数点。这说明从2010年以来，贵州省金融业增长速度一直保持高于全国和西部地区的态势。取得这样的成绩，主要是得益于省委、省政府对全省金融工作的高度重视、高瞻远瞩和坚持强调"抓经济必须抓金融，只有抓好金融才能抓好经济"的发展理念，得益于"资源、生态、人口、政策、改革"五大红利释放带来的全省经济发展基础改善、后劲增强，得益于中央和各大金融机构总部落实国发〔2012〕2号文件对贵州省给予的政策倾斜和资金支持，得益于全省金融系统的团结协作和积极进取。

但由于历史原因和自然地理条件限制，长期处于"欠发达"、"欠开发"等

①② 作者单位：贵州省金融研究院。
③ 作者职务：钱口贷公司执行董事、总经理。

滞后状态的贵州省在金融发展方面与全国相比，仍然存在三个薄弱环节：

薄弱环节之一是金融资源人均占有量少。金融业主要指标的人均水平大大低于全国和西部地区。在银行业方面，2013 年，贵州省人均银行资产为49365.51 元，分别相当于西部地区的 67.54% 和全国的 47.91%；贵州省人均存款余额为 37971.44 元，分别相当于西部地区的 69.21% 和全国的 49.3%；贵州省人均贷款余额为 29003.43 元，分别相当于西部地区的 72.78% 和全国的53.99%。在证券业方面，2013 年贵州省上市公司股权再融资额人均水平为13.14 元，相当于全国的 6.35%；贵州省人均债券融资额为 594.23 元，相当于全国的 21.92%。在保险业方面，2013 年贵州省保险机构资产人均水平为857.14 元，相当于全国的 14%；人均保费收入为 518.86 元，相当于全国的40.79%；人均保险赔付为 206.86 元，相当于全国的 45.08%。从以上数据可以看出，与全国相比，贵州省金融资源人均占有量仍有相当差距。

薄弱环节之二是金融支撑实体经济可持续后劲不足。虽然贵州省金融业近年来发展迅速，但支撑实体经济的可持续后劲仍然有所欠缺。一是本土金融机构发展不足。从银行业来分析，贵州银行、贵阳银行的实力在全国排位仍然靠后。从证券业来分析，贵州省只有华创证券 1 家法人机构和 50 家证券营业部，远低于全国平均水平；上市公司家数的全国占比也低于地区生产总值的全国占比。从保险业来分析，贵州省目前还没有 1 家本地注册的独立法人保险机构，且保险分支机构数量也远低于全国平均水平。从互联网金融来分析，贵州省共有 3家 P2P 网贷公司，而广东省有 68 家，浙江省有 27 家，北京市有 27 家，上海市有 23 家，湖南省有 6 家，重庆市有 4 家，四川省有 11 家，均多于贵州省。二是直接融资不足。2013 年，贵州省上市公司仅有 21 家，"新三板"市场仅有 10家，发行中小企业私募债的中小企业也只有 1 家，参与直接融资的主体较少。近5 年中，有 3 年没有 IPO（其中因证监会政策因素，IPO 曾一度关闸 13 个月），并且其中有 IPO 的 2 年融资额也比较小，分别只有 20.4 亿元和 2.8 亿元。

薄弱环节之三是金融扶贫与财政扶贫合作机制亟待探索整合。从以往的扶贫经验来看，金融扶贫与财政扶贫一般是分开的。一方面，金融机构扶贫是一种经济性活动，其本身需要盈利才能实现可持续发展，但短期内贫困地区所能产生的回报往往不能满足金融机构商业可持续发展的要求。因此，政府对金融扶贫的财政支持是有必要的。另一方面，我国政府投入了大量财政资金用于扶贫工作，存在扶贫边际效应递减的情况。如金融扶贫与财政扶贫建立深度合作机制，则能扬长避短，实现两种扶贫资金的最佳利用。贵州省毕节市扶贫办在这方面率先进行了初步探索也取得了一定成绩，但就全省整体而言，金融扶贫、财政扶贫两者间的深度合作与整合利用机制仍处在初级探索阶段，值得理论研究机构和政府职能部门进一步深入探讨、实践。

二、适应新常态、争创新优势、助推新跨越，贵州省大力发展特色金融助推后发赶超的建议

在中国经济新常态的背景下，贵州省要抓住战略机遇，实现后发赶超、全面小康，仍然要坚持加快发展、加速转型、推动跨越的战略。而要实现"两加一推"，就必须紧紧抓住金融业这个现代经济的核心。贵州省金融业需要进一步准确把握现阶段贵州省经济、社会、生态特别是金融业的时代特征，大力发展特色金融，走具有贵州省特色的金融创新发展之路。为此，特提出把普惠金融、绿色金融、科技金融、互联网金融作为贵州省发展特色金融的四大重点领域。

（一）普惠金融

世界银行发布的《2014 年全球金融发展报告：普惠金融》认为普惠金融是指那些较高比率的家庭和企业都能享受到金融服务的金融体系。一般意义上，普惠金融是指通过完善金融基础设施，以可负担的成本将金融服务扩展到欠发达地区和社会低收入人群，向其提供价格合理、方便快捷的金融服务，不断提高金融服务的可获得性。

贵州省作为全国贫困人口绝对数最多、比例最高的省份，发展普惠金融是加快贵州省发展、实现同步小康的必然选择。要落实习近平总书记"守住发展底线"的重要指示要求，就必须发展普惠金融。现提出以下建议：

1. 选择黔西南州等地作为贵州省发展普惠金融综合改革试验区，打造"金融惠谷"，并争取申请设立国家普惠金融综合改革试验区。其中可将义龙新区作为试验区的核心区，将黔西南州作为试验区的覆盖区，将贵州省、黔滇桂集中连片贫困区作为试验区的辐射区。

2. 以扶贫资金为基础杠杆，以普惠金融为扩大杠杆，建立扶贫资金、普惠金融带动贫困地区经济发展的良性互动机制。据测算，如贵州省将每年财政转移支付的一部分资金如 300 亿元拿出来通过担保、贴息、专项基金等方式与普惠金融相结合，就可以撬动新增贷款规模 5000 亿元左右，带动贵州省新增地区生产总值 4000 亿元左右，人均地区生产总值增加 11400 元，从而助推跨越式发展和后发赶超。

3. 申请设立以贵州开发银行为核心的普惠金融机构。贵州开发银行是开发性、政策性金融机构，由中央政府、贵州省政府、省内各市（州）政府及大型国有企业出资，注册资金以 500 亿元左右为宜，通过发债等方式可筹资约 6000 亿元，主要用于贵州省基础设施建设和战略性新兴产业投资。同时申请设立践行普惠金融的保险法人机构、产业投资基金等，从而构建普惠金融机构体系。

（二）绿色金融

贵州省生态秀美、气候宜人，但也存在喀斯特地貌特征突出、生态脆弱等缺陷。近年来，借助"生态文明贵阳国际论坛"的影响，绿色发展的概念已经深入人心，绿色金融得到了省委、省政府的高度重视，在制度和实践层面均取得了一些成绩。2014 年 4 月，贵州银监局出台了《贵州银行业支持绿色经济发展的指导意见》。至 2014 年 3 月末，全省银行业金融机构向 625 个节能环保及服务项目发放贷款 967.69 亿元；至 2014 年 6 月末，全省节能减排和循环经济贷款余额比年初增加 12.8 亿元，落后产能贷款比年初下降 35.07%。但是因为激励约束机制等方面存在问题，贵州省绿色贷款规模占比仍然较低。要落实习近平总书记"守住生态底线"的重要指示要求，就必须发展绿色金融。现提出以下建议：

1. 选择黔东南州、黔南州等地，作为贵州省发展绿色金融综合改革试验区，打造"金融绿谷"，并争取成为国家级绿色金融综合改革试验区。

2. 对全省林权进行排查摸底，大力推动林权抵押贷款。贵州省森林覆盖率为 48%，据测算，其中可用于林权质押的新增贷款规模约为 1200 亿元，可带动相关产业增加生产总值约 1000 亿元。

3. 以特色优势绿色产业如大数据、旅游、生态农业、养老养生、高端设备制造业等为依托，扩大绿色贷款规模。因上述产业符合国家信贷支持政策，在今后更容易获取贷款。据测算，贵州省"十三五"期间上述特色优势产业可新增贷款规模约 3000 亿元，带动增加生产总值约 2500 亿元。

4. 进行绿色金融产品的创新。积极开发绿色信贷、绿色债券、绿色保险等方面的创新产品，加大对贵阳环境能源交易所的政策扶持力度，同时积极培育、扶持相关企业发行股票进行直接融资。

（三）科技金融

科技金融是科技产业与金融产业的融合，是马克思"技术金融一体化"思想在实践中的具体运用。贵州省要跳出传统粗放型发展模式，实现快速可持续发展，就必须大力推动科技产业的发展。科技产业与金融产业的融合，有利于在金融的支持下发挥科技产业对经济发展的推动作用。"科学技术是第一生产力"。要落实习近平总书记关于贵州省工作要守住发展和生态两条底线的重要指示要求，科技金融将发挥极其重要的作用。

贵州省发展科技金融已具备比较好的基础。2012 年，省政府办公厅出台了《贵州省创业投资引导基金管理暂行办法》，省科技厅、省发改委、贵阳市等陆续成立了具有一定规模的创投公司。贵州银行、贵阳银行、工商银行、中国银行等均在贵阳市设立了科技支行，贵州省科技风险投资公司累计为科技型企业融资超过 100 亿元。但与全国相比，从整体来看，贵州省科技金融还存在规模小、机制不健全、可持续发展能力不足等问题。现提出以下建议：

1. 选择黔中经济区作为贵州省发展科技金融试验区，打造"金融硅谷"，其中将贵阳市高新区、贵安新区大学城作为试验区的核心区，将贵阳市、贵安新区作为试验区的覆盖区，将黔中经济区作为试验区的辐射区。

2. 改变创投公司国有独资的状况，以混合所有制方式对创投公司和创投基金管理公司进行改制。对创投公司进行混合所有制改制，不仅可以扩大创投资金规模，而且有利于建立现代企业制度，提高运行效率。

3. 促进产业创新与金融创新的融合，选准具有科技含量的特色优势产业、项目，制订专门的金融支持方案。贵州省的高端制造、电子信息、互联网、医疗医药、有机农业等产业具有一定的特色和优势，应针对上述产业组织力量制订专门的产业创新金融支持方案。

4. 大力引进科技金融人才，建立科技人才与金融人才的合作机制。贵州省普遍存在科技人才不懂金融、金融人才不懂科技的情况，应通过培训、联谊、交流任职、挂职等多种方式，打通科技人才与金融人才之间的交流渠道梗阻。

（四）互联网金融

互联网金融是指依托于支付、云计算、社交网络以及搜索引擎等互联网工具，开展资金融通、支付和信息中介等业务的一种新兴金融。互联网金融的推进有利于提高金融市场的整体效率，并且具有天生的普惠性。正如习近平总书记在致世界互联网大会贺词中强调的，中国正在积极推进网络建设，让互联网发展成果惠及 13 亿中国人民。

作为自然条件得天独厚的贵州省在发展互联网金融方面具有独特的竞争力。贵阳市已经制定了《贵阳市科技金融和互联网金融发展规划（2014—2017年)》、《关于支持贵阳市互联网金融产业发展的若干政策措施（试行）》等政策性指导文件，并提出了把贵阳市打造成为中国西部地区互联网金融创新中心、电子商务结算中心、金融大数据中心、金融后台服务中心、互联网金融研发中心的设想。随着三大通信运营商大数据中心落户贵州省，贵州省在发展互联网金融方面已经具备了较好的条件。现提出以下建议：

1. 选择贵阳市、贵安新区作为贵州省发展互联网金融的综合改革试验区，打造"金融网谷"。其中互联网金融创新中心、电子商务结算中心、金融后台服务中心应以贵阳高新区为依托，金融大数据中心、互联网金融研发中心应以贵安新区的大数据中心和大学城为依托。

2. 引导鼓励贵州省传统金融机构和大型企业，如贵州银行、贵阳银行、华创证券、贵州茅台等，发起设立互联网金融机构。贵州省民间互联网金融机构受资金、人才、技术、信誉、监管等方面的影响，发展水平和竞争力远不及沿海发达地区的机构。而传统金融机构和大型企业由于经营业绩较好、危机意识不强，介入互联网金融的积极性不足。为此，建议省委、省政府可授权省政府金融办牵头会同有关金融机构、大型企业研究筹建混合所有制性质的大型互联网金融机构。

3. 建议省级政府层面抓紧制定《关于促进互联网金融发展的指导意见》。深圳市、上海市、杭州市等地已于2015年先后出台了类似的意见，中国人民银行、中国银监会以及浙江省、江苏省等地正在酝酿、调研、制定相关的指导意见或监管政策。贵州省作为后发赶超地区，只有在政策上更加主动、创新、宽松、优惠，吸引和支持国内外更多互联网金融企业入驻贵州省，才能为贵州省互联网金融的发展创造更好的环境。

总之，中国经济新常态既是对贵州省的严峻挑战，更是为贵州省实现后发赶超、同步小康提供了战略机遇，金融业应该在贵州省后发赶超之际发挥更加强有力的支撑作用。我们相信，只要抓住普惠金融、绿色金融、科技金融、互联网金融这四个重点领域，就一定能够走出一条具有贵州省特色的金融创新发展之路，也一定能够在助推贵州省跨越发展、同步小康中起到不可或缺的支撑作用。

附录一 大事记

2014 年贵州省金融大事记

1 月

1月14日，贵州股权金融资产交易中心在贵阳高新区国家数字内容产业园正式挂牌。贵阳市市委副书记、代市长刘文新为贵州股交中心揭牌，并见证部分企业挂牌和签约。省政府副秘书长、省金融办主任周道许致辞，市委常委、副市长王玉祥主持挂牌和签约仪式。

1月14日，省政府特邀咨询黄康生在贵阳会见国家开发银行副行长王用生一行。黄康生对国家开发银行长期给予贵州省的全面支持表示感谢。他希望国家开发银行继续发挥开发性金融对贵州省经济社会发展的积极作用，继续加大对贵州省发展的信贷规模投入。

1月14日，被称为贵州省"四板"市场的贵州股权金融资产交易中心开业，作为区域性股权交易市场的又一特色，股交中心准入门槛较低，为企业特别是中小微企业提供股权、债券转让和融资等综合性服务。

1月14日，贵州省地方金融体系建设再获新突破，贵州股权金融资产交易中心在贵阳揭牌成立，首批28户中小企业当天在该中心挂牌上市。

1月20日，省政府金融办组织开展全省"两会"精神专题学习会，传达学习省领导在会上系列讲话精神和《政府工作报告》。根据会议精神，结合贵州省金融工作实际，省政府金融办将会同中央驻黔金融监管机构和全省金融机构，从以下几个方面深入贯彻落实全省"两会"精神：一是继续争取信贷规模支持，拓展表外授信业务，鼓励中小企业发行私募债。二是持续推进"引金入黔"工程，引导民间资本有序进入金融领域，做优做强地方金融机构。三是着力推动融资创新，打通多层次资本市场融资渠道。四是重点支持中小微企业发展，提高农村金融服务能力。五是大力营造良好的金融生态环境，为助推地方经济社会发展增强动力。

1月23日，贵阳市政府、开阳县人民政府与中信信托有限责任公司同步签署了战略合作协议，标志着全国第四单、贵州省第一单土地流转信托项目正式落户在开阳。

1月24日，人民银行贵阳中心支行召开2014年工作会议，传达贯彻2014年人民银行总行、成都分行工作会议精神，回顾总结2013年取得的工作成绩，深刻研判当前经济金融形势，全面部署2014年各项业务工作。

1月26日，贵州保监局组织全局干部大会，集中传达学习2014年全国保险监管工作会议精神，坚持先谋后动，就贯彻落实会议精神作出动员部署。

1月27日，财政部近日下达《关于进一步扩大县域金融机构涉农贷款增量奖励试点范围的通知》，从2014年起，将福建、山西、海南、重庆、贵州、青海和西藏7省（区、市）纳入县域金融机构涉农增量奖励政策试点范围。

2月

2月12日上午，省委常委、常务副省长谌贻琴一行到贵州银监局进行调研座谈。省政府副秘书长、省金融办主任周道许，省政府副秘书长丁雄军，省政府副秘书长、省统计局局长任湘生，省发改委主任付京，省财政厅副厅长杨志，省政府金融办副主任龚雁陪同调研。谌贻琴副省长充分肯定了贵州银监局在督促引导全省银行业改革发展、服务实体经济、防范风险等方面所做的工作，指出：贵州银监局坚持依法监管与强化监管服务并重，着力加强监管引领和监管服务，全省银行业呈现出增量和增速持续加快、信贷结构不断优化、金融创新步伐加快、效益和质量同步提升、机构体系日趋完善的发展态势。

2月12日，常务副省长谌贻琴率队走访调研贵州省金融系统部门，看望慰问干部职工，并召开金融机构座谈会，听取对金融工作的意见和建议，研究当前经济金融形势，安排部署今后一个时期金融工作。

2月18日，全省交通金融工作座谈会在贵阳召开。省委常委、省委政法委书记、副省长秦如培，省人大常委会副主任傅传耀，省政协副主席黄康生出席会议。

2月18日，贵州证监局2014年辖区证券期货监管工作会议在贵阳召开。郭文英局长强调，2014年监管工作要以全国监管工作会议精神为指导，紧紧围绕"大力推进监管转型"，切实履行好"两维护、一促进"核心职责，更好地服务全省经济社会发展大局。

2月24～25日，人民银行贵阳中心支行组织召开2014年全省国库工作会议。各市州中心支行、三县一市支行分管行领导、国库负责人及相关处室领导共计40余人参加会议。会议传达了人民银行总行2014年国库工作会议精神，总结回顾了2013年全省国库工作的成绩和不足，明确了2014年总体工作思路和主要任务。会议代表还分别对《贵州省财政拨款、收入退库、更正业务审核办法》等两个制度文件进行了讨论，并就相关问题进行了答疑。

2月26日，人民银行贵阳中心支行在贵阳组织召开2014年全省货币信贷管理系统工作会议。会议系统总结了2013年全省货币信贷管理工作，传达了人民银行总行2014年货币政策、信贷政策、金融市场、跨境人民币业务等有关工作部署，对2014年的相关工作进行了统一部署，并就业务工作中存在的问题进行了深入讨论。

2月26日，外汇局贵州省分局承办全国资本项目外汇管理工作会议。本次会议围绕"全面深化改革，着力提升手段，加快推进资本项目可兑换"的主题展开。

2月28日，贵州省银行业协会秘书长马文彬主持召开办公室负责人座谈会，各会员单位的办公室负责人参加了会议。贵州银监局罗会坤、人民银行贵阳中心支行何刚、协会秘书处马文彬、陈卓等9人出席会议。

2月28日下午，贵州银监局政策法规处处长宋国荣一行到银行业协会秘书处协商关于组织参加2014年"3·15"大型宣传、承诺、展示活动的具体安排。

3月

3月1~4日，国家统计局副局长谢鸿光一行出席在贵州省遵义市召开的全国综合统计暨新闻宣传工作会议，并督察贵州省第三次经济普查，调研第一季度经济运行情况。

3月4日，中国金融工会贵州工作委员会恢复建立工作会议在贵州银监局召开。中华全国总工会主席团委员、中国金融工会党组书记、常务副主席张东风，中华全国总工会经审会常委、中国金融工会党组成员、经审委主任贾文礼，贵州省总工会党组成员、副主席杨再春，省金融办、人民银行贵阳中心支行、省银监局负责人，省保监局、省证监局及贵州金融工会23个成员单位代表参会。

3月6日，人民银行贵阳中心支行联合金融科技时代杂志社在贵阳共同举办了"2014年贵州省银行业网络安全与信息化座谈会"。

3月15日，贵州保监局指导全省保险业开展"3·15"大型宣传咨询活动。

3月18日，黔南州金融机构"送金融知识下乡"活动启动仪式在黔南银监分局举行，标志着全州银行业"送金融知识下乡"专题宣传片落地播放工作全面启动。

3月21日上午，贵州省银行业协会副秘书长陈卓主持召开通联人员座谈会，各会员单位的通联人员参加了会议。协会秘书处陈卓、程丽萍、孙玮琦、廖建东、王骏出席会议。

3 月 27 日，贵阳银行行长陈宗权率副行长杨琪，以及公司金融部、授信审批部、小微企业金融部、党群工作部负责人一行赴白云区企业考察调研。

3 月 28 日下午，贵州证券业协会和贵州证监局在贵州饭店遵义厅共同举办了上市公司自评工作启动会。会议由协会秘书长杨晓霞主持，贵州证监局上市公司监管处副处长龙晓军、副调研员计刚出席会议。

3 月 28 日，人民银行贵阳中心支行作为贵州省反假货币工作联席会议牵头单位组织召开了贵州省反假货币工作联席会议。贵州省政府副秘书长、金融办主任周道许主持会议。

4 月

4 月 9 日，国务院副总理马凯在工信部、银监会、贵州省委、省政府主要领导的陪同下考察调研互联网综合金融平台贵州股权金融资产交易中心。马凯副总理特别关心金融服务实体经济的情况，详细了解了中心挂牌产品的交易结构、信息披露、风险识别与控制等情况，要求贵州省各类金融机构在防范金融风险前提下，创新金融产品，创新服务模式，提高服务水平，在服务实体经济中实现金企双赢上下工夫。

4 月 10 日，人民银行贵阳中心支行联合贵安新区管委会召开 2014 年第一季度全省银行业金融机构行长联席会议暨贵安新区发展融资推介会，组织全省 29 家金融机构为贵安新区融资融智。

4 月 13 日，由黔西南州人民政府、州金融办、人民银行黔西南州中心支行主办，省联社黔西南办事处承办的黔西南州基础金融服务"诚者信合村村通"工程启动仪式在万峰林成功举行。人民银行贵阳中心支行党委书记、行长王平，省联社党委副书记、副理事长、主任宋锐等出席启动仪式。

4 月中旬，中央第 13 督导组组长张玉台、贵州省委组织部常务副部长侯正茂一行到农发贵州省分行就教育实践活动开展情况进行调研指导，与部分领导班子成员、派出督导组组长和部分职工代表座谈，并实地察看窗口单位。

4 月 17 日，深圳市银行业协会秘书长王宇彪、副处长庞宗英到贵州省银行业协会就两地协会间关于银行自律、维权、银团贷款等方面加强协作进行沟通交流。

4 月 22 日，贵州省银行业协会第八届理事会会长、中国银行贵州省分行行长贾天兵到贵州省银行业协会进行座谈，秘书长马文彬率全体工作人员参与座谈。

4 月 24 日，由中国银行业协会城市商业银行工作委员会主办的 2014 年全国城市商业银行年会在贵阳召开。中国银监会党委书记、主席尚福林讲话，省委书记赵克志出席，中国银监会党委委员、副主席阎庆民讲话，常务副省长谌贻琴致辞。

4月28日，中央银行会计核算数据集中系统（ACS）启动仪式在人民银行贵阳中心支行举行。接到上线命令，人民银行贵阳中心支行营业部通过 ACS 成功办理了第一笔商业银行提现业务，标志着贵州省 ACS 推广上线工作取得了全面胜利。

4月29日，国开行贵州省分行与贵阳市城投公司、贵阳市工商投公司、贵阳公投公司共同签署《贵阳市 2014 年首批棚改项目 81 亿元借款合同》。常务副省长谌贻琴、国开行副行长王用生、贵阳市市长刘文新出席签字仪式。

5 月

5月9日，省委常委、贵阳市市委书记陈刚专题调研全市金融工作，强调要大力发展科技金融和互联网金融，按照市场规律建立多层次的资本市场，为中关村贵阳科技园发展构建"专、特、精"并重的金融服务体系。市委副书记、市长刘文新，省金融办副主任龚雁，华创证券董事长陶永泽，市委常委、市委秘书长聂雪松，副市长王玉祥陪同调研和座谈。

5月9日，省委常委、贵阳市委书记陈刚到贵州股权金融资产交易中心视察调研，贵阳市委副书记、市长刘文新，市委常委、市委秘书长聂雪松，副市长王玉祥，贵阳国家高新区书记杨明晋，贵州省政府金融办副主任龚雁，贵州证监局相关负责同志和华创证券公司董事长陶永泽陪同调研。

5月16日，贵州保监局组织召开贵州省保险中介市场清理整顿工作动员暨培训会议。

5月19日，国家发改委、中国人民银行下发了《关于组织开展移动电子商务金融科技服务创新试点工作的通知》（发改办高技〔2014〕1100 号）决定选取成都、合肥、贵阳、宁波、深圳 5 个城市作为移动电子商务金融科技服务创新试点定向申报城市。

5月21日，由省政府金融办、贵阳市政府金融办主办，贵阳国家高新区、贵州股权金融资产交易中心承办的"企业通过多层次资本市场发展专题培训会"在各方的高度重视和精心准备下成功举办。本次培训旨在加快贵州省资本市场发展，培育更多有潜力、有活力的企业进入资本市场，积极发挥资本市场功能，更好地服务于地方经济发展。省金融办副主任李树憬、高新区党工委书记杨明晋出席并讲话。

5月22日，在贵州证监局的指导下，贵州证券业协会与深圳证券信息有限公司联合举办了以"沟通创造价值"为主题的"贵州辖区上市公司 2013 年度业绩网上说明会暨投资者集体接待日"活动。贵州证监局局长郭文英、上市公司监管处处长温丽萍、贵州证券业协会会长蔡运兴、深圳信息公司总经理郑颂出席会议，贵州辖区21家上市公司高管总计65人参加此次活动。

5月23日，省经信委党组成员、省国防工会主席孙建国、省政府金融办副主任李树憬率省政府服务企业服务项目大行动第十组赴铜仁调研。

5月28日，贵州省村镇银行工作委员会召开了第一次常务会议，贵州省银行业协会秘书长马文彬、副秘书长陈卓、张鸿毅出席了会议。

5月28日，贵阳互联网金融产业园揭牌仪式暨2014年贵阳互联网金融圆桌会议在贵阳举行。贵州省委常委、常务副省长谌贻琴，贵州省委常委、贵阳市委书记陈刚，中国银联党委书记、副董事长、总裁时文朝，全国工商联并购公会会长、国际金融博物馆馆长王巍等出席并揭牌。宜信CEO唐宁受邀出席揭牌仪式，并在互联网金融圆桌会议中与近200位国内互联网金融领域的企业家、专家、学者一起，围绕"互联网金融的变革与创新"主题进行座谈。

6月

6月9日，新疆维吾尔族自治区银行业协会姚秘书长一行到贵阳调研，与贵州省银行业协会举行座谈。

6月10日，省政府召开上半年全省金融运行形势分析会，分析当前金融形势，研究推进下一阶段金融工作。常务副省长谌贻琴主持并讲话。

6月11日，铜仁市政府联合贵州股权金融资产交易中心举办资本和场外市场融资培训。

6月12日，贵州银监局联合贵州省银行业协会召开2014年小微、"三农"金融服务推进（电视电话）会议。贵州银监局局长李均锋、副局长蒋敏，省银行业协会会长贾天兵，省政府金融办副主任龚雁，省民营经济发展局副局长周航以及省经济和信息化委、省工商局、人民银行贵阳中心支行、贵州省工商联等有关领导和同志在主会场出席了会议。

6月16日，《贵阳市科技金融和互联网金融发展规划（2014—2014年）》颁布。

6月16日，人民银行黔西南州中心支行召开了普惠金融指标体系建设试点工作推进会。

6月17日，贵州证券业协会第一届证券、期货专业委员会第一次工作会议在贵州饭店召开，贵州证监局局长郭文英、贵州证券业协会会长蔡运兴、贵州证监局局长助理张国辉、机构处处长程催禧、专委会全体委员及协会秘书处工作人员参加会议。专委会的成立标志着协会工作迈上了新台阶，将对提升协会专业服务水平、聚集行业各方力量、合力推进贵州省资本市场的稳健发展起到积极作用。

6月17日，贵州省副省长王江平出席贵州省国资委、贵州银监局、贵州省金融办联合举办的贵州省国资委监管企业与金融机构合作座谈会并讲话。

6月18日，黔南州银行业协会第二届会员代表大会暨理事会在黔南银监分局顺利召开。

6月19日，中国人民银行贵州省青年联合会在贵阳成立。人民银行贵阳中心支行党委书记、行长王平出席成立大会并讲话。人民银行贵阳中心支行党委委员、工会主任樊薇主持会议。

6月20日，根据中国银行业协会《关于推进银行业协会与人民法院执行合作工作的指导意见》（银协发〔2013〕64号）的要求，贵州省银行业协会维权委员会拟定了《关于建立网络执行查控机制、保障金融债权安全的意见》，为稳妥推进此项工作，贵州省银行业协会召开了由16家金融机构相关部门负责人参加的联席会议，会议由银行业协会副秘书长邵宪毅主持，贵州省维权委员会副主任吴念琼出席了会议。

6月25日，人民银行清镇市支行召开行风监督员座谈会。各金融机构、财税、纪委、文明办16名行风监督员参加会议。

6月26日，《支持贵阳互联网金融产业发展的若干政策措施（试行）》颁布。

6月27日，贵州证监局联合贵州证券业协会在贵阳举办"2014年企业会计新准则"专题培训，辖区21家上市公司财务总监以及相关部门工作人员等近100人参加培训。本次培训邀请到信永中和会计师事务所合伙人、财政部注册会计师行业领军人物王仁平博士，其理论功底深厚，实践经验丰富。

6月30日，人民银行贵阳中心支行行长王平主持召开"金融生态县建设与测评工作"行长办公会。金融生态县测评工作领导小组办公室向参会行领导汇报了金融生态县测评小组前阶段主要取得的成果和目前存在的问题，技术评估组和研究成果组分别就《贵州省金融生态县测评办法（送审稿）》和《贵州省金融生态县测评指标体系研究报告》做了相关汇报。

7月

7月5日，贵阳市政府与中移电子商务公司等多家企业签署战略合作协议，标志着贵阳在移动金融领域跨出坚实一步。省委常委、贵阳市市委书记陈刚，人民银行贵阳中心支行副行长侯加林等出席签约仪式。

7月7日，人民银行贵阳中心支行召开了贵州省2014年金融IC卡与移动金融宣传工作部署会议。

7月9日，贵阳市移动电子商务金融科技服务创新试点工作部署会议召开，各银行业金融机构相关部门负责人参加会议。会议上，人民银行贵阳中心支行向各金融机构下发了《贵阳市国家移动电子商务金融科技服务创新试点工作方案》，对方案进行解读、部署，并向参会人员通报了贵阳市移动金融试点工作进展情况。

7月10日，生态文明贵阳国际论坛2014年年会大数据时代的互联网金融分论坛邀请国内外金融机构、行业企业等众多领域的知名人士、专家和学者就促进互联网金融产业健康发展展开研讨。

7月10日，人民银行贵阳中心支行组织中国银联贵州分公司以及证联支付、贵州汇联通、贵金支付等18家第三方支付机构及清算组织召开了2014年支付机构年度工作会议。会议总结了贵州省第三方支付机构业务发展情况以及存在的问题，通报了2013年度贵州省银行卡收单业务专项执法检查情况，对下一步的工作进行安排部署。

7月11日，贵州保监局副局长朱翼炜、人身险监管处处长覃林岚一行到贵州省保险业协会就协会建设发展、人身险公司服务标准等情况进行调研。

7月11日，人民银行贵阳中心支行召开贵阳市移动金融试点工作电信运营商协调会议，落实贵阳市移动金融试点工作。

7月15～18日，贵州省银行业协会副秘书长邵宪毅一行分别到贵州振东护运有限公司六盘水分公司、安顺金剑武装押运有限公司、贵州省保安协会就当地金融机构的押运业务合作情况进行了调研。

7月24日，贵阳移动金融发展有限公司成立，由贵阳互联网金融产业投资发展有限公司和广州合量投资有限公司出资设立，共同推进贵阳移动电子商务金融科技服务创新试点城市相关工作。

7月25日，贵州保监局组织召开全省保险社团组织座谈会，总结保险行业协会、学会近年来建设和工作情况，研究新形势下如何推进保险社团组织转型发展和职能作用的发挥。各保险行业协会、省保险学会会长、秘书长及省保险行业协会会长、副会长单位主要负责人参加了会议，并进行座谈交流。贵州保监局各处（室）主要负责人列席。

7月26日，第一期互联网金融大讲堂在金阳会议中心成功举办。

7月29日，人民银行贵阳中心支行组织召开了"贵州省银行机构信息技术国产化应用研讨会"。会议的主题是：积极稳妥地推进信息技术产品国产化应用，消除安全隐患，支持民族产业，全面提升贵州省银行机构信息技术管理水平。

7月31日，贵州银监局召开2014年年中工作（电视电话）会议，传达学习党中央、国务院、银监会、省委、省政府近期会议精神，总结、分析、通报上半年有关工作，安排部署下半年工作任务。

8月

8月2日，2014年新闻出版项目金融推介会在贵阳国际会议中心举行。国家新闻出版广电总局副局长、国家版权局副局长阎晓宏，以及副省长何力、中国工商银行副行长郑万春出席会议。

8月5日，人民银行贵阳中心支行联合贵州省通信管理局，组织辖内各收单机构、中国银联贵州分公司及中国电信、中国联通等通信运营企业召开金融非话终端升位改造协调会议。对贵阳、遵义、安顺三市电话网并网升位后非话终端改造的工作作出部署，进一步规范贵州省银行卡受理市场秩序。

8月7日，"2014品牌中国（金融与酒业融合）高峰论坛"在贵阳生态会议中心召开。

8月8日，贵州省委宣传部、人民银行贵阳中心支行共同举办了"贵州省文化金融及资本运作专题培训会"，宣传、文化、金融主管部门、金融机构及众多文化企业代表共100余人参会。

8月8日，省委书记赵克志、省长陈敏尔在贵阳会见了绿地集团董事长、总裁张玉良一行。常务副省长谌贻琴，以及省委常委、贵阳市委书记陈刚参加会见。会见前，绿地集团举行了贵州省绿地金融资产交易中心揭牌暨签约仪式。谌贻琴、陈刚、张玉良出席仪式并分别致辞。贵州省绿地金融资产交易中心与部分金融机构签署框架协议。省政府金融办与绿地金融控股集团签署支持绿地金融控股集团在贵州省发起成立省内首家公募基金管理公司备忘录。

8月18日，全省小额贷款公司发展工作会议在贵阳召开。会议发布并解读关于贵州省新近出台的小额贷款公司有关税收优惠政策，总结交流全省小额贷款公司发展工作经验，安排部署相关工作。省委常委、常务副省长谌贻琴出席会议并讲话。

8月20日上午，贵州省银行业协会召开培训工作会议。各大银行及金融机构人力资源部、培训部20位负责人参会。

8月20日，贵州省规模最大的私募股权投资基金中科贵银产业投资基金在贵阳成立。省委常委、常务副省长谌贻琴，中国科学院原副院长、十届全国人大常委杨柏龄致辞并为基金公司揭牌。

8月20日，贵州证券业协会与上海上市公司协会共同举办的上海·贵州上市公司投资者保护经验交流研讨会在贵阳百灵国际公寓召开，会议由贵州证券业协会秘书长杨晓霞主持，上海上市公司协会副会长周泽洪出席会议。

8月26日，贵州省财贸金融公会主席付勇、省总工会民管部部长杨宪忠一行对贵州省财经企业公会联合会2014年展开的"强基础、促规范、增活力"和深化"双亮"、落实"四权"、工资集体协商、劳动竞赛、提升服务职工理念等工作进行调研指导，贵州万鑫控股企业集团董事长杨祥、省财经企业公会联合会主席杨敢等参加调研。

8月26日，省保险行业协会秘书处组织召开保险理赔服务专业委员会会议，审议新修订的《贵州省保险行业机动车辆保险理赔服务标准》，经举手表决，全票通过了新版理赔服务标准。

9月

9月1日，贵州证券业协会组织20家自愿参与的证券期货会员与《贵州都市报》共同创办的《财富周刊 证券期货》专版正式创刊。此举，一是为展现行业文化以及合力宣传行业发展趋势搭建有效平台，二是更好地宣传行业创新业务，树立行业整体新形象。

9月2日，贵州寿险业2014年第一次高峰会在贵阳顺利召开。贵州保监局副局长朱翼炜、贵州保监局寿险处处长覃林岚、贵州省各人身险公司主要负责人等10余人参加会议。会议由贵州省保险行业协会常务副会长兼秘书长李继军主持。

9月11日，由贵州省社会科学界联合会主办，贵州省城市金融学会、贵州省民族文化学会、贵州省易经研究会承办的"2014年贵州省社科学术年会第八分会场"在贵阳花溪召开。来自贵州省城市金融学会、贵州省民族文化学会、贵州省易经研究会的专家、学者共计50多人参会。这次会议的主题为"以区域特色文化推动地方经济发展"。

9月16日，由贵州省总工会党组成员、副主席杨再春，贵州省财贸金融工会主席付勇，贵州省总工会资产管理部副部长李筑宾，贵州省总工会资产管理部科员梁光荣组成的省总工会调研组来到贵州省财经企业公会联合会，对深入贯彻省委2014年7月7日下发的《中共贵州省委关于加强和改进新形势下工会工作的意见》、"五比一创"工作开展情况、集体劳动合同签订情况和工资集体协商工作开展情况进行调研检查。贵州万鑫控股企业集团董事长杨祥、省财经企业工会主席杨敢、秘书长唐嘉、经审委主任苏方玲、女工委主任仲媛媛、办公室副主任杨滨及相关处室人员参与了调研工作。

9月20~22日，人民银行贵阳中心支行组织贵州银行、贵阳银行和贵州省农信社三家地方性法人银行机构开展第二代支付系统上线切换工作。经过三天两夜的连续奋战，三家机构均成功登录第二代支付系统，大小额支付系统和网银系统业务处理正常。

9 月 22 日，贵州省小微企业金融服务中心党支部成立，会议由贵州省财经资产管理有限公司董事长、贵州省小微企业金融服务中心主任、党支部书记杨敢主持，贵州万鑫控股企业集团董事长杨祥、贵州浙投担保股份有限公司总经理陈星霖、贵州莲汉翔钢铁有限公司总经理杨哉应，以及省委党校、贵州元朗律师事务所、贵阳市小微企业商会等单位代表共计 40 余人出席此次党支部成立大会。

9 月 25 日，在人民银行总行要求全面发行金融 IC 卡只有不到 100 天的关键时间点，"走进银行卡'芯'时代百日冲刺行动"金融 IC 卡系列宣传活动启动仪式在贵阳市高新区隆重举行。贵州省直属相关部门、贵阳市政府、人民银行贵阳中心支行、省内金融机构、中国银联贵州分公司等代表参加了启动仪式。

10 月

10 月 10 日，人民银行贵阳中心支行组织召开 2014 年第三季度贵州省银行业金融机构行长联席会议，人民银行贵阳中心支行副行长卢钦出席会议并作重要讲话。省内银行业金融机构的分管行长、相关部门负责人、人民银行贵阳中心支行相关业务处室的负责人及工作人员共 80 余人参会。

10 月 10 日上午，2014 年首届贵商发展大会召开，贵州省委副书记、省长陈敏尔发表主旨演讲，贵州省政协主席王富玉、全国工商联副主席谢经荣致辞。

10 月 15 日晚，贵州省委书记赵克志，省委副书记、省长陈敏尔，省政协主席王富玉，省委副书记李军在贵阳会见了台湾威盛电子股份有限公司董事长、HTC 集团董事长王雪红，以及台湾威盛电子总经理陈文琦一行。

10 月 16 日，人民银行贵阳中心支行根据人民银行征信中心的安排，结合辖内推广应用机构信用代码实际需要，举办了贵州省机构信用代码系统功能升级业务培训。

10 月 18 日，开发性金融支持棚户区改造工作推进会在贵阳举行。省委常委、常务副省长谌贻琴、国家开发银行副行长张旭光出席会议并讲话。

10 月 29 日，省委副书记、省长陈敏尔在贵阳会见全国工商联常委、香港中华总商会常务会董叶志光一行。副省长王江平参加会见。

10 月 29 日，人民银行贵阳中心支行组织召开 2014 年贵州省反洗钱工作座谈会，省公安厅、省安全厅、省法院、省检察院、贵州银监局、贵州保监局、贵州证监局及贵阳海关的分管领导和相关部门负责人参会。

10 月 30 日，贵州省银行业协会秘书长马文彬、副秘书长邵宪毅等一行赴贵州省最高人民法院与执行局局长王联志、副局长陈永兴等会面座谈。座谈会由省高院综合处处长马竑主持，主要通报了两项工作，一是关于点对点查询的网络信息化建设进度，二是关于近期银行业执行积案的督办情况。双方就下一步合作的相关事宜展开商讨，初步定于12月上旬召开双方第一次联席会议。

11 月

11月3日，中国保监会主席助理梁涛、贵州省政府副秘书长周道许一行在贵州保监局谭论局长等领导的陪同下，到贵州省保险行业协会调研指导工作，参观了考试中心、贵州保险消费者权益保护服务总站（以下简称"服务总站"），并就服务总站的建设情况进行了座谈。

11月4日，为了解辖区唯一一家证券公司——华创证券公司的整体经营情况，贵州证监局局长杨光带队赴华创证券公司总部进行调研。杨局长表示：一要大力支持辖区证券公司创新；二要坚持"底线监管"的原则，推动监管转型；三要加强自律监管。

11月6日，贵州省融资性担保行业发展与监管工作会议在贵阳召开，省委常委、常务副省长谌贻琴出席会议并讲话。

11月6日，六盘水银行业协会成立大会在六盘水银监分局隆重召开。六盘水市政府分管领导，贵州省银行业协会、金融办、人民银行六盘水市中心支行、市民政局、市工商联、市工商局、市保险业协会相关领导，以及六盘水市银行业金融机构31个会员单位、银行业协会筹备组、秘书处全体人员参加了大会。

11月7日，贵阳银行与中国移动电子商务公司合作发出全国第一张符合金融IC卡标准和移动金融安全可信服务（MTPS）规范的移动金融SIM卡。

11月7日上午，贵州省金融研究院院长王作功教授、副院长邹晓峰博士、办公室主任王军辉博士，贵州财经大学研究生处副处长赵子铱博士、贵州省金融业法律法规政策研究中心主任刘进军博士一行到贵州省财经金融控股企业集团召开第二次产业结合研讨会暨贵州省互联网金融研究中心筹建工作会议。

11月14日，黔西南州银行业协会第一届一次会员大会暨成立大会正式召开。

11月17日，贵州省银行业电子政务传输系统全面上线运行，实现了全省全覆盖。电子政务传输系统的全面上线，有效改进了贵州银监局及各银监分局与全省银行业金融机构之间的文件传送方式，实现了非涉密文件的无纸化，节约了人力、物力资源，减轻了工作负担，提高了公文传输效率，同时为贵州省银行业监管工作提供了有力的科技保障。

11月17日，贵州银监局召开主要负责人职务任免干部大会，宣布原任党委书记、局长李均锋和新任党委书记、局长郭武平的任免决定。银监会贵州分局党委委员、副主席郭利根，省委常委、常务副省长谌贻琴出席会议并讲话，分别代表银监会党委和省委、省政府对李均锋在贵州分局的工作给予肯定，对贵州分局新班子下一阶段的工作提出希望和要求。新任党委书记、局长郭武平结合对贵州省省情和当前经济金融形势的初步认识和研判，就贯彻落实银监会党委、省委、省政府要求部署，从加强自身修养、带好班子和队伍、完成 2014 年既定工作和谋划 2015 年工作等方面进行了发言。

11 月 18 日，副省长刘远坤出席在贵阳举行的世界银行贷款贵州农村发展项目启动会并讲话。

11 月 18 日，贵州银监局新老班子按照银监会党委要求，认真圆满地完成工作交接，新任局长郭武平正式履新，原任局长李均锋卸任回京。

11 月 20 日，人民银行总行李东荣副行长、科技司陆书春副司长等一行莅临人民银行贵阳中心支行考察"贵阳移动电子商务金融科技服务创新试点"工作。李东荣副行长肯定了贵阳市移动金融工作的发展，认为贵阳对移动金融试点认识深刻，实践有进展，应用有特色，工作有措施，成果很明显，并表示希望贵阳成为"中国西部移动金融创新示范城市"。

11 月 22 日，副省长何力出席由省政府金融办、省经信委、贵州广播电视台、贵州日报报业集团在贵阳联合主办的 2014 贵州财富嘉年华并宣布开幕。

11 月 24 日上午，贵阳银行六盘水分行开业暨政银企合作签约仪式在六盘水盘江雅阁酒店举行。

11 月 25 日，人民银行贵阳中心支行组织召开了贵州省证券、保险行业金融机构信息安全座谈会。

11 月 26~27 日，人民银行贵阳中心支行采取轮训方式，组织机关党员干部开展学习党的十八届四中全会精神专题培训，聆听了由国家行政学院法学教研部副主任、教授、博士生导师杨小军作的《法制建设的大转折与新起点》和《全面推进依法治国主要内容》的视频讲座，进一步增强了职工对党的十八届四中全会精神实质和科学内涵的理解。

11 月 28 日，深圳证券交易所第九期地方政府金融干部资本市场专题研讨班在贵阳开班。常务副省长谌贻琴、深圳证券交易所总经理宋丽萍出席研讨班并致辞。

12 月

12 月 1 日，贵州省公安厅经济侦查情报处主任杨熊一行来访贵州省银行业协会，银行业协会邵宪毅副秘书长及维权部相关工作人员在会议室进行接见。杨熊主任首先就《关于征求与银监开展网络执行涉案资金查控工作意见的通知》及公安部网络执行涉案查控工作现状做了介绍，并希望与省银行业协会共同建设查控系统。

12月5日，为深入学习贯彻党的十八届四中全会精神，在省内金融机构中宣传宪法，帮助省内金融监管机构和金融机构更好地在法治思维下实现健康发展，由贵州省银行业协会主办、中国银行贵州省分行协办，邀请宪法和行政法学教授、博士生导师、省高院院长孙潮为省内金融机构做了"法治思维下的国家治理现代化"专题讲座。贵州银监局郭武平局长、省银行业协会负责人、省内各家金融机构负责人参加了讲座。

12月12日，金电联行（北京）信息技术有限公司与贵阳市政府在青岩古镇举行框架合作协议签约仪式。根据协议，金电联行将在贵阳联合相关机构和公司成立合资公司，搭建中小企业投融资信用服务平台、金融风险监管平台，推动组建贵阳互联网银行、全国村镇银行联盟和辐射西部地区的大数据金融风险监测中心，为贵阳、贵州省和西部地区的政府、金融机构、中小企业提供全方位的大数据信用服务。

12月12日，贵州证监局举办了贵州省辖区证券期货业反洗钱培训会。会议邀请人民银行贵阳中心支行专家，就当前反洗钱形势、证券期货业反洗钱特点、反洗钱评价指标及存在的问题等内容进行深入浅出的讲解。

12月下旬，贵州省保险行业协会秘书长李继军一行4人深入部分寿险公司对各公司2014年的市场发展情况、面临的困难以及2015年的发展计划等方面进行了调研。

12月18日，贵州省经信委与六盘水市政府在贵阳召开工作座谈会，贵州省经信委党组书记、主任李保芳，六盘水市委副书记、市长周荣出席会议并讲话。省经信委、六盘水市政府有关领导参加会议。

12月19日，贵州银监局法规处、贵州省银行业协会联合召开了促进银院合作工作座谈会。贵州银监局法规处处长宋国荣、科长邵波，省银行业协会秘书长马文彬、副秘书长邵宪毅，以及工行、农行、中行、建行、交行各省分行，贵州银行、贵阳银行、省联社、招商银行贵阳分行，共9家银行11位法律事务部负责人参加了会议。座谈会主要有三个方面的内容：一是了解各银行对在诉案件的分类情况；二是了解银行在案件诉讼过程中存在的问题及困难；三是了解在宏观经济下行压力下，银行对2015年诉讼案件的预判情况。

附录二 贵州金融指数各层次指标体系权重及原始数据

年份	区域	一级指标	一、金融外部环境（30%）								
		二级指标	宏观经济环境（23%）								宏观经济结构（7%）
		三级指标	人均GDP（万元/人）	人均公共财政收入（万元/人）	人均公共财政支出（万元/人）	人均固定资产投资总额（万元/人）	人均社会消费品零售总额（万元/人）	人均进出口总额（万美元/人）	城镇居民人均可支配收入（元）	农村居民人均纯收入（元）	第二和第三产业的GDP占比（%）
		权重（%）	6.00	3.00	3.00	3.00	3.00	1.00	2.00	2.00	3.00
2009	全国		2.5545	0.5134	0.5717	1.6830	0.8605	0.1729	17175	5153	89.40
	西部地区		1.8527	0.1665	0.4832	1.3656	0.5422	0.0251	14011	3881	86.30
	贵州省		1.1062	0.1177	0.3880	0.6930	0.3526	0.0062	12863	3005	85.90
2010	全国		2.9943	0.6197	0.6702	2.0741	0.9895	0.2218	19109	5919	89.80
	西部地区		2.2084	0.2183	0.5934	1.7159	0.6344	0.0354	15526	4490	86.90
	贵州省		1.3229	0.1534	0.4690	0.9159	0.4262	0.0090	14143	3472	86.40
2011	全国		3.4999	0.7700	0.8108	2.3084	1.1652	0.2703	21810	6977	89.90
	西部地区		2.5768	0.2987	0.7564	1.9836	0.7506	0.0504	17723	5351	87.20
	贵州省		1.6438	0.2229	0.6485	1.4707	0.5050	0.0141	16495	4145	87.30
2012	全国		3.8354	0.8660	0.9302	2.7672	1.3583	0.2856	24565	7919	89.90
	西部地区		3.1269	0.3480	0.8610	2.4434	0.8819	0.0640	20082	6152	87.40
	贵州省		1.9667	0.2911	0.7909	2.2414	0.5958	0.0190	18701	4753	87.10
2013	全国		4.1869	0.9505	1.0286	3.2906	1.7504	0.3062	26959	8896	89.99
	西部地区		3.3658	0.4906	0.8031	2.7776	1.0261	0.0748	22144	6972	87.46
	贵州省		2.2863	0.3445	0.8803	2.9568	0.6757	0.0237	20667	5434	87.15
2014	全国		4.6531	1.0261	1.1088	3.7487	1.9183	0.3158	28844	9892	90.83
	西部地区		3.6765	0.4230	1.0331	3.3544	1.2568	0.0877	24046	8042	88.85
	贵州省		2.6368	0.3895	1.0096	2.5021	0.7352	0.0308	22548	6671	86.21

续表

一级指标		一、金融外部环境(30%)		二、金融市场规模(55%)						
二级指标		宏观经济结构(7%)		金融业概况(10%)			金融信用环境(6%)			
三级指标 年份 / 区域		城镇化率(%)	城乡居民收入比	人均金融业增加值(万元/人)	人均金融业从业人员(人/万人)	金融业人均工资(元)	不良贷款率(%)	人均小微企业贷款余额(万元/人)	人均小微企业贷款新增量(万元/人)	人均涉农贷款余额(万元/人)
权重(%)		2.00	2.00	6.00	2.00	2.00	4.00	0.75	0.25	0.75
2009	全国	46.59	3.33	0.1331	0.0034	60398	3.29	0.5558	0.1430	0.6819
	西部地区	39.40	3.61	0.0785	0.0026	44315	3.78	0.5882	0.2968	0.4947
	贵州省	29.90	4.28	0.0550	0.0017	53780	4.32	0.2129	0.1103	0.4481
2010	全国	46.60	3.23	0.1565	0.0035	70146	2.40	0.7237	0.1706	0.8778
	西部地区	41.00	3.46	0.0937	0.0028	53049	2.66	0.8262	0.2329	0.6432
	贵州省	29.90	4.07	0.0665	0.0018	61474	2.80	0.3217	0.1052	0.6424
2011	全国	51.27	3.13	0.1852	0.0038	81109	1.77	0.9062	0.1860	1.0836
	西部地区	43.00	3.31	0.1191	0.0029	62135	1.89	1.0491	0.2264	0.7896
	贵州省	34.96	3.98	0.0857	0.0021	75169	1.99	0.3920	0.0694	0.7611
2012	全国	52.57	3.10	0.2121	0.0039	89743	1.56	1.0908	0.1891	1.2998
	西部地区	44.90	3.26	0.1534	0.0031	70693	1.46	1.2765	0.2325	0.9528
	贵州省	36.40	3.93	0.1050	0.0021	81630	1.66	0.4807	0.1597	0.8589
2013	全国	53.73	3.03	0.2468	0.0040	99659	1.49	1.3072	0.2201	1.5310
	西部地区	45.98	3.18	0.1667	0.0031	76596	1.26	1.5780	0.3280	1.1559
	贵州省	37.84	3.80	0.1217	0.0022	88300	1.33	0.6371	0.1589	1.0931
2014	全国	54.77	2.92	0.3319	0.0042	108273	1.25	1.5134	0.2149	1.7254
	西部地区	46.61	2.91	0.2301	0.0032	84127	1.40	1.8557	0.2929	1.3578
	贵州省	40.01	3.38	0.1401	0.0023	101702	1.31	0.7944	0.1585	1.3818

续表

年份	区域	一级指标	二、金融市场规模(55%)								
		二级指标	金融信用环境(6%)	银行业指标(24%)							
		三级指标	人均涉农贷款新增量(万元/人)	人均人民币存款余额(万元/人)	人均人民币贷款余额(万元/人)	人均外币存款余额(万元/人)	人均外币贷款余额(万元/人)	人均银行业资产总额(万元/人)	人均法人银行数(个/亿人)	人均银行业机构数(个/亿人)	贷款加权平均利率(%)
		权重(%)	0.25	6.00	6.00	0.50	0.50	5.00	2.00	2.00	2.00
2009	全国		0.1723	4.4788	2.9951	0.1072	0.1941	5.5526	0.0289	1.4163	5.25
	西部地区		0.1759	2.8139	1.9492	0.0170	0.0297	3.4622	0.0364	1.4025	6.32
	贵州省		0.1395	1.6676	1.3165	0.0040	0.0039	1.9712	0.0404	1.0274	6.53
2010	全国		0.1991	5.3561	3.5737	0.1134	0.2237	6.6224	0.0281	1.4542	6.19
	西部地区		0.1442	3.4723	2.4007	0.0210	0.0390	4.3084	0.0375	1.4566	6.60
	贵州省		0.1868	2.1167	1.6521	0.0069	0.0070	2.5450	0.0287	1.1535	6.97
2011	全国		0.2100	6.0073	4.0665	0.1284	0.2531	7.8525	0.0282	1.4911	8.01
	西部地区		0.1491	4.0299	2.8408	0.0284	0.0580	5.2284	0.0377	1.5074	8.15
	贵州省		0.1169	2.5205	1.9725	0.0082	0.0097	3.1314	0.0297	1.2365	8.72
2012	全国		0.2747	6.7753	4.6520	0.1883	0.3183	9.1947	0.0277	1.4918	6.78
	西部地区		0.1682	4.7336	3.3423	0.0430	0.0892	6.3228	0.0346	1.5379	7.86
	贵州省		0.1011	3.0252	2.3750	0.0080	0.0216	3.8929	0.0313	1.2629	8.20
2013	全国		0.2355	7.6827	5.2921	0.1973	0.3481	10.3192	0.0291	1.5485	7.20
	西部地区		0.2206	5.3546	3.8266	0.0486	0.0981	7.1984	0.0341	1.5272	7.70
	贵州省		0.2386	3.7878	2.8853	0.0093	0.0150	4.9366	0.0351	1.3275	8.12
2014	全国		0.2047	8.1391	5.7586	0.2173	0.3095	11.3100	0.0294	1.5938	6.78
	西部地区		0.2130	5.8721	4.4293	0.0600	0.1074	7.9708	0.0338	1.5504	7.33
	贵州省		0.2788	4.3505	3.5253	0.0127	0.0201	5.7537	0.0373	1.3830	7.88

一级指标		二、金融市场规模（55%）								
二级指标		证券业指标（10%）								
年份	区域 三级指标	人均股票融资额（万元/人）	人均债券融资额（万元/人）	人均证券交易额（万元/人）	人均证券公司营业收入（万元/人）	人均期货成交额（万元/人）	人均法人证券公司数（个/亿人）	人均证券公司及分支机构数（个/亿人）	人均上市公司数（个/亿人）	人均法人期货公司数（个/亿人）
	权重（%）	1.25	1.25	1.50	1.00	0.50	1.00	1.00	1.50	0.50
2009	全国	0.0386	0.0054	4.0164	0.0176	0.0010	0.0008	0.0284	0.0129	0.0013
	西部地区	0.0196	0.0027	3.0814	0.0060	0.0003	0.0005	0.0159	0.0084	0.0005
	贵州省	0.0061	0.0028	0.9850	0.0017	0.0000	0.0003	0.0074	0.0048	0.0000
2010	全国	0.0694	0.0098	4.0691	0.0164	0.0012	0.0008	0.0345	0.0154	0.0012
	西部地区	0.0322	0.0039	2.7505	0.0065	0.0006	0.0005	0.0214	0.0094	0.0005
	贵州省	0.0156	0.0250	0.9724	0.0017	0.0001	0.0003	0.0092	0.0057	0.0000
2011	全国	0.0430	0.0202	3.1295	0.0121	0.0010	0.0008	0.0373	0.0185	0.0012
	西部地区	0.0270	0.0084	2.2473	0.0052	0.0006	0.0005	0.0233	0.0101	0.0005
	贵州省	0.0013	0.0202	0.7527	0.0013	0.0001	0.0003	0.0127	0.0058	0.0000
2012	全国	0.0305	0.0155	2.3239	0.0096	0.0013	0.0008	0.0368	0.0184	0.0012
	西部地区	0.0242	0.0068	1.9542	0.0060	0.0007	0.0005	0.0239	0.0100	0.0004
	贵州省	0.0060	0.0202	0.6820	0.0009	0.0001	0.0003	0.0135	0.0060	0.0000
2013	全国	0.0285	0.0300	3.4500	0.0117	0.0020	0.0008	0.0432	0.0183	0.0012
	西部地区	0.0315	0.0153	2.9356	0.0066	0.0011	0.0005	0.0291	0.0098	0.0004
	贵州省	0.0013	0.0594	0.9859	0.0013	0.0002	0.0003	0.0166	0.0060	0.0000
2014	全国	0.0355	0.4074	5.4387	0.0190	0.0021	0.0009	0.0477	0.0191	0.0011
	西部地区	0.0351	0.2151	4.3510	0.0099	0.0016	0.0005	0.0326	0.0101	0.0004
	贵州省	0.0184	0.1413	1.3445	0.0017	0.0001	0.0003	0.0211	0.0060	0.0000

续表

年份	区域	一级指标	二、金融市场规模(55%)						三、金融市场效率(15%)		
		二级指标	证券业指标(10%)	保险业指标(5%)					宏观金融效率指标(7%)		
		三级指标	人均期货公司及分支机构数(个/亿人)	人均财产险保费收入(万元/人)	人均人身险保费收入(万元/人)	人均保险公司赔款给付(万元/人)	人均保险公司法人机构数(个/亿人)	人均保险公司及分支机构数(个/亿人)	经济储蓄动员力(%)	储蓄投资转化系数	金融业增加值的GDP占比(%)
		权重(%)	0.50	1.00	1.00	1.00	1.00	1.00	2.00	2.00	1.50
2009	全国		0.0063	0.0216	0.0559	0.0234	0.0010	0.0091	89.04	1.37	5.21
	西部地区		0.0015	0.0160	0.0355	0.0149	0.0002	0.0091	69.97	0.95	4.24
	贵州省		0.0017	0.0102	0.0167	0.0088	0.0000	0.0054	68.27	1.09	4.97
2010	全国		0.0077	0.0291	0.0793	0.0239	0.0011	0.0097	88.16	1.25	5.23
	西部地区		0.0019	0.0226	0.0525	0.0163	0.0002	0.0089	70.81	0.91	4.24
	贵州省		0.0020	0.0135	0.0218	0.0091	0.0000	0.0057	70.51	1.02	5.03
2011	全国		0.0089	0.0343	0.0721	0.0292	0.0010	0.0109	85.67	1.30	5.29
	西部地区		0.0025	0.0266	0.0478	0.0200	0.0002	0.0095	71.25	0.93	4.62
	贵州省		0.0020	0.0170	0.0210	0.0114	0.0000	0.0063	69.00	0.77	5.21
2012	全国		0.0099	0.0394	0.0750	0.0348	0.0011	0.0113	87.55	1.21	5.53
	西部地区		0.0046	0.0298	0.0504	0.0229	0.0002	0.0100	69.83	0.89	4.91
	贵州省		0.0023	0.0202	0.0229	0.0159	0.0000	0.0066	70.14	0.62	5.34
2013	全国		0.0108	0.0457	0.0810	0.0457	0.0012	0.0128	81.58	1.04	5.90
	西部地区		0.0052	0.0346	0.0547	0.0324	0.0003	0.0100	73.79	0.89	4.95
	贵州省		0.0026	0.0254	0.0264	0.0207	0.0000	0.0066	73.93	0.57	5.32
2014	全国		0.0096	0.0527	0.0953	0.0528	0.0013	0.0116	76.24	0.95	7.13
	西部地区		0.0058	0.0411	0.0609	0.0379	0.0003	0.0103	73.37	0.80	6.26
	贵州省		0.0029	0.0320	0.0287	0.0256	0.0000	0.0071	71.69	0.51	5.31

续表

年份	区域	一级指标	三、金融市场效率（15%）						
		二级指标	宏观金融效率指标（7%）	微观金融效率指标（8%）					
		三级指标	金融业增加值的第三产业占比（%）	存贷比（%）	存款余额的GDP占比（%）	贷款余额的GDP占比（%）	上市公司总市值的GDP占比（%）	资本市场融资总额的GDP占比（%）	保险深度（%）
		权重（%）	1.50	2.00	1.50	1.50	1.00	1.00	1.00
2009	全国		12.00	69.61	1.80	1.25	71.56	1.72	3.27
	西部地区		10.22	69.90	1.53	1.07	31.51	1.21	3.00
	贵州省		10.31	78.99	1.51	1.19	60.01	0.81	2.50
2010	全国		12.09	69.44	1.83	1.27	66.11	2.65	3.62
	西部地区		10.64	69.80	1.58	1.10	35.78	1.64	3.20
	贵州省		10.63	78.12	1.61	1.25	66.56	3.07	2.70
2011	全国		12.16	70.37	1.75	1.23	45.54	1.81	3.03
	西部地区		11.39	71.40	1.57	1.12	23.61	1.38	2.68
	贵州省		10.69	78.39	1.54	1.21	51.05	1.31	2.30
2012	全国		12.38	71.37	1.82	1.30	44.36	1.20	2.98
	西部地区		12.71	71.80	1.53	1.10	22.61	0.99	2.57
	贵州省		11.15	79.02	1.54	1.22	48.75	0.85	2.20
2013	全国		12.79	71.52	1.88	1.35	40.60	1.40	3.00
	西部地区		12.41	72.71	1.61	1.17	20.79	1.39	2.50
	贵州省		11.41	76.38	1.66	1.27	29.81	2.66	2.30
2014	全国		14.80	72.62	1.80	1.30	58.53	9.52	3.18
	西部地区		15.65	75.43	1.20	1.20	28.54	6.81	2.75
	贵州省		11.91	81.03	1.65	1.34	43.26	6.05	2.30

附表 2　　　　　　　　　　　第二层次指标体系权重及原始数据

年份	城市	地区生产总值（亿元）	公共财政收入（亿元）	公共财政支出（亿元）	固定资产投资总额（亿元）	社会消费品零售总额（亿元）	进出口总额（亿美元）	城镇居民人均可支配收入（元）	农村居民人均纯收入（元）	第二和第三产业的地区生产总值占比（％）
一级指标		一、金融外部环境（30％）								
二级指标		宏观经济环境（23％）								宏观经济结构（7％）
权重（％）		6.00	3.00	3.00	3.00	3.00	1.00	2.00	2.00	3.00
2009	贵阳市	971.94	105.36	169.84	782.79	405.30	18.11	15041	5136	94.90
	昆明市	1837.46	201.61	270.75	1600.66	864.61	56.30	16496	5080	93.70
	南宁市	1524.71	120.46	203.55	1043.91	757.01	27.88	16254	4385	85.84
	乌鲁木齐市	1095.00	145.59	163.59	412.05	473.00	36.83	13075	6666	98.54
2010	贵阳市	1121.82	136.30	204.38	1019.10	484.78	22.75	16597	5976	94.90
	昆明市	2120.30	253.83	346.29	2160.88	1060.19	101.09	18876	5810	93.30
	南宁市	1800.26	156.10	261.28	1483.02	905.93	22.13	18032	5005	86.52
	乌鲁木齐市	1311.00	197.57	208.23	500.11	563.67	59.85	14382	7466	98.55
2011	贵阳市	1383.07	187.09	277.31	1600.59	584.33	37.69	19420	7381	95.40
	昆明市	2509.58	317.69	441.73	2701.11	1271.73	112.00	21966	6985	94.70
	南宁市	2211.51	168.29	302.31	2003.68	1073.15	25.10	20005	5848	86.15
	乌鲁木齐市	1700.00	264.20	299.71	635.00	690.00	90.00	16144	8436	98.76
2012	贵阳市	1710.30	241.19	351.44	1553.05	683.19	50.51	21796	8488	95.80
	昆明市	3011.14	378.40	525.50	2345.91	1493.80	144.10	25240	8040	94.70
	南宁市	2503.55	229.73	364.02	2585.18	1255.59	41.47	22561	6777	87.05
	乌鲁木齐市	2060.00	317.74	363.89	1010.29	834.35	103.97	18385	10356	98.80
2013	贵阳市	2085.42	277.21	393.60	1958.14	785.66	63.18	23376	9592	96.10
	昆明市	3415.31	450.75	585.75	2931.50	1702.30	174.22	28354	9273	94.90
	南宁市	2803.54	256.25	414.24	2475.01	1450.84	44.21	24817	7685	87.52
	乌鲁木齐市	2400.00	400.71	450.10	1271.59	970.05	120.00	20780	12065	98.90
2014	贵阳市	2497.27	331.59	448.65	2336.06	888.58	78.42	24961	10826	95.67
	昆明市	3712.99	477.94	594.05	3138.17	1905.86	177.87	31295	10366	94.94
	南宁市	3148.30	274.85	465.77	2933.84	1616.90	48.14	27075	8576	88.72
	乌鲁木齐市	2510.00	340.62	404.80	1526.00	1070.00	82.85	23755	13335	98.80

续表

年份	城市	一、金融外部环境(30%)		二、金融市场规模(55%)						
		宏观经济结构(7%)		金融业概况(10%)			银行业指标(30%)			
		城镇化率(%)	城乡居民收入比	金融业增加值(亿元)	金融业从业人员(人)	金融业人均工资(元)	人民币存款余额(亿元)	人民币贷款余额(亿元)	代表性法人银行不良贷款率(%)	代表性法人银行核心资本充足率(%)
权重(%)		2.00	2.00	6.00	2.00	2.00	6.00	6.00	4.00	2.00
2009	贵阳市	65.20	2.93	83.16	16147	71937	2454.43	2070.34	3.81	9.42
	昆明市	61.00	3.25	85.72	28577	78491	5849.43	5450.79	2.30	11.03
	南宁市	50.48	3.71	118.69	25099	85082	3231.36	3278.12	1.52	21.18
	乌鲁木齐市	96.62	1.96	198.87	15230	72958	2935.18	1626.88	1.82	8.00
2010	贵阳市	68.13	2.78	96.07	17050	86460	3035.31	2588.73	1.13	11.78
	昆明市	63.00	3.25	102.40	28527	92169	6639.51	6498.57	1.28	9.78
	南宁市	52.64	3.60	132.93	26184	101106	3892.26	3909.92	0.98	16.29
	乌鲁木齐市	98.34	1.93	225.20	16211	84541	3596.43	2074.74	1.41	9.51
2011	贵阳市	69.20	2.63	110.43	22482	88036	3603.65	3012.86	0.73	11.00
	昆明市	66.00	3.14	119.68	30342	122562	7554.89	7288.05	1.08	12.16
	南宁市	54.55	3.42	212.47	31774	105479	4728.14	4845.07	0.52	10.92
	乌鲁木齐市	97.14	1.91	288.77	17408	94116	4080.50	2553.98	1.16	9.69
2012	贵阳市	70.53	2.57	140.07	20925	95383	4394.37	3479.47	0.61	12.35
	昆明市	67.20	3.14	145.19	32178	124463	8839.46	8165.49	0.96	11.13
	南宁市	56.28	3.33	214.72	34494	109525	5627.18	5501.28	0.52	10.71
	乌鲁木齐市	97.09	1.78	364.40	20191	112848	4819.11	3245.33	1.02	11.18
2013	贵阳市	72.50	2.44	184.05	21900	100800	5742.09	4177.93	0.60	10.81
	昆明市	68.05	3.06	164.07	33300	138600	10085.36	9148.63	0.87	9.30
	南宁市	57.74	3.23	241.11	37600	116600	6483.53	6115.88	3.08	12.76
	乌鲁木齐市	98.00	1.72	450.00	20800	120000	5611.86	3938.42	0.83	12.00
2014	贵阳市	73.20	2.31	238.25	23500	112000	6992.20	6560.91	0.83	13.67
	昆明市	69.04	3.02	219.06	34600	157000	10582.22	10201.32	0.94	15.88
	南宁市	58.00	3.16	308.53	40800	128000	7064.19	7091.46	3.08	15.18
	乌鲁木齐市	98.10	1.78	638.91	22100	132000	6233.97	4502.33	3.50	11.00

续表

年份	城市	一级指标	二、金融市场规模（55%）								
		二级指标	银行业指标（30%）					证券业指标（10%）			
		三级指标	代表性法人银行平均资产收益率（%）	代表性法人银行流动性比率（%）	代表性法人银行资产总额（亿元）	法人银行数（个）	银行业分支机构数（个）	上市公司募集资金（亿元）	证券交易额（亿元）	法人证券公司营业收入（亿元）	期货成交额（亿元）
		权重（%）	2.00	2.00	4.00	2.00	2.00	2.50	1.50	1.00	0.50
2009	贵阳市		19.98	54.39	495.60	4	661.00	21.69	2684.10	6.68	1498.11
	昆明市		8.53	33.65	536.14	3	1172.00	120.55	7302.00	15.77	6092.10
	南宁市		6.81	48.59	272.00	2	985.00	5.43	5239.69	1.60	12445.08
	乌鲁木齐市		8.00	27.00	348.57	1	557.00	169.55	3201.43	29.20	1700.00
2010	贵阳市		30.27	49.79	634.40	4	734.00	7.16	2464.02	5.51	2954.26
	昆明市		15.06	34.83	712.80	4	1202.00	50.81	6535.11	17.90	16300.00
	南宁市		11.92	48.26	590.35	2	996.00	12.19	5562.80	18.95	38494.66
	乌鲁木齐市		16.81	31.49	415.57	1	649.00	260.70	2896.65	33.05	3400.00
2011	贵阳市		25.24	48.48	820.50	4	778.00	23.71	1877.00	4.63	2401.84
	昆明市		16.17	38.26	825.60	5	1220.00	76.14	5261.35	12.20	14700.00
	南宁市		17.68	51.33	1107.06	4	1013.00	36.76	4606.01	12.71	24433.00
	乌鲁木齐市		19.90	37.22	506.19	1	668.00	459.70	1986.03	23.54	2800.00
2012	贵阳市		27.23	51.80	1049.10	7	795.00	30.80	2389.17	4.68	3602.76
	昆明市		16.45	32.04	1047.87	7	1260.00	162.00	3316.00	9.81	32200.00
	南宁市		18.42	45.97	1211.31	5	1034.00	5.26	3616.71	14.60	21360.00
	乌鲁木齐市		16.52	41.33	588.93	1	813.00	601.59	1789.12	32.96	5400.00
2013	贵阳市		24.66	50.44	1205.50	7	844.00	0.00	2890.07	7.10	7176.70
	昆明市		18.48	34.72	1210.10	7	1251.00	116.00	5459.00	12.51	48287.00
	南宁市		3.26	46.56	902.92	5	1060.00	37.06	4260.80	18.20	20753.83
	乌鲁木齐市		17.00	47.00	650.00	1	824.00	23.10	2236.00	41.19	8107.00
2014	贵阳市		26.27	59.55	1529.42	7	874.00	20.85	3922.44	11.98	7254.41
	昆明市		18.56	34.59	1190.67	7	1267.00	9.03	8200.00	25.74	72000.00
	南宁市		1.25	60.36	840.99	5	1117.00	6.88	6300.00	25.44	29775.90
	乌鲁木齐市		1.05	43.00	700.00	1	882.00	46.00	3300.00	86.56	8984.48

续表

年份	城市	一级指标	二、金融市场规模（55%）								
		二级指标	证券业指标（10%）					保险业指标（5%）			
		三级指标	证券公司法人机构数（个）	证券公司分支机构数（个）	上市公司数（个）	期货公司法人机构数（个）	期货公司分支机构数（个）	财产险保费收入（亿元）	人身险保费收入（亿元）	保险公司赔款给付（亿元）	保险法人机构数（个）
		权重（%）	1.00	1.00	1.50	0.50	0.50	1.00	1.00	1.00	1.00
2009	贵阳市		1	15	12	0	6	17.72	32.40	12.23	0
	昆明市		2	29	20	2	6	24.32	45.16	22.28	0
	南宁市		1	24	7	0	18	14.72	25.41	11.45	0
	乌鲁木齐市		1	23	20	2	5	11.71	38.61	13.07	1
2010	贵阳市		1	21	12	0	7	18.40	31.73	11.08	0
	昆明市		2	40	21	2	8	35.99	61.62	25.75	1
	南宁市		1	37	8	0	18	21.56	35.74	12.06	0
	乌鲁木齐市		1	26	22	2	5	15.77	40.71	12.35	1
2011	贵阳市		1	27	13	0	7	22.80	24.10	13.77	0
	昆明市		2	40	21	2	8	44.09	51.43	31.99	1
	南宁市		1	39	9	0	21	29.54	37.85	17.38	0
	乌鲁木齐市		1	28	23	2	5	21.72	44.94	16.52	1
2012	贵阳市		1	32	14	0	8	26.24	30.67	20.22	0
	昆明市		2	40	21	2	11	50.57	56.93	39.26	1
	南宁市		1	40	10	0	22	35.53	41.77	22.78	0
	乌鲁木齐市		1	28	23	2	5	24.50	52.78	23.08	1
2013	贵阳市		1	29	14	0	9	33.13	36.02	26.43	0
	昆明市		2	45	21	2	11	60.04	67.78	42.20	1
	南宁市		1	41	11	0	24	55.21	45.64	32.67	1
	乌鲁木齐市		1	30	23	2	5	27.29	61.48	29.67	1
2014	贵阳市		1	37	14	0	10	42.82	37.18	45.40	0
	昆明市		2	55	21	2	14	72.20	82.26	57.34	1
	南宁市		1	68	11	0	22	56.53	51.02	37.02	1
	乌鲁木齐市		1	31	23	2	5	33.04	71.40	34.51	1

续表

年份	城市	一级指标	二、金融市场规模(55%)	三、金融市场效率(15%)							
		二级指标	保险业指标(5%)	宏观金融效率指标(6%)				微观金融效率指标(9%)			
		三级指标	保险公司分支机构数(个)	经济储蓄动员力(%)	储蓄投资转化系数	金融业增加值的地区生产总值占比(%)	金融业增加值的第三产业占比(%)	存贷比(%)	存款余额的地区生产总值占比(%)	贷款余额的地区生产总值占比(%)	上市公司总市值的地区生产总值占比(%)
		权重(%)	1.00	1.50	1.50	1.50	1.50	2.00	1.50	1.50	1.00
2009	贵阳市		19	0.95	1.18	8.56	15.79	84.35	2.53	2.13	62.85
	昆明市		28	1.05	1.20	4.67	9.85	93.18	3.18	2.97	118.72
	南宁市		26	1.01	2.12	7.78	15.12	101.45	2.12	2.15	22.27
	乌鲁木齐市		20	0.95	2.53	18.16	31.72	55.43	2.68	1.49	95.80
2010	贵阳市		20	0.97	1.07	8.56	15.81	85.29	2.71	2.31	65.34
	昆明市		28	1.10	1.10	4.83	9.85	97.88	3.13	3.06	111.27
	南宁市		27	1.03	2.16	7.38	14.71	100.45	2.16	2.17	24.52
	乌鲁木齐市		22	0.95	2.49	19.00	31.00	57.69	2.74	1.58	125.55
2011	贵阳市		22	0.90	0.78	7.98	15.05	83.61	2.61	2.18	34.51
	昆明市		30	1.04	0.97	4.77	9.85	96.47	3.01	2.90	64.74
	南宁市		31	1.02	2.14	9.61	19.74	102.47	2.14	2.19	12.35
	乌鲁木齐市		27	0.86	2.32	16.99	32.20	62.59	2.40	1.50	68.42
2012	贵阳市		23	0.88	0.96	8.19	15.38	79.18	2.57	2.03	32.82
	昆明市		31	0.90	1.15	4.82	9.85	92.38	2.94	2.71	58.64
	南宁市		33	0.98	2.25	8.58	17.61	97.76	2.25	2.20	12.81
	乌鲁木齐市		28	0.83	1.70	17.69	31.48	67.34	2.34	1.58	68.25
2013	贵阳市		24	0.88	0.94	8.83	15.93	72.76	2.75	2.00	31.67
	昆明市		32	0.92	1.07	4.80	9.63	90.71	2.95	2.68	53.07
	南宁市		33	0.94	2.31	8.60	17.96	94.33	2.31	2.18	19.72
	乌鲁木齐市		29	0.79	1.49	18.75	31.20	70.18	2.34	1.64	71.07
2014	贵阳市		24	0.81	0.86	9.54	16.86	93.83	2.79	2.62	49.27
	昆明市		32	0.99	1.17	5.90	11.63	96.40	2.85	2.74	67.64
	南宁市		34	0.74	0.79	9.80	20.01	100.39	2.24	2.25	19.10
	乌鲁木齐市		29	0.79	1.29	25.45	41.90	72.22	2.48	1.79	95.10

续表

年份	城市	一级指标	三、金融市场效率(15%)		
		二级指标	微观金融效率指标(9%)		
		三级指标	上市公司募集资金的地区生产总值占比（%）	保险密度（元/人）	保险深度（%）
		权重(%)	1.00	1.00	1.00
2009	贵阳市		2.23	1014.89	4.14
	昆明市		6.56	1106.53	3.78
	南宁市		0.36	575.01	2.63
	乌鲁木齐市		15.48	1688.59	4.60
2010	贵阳市		0.64	1083.11	3.59
	昆明市		2.40	1534.75	4.60
	南宁市		0.68	810.04	3.18
	乌鲁木齐市		19.89	1814.45	4.31
2011	贵阳市		1.71	1140.83	2.91
	昆明市		3.03	1472.62	3.81
	南宁市		1.66	947.17	3.05
	乌鲁木齐市		27.04	2075.28	3.92
2012	贵阳市		1.80	1278.84	2.35
	昆明市		5.38	1645.49	3.57
	南宁市		0.21	1083.39	3.09
	乌鲁木齐市		29.20	2306.87	3.75
2013	贵阳市		0.00	1538.07	1.93
	昆明市		3.40	1943.00	3.74
	南宁市		1.32	1392.13	3.60
	乌鲁木齐市		0.96	2565.61	3.70
2014	贵阳市		0.83	1755.92	3.20
	昆明市		0.24	2331.12	4.15
	南宁市		0.21	1475.34	3.40
	乌鲁木齐市		1.80	2958.64	4.16

附表3　　　　　　　　　　第三层次指标体系权重及原始数据

年份	区域	一级指标	一、金融外部环境（35%）							
		二级指标	宏观经济环境（28%）							
		三级指标	地区生产总值（亿元）	人均地区生产总值（万元/人）	公共财政收入（亿元）	人均公共财政收入（万元/人）	公共财政支出（亿元）	人均公共财政支出（万元/人）	固定资产投资总额（亿元）	人均固定资产投资总额（万元/人）	社会消费品零售总额（亿元）
		权重（%）	3.50	3.50	1.50	1.50	1.50	1.50	1.50	1.50	1.50
2009	六盘水市		430.16	1.4938	37.12	0.1289	82.15	0.2853	244.78	0.8500	110.88
	遵义市		777.64	1.2395	46.28	0.0738	154.17	0.2457	376.07	0.5994	244.24
	安顺市		180.41	0.7672	32.87	0.1398	64.68	0.2751	84.24	0.3583	59.09
	毕节市		500.01	0.7529	50.50	0.0760	144.19	0.2171	256.78	0.3867	94.90
	铜仁市		251.74	0.7829	13.75	0.0428	92.93	0.2890	165.92	0.5160	63.03
	黔西南州		232.00	0.8120	21.91	0.0767	77.53	0.2714	150.12	0.5254	74.79
	黔东南州		269.73	0.7518	17.43	0.0486	106.97	0.2982	210.05	0.5855	103.22
	黔南州		302.63	0.9080	20.85	0.0626	97.41	0.2923	236.00	0.7081	82.87
2010	六盘水市		500.64	1.7540	49.31	0.1728	111.12	0.3893	335.51	1.1755	131.34
	遵义市		908.76	1.4818	57.59	0.0939	194.20	0.3166	551.84	0.8998	290.25
	安顺市		232.92	1.0125	48.60	0.2113	93.70	0.4073	111.34	0.4840	70.08
	毕节市		600.85	0.9179	77.96	0.1191	221.06	0.3377	451.90	0.6904	126.10
	铜仁市		293.62	0.9483	18.29	0.0591	125.87	0.4065	227.25	0.7339	75.31
	黔西南州		324.52	1.1548	28.78	0.1024	103.83	0.3695	204.21	0.7267	88.28
	黔东南州		312.57	0.8968	26.18	0.0751	144.47	0.4145	271.80	0.7799	120.89
	黔南州		356.68	1.1025	27.15	0.0839	129.36	0.3999	323.86	1.0011	97.19
2011	六盘水市		613.39	2.1522	70.84	0.2486	146.71	0.5148	550.63	1.9320	157.61
	遵义市		1121.46	1.8385	84.62	0.1387	256.36	0.4203	813.62	1.3338	350.62
	安顺市		285.55	1.2524	44.39	0.1947	124.45	0.5458	243.35	1.0673	83.93
	毕节市		737.41	1.1310	80.76	0.1239	283.80	0.4353	830.90	1.2744	150.40
	铜仁市		357.72	1.1614	28.41	0.0922	164.39	0.5337	424.00	1.3766	89.88
	黔西南州		375.32	1.3404	45.74	0.1634	137.57	0.4913	301.20	1.0757	105.30
	黔东南州		383.63	1.1088	45.27	0.1308	194.66	0.5626	471.14	1.3617	144.83
	黔南州		443.60	1.3819	39.20	0.1221	162.39	0.5059	458.81	1.4293	117.12
2012	六盘水市		738.65	2.5836	103.49	0.3620	188.08	0.6579	1088.90	3.8087	182.82
	遵义市		1361.93	2.2265	113.00	0.1847	320.20	0.5235	817.36	1.3362	409.87
	安顺市		352.62	1.5443	59.17	0.2591	163.48	0.7159	400.06	1.7520	97.53
	毕节市		877.96	1.3457	110.43	0.1693	315.59	0.4837	1300.50	1.9934	174.40
	铜仁市		465.00	1.5027	33.57	0.1085	206.91	0.6687	702.74	2.2710	103.90
	黔西南州		462.30	1.6440	64.42	0.2291	181.20	0.6444	445.14	1.5830	121.79
	黔东南州		477.75	1.3757	70.08	0.2018	248.53	0.7157	780.65	2.2480	168.87
	黔南州		533.34	1.6530	57.87	0.1794	199.80	0.6193	702.40	2.1770	136.09
2013	六盘水市		882.11	3.0687	123.60	0.4300	219.17	0.7625	1480.00	5.1487	209.27
	遵义市		1584.67	2.5798	136.77	0.2227	366.76	0.5971	1068.28	1.7392	470.37
	安顺市		429.16	1.8655	70.25	0.3054	241.38	1.0493	604.08	2.6259	111.52
	毕节市		1041.93	1.5936	125.62	0.1921	353.75	0.5411	1701.19	2.6019	198.50
	铜仁市		535.22	1.7243	44.80	0.1443	235.97	0.7602	1002.10	3.2284	118.82
	黔西南州		558.91	1.9804	81.38	0.2884	209.63	0.7428	600.01	2.1260	139.08
	黔东南州		585.64	1.6812	85.99	0.2469	278.94	0.8008	1050.00	3.0143	193.85
	黔南州		645.40	1.9951	73.22	0.2263	229.38	0.7091	1025.00	3.1685	155.26
2014	六盘水市		1042.73	3.6181	128.74	0.4479	224.79	0.7800	1336.27	4.6366	261.38
	遵义市		1874.36	3.0453	159.65	0.2594	396.35	0.6440	2552.73	4.1475	553.40
	安顺市		520.06	2.2532	84.46	0.3659	172.82	0.7488	1000.09	4.3330	125.79
	毕节市		1266.70	1.9365	116.10	0.1775	360.80	0.5516	1128.80	1.7257	236.30
	铜仁市		647.73	2.0784	50.13	0.1609	256.29	0.8224	1153.38	3.7009	134.26
	黔西南州		670.96	2.3867	94.50	0.3362	236.90	0.8427	786.31	2.7971	171.85
	黔东南州		701.71	2.0179	92.63	0.2664	308.38	0.8868	1302.57	3.7457	218.28
	黔南州		801.75	2.4771	84.47	0.2610	264.62	0.8176	1342.45	4.1477	175.30

续表

年份	区域	一、金融外部环境（35%）								二、金融市场规模（50%）
		宏观经济环境（28%）					宏观经济结构（7%）			银行业指标（32%）
		人均社会消费品零售总额（万元/人）	进出口总额（亿美元）	人均进出口总额（万美元/人）	城镇居民人均可支配收入（元）	农村居民人均纯收入（元）	第二和第三产业的地区生产总值占比（%）	城镇化率（%）	城乡居民收入比	人民币存款余额（亿元）
权重（%）		1.50	1.50	1.50	3.00	3.00	3.00	2.00	2.00	4.00
2009	六盘水市	0.3851	3.75	0.0130	13116	3083	93.85	28.00	4.2538	423.90
	遵义市	0.3893	1.90	0.0030	13806	3661	84.20	33.11	3.7711	920.59
	安顺市	0.2513	1.18	0.0050	13327	3110	80.10	28.00	4.2852	227.89
	毕节市	0.1429	0.60	0.0009	12498	3109	77.97	24.91	4.0199	424.13
	铜仁市	0.1960	0.01	0.0000	9647	2742	67.20	28.20	3.5182	275.60
	黔西南州	0.2618	0.06	0.0002	14118	2758	78.70	27.10	5.1189	314.41
	黔东南州	0.2877	0.05	0.0001	12465	2716	74.98	25.60	4.5895	367.37
	黔南州	0.2486	0.50	0.0015	13219	3190	76.40	27.10	4.1439	355.89
2010	六盘水市	0.4601	3.17	0.0111	13919	3601	93.96	28.65	3.8658	499.05
	遵义市	0.4733	2.01	0.0033	15279	4207	84.60	35.02	3.6320	1157.00
	安顺市	0.3046	1.30	0.0057	14504	3526	82.60	30.04	4.1134	362.19
	毕节市	0.1926	1.00	0.0015	13783	3354	79.30	26.18	4.1094	550.92
	铜仁市	0.2432	1.55	0.0050	10836	3222	67.50	30.10	3.3631	359.73
	黔西南州	0.3141	0.03	0.0001	15001	3246	82.50	28.15	4.6214	397.72
	黔东南州	0.3469	0.09	0.0002	14059	3164	75.40	26.02	4.4434	469.50
	黔南州	0.3004	0.44	0.0014	14762	3760	80.30	29.50	3.9261	431.88
2011	六盘水市	0.5530	7.76	0.0272	16371	4437	94.85	35.00	3.689314415	577.02
	遵义市	0.5748	2.53	0.0041	17426	5216	86.50	37.16	3.340874233	1402.98
	安顺市	0.3681	1.50	0.0066	16300	4367	84.50	35.50	3.732539501	427.97
	毕节市	0.2307	1.80	0.0028	16132	4210	81.80	27.99	3.831828979	624.34
	铜仁市	0.2918	2.17	0.0070	13642	4002	71.07	32.10	3.408795602	448.98
	黔西南州	0.3761	0.04	0.0001	17004	3900	84.70	30.20	4.36	471.60
	黔东南州	0.4186	0.40	0.0012	16410	3949	78.90	27.50	4.155482401	562.64
	黔南州	0.3649	0.72	0.0022	16983	4633	83.33	36.50	3.6656594	525.04
2012	六盘水市	0.6395	10.77	0.0377	18764	5182	94.14	40.00	3.620995755	676.21
	遵义市	0.6701	3.08	0.0050	19748	6061	86.70	39.86	3.258208216	1712.20
	安顺市	0.4271	1.74	0.0076	18617	5088	84.90	37.00	3.659001572	483.14
	毕节市	0.2673	1.10	0.0017	19243	4926	81.77	29.99	3.906414941	736.03
	铜仁市	0.3358	3.15	0.0102	15911	4673	72.90	35.00	3.404879093	527.64
	黔西南州	0.4331	0.15	0.0005	19471	4625	83.70	32.00	4.209945946	557.03
	黔东南州	0.4863	2.18	0.0063	18831	4625	79.70	31.00	4.071567568	682.45
	黔南州	0.4218	0.81	0.0025	19338	5445	83.87	38.70	3.551515152	627.10
2013	六盘水市	0.7280	4.98	0.0173	19625	5934	93.42	42.00	3.307212673	754.42
	遵义市	0.7658	3.77	0.0061	20504	6849	87.10	41.00	2.993721711	2222.59
	安顺市	0.4848	0.31	0.0013	19394	5801	85.80	38.00	3.343216687	609.77
	毕节市	0.3036	1.40	0.0021	19851	5645	81.20	31.67	3.51656333	838.77
	铜仁市	0.3828	4.29	0.0138	18366	5397	74.60	38.00	3.403001668	653.77
	黔西南州	0.4928	0.21	0.0007	19842	5360	84.20	34.00	3.701865672	650.18
	黔东南州	0.5565	6.38	0.0183	19640	5345	80.88	35.00	3.674462114	821.06
	黔南州	0.4799	1.35	0.0042	19942	6208	84.19	39.90	3.212306701	769.93
2014	六盘水市	0.9069	8.30	0.0288	21168	6791	93.00	43.00	3.1171	817.09
	遵义市	0.8991	4.60	0.0075	22728	8365	86.00	43.00	2.7170	2567.60
	安顺市	0.5450	1.48	0.0064	21042	6671	85.00	42.00	3.1542	660.28
	毕节市	0.3612	6.10	0.0093	21230	6223	79.00	33.00	3.4115	916.79
	铜仁市	0.4308	1.43	0.0046	20224	6233	77.00	42.00	3.2447	754.14
	黔西南州	0.6113	1.63	0.0058	21300	6345	83.00	36.00	3.3570	759.35
	黔东南州	0.6277	4.00	0.0115	21990	6139	82.00	38.00	3.5820	925.79
	黔南州	0.5416	3.00	0.0093	21698	7265	81.00	41.00	2.9866	867.43

续表

年份	区域	一级指标	二、金融市场规模（50%）								证券业指标（10%）
		二级指标	银行业指标（32%）								
		三级指标	人均人民币存款余额（万元/人）	人民币贷款余额（亿元）	人均人民币贷款余额（万元/人）	不良贷款率（%）	银行业资产总额（亿元）	人均银行业资产总额（万元/人）	法人银行数（个）	人均法人银行数（个/万人）	证券公司分支机构数（个）
		权重（%）	4.00	4.00	4.00	6.00	4.00	4.00	1.00	1.00	1.00
2009	六盘水市		1.4721	308.25	1.0705	6.95	460.99	1.6009	1	0.0035	1
	遵义市		1.4674	485.61	0.7740	7.26	969.03	1.5446	1	0.0016	2
	安顺市		0.9692	204.63	0.8702	5.68	289.00	1.2291	1	0.0043	1
	毕节市		0.6387	220.38	0.3319	8.50	270.85	0.4079	1	0.0015	1
	铜仁市		0.8571	193.41	0.6015	9.55	317.22	0.9865	1	0.0031	1
	黔西南州		1.1005	182.39	0.6384	8.21	340.00	1.1901	0	0.0000	1
	黔东南州		1.0240	232.95	0.6493	8.47	393.04	1.0956	0	0.0000	1
	黔南州		1.0678	182.88	0.5487	8.27	350.00	1.0501	1	0.0030	1
2010	六盘水市		1.7484	360.90	1.2644	4.65	541.63	1.8976	1	0.0035	1
	遵义市		1.8865	598.16	0.9753	5.42	1260.81	2.0558	1	0.0016	2
	安顺市		1.5745	229.65	0.9983	2.89	368.00	1.5997	1	0.0043	1
	毕节市		0.8417	282.52	0.4316	4.62	340.54	0.5202	2	0.0031	1
	铜仁市		1.1618	242.12	0.7820	5.88	418.00	1.3500	1	0.0032	1
	黔西南州		1.4153	219.68	0.7817	5.06	417.00	1.4839	0	0.0000	1
	黔东南州		1.3471	290.95	0.8348	5.05	505.04	1.4491	0	0.0000	1
	黔南州		1.3350	235.58	0.7282	4.77	436.00	1.3477	1	0.0031	1
2011	六盘水市		2.0246	416.97	1.4631	2.63	649.55	2.2791	1	0.0035	3
	遵义市		2.3000	711.74	1.1668	3.54	1546.00	2.5344	1	0.0016	5
	安顺市		1.8771	268.63	1.1782	2.72	303.00	1.3289	1	0.0044	1
	毕节市		0.9576	350.01	0.5368	3.26	380.00	0.5828	3	0.0046	2
	铜仁市		1.4577	300.52	0.9757	3.92	517.00	1.6786	2	0.0065	1
	黔西南州		1.6843	273.15	0.9755	2.62	500.00	1.7857	1	0.0036	1
	黔东南州		1.6261	353.43	1.0215	3.40	608.22	1.7579	1	0.0029	2
	黔南州		1.6356	296.57	0.9239	3.44	545.00	1.6978	2	0.0062	2
2012	六盘水市		2.3652	508.38	1.7782	3.38	467.22	1.6342	3	0.0105	3
	遵义市		2.7991	927.63	1.5165	2.74	1931.00	3.1568	1	0.0016	5
	安顺市		2.1159	350.23	1.5338	1.76	528.00	2.3123	1	0.0044	1
	毕节市		1.1282	433.45	0.6644	4.01	435.00	0.6668	3	0.0046	2
	铜仁市		1.7051	381.38	1.2325	2.80	625.50	2.0214	2	0.0065	1
	黔西南州		1.9809	336.46	1.1965	3.56	600.00	2.1337	1	0.0036	1
	黔东南州		1.9652	427.47	1.2309	2.51	763.28	2.1979	2	0.0058	3
	黔南州		1.9437	380.30	1.1787	2.89	682.40	2.1151	2	0.0062	3
2013	六盘水市		2.6245	599.88	2.0869	2.97	862.94	3.0021	3	0.0104	5
	遵义市		3.6184	1203.62	1.9595	1.82	2461.00	4.0065	1	0.0016	5
	安顺市		2.6506	431.19	1.8743	1.43	673.00	2.9255	1	0.0043	1
	毕节市		1.2829	547.81	0.8379	2.37	490.00	0.7494	3	0.0046	3
	铜仁市		2.1062	472.99	1.5238	2.00	756.75	2.4380	2	0.0064	1
	黔西南州		2.3038	425.30	1.5002	2.51	720.84	2.5542	1	0.0035	2
	黔东南州		2.3571	519.59	1.4916	2.31	932.78	2.6778	2	0.0057	3
	黔南州		2.3800	485.30	1.5002	2.28	853.70	2.6389	2	0.0062	4
2014	六盘水市		2.8351	701.20	2.4330	2.64	934.60	3.2429	3	0.0104	5
	遵义市		4.1716	1527.74	2.4822	1.78	2687.55	4.3665	1	0.0016	6
	安顺市		2.8607	518.95	2.2484	1.35	742.41	3.2165	1	0.0043	2
	毕节市		1.4016	689.48	1.0541	2.12	1051.06	1.6068	3	0.0046	3
	铜仁市		2.4198	601.65	1.9305	1.96	880.77	2.8262	2	0.0064	1
	黔西南州		2.7012	539.97	1.9208	1.56	852.89	3.0339	1	0.0036	3
	黔东南州		2.6622	613.65	1.7646	2.37	1049.67	3.0185	2	0.0058	3
	黔南州		2.6801	604.52	1.8678	2.06	957.33	2.9578	2	0.0062	4

年份	区域	人均证券公司分支机构数（个/万人）	证券交易额（亿元）	人均证券交易额（万元/人）	上市公司数（个）	人均上市公司数（个/万人）	上市公司总市值（亿元）	人均上市公司总市值（万元/人）	上市公司募集资金（亿元）	人均上市公司募集资金（万元/人）
		一级指标 二、金融市场规模（50%）								
		二级指标 证券业指标（10%）								
权重（%）		1.00	1.00	1.00	1.00	1.00	1.00	1.00	1.00	1.00
2009	六盘水市	0.0035	77.00	0.2674	1	0.0035	324.83	1.1280	11.0337	0.0383
	遵义市	0.0032	200.99	0.3204	4	0.0064	1729.92	2.7574	0.0000	0.0000
	安顺市	0.0043	17.04	0.0725	1	0.0043	28.28	0.1203	0.0000	0.0000
	毕节市	0.0015	10.80	0.0163	0	0.0000	0.00	0.0000	0.0000	0.0000
	铜仁市	0.0031	13.28	0.0413	0	0.0000	0.00	0.0000	0.0000	0.0000
	黔西南州	0.0035	18.17	0.0636	0	0.0000	0.00	0.0000	0.0000	0.0000
	黔东南州	0.0028	20.02	0.0558	0	0.0000	0.00	0.0000	0.0000	0.0000
	黔南州	0.0030	25.08	0.0752	0	0.0000	0.00	0.0000	0.0000	0.0000
2010	六盘水市	0.0035	75.00	0.2628	1	0.0035	359.15	1.2583	0.0000	0.0000
	遵义市	0.0033	163.60	0.2668	4	0.0065	1856.00	3.0263	0.0000	0.0000
	安顺市	0.0043	34.79	0.1512	2	0.0087	102.18	0.4442	0.0000	0.0000
	毕节市	0.0015	22.21	0.0339	0	0.0000	0.00	0.0000	0.0000	0.0000
	铜仁市	0.0032	52.56	0.1698	0	0.0000	0.00	0.0000	0.0000	0.0000
	黔西南州	0.0036	34.66	0.1233	0	0.0000	0.00	0.0000	0.0000	0.0000
	黔东南州	0.0029	41.66	0.1195	0	0.0000	0.00	0.0000	0.0000	0.0000
	黔南州	0.0031	34.66	0.1071	1	0.0031	9.10	0.0281	6.6100	0.0204
2011	六盘水市	0.0105	57.76	0.2027	1	0.0035	227.85	0.7995	7.2000	0.0253
	遵义市	0.0082	132.30	0.2169	4	0.0066	2090.80	3.4275	49.1600	0.0806
	安顺市	0.0044	25.02	0.1097	2	0.0088	70.60	0.3096	14.8000	0.0649
	毕节市	0.0031	15.77	0.0242	0	0.0000	0.00	0.0000	0.0000	0.0000
	铜仁市	0.0032	36.81	0.1195	0	0.0000	0.00	0.0000	0.0000	0.0000
	黔西南州	0.0036	27.41	0.0979	0	0.0000	0.00	0.0000	0.0000	0.0000
	黔东南州	0.0058	28.05	0.0811	0	0.0000	0.00	0.0000	0.0000	0.0000
	黔南州	0.0062	27.41	0.0854	1	0.0031	8.90	0.0277	0.0000	0.0000
2012	六盘水市	0.0105	33.50	0.1172	1	0.0035	187.79	0.6569	0.0000	0.0000
	遵义市	0.0082	238.11	0.3893	4	0.0065	2269.39	3.7100	16.5400	0.0270
	安顺市	0.0044	17.44	0.0764	2	0.0088	104.27	0.4566	0.0000	0.0000
	毕节市	0.0031	11.44	0.0175	0	0.0000	0.00	0.0000	0.0000	0.0000
	铜仁市	0.0032	21.10	0.0682	0	0.0000	0.00	0.0000	0.0000	0.0000
	黔西南州	0.0036	20.10	0.0715	0	0.0000	0.00	0.0000	0.0000	0.0000
	黔东南州	0.0086	17.97	0.0517	0	0.0000	0.00	0.0000	0.0000	0.0000
	黔南州	0.0093	20.09	0.0623	1	0.0031	13.44	0.0417	0.0000	0.0000
2013	六盘水市	0.0174	49.00	0.1705	1	0.0035	120.16	0.4180	0.0000	0.0000
	遵义市	0.0081	346.00	0.5633	4	0.0065	1440.80	2.3456	4.6000	0.0075
	安顺市	0.0043	25.00	0.1087	2	0.0087	143.85	0.6253	0.0000	0.0000
	毕节市	0.0046	17.00	0.0260	0	0.0000	0.00	0.0000	0.0000	0.0000
	铜仁市	0.0032	31.00	0.0999	0	0.0000	0.00	0.0000	0.0000	0.0000
	黔西南州	0.0071	29.00	0.1028	0	0.0000	0.00	0.0000	0.0000	0.0000
	黔东南州	0.0086	11.00	0.0316	0	0.0000	0.00	0.0000	0.0000	0.0000
	黔南州	0.0124	29.00	0.0896	1	0.0031	23.88	0.0738	0.0000	0.0000
2014	六盘水市	0.0173	101.50	0.3520	1	0.0035	228.92	0.7943	0.0000	0.0000
	遵义市	0.0097	318.20	0.5170	3	0.0049	2004.45	3.2567	0.0000	0.0000
	安顺市	0.0087	53.90	0.2334	2	0.0087	192.23	0.8328	0.0000	0.0000
	毕节市	0.0046	34.20	0.0522	0	0.0000	0.00	0.0000	0.0000	0.0000
	铜仁市	0.0032	35.50	0.1140	0	0.0000	0.00	0.0000	0.0000	0.0000
	黔西南州	0.0107	72.10	0.2564	0	0.0000	0.00	0.0000	0.0000	0.0000
	黔东南州	0.0086	72.10	0.2072	0	0.0001	0.00	0.0000	0.0000	0.0000
	黔南州	0.0124	107.40	0.3317	1	0.0031	101.18	0.3126	3.1000	0.0039

续表

年份	区域	一级指标	二、金融市场规模（50%）						三、金融市场效率（15%）		
		二级指标	保险业指标（8%）						宏观金融效率指标（5%）		微观金融效率指标（10%）
		三级指标	财产险保费收入（亿元）	人均财产险保费收入（万元/人）	人身险保费收入（亿元）	人均人身险保费收入（万元/人）	保险公司赔款给付（亿元）	人均保险公司赔款给付（万元/人）	经济储蓄动员力（%）	储蓄投资转化系数	存贷比（%）
		权重（%）	1.00	1.00	1.00	1.00	2.00	2.00	2.50	2.50	3.00
2009	六盘水市		3.15	0.0109	3.82	0.0133	2.31	0.0080	43.00	0.76	72.72
	遵义市		6.19	0.0099	10.14	0.0162	5.18	0.0083	62.00	1.29	52.75
	安顺市		1.30	0.0055	2.07	0.0088	1.17	0.0050	77.00	0.72	89.79
	毕节市		2.50	0.0038	3.25	0.0049	1.37	0.0021	41.00	0.81	51.96
	铜仁市		1.82	0.0057	3.16	0.0098	1.00	0.0031	64.10	0.97	70.18
	黔西南州		2.34	0.0082	2.12	0.0074	1.87	0.0065	66.01	1.02	58.01
	黔东南州		2.33	0.0065	3.70	0.0103	1.65	0.0046	82.48	1.06	63.41
	黔南州		2.81	0.0084	4.12	0.0124	2.46	0.0074	65.72	0.84	51.39
2010	六盘水市		4.54	0.0159	5.55	0.0194	2.75	0.0096	46.00	0.68	72.32
	遵义市		7.44	0.0121	13.51	0.0220	5.36	0.0087	66.00	1.09	51.70
	安顺市		2.17	0.0094	2.97	0.0129	1.63	0.0071	71.00	1.49	63.41
	毕节市		3.12	0.0048	4.02	0.0061	1.44	0.0022	45.00	0.57	51.28
	铜仁市		2.10	0.0068	3.56	0.0115	1.08	0.0035	71.45	0.92	67.31
	黔西南州		2.88	0.0102	2.62	0.0093	1.78	0.0063	56.71	0.90	55.23
	黔东南州		2.78	0.0080	5.07	0.0145	2.10	0.0060	88.19	1.01	61.97
	黔南州		2.95	0.0091	4.81	0.0149	2.75	0.0085	66.05	0.73	54.55
2011	六盘水市		5.38	0.0189	5.84	0.0205	3.44	0.0121	43.00	0.48	72.26
	遵义市		11.16	0.0183	15.15	0.0248	7.83	0.0128	66.00	0.92	50.73
	安顺市		2.76	0.0121	2.82	0.0124	2.17	0.0095	72.00	0.85	62.77
	毕节市		4.10	0.0063	4.09	0.0063	1.85	0.0028	45.00	0.40	56.06
	铜仁市		2.71	0.0088	3.86	0.0125	1.42	0.0046	74.46	0.63	66.93
	黔西南州		3.54	0.0126	2.93	0.0105	2.30	0.0082	60.08	0.75	57.92
	黔东南州		3.52	0.0102	4.99	0.0144	2.71	0.0078	91.96	0.75	62.82
	黔南州		3.62	0.0113	5.21	0.0162	3.13	0.0098	66.07	0.64	56.49
2012	六盘水市		5.73	0.0200	6.40	0.0224	4.20	0.0147	44.00	0.30	75.18
	遵义市		12.89	0.0211	15.83	0.0259	9.16	0.0150	69.00	1.15	54.18
	安顺市		3.25	0.0142	2.79	0.0122	2.61	0.0114	70.00	0.62	72.49
	毕节市		5.27	0.0081	4.37	0.0067	2.68	0.0041	47.00	0.32	58.89
	铜仁市		3.47	0.0112	4.25	0.0137	2.35	0.0076	71.52	0.47	72.28
	黔西南州		4.13	0.0147	3.18	0.0113	3.02	0.0107	57.55	0.60	60.40
	黔东南州		4.47	0.0129	4.75	0.0137	3.69	0.0106	90.58	0.55	62.64
	黔南州		4.46	0.0138	6.03	0.0187	3.72	0.0115	67.61	0.51	60.64
2013	六盘水市		6.52	0.0227	8.02	0.0279	5.21	0.0181	43.00	0.25	79.52
	遵义市		18.02	0.0293	15.22	0.0248	14.38	0.0234	73.00	1.08	54.15
	安顺市		3.92	0.0170	3.37	0.0146	3.30	0.0143	68.00	0.52	70.71
	毕节市		6.40	0.0098	5.30	0.0081	3.20	0.0049	49.00	0.30	65.31
	铜仁市		4.56	0.0147	5.32	0.0171	4.06	0.0131	78.79	0.42	72.35
	黔西南州		5.36	0.0190	3.65	0.0129	3.86	0.0137	58.33	0.54	65.41
	黔东南州		5.66	0.0162	5.17	0.0148	4.33	0.0124	91.36	0.57	63.28
	黔南州		5.70	0.0176	6.52	0.0202	4.34	0.0134	73.07	0.46	63.03
2014	六盘水市		7.59	0.0263	7.99	0.0277	6.72	0.0233	39.98	0.31	85.82
	遵义市		22.09	0.0359	21.62	0.0351	11.40	0.0185	69.80	0.51	59.50
	安顺市		5.07	0.0220	3.42	0.0148	4.30	0.0186	68.35	0.36	78.60
	毕节市		8.50	0.0130	5.82	0.0089	3.73	0.0057	37.62	0.42	75.21
	铜仁市		6.89	0.0221	6.51	0.0209	3.21	0.0103	87.80	0.49	79.78
	黔西南州		6.78	0.0241	4.47	0.0159	4.99	0.0178	54.50	0.47	71.11
	黔东南州		6.45	0.0185	5.69	0.0164	4.00	0.0115	86.08	0.46	66.28
	黔南州		7.67	0.0237	7.05	0.0218	4.80	0.0148	65.60	0.39	69.69

年份	区域	一级指标	三、金融市场效率（15%）					
		二级指标	微观金融效率指标（10%）					
		三级指标	存款余额的地区生产总值占比（%）	贷款余额的地区生产总值占比（%）	上市公司总市值的地区生产总值占比（%）	上市公司募集资金的地区生产总值占比（%）	保险密度（元/人）	保险深度（%）
		权重（%）	2.00	2.00	0.50	0.50	1.00	1.00
2009	六盘水市		0.99	72.00	76.00	2.57	236.35	1.64
	遵义市		1.18	62.00	222.00	0.00	242.85	2.15
	安顺市		1.26	113.00	16.00	0.00	167.05	2.19
	毕节市		0.85	44.08	0.00	0.00	81.76	1.15
	铜仁市		1.09	76.83	0.00	0.00	154.87	1.98
	黔西南州		1.36	78.62	0.00	0.00	156.11	1.92
	黔东南州		1.36	86.36	0.00	0.00	168.08	2.24
	黔南州		1.18	60.43	0.00	0.00	207.92	2.29
2010	六盘水市		1.00	161.43	72.00	0.00	336.50	1.92
	遵义市		1.27	66.00	204.00	0.00	363.15	2.45
	安顺市		1.55	72.00	44.00	0.00	210.57	2.08
	毕节市		0.92	47.02	0.00	0.00	109.19	1.19
	铜仁市		1.23	82.46	0.00	0.00	182.80	1.93
	黔西南州		1.23	67.69	0.00	0.00	195.72	1.69
	黔东南州		1.50	93.08	0.00	0.00	225.24	2.51
	黔南州		1.21	66.05	2.54	9.72	239.87	2.18
2011	六盘水市		0.94	67.98	37.00	1.17	393.83	1.83
	遵义市		1.25	63.47	186.00	4.38	433.42	2.36
	安顺市		1.50	94.07	25.00	5.18	244.73	1.95
	毕节市		0.85	47.46	0.00	0.00	125.58	1.11
	铜仁市		1.26	84.01	0.00	0.00	213.31	1.84
	黔西南州		1.26	72.78	0.00	0.00	231.07	1.72
	黔东南州		1.47	92.13	0.00	0.00	245.95	2.22
	黔南州		1.18	66.86	2.00	0.00	275.08	1.99
2012	六盘水市		0.92	42.91	25.00	0.00	440.30	1.70
	遵义市		1.26	68.00	167.00	1.21	512.02	2.33
	安顺市		1.37	69.00	30.00	0.00	264.23	1.71
	毕节市		0.84	49.37	0.00	0.00	147.85	1.10
	铜仁市		1.13	82.02	0.00	0.00	249.48	1.66
	黔西南州		1.20	72.78	0.00	0.00	260.05	1.66
	黔东南州		1.43	89.48	0.00	0.00	265.50	1.93
	黔南州		1.18	71.31	2.52	0.00	325.13	1.97
2013	六盘水市		0.86	58.31	14.00	0.00	480.40	3.24
	遵义市		1.40	76.00	91.00	0.29	544.90	2.70
	安顺市		1.42	68.00	34.00	0.00	320.00	2.10
	毕节市		0.81	52.58	0.00	0.00	179.00	1.30
	铜仁市		1.22	88.37	0.00	0.00	318.30	1.85
	黔西南州		1.16	76.09	0.00	0.00	319.25	1.61
	黔东南州		1.40	88.72	0.00	0.00	310.90	1.85
	黔南州		1.19	75.19	3.70	0.00	377.74	1.89
2014	六盘水市		0.78	67.25	79.43	0.00	540.60	1.49
	遵义市		1.37	81.51	106.94	0.00	710.20	2.31
	安顺市		1.27	99.79	83.28	0.00	367.84	1.63
	毕节市		0.72	54.43	0.00	0.00	218.92	1.13
	铜仁市		1.16	92.89	0.00	0.00	429.97	2.07
	黔西南州		1.13	80.48	0.00	0.00	400.18	1.68
	黔东南州		1.32	87.45	0.00	0.00	349.10	1.73
	黔南州		1.08	75.40	12.61	0.39	454.80	1.84